I0069741

Dirección estratégica de Recursos Humanos

Coordinación
de la serie Martha Alles
Gabriela Scalamandré

Diseño de tapa
DCM Design

MARTHA ALICIA ALLES

Dirección estratégica de Recursos Humanos

Gestión por competencias

Nueva edición actualizada

GRANICA

ARGENTINA - ESPAÑA - MÉXICO - CHILE - URUGUAY

© Martha Alicia Alles
© 2015 *by* Ediciones Granica S.A.

ARGENTINA
Ediciones Granica S.A.
Lavalle 1634 - 3º G / C1048AAN Buenos Aires, Argentina
Tel.: +54(11) 4374-1456 Fax: +54(11) 4373-0669
granica.ar@granicaeditor.com
atencionaempresas@granicaeditor.com

MÉXICO
Ediciones Granica México S.A. de C.V.
Valle de Bravo Nº 21 El Mirador Naucalpan Edo. de Méx.
53050 Estado de México - México
Tel.: +5255-5360-1010 Fax: +5255-5360-1100
granica.mx@granicaeditor.com

URUGUAY
Ediciones Granica S.A.
Scoseria 2639 Bis
11300 Montevideo, Uruguay
Tel: +59 (82) 712 4857 / +59 (82) 712 4858
granica.uy@granicaeditor.com

CHILE
granica.cl@granicaeditor.com
Tel.: +56 2 8107455

ESPAÑA
granica.es@granicaeditor.com
Tel.: +34 (93) 635 4120

www.granicaeditor.com

Reservados todos los derechos, incluso el de reproducción
en todo o en parte, en cualquier forma

ISBN 978-950-641-849-6

Hecho el depósito que marca la ley 11.723

Impreso en Argentina. *Printed in Argentina*

Alles, Martha Alicia
    Dirección estratégica de recursos humanos: gestión por competencias. -
3ª ed. - Ciudad Autónoma de Buenos Aires: Granica, 2015.
    456 p.; 23x17 cm.

    ISBN 978-950-641-849-6

    1. Administración de Empresas. I. Título
    CDD 658.3

Índice

Presentación
Nueva edición 2015

Esta obra ha tenido hasta ahora dos ediciones. La primera en el año 2000 y la segunda en 2006. De ambas ediciones se han realizado numerosas reimpresiones.

En todos estos años he publicado nuevos libros, tanto de la serie *Recursos Humanos* como de la serie *Liderazgo*, que de un modo u otro se relacionan con esta obra.

Adicionalmente, la implantación de modelos y otras experiencias en el campo profesional llevadas a cabo durante este tiempo, nos han expuesto a una permanente revisión de conceptos ante la necesidad de buscar nuevas soluciones a nuevos problemas y nuevas soluciones a problemas que, no siendo tan nuevos, deben ser considerados desde una óptica diferente a la de otros momentos. Los Recursos Humanos implican problemáticas vivas y cambiantes.

Por ejemplo, las nuevas tecnologías que influyen en la vida de todos nosotros modificando comportamientos, obligan a los que nos desenvolvemos en esta disciplina a considerar esta situación desde todas sus facetas y miradas.

Dirección estratégica de Recursos Humanos es una obra que, con su larga trayectoria y miles de ejemplares vendidos, nos ha confirmado su público lector. Por un lado, profesores y alumnos, de niveles tanto iniciales como superiores, y, al mismo tiempo, profesionales y directivos que lo usan en su tarea diaria para resolver problemas diversos en relación con las personas. A todos les estoy profundamente agradecida.

Con frecuencia me preguntan sobre el futuro de la disciplina de RRHH y de los profesionales que se desempeñan en ella, y particularmente en relación con las nuevas generaciones que se interesan por insertarse en el área.

Siempre respondo, palabras más, palabras menos, algo similar a lo siguiente: la profesión tiene un enorme futuro fundamentalmente porque en el mundo se prevé una escasez de talento, en todos sus niveles y facetas. Y allí radica nuestra importancia. Si el talento es y será escaso, los profesionales del área seremos parte de las necesidades estratégicas de las organizaciones.

© GRANICA

Veamos el contexto actual en el cual se desenvuelven las organizaciones y, por ende, las personas que las integran.

Por un lado, el mercado es global, con sus aspectos positivos y negativos: mayores posibilidades para llevar a cabo negocios, por un lado, y, por otro, empresas que –eventualmente– pueden trasladar sus operaciones en búsqueda de mejores condiciones económicas.

El mundo, por razones diversas, desde que comenzó el siglo, vive en un estado de mayor tensión, que a su vez se refleja en una mayor conflictividad social, que de un modo u otro repercute en las personas que integran las organizaciones: desde amenazas de terrorismo hasta aumento de la inseguridad, y protestas sociales que, si bien pueden no estar relacionadas directamente con algunas personas, afectan de algún modo su vida cotidiana.

Las personas, por todo lo antedicho, sufren mayor tensión en sus vidas, y así ha aumentado el estrés personal y laboral y, en algunos casos, también se ha afectado la salud –las personas presentan nuevas enfermedades en el ámbito laboral–.

Continuando con las problemáticas de las personas, los estudios de nivel secundario y universitario producen individuos poco calificados en relación con los requerimientos del mercado. Este desfase entre los estudios formales y los conocimientos necesarios para su inserción en el mundo laboral les exige capacitaciones adicionales.

Por último, y para no extenderme en demasía en la exposición del contexto actual, será necesario tener en cuenta que las nuevas tecnologías de la comunicación y la información han modificado los comportamientos de las personas de todas las edades. Internet primero nos facilitó la comunicación global, y, en años más recientes, las redes sociales y los diferentes dispositivos tecnológicos de uso cotidiano plantearon una nueva realidad, modificando nuestra manera de vivir y trabajar.

El contexto descrito puede verse de dos maneras muy diferentes. Usted podrá pensar que "el mundo no va por buen camino" y, así, observar la realidad desde un punto de vista negativo, o bien puede ver la oportunidad que todas estas problemáticas y situaciones ofrecen a los especialistas de Recursos Humanos. Mi enfoque personal es este último.

Creo firmemente que el profesional de Recursos Humanos tiene una enorme oportunidad de ser al mismo tiempo un socio estratégico para la dirección de su organización –al diseñar e implementar procedimientos de Recursos Humanos estratégicos– y, al mismo tiempo, lograr que estos procedimientos sean positivos para las personas que la integran, con un enfoque *ganar-ganar*. Este es el reto y la dificultad: al mismo tiempo debe responder a intereses que, en una primera mirada, podrían parecer divergentes.

Cuando las organizaciones cuentan con procedimientos de RRHH basados en las buenas prácticas y las personas ocupan puestos para los cuales tienen los conocimientos, las competencias y la motivación necesarios, sus puestos de trabajo se conectan positivamente con sus proyectos e intereses personales, los individuos se sienten mejor, se incrementa la satisfacción laboral e, indirectamente, las empresas logran la retención y atracción del talento. Las buenas prácticas en Recursos Humanos mejoran el desempeño de las personas y permiten desarrollar mejor el talento, tanto desde la mirada organizacional como desde la visión individual del colaborador.

Cuando el área de Recursos Humanos es manejada con un enfoque experto se logra una imagen de prestigio dentro de la propia organización, basada en la alta calidad de sus servicios (productos/herramientas), diseñados en función de las necesidades del otro, y en la eficiente atención de las necesidades de cada uno de los receptores de los servicios prestados.

Como resultado de todo lo antedicho, mejorarán los indicadores de gestión de RRHH.

En resumen, el reto es y será, para las generaciones actuales y futuras de especialistas en RRHH, hacer las cosas bien para responder tanto a las expectativas de los altos directivos de la organización como a las necesidades de las personas de todos los niveles que la integran.

La nueva edición 2015

Me resulta difícil exponer en una breve síntesis las novedades que presenta esta obra. Son múltiples. Hemos tratado de incorporar en ella las últimas novedades en la materia. Algunos puntos importantes: en el Capítulo 1 planteamos el enfoque estratégico de la disciplina para desenvolvernos en el contexto actual y futuro y, al mismo tiempo, las mediciones necesarias para analizar la gestión desde las dos miradas, organizacional e individual. En el Capítulo 2 se abordan los antecedentes, las últimas novedades y una proyección hacia el futuro de la gestión de RRHH por competencias. En los capítulos 5 y 7, todo lo que hay que saber en materia de formación y desarrollo, desde cómo hacer un plan de formación y cómo medir sus resultados hasta los más recientes enfoques en materia de autodesarrollo, junto con métodos y procedimientos para cuidar el capital intelectual y crear talento. Adicionalmente y en otros capítulos, se analizan las formas de realizar los descriptivos de puestos, cómo llevar a cabo la atracción y selección de personas, y la evaluación de desempeño.

Mi trabajo siempre tiene como propósito principal transferir a los estudiosos e interesados en nuestra disciplina las nuevas tendencias provenientes de nuevas

© GRANICA

reflexiones y estudios sobre los recursos humanos en las empresas y que, a su vez, constituyan modalidades y procedimientos probados exitosamente en numerosas organizaciones, para que esta circunstancia permita considerarlos buenas prácticas generalizadas en el mundo real.

Contenido de la nueva edición 2015

La obra cuenta con ocho capítulos.

- Capítulo 1. Dirección estratégica de Recursos Humanos

- Capítulo 2. Gestión por competencias

- Capítulo 3. Análisis y descripción de puestos

- Capítulo 4. Atracción, selección e incorporación de los mejores candidatos

- Capítulo 5. Formación

- Capítulo 6. Evaluación de desempeño

- Capítulo 7. Desarrollo y planes de sucesión. La función de Desarrollo en el área de Recursos Humanos

- Capítulo 8. Remuneraciones y beneficios

Como es tradición en mis libros de texto, los profesores que utilicen esta obra para la impartición de sus respectivas asignaturas tendrán a su disposición el material para el dictado de clases y contenidos complementarios en el sitio **www.marthaalles.com**, sección Sala de Profesores.

PARA TODOS LOS LECTORES

Se encuentra disponible en formato digital un Anexo donde se ha realizado un análisis detallado de libros y subsistemas que complementa las temáticas abordadas en esta obra.

Capítulo 1

Dirección estratégica de Recursos Humanos

En la figura, hexágonos con los siguientes textos:

Atracción, selección e incorporación

Análisis y descripción de puestos

Desarrollo y planes de sucesión

DIRECCIÓN ESTRATÉGICA DE RECURSOS HUMANOS

Remuneraciones y beneficios

Formación

Evaluación de desempeño

En este capítulo usted verá los siguientes temas:

- Introducción al estudio de los Recursos Humanos
- Recursos Humanos y estrategia organizacional
- Ubicación del área de Recursos Humanos en la organización
- Políticas de Recursos Humanos
- Roles y perfil del profesional de Recursos Humanos
- Los subsistemas de Recursos Humanos
- Enfoque sistémico aplicado a la consecución de la estrategia organizacional
- Planeamiento de los Recursos Humanos
- Satisfacción laboral y otras mediciones como soporte de la gestión
- Indicadores de gestión para Recursos Humanos

Introducción al estudio de los Recursos Humanos

Un primer comentario: en esta obra se utiliza la denominación "Recursos Humanos" porque ese es el nombre de la disciplina que estudia esta materia, tanto en español como –traducido– en otros idiomas, aun cuando en muchas organizaciones se utilicen otras expresiones, como "Talento Humano", "Capital Humano", "Gestión de Personas", "Gestión de Gente", entre otras.

Una buena pregunta para iniciar el estudio de la disciplina Recursos Humanos sería: ¿de dónde viene y hacia dónde va el área y/o la función de Recursos Humanos?

Si se deseara resumir en una frase lo que pasó en los últimos 50 o 60 años podría decirse: "se pasó de una oficina de personal al desarrollo del talento".

A continuación se presentará un breve *racconto* histórico de los últimos 50 años de la función de RRHH y su evolución en las organizaciones, incluidos los cambios en el perfil educacional de los directores de Recursos Humanos y otros especialistas que se desempeñan en el área. Una breve explicación de la historia reciente será de utilidad para entender la visión actual y futura del rol del área de RRHH.

En este mismo capítulo se verán temas relacionados con las funciones, el perfil y roles de un profesional del área de RRHH en la actualidad y de cara al futuro.

Antes de comenzar el breve *racconto* mencionado, me parece importante destacar que no es mi propósito escribir un documento histórico sobre la evolución del área de Recursos Humanos en las organizaciones; solo presentaré un análisis de las principales etapas que han marcado su gestión. Esta evolución puede –también– relacionarse con la forma en que la disciplina fue (y es) considerada en los estudios universitarios. En ambos casos se mostrarán grandes lineamientos, en especial observados en Latinoamérica.

La evolución del área en las organizaciones

Para analizar qué pasó en el ámbito de las organizaciones con la disciplina Recursos Humanos y su aplicación en ellas, comenzaré por comentar, a modo de ejemplo, la situación en mi país, Argentina. No es arbitrario comenzar por esta nación, dado que fue una de las primeras donde la disciplina fue reconocida como tal, junto con la aparición de carreras universitarias específicas para su estudio a nivel universitario y de posgrado.

Fue en la década del '60 cuando comenzó el cambio. En la Facultad de Ciencias Económicas de la Universidad de Buenos Aires, con el advenimiento del denominado "Plan E", se creó la carrera Licenciatura en Administración, que incluía la materia Administración de Personal, a cargo de docentes como el profesor Eduardo Groba –quien fuera mi profesor–, pioneros en el estudio de la especialidad.

¿Qué pasaba en la década del '60 en el mundo empresario? Se utilizaba generalmente la denominación "Gerencia de Personal", aunque eran escasas las empresas que contaban con una gerencia del área, y la mayoría solo tenía una oficina dependiendo del área de Administración. Además, no era usual aún la expresión Recursos Humanos; lo habitual en compañías grandes era la existencia de un Departamento de Personal a cargo de un empleado con mucha experiencia, de confianza para la compañía, con conocimiento de leyes laborales y sin estudios universitarios. Ese era el perfil más común de los que conducían el área por aquel entonces.

Cuando se agudizaron los conflictos gremiales en la década del '70, esta figura cambió, requiriendo –además– una fluida relación con los sindicatos. El perfil del número 1 de la función de *Personal,* en aquel entonces –con activistas de tendencias combativas en las fábricas y sindicatos fuertes– era un varón, generalmente abogado y hábil negociador.

Veamos en el gráfico siguiente cómo fue evolucionando el área de Recursos Humanos en Latinoamérica, quizá con mayores cambios en unos países y menores en otros. Nuevamente es importante señalar que me estoy refiriendo a tendencias. Aún

La función de Recursos Humanos.
Breve *racconto* histórico en Latinoamérica

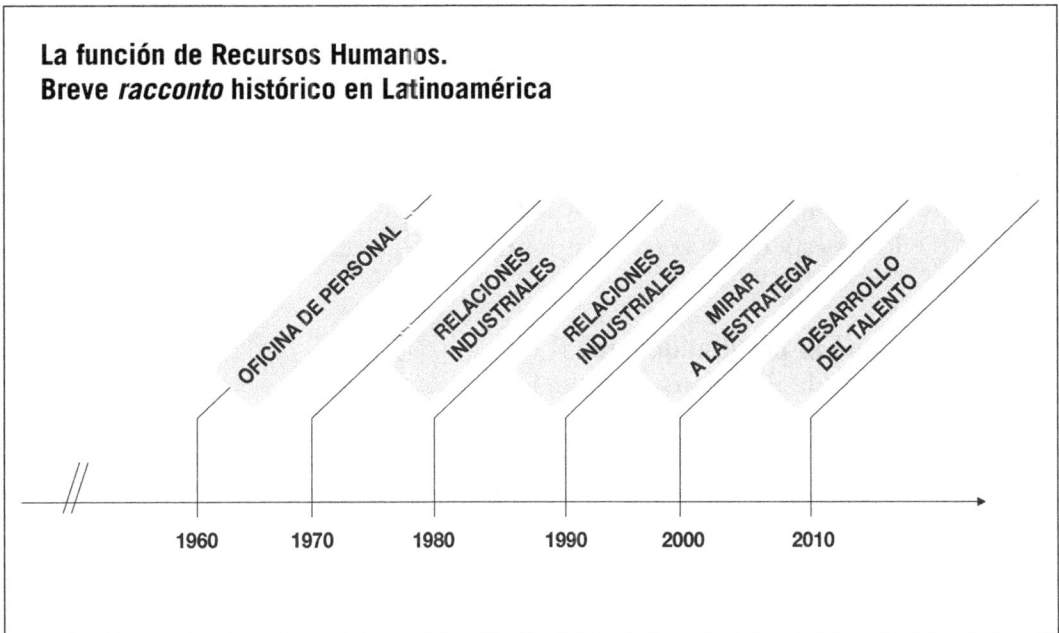

OFICINA DE PERSONAL — RELACIONES INDUSTRIALES — RELACIONES INDUSTRIALES — MIRAR A LA ESTRATEGIA — DESARROLLO DEL TALENTO

1960   1970   1980   1990   2000   2010

hoy existen organizaciones donde solo se realizan funciones básicas en relación con las personas que las integran; pero hay otras donde el avance es verdaderamente notable.

En el gráfico se puede apreciar la evolución histórica del área, en grandes líneas.

Continuando con el análisis basado en Argentina, sobre mediados de los '60 surgen en el mercado las consultoras de selección de personal, representando un nuevo concepto, al brindar un servicio sofisticado para la época, bastante similar al que se conoce en el presente. En otros países de la región, esto comienza a observarse unos años después –en algunos casos, hasta diez años más tarde–.

Para hacer un paralelo en el tiempo, en los '60, en los Estados Unidos, además de las consultoras de selección ya se habían desarrollado los *headhunters,* que llegarían algunos años después a Latinoamérica.

Sobre fines de la década del '80 comienza a tomarse conciencia de la necesidad de un manejo diferente y más integral del área, e, incipientemente, empieza a delinearse el área de Recursos Humanos como se la conoce en la actualidad.

Casi en paralelo, la disciplina que estudia este tipo de funciones dentro de la Administración adquiere este nombre: Recursos Humanos. En el año 1997, Dave Ulrich[1] publica su libro *Human Resources Champions*, que constituye un hito importante para la disciplina.

Los 2000 nos encuentran a todos abocados de lleno al desarrollo del talento. La gran preocupación en el siglo XXI es la falta de talentos a nivel mundial por lo que es lógico que la función de Recursos Humanos redireccione su foco hacia allí.

Las dos últimas tendencias menciondas, Recursos Humanos estratégicos y Desarrollo del talento, peldaños de una imaginaria escalera ascendente de nuevas tendencias positivas en la materia, han sido difíciles de llevar a la práctica en el ámbito de las organizaciones; aún hoy muchas empresas están lejos de alcanzar la meta. Por ello los especialistas trabajamos denodadamente para lograrlo.

Cómo evolucionó el perfil educacional de los directores de Recursos Humanos

El cambio de funciones y enfoque descrito anteriormente tuvo directa influencia sobre la formación de los directores o gerentes del área. En grandes líneas, la evolución fue la que se expone en el gráfico de la página siguiente.

---

1   Ulrich, Dave. *Recursos Humanos Champions*. Ediciones Granica, Buenos Aires, 1997.

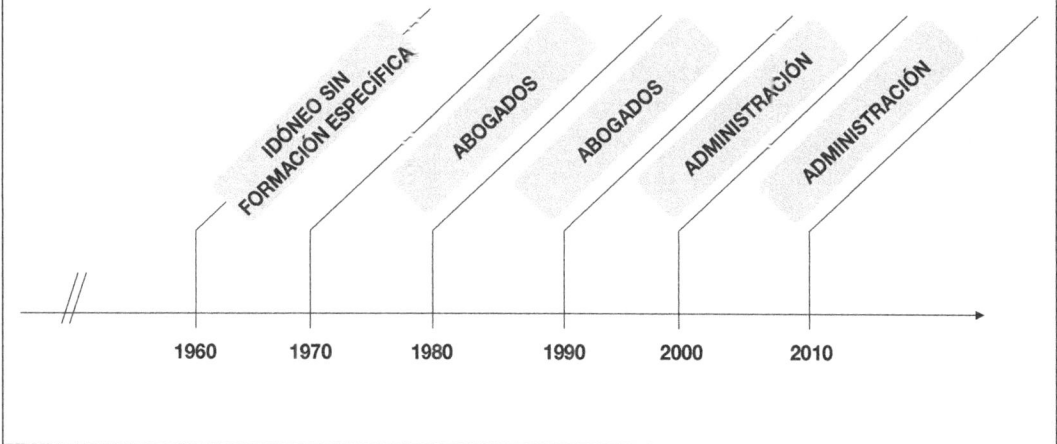

¿Qué perfil educacional predomina en los directores del área de RRHH?

(IDÓNEO SIN FORMACIÓN ESPECÍFICA — ABOGADOS — ABOGADOS — ADMINISTRACIÓN — ADMINISTRACIÓN)

1960 — 1970 — 1980 — 1990 — 2000 — 2010

El análisis realizado no implica opinión alguna, solo se describe una situación, siempre en términos generales. Por otra parte, quizá el lector conozca casos diferentes a los aquí expresados.

Como se mencionara, en Argentina, desde hace más de veinte años comenzaron las carreras específicas sobre el tema, con diversas denominaciones, por ejemplo, *Administración de Recursos Humanos*, y otras similares. En otros países de la región, la creación de este tipo de carreras fue más reciente, y hoy la especialidad puede encontrarse en universidades de casi todos ellos.

En la actualidad, en mi país, Argentina, la mayoría de los profesionales que trabajan en el área han estudiado carreras directamente relacionadas con Recursos Humanos.

En adición a lo anterior, dentro de las universidades donde se estudia Psicología, ya desde hace muchos años han surgido especializaciones con orientación organizacional, como una forma de complementar la formación clínica con saberes relacionados con el mundo de las organizaciones, con el objeto de que sus graduados puedan insertarse en las áreas de Recursos Humanos.

Los temas que se verán a continuación y a lo largo de esta obra representan las nuevas tendencias en la materia, con la mirada puesta en el futuro y apuntando a las necesidades que tendrán tanto las organizaciones como las personas para desempeñarse en un nuevo ambiente.

© GRANICA

A modo de cierre de la introducción

Recursos Humanos es una disciplina perteneciente a las Ciencias de la Administración. Si bien, como ya se mencionara, en la actualidad se utilizan otras expresiones para nombrarla (Capital Humano, Gestión del Talento, Talento Humano y otras similares), para el título de esta obra hemos elegido la denominación más difundida.

Adicionalmente, la expresión "recursos humanos", no como disciplina, sino como tema, en general, nos involucra a todos, a los especialistas en el área y a quienes se ocupan de otras especialidades, siendo estos últimos más numerosos. ¿Por qué esta afirmación? En mayor o menor grado, todos somos jefes, compañeros y/o colaboradores de otras personas. La gran mayoría de los puestos de trabajo se desempeñan en ámbitos donde, además, lo hacen otras personas.

Por esta razón se puede afirmar que la temática que nos ocupa, los Recursos Humanos, no es solo de interés para los que nos dedicamos a ella. Por el contrario, es una temática para todos y de todos. Con esto en mente escribo habitualmente mis libros, y en especial éste, cuyo propósito es tratar todos los temas atinentes a una dirección estratégica de Recursos Humanos.

Una persona puede ser dueño, jefe o colaborador, manejar su propio negocio o formar parte de una gran multinacional; en cualquier circunstancia tiene relación con otras personas, en alguno de los roles mencionados o cualquier otro, y, desde su mirada, personal e individual, los Recursos Humanos lo involucran. Cualquier directivo preocupado por el factor humano deberá conocer acerca de los diferentes métodos y modelos existentes para la gestión y el desarrollo de los colaboradores, para luego identificar los más convenientes, en función de la visión y estrategia organizacionales, así como también deberá hacerlo un experto en Recursos Humanos.

En este libro, complementariamente a los temas de Recursos Humanos, se abordan otros relacionados con las personas, en el ámbito de las organizaciones; por ejemplo –y desde la mirada organizacional–: Comportamiento organizacional, Desarrollo organizacional, Liderazgo y, sin nombre específico, una serie de temas adicionales relacionados con los individuos en el ámbito laboral, como podrían ser los aspectos legales (dentro de éstos, los impositivos) y sindicales. En esta última categoría se podrían incluir también los aspectos relativos a la seguridad en todas sus variantes: ambiental, industrial, etc.

También se pueden identificar temas relacionados con las personas desde la mirada individual, tales como Management personal, Autodesarrollo, Conciliar vida profesional y personal, entre otros.

Recursos Humanos y estrategia organizacional

La disciplina de Recursos Humanos se despliega como tal en el ámbito de las organizaciones. El término "organización" se define como el conjunto de personas que conforman una entidad autónoma con capacidad para fijar sus propias reglas, dentro de un marco legal formal, con un propósito determinado.

Las organizaciones pueden ser de todo tipo y tamaño. El término organización puede aplicarse tanto a empresas como a asociaciones civiles sin fines de lucro, ONGs y otras entidades y organismos, ya sean públicos o privados, del Estado nacional, provincial, etc.

Para introducirse en el estudio de los Recursos Humanos en el ámbito de las organizaciones invitamos al lector al análisis de la figura ubicada al pie.

En ella se muestra una organización que se compone, como ya se expresara, por un conjunto de personas y una estructura (representada gráficamente por un organigrama). El término "estructura" hace referencia al orden y distribución de funciones en el interior de cada una de ellas, y un organigrama es un esquema de la organización de una empresa, entidad o institución.

Existen diferentes estilos de estructura: piramidales, horizontales, circulares, en red, entre otros. Las organizaciones también se desenvuelven dentro de un

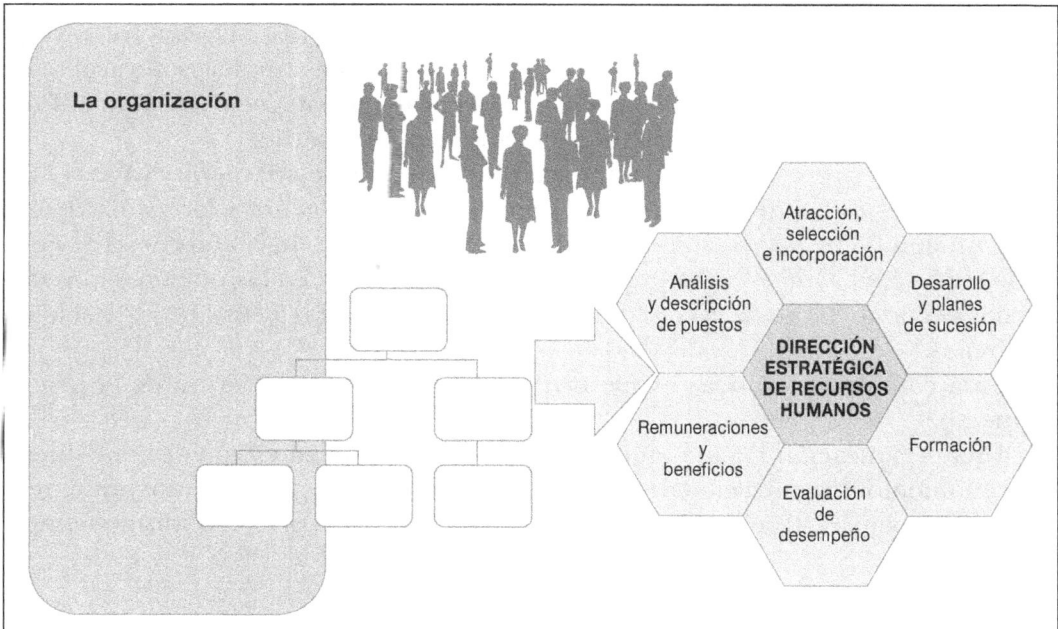

marco legal formal y poseen un propósito determinado. Para completar la idea en la figura, se incorporó a la derecha un esquema que identifica los subsistemas de Recursos Humanos, tema que se tratará más adelante en este mismo capítulo.

En resumen, la organización está compuesta por diversos elementos. Todos los aquí mencionados tienen una relación directa con la disciplina de Recursos Humanos.

Todas las organizaciones definen su estrategia. Unas siguiendo procedimientos más sofisticados, otras más intuitivamente. En cualquier circunstancia, se determina un rumbo a seguir y un propósito a alcanzar, y luego se diseñan planes para lograrlo.

El término "estrategia" se utiliza para designar al conjunto de acciones coordinadas y planeadas para conseguir un fin (en el ámbito que estamos analizando, alcanzar los fines u objetivos organizacionales). Las organizaciones definen también su *misión, visión* y *valores*.

Uno de los primeros autores que relacionaron las funciones del área de Recursos Humanos (y de los profesionales que allí se desempeñan) con la estrategia organizacional ha sido Dave Ulrich[2], quien entre otros conceptos interesantes ha señalado −en la obra referida anteriormente− que un profesional de Recursos Humanos debería *convertirse en un socio estratégico. Cuando los profesionales de Recursos Humanos actúan como socios de los negocios cumplen muchas funciones, una de las cuales es convertir la estrategia en acción.*

¿Por qué los recursos humanos se consideran estratégicos? Un nuevo enfoque se ha propuesto en los últimos años del siglo pasado y hoy es ampliamente aceptado: los recursos humanos serán la clave diferenciadora de los negocios de aquí al futuro. Por eso se hace indispensable un adecuado manejo interno.

Ulrich, en la obra mencionada, hace hincapié en este concepto y va más allá: sostiene la necesidad de incorporar un representante de Recursos Humanos dentro de la unidad de negocios, como miembro de la dirección de la empresa. Para ello debe estar capacitado en cuestiones de negocios, así como en las prácticas más modernas del área. Surge de esta manera un nuevo perfil del responsable de Recursos Humanos.

Para completar las ideas expuestas, se sugiere analizar la figura de la página siguiente.

Una organización cuenta en el presente ("hoy") con su estructura, métodos y procedimientos organizacionales, y las personas que la integran. En este presente la empresa se plantea alcanzar su *misión* y sus planes de corto plazo. Al mismo tiempo,

---

2   Ulrich, obra citada.

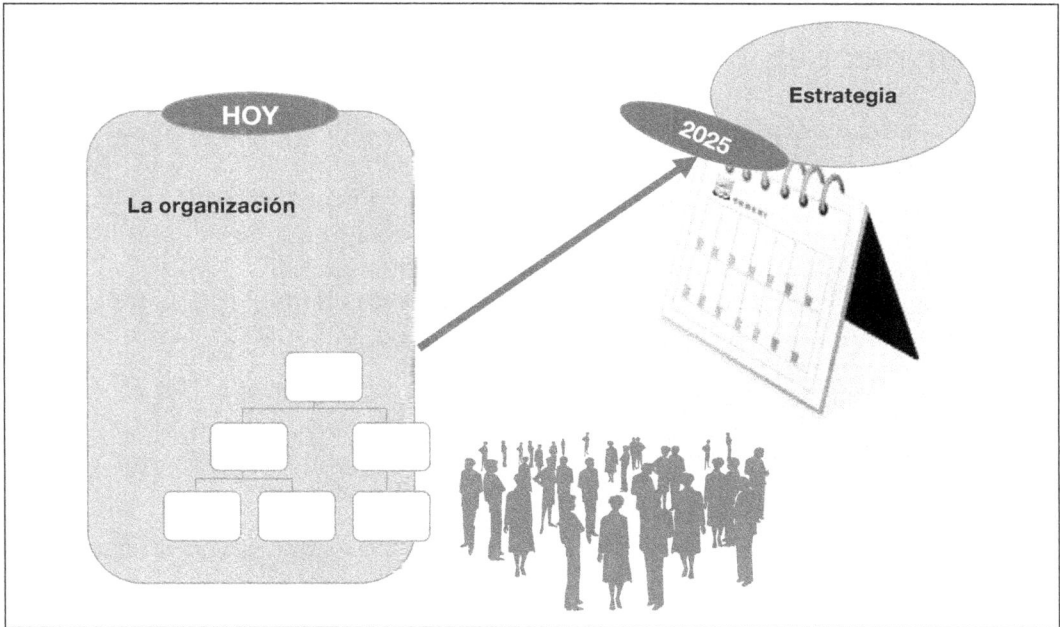

la organización, de cara al futuro (2025), se ha propuesto una *visión* y *estrategia* a alcanzar. Para ello contará también con su estructura y las personas que la integran.

Continuando con el análisis de la figura precedente, la pregunta a formularse será: ¿qué necesita la organización para pasar del "hoy" al "2025" (visión a alcanzar en ese año u otro, según cada organización así lo haya definido)? Entre otras cosas, podría necesitar cambios en la estructura y personas con ciertas características a fin de lograr concretar la visión definida, en el ejemplo, para el año 2025.

Para lograr lo antedicho, las organizaciones implantan *modelos de competencias*, los cuales pueden definirse como el conjunto de procesos relacionados con las personas que integran la organización y que tienen como propósito alinearlas en pos de los objetivos organizacionales.

Un modelo de competencias permite seleccionar, evaluar y desarrollar a las personas en relación con las competencias necesarias para alcanzar la estrategia organizacional.

Por último, y para cerrar esta sección del capítulo, la expresión "estrategia de Recursos Humanos" hace referencia al conjunto de acciones coordinadas y planeadas para conseguir un fin, desde la perspectiva del área de Recursos Humanos y dentro del marco de la estrategia organizacional.

Desde esta perspectiva será posible fijar una misión y una visión específicas para el área de Recursos Humanos.

© GRANICA

Ubicación del área de Recursos Humanos en la organización

Como se mencionara al inicio del capítulo, el término "Recursos Humanos" por un lado se utiliza para nombrar a la disciplina que estudia todo lo atinente a la actuación de las personas en el marco de una organización y, por otro, identifica al área dentro de la organización, dirección, gerencia o división responsable de todas las funciones organizacionales relacionadas con las personas.

El área de Recursos Humanos tiene una gran diversidad de funciones a su cargo. Todas las inherentes a:

- Subsistemas de Recursos Humanos.

- Administración de personal.

- Relaciones gremiales o sindicales.

- Otras adicionales, según la estructura de cada organización, en relación con servicios centrales, salud, etc.

Conceptos de *línea* y *staff* en relación con el área Recursos Humanos

El término "línea" se utiliza para designar las funciones y/o las áreas fundamentales para el cumplimiento de los objetivos de la organización. Por ejemplo, en una organización industrial, esta denominación corresponde a las áreas de Producción y Ventas.

Otro término relacionado con el concepto de "línea" es "corazón del negocio". La expresión –usualmente utilizada en idioma inglés: *core business*– hace referencia a la actividad principal de una organización, cualquiera sea su tipo.

No implica necesariamente una actividad comercial o lucrativa, sino aquella que representa la razón de ser de la organización, que puede tratarse de una empresa comercial, pero también de una entidad dedicada al bien común o un ente estatal público.

Por otra parte, el término "staff" se usa para designar a las funciones y/o las áreas que si bien son fundamentales para el cumplimiento de los objetivos de la organización, no llevan adelante la actividad central de la misma. Por ejemplo, en una organización industrial, las áreas de Sistemas y Recursos Humanos.

En ocasiones, las funciones *staff* pueden ser llevadas a cabo bajo la modalidad de *outsourcing*, término en inglés de uso frecuente que se utiliza para designar una estructura descentralizada mediante la cual una organización delega tareas en otra, especializada en esa función.

El servicio de *outsourcing*, también denominado *tercerización*, implica la contratación de proveedores externos para la realización de tareas que –usualmente– con anterioridad realizaban los empleados de la propia organización.

En ocasiones, los antiguos colaboradores se transforman en proveedores de servicios a través de esta modalidad.

Las funciones que llevan a cabo las áreas de *línea* o *staff* también se denominan del mismo modo.

El término "funciones de línea" se relaciona con aquellas funciones relevantes para el cumplimiento de los objetivos centrales de la organización (misión, visión, estrategia) y que constituyen el corazón del negocio (*core business*), como pueden ser las áreas de Producción y Ventas, según el tipo de empresa.

El concepto "funciones de staff" se relaciona con aquellas funciones que si bien son relevantes y necesarias para el logro de los objetivos fundamentales de la organización (misión, visión, estrategia), no constituyen el corazón del negocio (*core business*), e incluso podrían ser tercerizadas (mediante *outsourcing*).

En relación con esta obra y la dirección estratégica de Recursos Humanos, podríamos preguntarnos: ¿las funciones del área de Recursos Humanos son de línea o de staff? Y la respuesta es: son de ambos tipos. En el área hay funciones de línea respecto del propio equipo, y de staff respecto de las otras áreas de la empresa.

Ubicación y funciones del área de Recursos Humanos

El área tiene a su cargo una amplia gama de temas, desde los aspectos legales e impositivos en relación con las personas que integran la organización, hasta la administración de los subsistemas de Recursos Humanos.

Según la concepción actual de las funciones del área, se espera que esta participe activamente en la consecución de los objetivos organizacionales (estrategia) contemplando, al mismo tiempo, los intereses de los colaboradores. En adición a esto, en el contexto presente se suma tanto la responsabilidad social empresaria (RSE) como otros aspectos éticos.

En cuanto al lugar que ocupa el área de Recursos Humanos dentro de la estructura de la organización, existen en la práctica muchas variantes. No hay una única ubicación posible para ella.

Una de las sugeridas es la que se expone en la figura de la página siguiente, donde puede verse que el área reporta al número 1 de la organización, al igual que las áreas principales. Este aspecto, si bien no siempre se verifica, es de gran importancia. Cuando la gerencia del área está cerca de la máxima conducción, se encuentra también más cerca de ocupar un rol estratégico dentro de la organización. Si bien con ese único elemento no será suficiente, es un primer paso.

© GRANICA

Ubicación del área Recursos Humanos

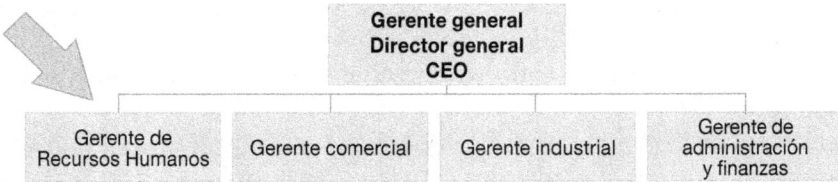

Gerente general / Director general / CEO

- Gerente de Recursos Humanos
- Gerente comercial
- Gerente industrial
- Gerente de administración y finanzas

Organigrama tipo de un área de Recursos Humanos

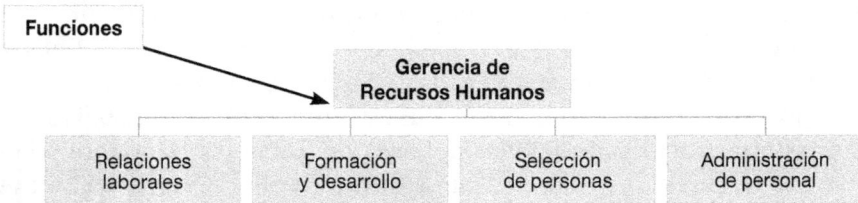

Funciones → Gerencia de Recursos Humanos

- Relaciones laborales
- Formación y desarrollo
- Selección de personas
- Administración de personal

En la segunda parte de la figura pueden verse las funciones del área de Recursos Humanos. No necesariamente deben ser sectores específicos; eso dependerá de cada caso. En el gráfico solo exponemos las principales funciones que, según el tamaño de la empresa, podrán ser desempeñadas por una sola persona o un grupo de ellas.

En esta obra se verán la mayoría de los aspectos mencionados en la figura precedente.

La Gerencia de Recursos Humanos tiene a su cargo temas tratados en los capítulos 1 y 2.

Formación y Desarrollo, se verá en los capítulos 5 y 7. Junto con Desarrollo, usualmente se incluye la Evaluación de desempeño (Capítulo 6).

Selección se estudiará en el Capítulo 4.

Remuneraciones se trata en el Capítulo 8, y si bien no surge de la figura, esta función podrá tener a su cargo los temas del Capítulo 3.

En cuanto a los temas no mencionados en capítulos específicos, como relaciones industriales o relaciones laborales, incluyen todo lo atinente a las relaciones gremiales y sindicales.

La expresión "Administración de personal" hace referencia al manejo de todos los aspectos contractuales de la relación empleado-empleador, incluyendo la liquidación de haberes, cuestiones legales e impositivas relacionadas con los colaboradores y todos aquellos aspectos que aseguren la integridad física de los que forman parte de la organización, por ejemplo, seguridad e higiene. En resumen, se relaciona con el cuidado de todos los aspectos legales de la relación laboral.

Políticas de Recursos Humanos

Políticas y normas de Recursos Humanos. Conceptos y definiciones

Las organizaciones fijan *políticas*, término bajo el cual se agrupan diversas normas internas de acción que tienden a asegurar el cumplimiento de ciertos parámetros (cada organización los define según su criterio), dentro del marco de la visión y estrategia organizacional. Las políticas siempre son definidas por la máxima conducción de la organización.

La expresión "políticas organizacionales" hace referencia a normas o reglas internas de funcionamiento que deberán cumplir todos los integrantes de la organización. Son definidas por cada empresa en función de su cultura y costumbres, respetando las leyes de cada país y/o región, según corresponda.

Dentro de las políticas organizacionales se encuentran las *políticas de Recursos Humanos*.

Por su parte, la expresión "políticas de Recursos Humanos" se utiliza para designar las normas internas en relación con los colaboradores de todos los niveles, que aseguran el respeto de ciertos principios y valores, dentro del marco de la visión y estrategia organizacional. Usualmente contemplan aspectos éticos, de recaudo del patrimonio y del capital intelectual, entre otros.

El término "norma" implica el conjunto de indicaciones o instrucciones que se deben cumplir en relación con un determinado tema.

En el ámbito de las organizaciones, las normas pueden referirse a diferentes aspectos, por ejemplo: comportamientos esperados, cómo llevar a cabo actividades específicas, tareas, procedimientos, etc.

Cuando una organización emite una norma, debe ser cumplida. Cuando esto no ocurre, los involucrados pueden ser objeto de sanciones, según la envergadura de la transgresión.

En las organizaciones también se utiliza la expresión "normas y procedimientos", en este caso en referencia a los métodos internos para realizar ciertas tareas o funciones. Cuando las normas y procedimientos están registrados por escrito, en el ámbito de la organización en cuestión tienen *fuerza de ley* (interna).

© GRANICA

Para una eficaz implementación de dichas normas y procedimientos se deben establecer claramente los pasos para actuar dentro de ese marco normativo y, al mismo tiempo, determinar las consecuencias derivadas de no hacerlo.

Las normas y procedimientos de la organización tienen relación con la materia de esta obra, dado que los colaboradores de todos los niveles deberán desempeñarse de acuerdo con esos lineamientos.

Dentro de las políticas de Recursos Humanos se puede citar muchos ejemplos. Desde políticas sobre disciplina hasta las políticas de puertas abiertas y políticas sobre diversidad. Veamos primero estos ejemplos.

Políticas sobre disciplina. Normas o reglas internas relacionadas con el cumplimiento de los procedimientos fijados por la organización por parte de las personas que la integran.

Los procedimientos a aplicar son de tipo preventivo y/o correctivo.

- *Procedimientos preventivos.* Acciones tendientes a lograr que los colaboradores cumplan las normas y políticas organizacionales.

- *Procedimientos correctivos.* Acciones posteriores que se realizan cuando los colaboradores no respetan las normas y políticas organizacionales.

Política de puertas abiertas. La expresión hace referencia a una política organizacional por la cual los colaboradores pueden acceder a niveles superiores con facilidad, para plantear inquietudes y sugerencias, sin seguir una estricta línea jerárquica.

En la práctica, si bien se fomenta la comunicación entre los distintos niveles, la misma se realiza sobre la base de algunas reglas previamente fijadas y conocidas por todos.

Políticas sobre diversidad. Normas o reglas internas por las cuales una organización se asegura que en sus filas trabajen personas con diferentes características vinculadas a la composición social de la sociedad de la que forma parte y/o a la cual dirige sus productos o servicios.

Las organizaciones de todo tipo y tamaño deberían contar con políticas de Recursos Humanos, más o menos detalladas, que de algún modo regulen la vida cotidiana dentro de ellas.

Algunas de las políticas de Recursos Humanos más frecuentes:

- *Manual del empleado.* Describe con un lenguaje simple y conciso el comportamiento que es aceptado (y cuál no lo es) en el ámbito de esa organización.

- *Acoso sexual y moral.* Muchas personas han experimentado algún tipo de acoso a lo largo de sus carreras. Esta política define que la organización repudia el acoso sexual y/o moral, no solo porque es ilegal y, de ocurrir, la organización puede quedar expuesta a algún proceso legal, sino porque además está reñido con las buenas costumbres.

- *Oportunidades equitativas.* Contendrá criterios con relación a la igualdad de oportunidades tanto en contrataciones externas como en promociones internas. De acuerdo con la cultura organizacional y con las leyes de cada país, establecerá la postura organizacional en relación con mujeres, minorías, personas de todas las edades y de todas las religiones, etc.

- *Vestimenta.* La indumentaria aceptada en las organizaciones es cada vez más informal; no obstante, cada organización fija sus reglas y define si se permite o no la ropa informal y qué se entiende por tal.

- *Horarios.* Establecerá los horarios de trabajo regulares. Si bien se puede ser flexible en ciertos casos, se deben establecer los horarios de funcionamiento. Si se desea fijar horarios flexibles, esto igualmente deberá estar definido. En el caso de teletrabajo también se deberán fijar criterios a seguir.

- *Llamadas y otras comunicaciones.* Las organizaciones fijan normas respecto de llamadas telefónicas y uso de otros recursos como Internet y correo electrónico, redes sociales, etc.

- *Romances.* Es imposible evitar que las personas que trabajan juntas establezcan entre sí este tipo de relaciones. Por ello muchas empresas establecen pautas al respecto.

- *Relaciones familiares.* Se pueden fijar políticas en relación con vínculos familiares.

- *Fumar.* Se debe establecer una política clara sobre la prohibición o no de fumar. Lo usual es que no se permita fumar, por lo cual se deben definir políticas de permisos y lugares para fumadores.

- *Préstamos a empleados.* Si la empresa desea favorecer a sus colaboradores con préstamos, se deberán fijar políticas claras al respecto. Se podrá fijar una suma límite a prestar a cualquier empleado a través de anticipos de sueldo u otros préstamos de más largo plazo; lo usual es establecer un porcentaje en relación con el salario del empleado.

En relación con la vestimenta

- *Casual day:* se utiliza esta expresión para indicar que los días viernes está permitida la utilización de ropa informal, siempre que ese día no se deba concurrir a reuniones fuera de la organización que exijan un vestuario más formal. Se apela al buen gusto del personal; no imaginamos gente vestida desaprensivamente, sino con ropa cómoda o informal pero adecuada a una actividad laboral.

- *Casual season:* es un concepto similar al anterior pero aplicado a la estación estival, con las mismas limitaciones expuestas.

No todas las políticas –por ejemplo, las relacionadas con la vestimenta– son aplicables a todas las organizaciones, a todos los negocios, a todas las culturas.

Ejemplos de aspectos a tomar en cuenta en la definición de políticas sobre los *social media*[3]

A continuación se exponen algunas ideas a tener en cuenta a modo de ejemplo. Cada organización deberá analizar y establecer sus propias pautas.

- *Uso de los bienes de la organización.* Contempla la utilización de equipos, conexiones, software y dispositivos de todo tipo, así como el tiempo de trabajo insumido en dicho uso. Este aspecto es considerado en la mayoría de las organizaciones y se tiene en cuenta desde hace mucho tiempo, ya que la mayoría de las empresas comenzaron a delimitar el uso de Internet en su versión 1.0.

- *Publicación de información de la compañía.* Debe diferenciarse la publicación de información a título personal de la realizada en relación con las funciones laborales.
  Las publicaciones a título individual, usualmente, están prohibidas en todos los casos.
  En relación con las publicaciones derivadas de las funciones de cada puesto de trabajo se deberán fijar límites de responsabilidad, según las diferentes posiciones.

- *Utilización de las redes sociales para fines relacionados con los respectivos puestos de trabajo.* Se delimita el uso.

- *Utilización de redes sociales para fines estrictamente personales y no relacionados con los puestos de trabajo.* Usualmente no está permitida.

---

3   *Social media:* es la combinación de herramientas de Internet: blogs, wikis, entre otras. Implica contenidos creados y diseminados por la gente. Usualmente se la relaciona con la "democratización del conocimiento", dado que permite transformar a la gente de consumidores pasivos en personas activas que contribuyen con comentarios, agregados o la generación de un nuevo conocimiento. Se utiliza la denominación en inglés dado que es de uso frecuente y se la menciona en muchas obras sobre, por ejemplo, Recursos Humanos y desarrollo, en diferentes lenguas.

- *Utilización de redes sociales como parte de las tareas/responsabilidades del puesto.* Usualmente se diseña un procedimiento específico.

- *Participación en foros, wikis u otras redes colaborativas en representación de la organización.* La información que se puede compartir se define previamente y se delimita el nivel de autoridad y alcance.

- *Posiciones frente a temas controvertidos, políticos, etc.* Si bien este aspecto no es considerado con frecuencia, excepto en algunas empresas específicas como medios de comunicación, es un punto que puede ser contemplado.

- *Aspectos relacionados con incumplimiento de leyes o políticas organizacionales.* Las empresas fijan políticas de diferente tipo con relación a cómo debería ser la observancia de estas pautas dentro de los *social media*. Ejemplo: si la organización cuenta con políticas referidas a la responsabilidad social empresaria, un colaborador no podría hacer manifestaciones públicas en contra de ellas.

No sugerimos reemplazar las políticas por medidas coercitivas. Muchas organizaciones controlan la utilización de la comunicación 2.0 a través del hardware, es decir, limitando el uso de ciertas aplicaciones en los dispositivos que la organización pone a disposición de sus colaboradores (por ejemplo, conexión a Internet en laptops y ordenadores en sus diferentes variantes y en teléfonos que la admiten).

Este tipo de medida es siempre de alcance limitado. No será posible ejercer un control de este tipo, por ejemplo, sobre los teléfonos inteligentes (*smartphones*) que son de propiedad de cada colaborador.

Roles y perfil del profesional de Recursos Humanos

En la presentación de esta obra he expresado algunas consideraciones respecto de este punto a tener en cuenta. Adicionalmente, varios de los temas que conforman este capítulo inciden en el análisis de los roles y el perfil del profesional de Recursos Humanos.

En obras previas[4] he tratado diversos aspectos relacionados con esta cuestión, bajo el concepto *roles del profesional de Recursos Humanos.*

---

4   *La Marca Recursos Humanos.* Ediciones Granica, Buenos Aires, 2014. *Comportamiento organizacional.* Ediciones Granica, Buenos Aires, 2007. *Social Media y Recursos Humanos.* Ediciones Granica, Buenos Aires, 2012.

© GRANICA

Los especialistas de Recursos Humanos deben cumplir una serie de funciones inherentes a sus respectivos puestos de trabajo. En adición a ello, por el hecho de ser "profesionales" del área, deberán asumir roles específicos para que esa área cumpla con el cometido que se espera de ella en el contexto actual. A continuación se expondrán los que se consideran más relevantes (ver figura al pie).

De acuerdo con la figura, se han identificado los roles del profesional de Recursos Humanos, que a su vez conforman el perfil requerido para llevar a cabo dicha función. Estos son:

- *Estrategia.* El directivo de Recursos Humanos debe primero comprender la estrategia organizacional, para luego llevar adelante planes de acción orientados a que esa estrategia se concrete. Para ello debe desplegar su manejo experto de los asuntos del área.

- *Personas.* El directivo de Recursos Humanos debe interpretar a los colaboradores dentro del marco organizacional. Interesarse por sus inquietudes y proyectos, analizar la satisfacción laboral y cómo compatibilizar los diferentes intereses individuales con los planes de la organización.

Los roles y el perfil de los profesionales de Recursos Humanos

- *Talento.* Debe desarrollar el talento con un enfoque *ganar-ganar.* Cuando se trabaja de este modo, el desarrollo del talento de las personas es al mismo tiempo positivo para ellas –aumenta su autoestima, permite su autorrealización– y para la organización –que de esa manera contará con colaboradores altamente calificados, en conocimientos y competencias, en relación con los puestos que ocupan en la actualidad y/o que ocuparán en el futuro–.

- *Ética.* Implica evidenciar un comportamiento ético, en todo momento. Al comportamiento ético individual y grupal debe adicionarse la consideración de dichos principios en el diseño de los distintos subsistemas de Recursos Humanos. Por esta razón se lo menciona como un rol diferenciado de los otros. En los capítulos siguientes de esta obra se expondrán las buenas prácticas en Recursos Humanos que permitirán cumplir tanto con los aspectos éticos como con el punto siguiente vinculado al manejo experto.

- *Experto.* Ser un experto. Implica no solo conocer sobre Recursos Humanos sino ir un paso más allá: identificar las diferentes herramientas y buenas prácticas para luego determinar cuáles de ellas son las adecuadas para la organización y las que permitirán alcanzar la estrategia. Para alcanzar los resultados esperados y sus objetivos estratégicos la organización cuenta con *todas* las personas que la integran, directivos y colaboradores de todos los niveles. Un manejo experto de los recursos humanos implica, en todos los casos, aplicar un enfoque *ganar-ganar.*

La lectura de lo expuesto en párrafos anteriores puede realizarse con, al menos, dos perspectivas. Desde la mirada de lo que requiere el número 1 de la organización al responsable de Recursos Humanos, la lectura debería ser: *Estrategia, Personas, Talento, Experto, Ética*, priorizando los tres primeros. La idea se expresa en la figura superior de la página siguiente y la hemos identificado como la "mirada 1".

En cambio, si se desea considerar los roles y el perfil tomando como eje lo que se necesita para ser un buen profesional de Recursos Humanos, habría que comenzar la lectura en otro sentido, a partir de *Ética* y *Experto.* Es decir, se requiere evidenciar un comportamiento ético y experto al mismo tiempo; si no se cuenta con estos factores, los restantes, si bien son importantes, no serán suficientes. La idea se expresa en la figura inferior de la página siguiente y la hemos identificado como la "mirada 2".

Hasta aquí hemos presentado dos miradas posibles sobre los roles del profesional de Recursos Humanos. La primera, desde el número 1 de la organización, la hemos identificado como "mirada 1", y considera en primer término la *Estrategia.* Sin embargo, este no será siempre el enfoque que se deba considerar.

© GRANICA

Mirada 1. Lo que la organización espera del área de Recursos Humanos

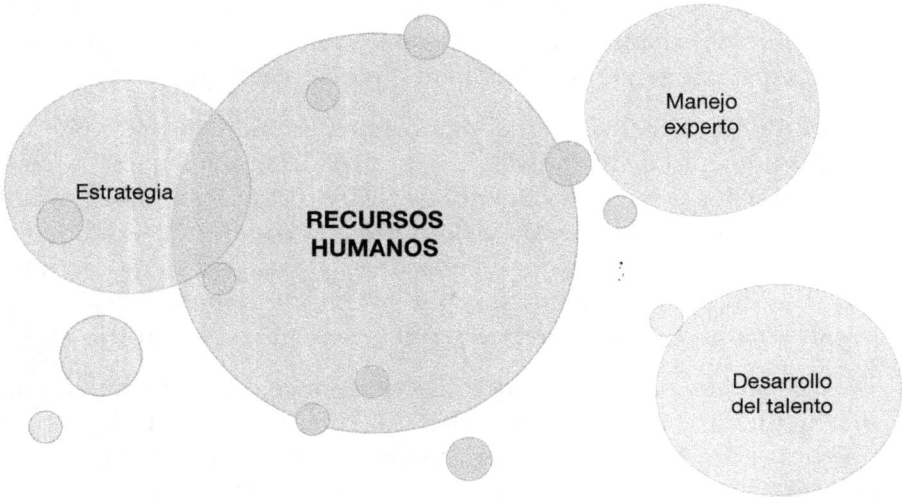

Manejo
experto

Estrategia

**RECURSOS
HUMANOS**

Desarrollo
del talento

Mirada 2. Lo necesario para lograr aquello que la organización espera

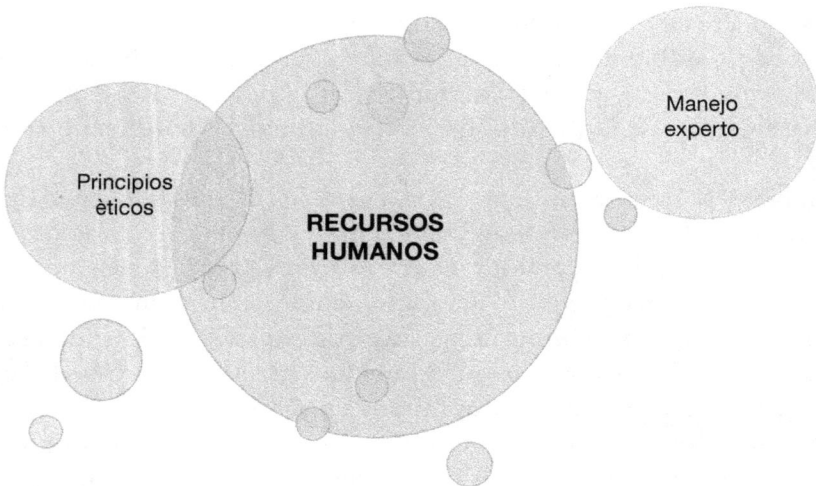

Manejo
experto

Principios
èticos

**RECURSOS
HUMANOS**

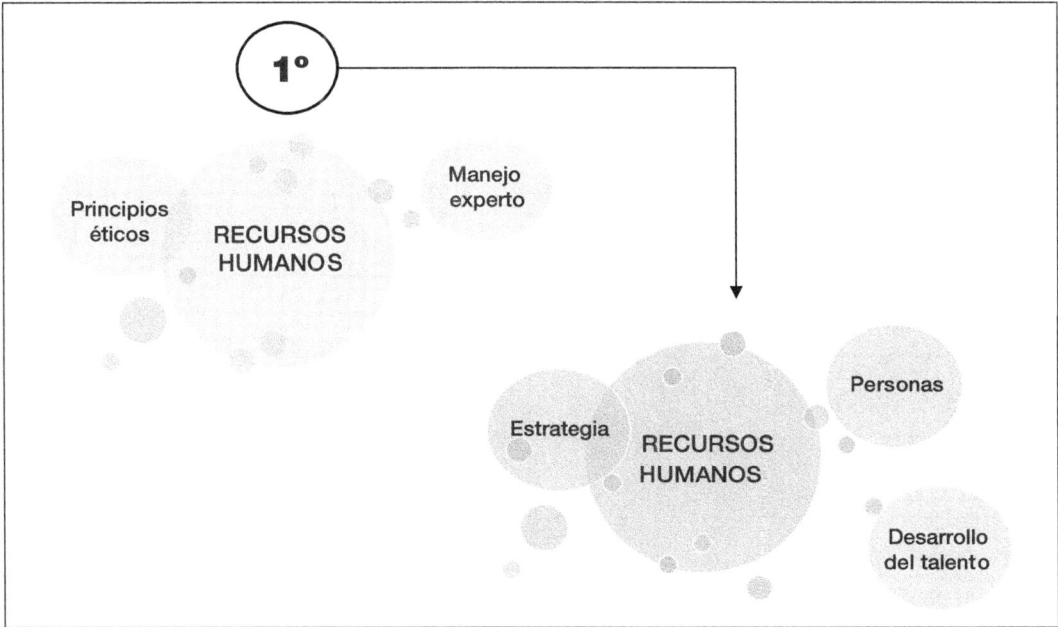

Para analizar los factores necesarios para transformarse en un buen profesional del área, habría que invertir el análisis, es decir, comenzar por la "mirada 2". Como ya se dijo, si no se posee *Ética*, y no se cuenta con un manejo *Experto*, si bien se pueda alcanzar la *Estrategia*, el desempeño no será satisfactorio para todos los involucrados.

En resumen, si se deseara analizar el descriptivo de puestos y la adecuación persona-puesto de un futuro o actual profesional del área de Recursos Humanos, habría que hacerlo de la siguiente manera: primero, determinar si la persona evaluada para dicho puesto posee los principios éticos y el manejo experto en relación con la posición a ocupar, para luego analizar los siguientes aspectos. La idea se expresa en la figura precedente.

A estas dos miradas habría que adicionarle un análisis adicional y complementario, el cual ha sido identificado como "mirada 3", una visión conjunta simultánea de los diferentes roles (ver imagen en la página siguiente).

En resumen, la interrelación entre *Estrategia, Personas, Talento, Experto* y *Ética* no debe leerse en un solo sentido. Cada uno de los elementos se relaciona con los otros. Por ejemplo, para diseñar un programa orientado a las *Personas*, con el propósito de incrementar la satisfacción laboral, habrá que contemplar al mismo tiempo elementos que conforman los otros roles: *Estrategia, Talento,*

Mirada 3. Visión conjunta

	Estrategia	Personas	Talento	Ética	Experto
Estrategia					
Personas					
Talento					
Ética					
Experto					

Ética y *Experto*. Un análisis similar deberá realizarse en relación con los restantes aspectos.

No será posible analizar uno de estos roles aisladamente. Y no alcanza con cubrir alguno/s de ellos, sino que se deberán tener en cuenta todos de manera particular y en conjunto, al mismo tiempo.

Los subsistemas de Recursos Humanos

Como ya hemos dicho, Recursos Humanos es una disciplina, cuyo nombre puede coincidir o no con el nombre del área que se ocupa de las personas en el ámbito de una organización. Dada la índole del tema, por un lado se pueden considerar aspectos teóricos y, por otro, las buenas prácticas referidas al tema. Si bien la mención de algunos aspectos teóricos siempre es interesante, al lector, en general, le interesan más las buenas prácticas.

Es importante aclarar que la función del área de Recursos Humanos puede tener otros aspectos a su cargo, además de los aquí mencionados; solo por citar dos muy frecuentes: 1) liquidación de salarios, beneficios y temas impositivos relacionados y 2) relaciones sindicales, además, de seguridad y otros netamente vinculados a los aspectos legales de la relación de los colaboradores con su empleador. Todas estas funciones son sumamente relevantes, solo que no serán mencionadas en esta sección, dado que me focalizaré en todo aquello que "no es obligatorio" llevar a cabo, sino que deviene de las "buenas prácticas", con el propósito fundamental de alcanzar los objetivos estratégicos.

Las referidas buenas prácticas de Recursos Humanos comienzan por la aplicación de los denominados *subsistemas de Recursos Humanos*, sobre los cuales solo se hará –a continuación– una breve mención. Una adecuada puesta en marcha de los subsistemas, es decir, un diseño acorde a las necesidades, con una implantación cuidada, con entrenamiento a las distintas áreas de la organización en cuanto a su utilización, permitirá que todos los integrantes, tanto los directivos como los colaboradores en general, trabajen de manera mancomunada en pos de los objetivos organizacionales.

Si los subsistemas son diseñados e implantados de este modo, la relación entre empleado y empleador será del tipo *ganar-ganar*: será bueno para la organización y, al mismo tiempo, lo será también para el empleado, sus jefes, compañeros de trabajo y funcionarios de otras áreas de todos los niveles. Este tipo de diseño e implantaciones es el que tiene éxito en el tiempo.

Subsistemas de Recursos Humanos

El término implica: segmentos del sistema de Recursos Humanos, compuestos por normas, políticas y procedimientos, racionalmente enlazados entre sí, que en conjunto contribuyen a alcanzar una meta, en este caso, los objetivos organizacionales, y que rigen el accionar de todos los colaboradores que integran la organización, desde el número 1 hasta el último nivel de la estructura.

Los subsistemas de Recursos Humanos son:

- *Análisis y descripción de puestos.*
- *Atracción, selección e incorporación de personas.*
- *Evaluación de desempeño.*
- *Remuneraciones y beneficios.*
- *Desarrollo y planes de sucesión.*
- *Formación.*

En todos los casos, los subsistemas de Recursos Humanos se diseñan a medida de cada organización.

© GRANICA

En resumen, para una mejor gestión organizacional será necesario que todos los integrantes de la organización conozcan acerca de sus responsabilidades, sean evaluados en función de ellas y reciban la formación adecuada. Conjuntamente con la posibilidad de hacer una carrera y lograr un trato equitativo en su remuneración. Lo expuesto puede apreciarse en la figura ubicada al pie de esta página.

A continuación se ofrece una breve descripción de cada uno de los subsistemas de Recursos Humanos.

- *Análisis y descripción de puestos.* Cada organización debe contar, por escrito, con una breve descripción de cada uno de los puestos que la integran. De este modo se asegura la no repetición de tareas, se evita que otras queden sin ser asignadas a algún colaborador, y al mismo tiempo se fija la base de los demás subsistemas. La descripción de puestos de toda una organización suele integrar lo que se denomina "Manual de puestos". Veamos cómo se articulan los demás subsistemas, a partir de la descripción de puestos:

  – Se seleccionan personas en función del puesto.

  – Se evalúa el desempeño en función del puesto.

Los subsistemas de Recursos Humanos

- La equidad interna y externa en materia de remuneraciones se analiza en función del puesto.

- Los diferentes planes de desarrollo, de sucesión y los demás programas para el desarrollo de personas que conforman una organización se confeccionan en función del puesto que cada persona ocupa en la actualidad o se prevé que ocupará en el futuro; y lo mismo vale para los planes de formación y desarrollo de competencias (subsistema de *Formación*).

En la actualidad ha cambiado la forma en que se elaboran los descriptivos de puestos, no su aplicación práctica. Las personas necesitan saber qué se espera de ellos y cuáles son sus responsabilidades. Esta claridad en la relación es positiva para el colaborador, para su jefe y para la organización en su totalidad.
Este subsistema se verá en el Capítulo 3.

- *Atracción, selección e incorporación de personas.* La atracción de las personas adecuadas, una buena selección, de tipo profesional y aplicando las pruebas más convenientes en cada caso, así como un adecuado proceso de incorporación, son acciones que definirán un buen inicio de la relación laboral de un buen empleado. La elección sobre cuáles son las pruebas más convenientes dependerá de cada caso en particular. El responsable de conducir el proceso de selección deberá determinarlo según lo que se considere más conveniente.
Este subsistema se verá en el Capítulo 4.

- *Evaluación de desempeño.* Las personas esperan que se les diga cómo están haciendo las cosas. Además, un buen sistema de evaluación de desempeño combinado con administración por objetivos será un excelente motivador de los colaboradores. Usualmente se vincula con temas económicos a través del subsistema que se explica a continuación.
Este subsistema se verá en el Capítulo 6.

- *Remuneraciones y beneficios.* El cuidado de la equidad, tanto hacia el interior de la organización como con relación al mercado, es otro de los pilares de la buena relación entre el empleado y el empleador.
Este subsistema se verá en el Capítulo 8.

- *Desarrollo y planes de sucesión.* El desarrollo de las capacidades de las personas —en especial en relación con sus competencias—, los planes de carrera y los planes de sucesión y los demás programas relacionados para el desarrollo de personas dentro de la organización, se han transformado de "buenas prácticas de Recursos Humanos" en ítems para medir el capital intelectual de una organización.

Este subsistema se verá en el Capítulo 7.

- *Formación.* Las organizaciones realizan una serie de actividades con el propósito de mejorar la actuación de las personas en relación con el puesto de trabajo que ocupan en el presente o que ocuparán eventualmente, en el futuro. Las inversiones en capacitación y desarrollo podrán pasar de ser "un gasto" a constituir una inversión organizacional cuando estos planes se formulen en relación con la estrategia.

  Este subsistema se verá en el Capítulo 5.

Los subsistemas tienen relación entre sí y uno de ellos constituye la puerta de entrada a los restantes: *Análisis y descripción de puestos.* Muchas organizaciones poseen descriptivos de puestos pero estos no están actualizados o no representan la estrategia organizacional. En ambos casos deberán ser revisados para que reflejen las principales responsabilidades de cada puesto –en definitiva, lo que se espera de los ocupantes de las diferentes posiciones–.

En síntesis, una vez que se cuenta con los descriptivos de puestos, sobre la base de ellos se selecciona a los nuevos colaboradores, se evalúa su desempeño y se diseñan los distintos programas relacionados con la formación y el desarrollo de personas. Como se verá en el Capítulo 7, dentro del subsistema *Desarrollo y planes de sucesión* se engloban los distintos programas para el desarrollo de las capacidades de las personas que ya integran la organización junto con los planes que aseguren la sucesión –en especial, en el nivel gerencial–.

Los distintos subsistemas mencionados tienen, como puede visualizarse en los dos gráficos siguientes, una cierta interconexión y orden.

Como ya se expresara, el primer subsistema que debe diseñarse (o actualizar, según corresponda) es *Análisis y descripción de puestos.* Sobre la base de este subsistema será factible la *Atracción, selección e incorporación* de personas a la organización. Adicionalmente, para una adecuada selección de personas será necesario contar con políticas en materia de remuneraciones e, idealmente, una estructura de puestos con su respectiva escala retributiva.

En algunos casos, la selección de personas podrá tener repercusión en otro de los subsistemas, *Formación.*

También sobre la base del subsistema *Análisis y descripción de puestos* será factible la puesta en marcha de la *Evaluación de desempeño.* Una vez que se cuenta con ambos subsistemas en funcionamiento, será posible llevar a cabo las distintas actividades de *Formación.*

Los subsistemas de Recursos Humanos: su interconexión - 1

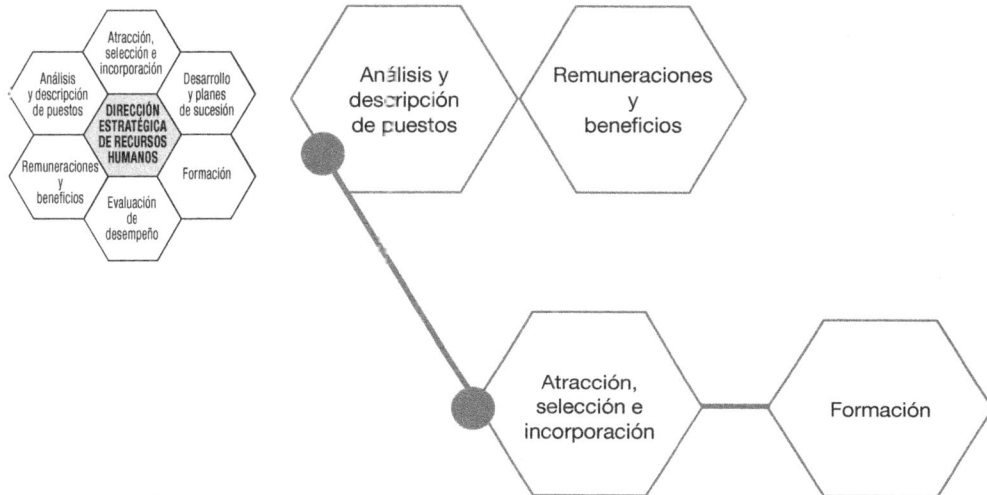

Los subsistemas de Recursos Humanos: su interconexión - 2

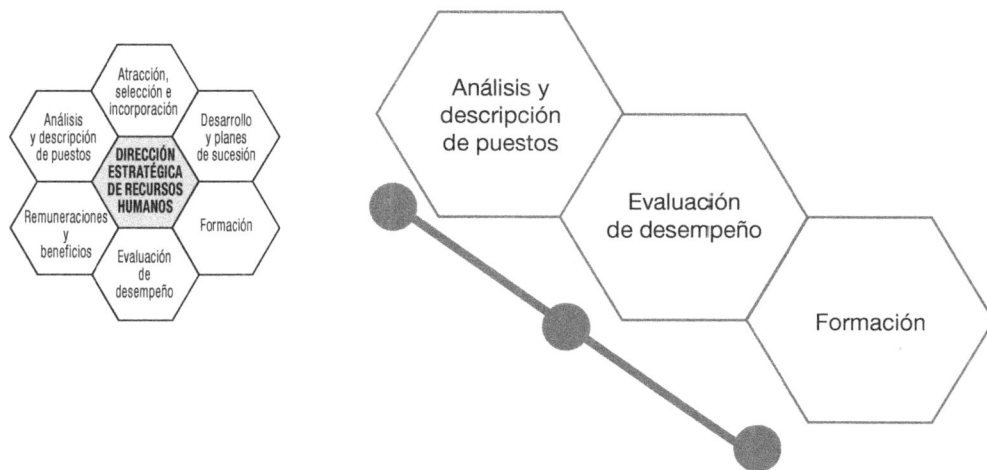

Las personas que ya pertenecen a la organización, en sus años de perma-
nencia en ella transitan, de manera consciente o no, ciertas "rutas" que les permitirán su desarrollo personal y profesional. Estas "rutas" pueden ser formales
o informales, pero siempre existen, de un modo u otro. El camino a seguir,
dentro de una organización, recorre los diversos subsistemas mencionados más
arriba.

La "ruta" más habitual será la señalada en el gráfico siguiente, en el cual hemos
partido de la clásica representación de los subsistemas de Recursos Humanos utilizada en nuestras obras.

La "ruta" o el camino a recorrer comienza con el ingreso a la organización (1), y
continúa con el paso 2, cuando a la persona se le entrega el descriptivo de su puesto.
A partir de allí su jefe evaluará su desempeño (3) y en función de las necesidades
que surjan, los colaboradores recibirán formación a través de los programas pertinentes (4). Luego, continúa la ruta (5) en función de su desempeño y de acuerdo
con los diferentes programas que la organización haya diseñado. De este modo la
ruta o camino de los diferentes colaboradores a través del tiempo se relaciona con
todos los subsistemas de Recursos Humanos. En la secuencia no hemos mencionado
Remuneraciones y beneficios como un paso específico; sin embargo, se relaciona con
todos los restantes.

Ruta de los colaboradores dentro de una organización y su relación con los subsistemas de Recursos Humanos

La formación, como ya hemos mencionado en otras obras, se relaciona tanto con conocimientos como con competencias, y en los distintos programas para el desarrollo de personas dentro de la organización se considera, además de estos aspectos (conocimientos y competencias), la *experiencia,* tanto la requerida por el puesto como la que cada persona posee.

En nuestra firma, trabajamos con una serie de programas que hemos denominado *Mapa y ruta de talentos,* que se expondrán en el Capítulo 7. ¿Por qué *mapa*? Porque el primer paso para trabajar en la formación y desarrollo de talentos será tomar un inventario sobre las capacidades de las personas. Se verá cómo hacer un inventario en las páginas siguientes de este mismo capítulo.

Muchas organizaciones preparan su inventario registrando información actualizada sobre estudios y cursos especiales de sus colaboradores. Esto está muy bien, pero es absolutamente insuficiente. Un "inventario de talentos", una *cartografía del talento* si hablamos de *mapa de talentos,* consistirá en medir las capacidades de los colaboradores en toda su dimensión, incluyendo en esta medición conocimientos, experiencia, competencias y valores cuando estos no se hayan incorporado al modelo de competencias.

¿Por qué hablamos de *ruta*? Porque de manera planeada o no, las personas siguen un camino dentro de la organización. El desafío será planear la ruta a seguir para construir talento dentro del ámbito de la organización. La *ruta* que seguirán los colaboradores será definida a través de la implantación de modernos programas organizacionales que contemplen, por un lado, las últimas teorías al respecto, considerando, al mismo tiempo, los intereses personales de los colaboradores. La base de cualquiera de los programas mencionados será la formación adecuada de los colaboradores para alcanzar un nivel superior, cualquiera sea el objetivo planteado, tanto por la organización como por el colaborador.

Enfoque sistémico aplicado a la consecución de la estrategia organizacional

El concepto "enfoque sistémico" es un aspecto relevante dentro de esta disciplina y se lo incluye, además, entre las nuevas tendencias en la materia. Por mi parte, lo considero de importancia capital, dado lo difundido de las "malas prácticas", todas ellas –o al menos la mayoría– basadas en buenas intenciones y propósitos y, sin embargo, ineficientes.

El concepto de "sistémico" deviene del más simple sentido común: darle a un tema un tratamiento de tipo global, considerándolo en su totalidad, sin dejar de lado ninguna de las partes que lo componen.

Las organizaciones, de cualquier tipo o tamaño, tienen un propósito u objetivo a alcanzar. Por lo que se espera que todos los que trabajan en ellas lo hagan en conjunto para, entre todos, alcanzar el referido objetivo.

El enfoque sistémico aplicado a los Recursos Humanos implica que el manejo de estos se haga con una mirada de conjunto, en oposición a una mirada parcial.

¿Qué ocurre cuando esto no se verifica? En las organizaciones, usualmente, se implementan una serie de programas y métodos de trabajo intrínsecamente "buenos", pero de manera descoordinada y sin tener en cuenta la estrategia. En todos estos casos el diagnóstico es similar, no se trabaja bajo un enfoque sistémico. Cuando la organización es de gran tamaño, este problema puede alcanzar una dimensión aun mayor.

La idea de enfoque sistémico en relación con los Recursos Humanos se expone en el gráfico ubicado al pie de esta página.

Nuestra recomendación a las organizaciones clientes es definir como factor aglutinador un modelo de competencias diseñado en función de la *visión y estrategia* que, a su vez, garantice el referido enfoque sistémico, tema que se verá en el Capítulo 2.

En el caso que se implante un modelo de competencias todos los programas que atañan a las personas se diseñarán en función de las competencias definidas en dicho modelo. Si, como se dijo en el párrafo anterior, las competencias reflejan la visión a alcanzar, este adecuado enfoque será trasladado al resto de los programas.

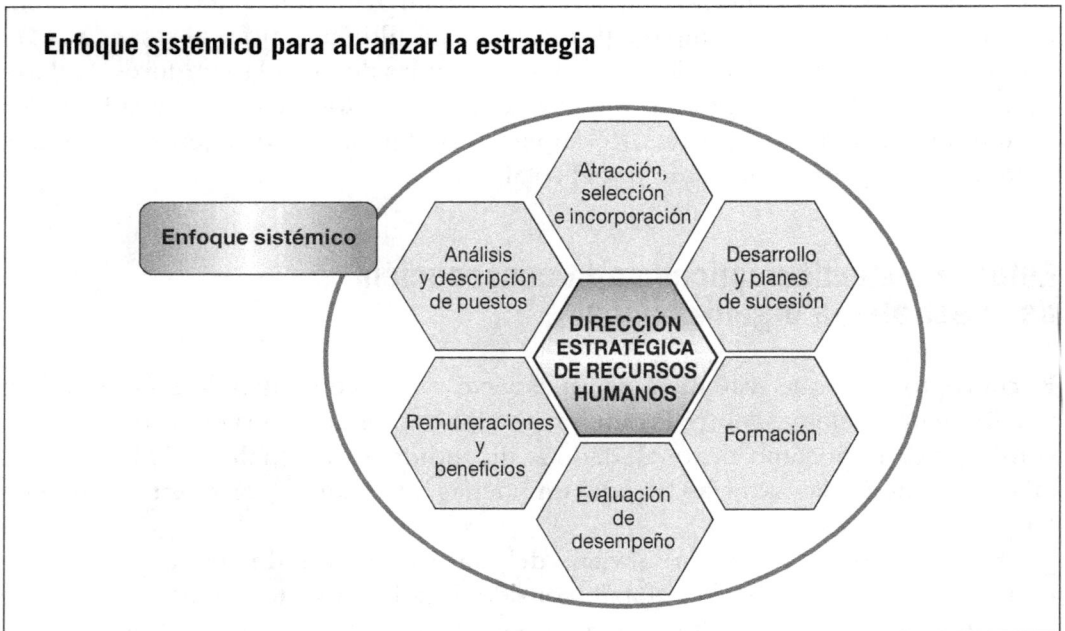

Enfoque sistémico para alcanzar la estrategia

Enfoque sistémico

Atracción, selección e incorporación

Análisis y descripción de puestos

Desarrollo y planes de sucesión

DIRECCIÓN ESTRATÉGICA DE RECURSOS HUMANOS

Remuneraciones y beneficios

Formación

Evaluación de desempeño

Por último, debe tenerse en cuenta que los distintos métodos y procedimientos en relación con las personas deben ser asimilados y llevados a la práctica por cada individuo en particular; es decir, cada colaborador deberá tomar en cuenta diferentes elementos y actuar. Mientras más sencillos y coherentes sean los procedimientos, mayor será la posibilidad de que sean comprendidos adecuadamente y llevados a la práctica. Si, por el contrario, un colaborador –de cualquier nivel– debe cumplir una serie de indicaciones dispersas y desarticuladas, lo más probable es que para realizar sus labores utilice su propio criterio, el cual puede no ser compartido por otros.

En resumen, para la efectividad de los distintos subsistemas y métodos de trabajo organizacionales, la mejor sugerencia es su aplicación con un enfoque sistémico, coordinado y coherente; y, en todos los casos, deben ser diseñados en función de la visión y estrategia organizacionales. Este enfoque será el deseado por los que conducen la organización (CEO[5], directores y gerentes) y, al mismo tiempo, será beneficioso para los colaboradores de todos los niveles.

La idea expresada en el último párrafo se sintetiza en el siguiente gráfico.

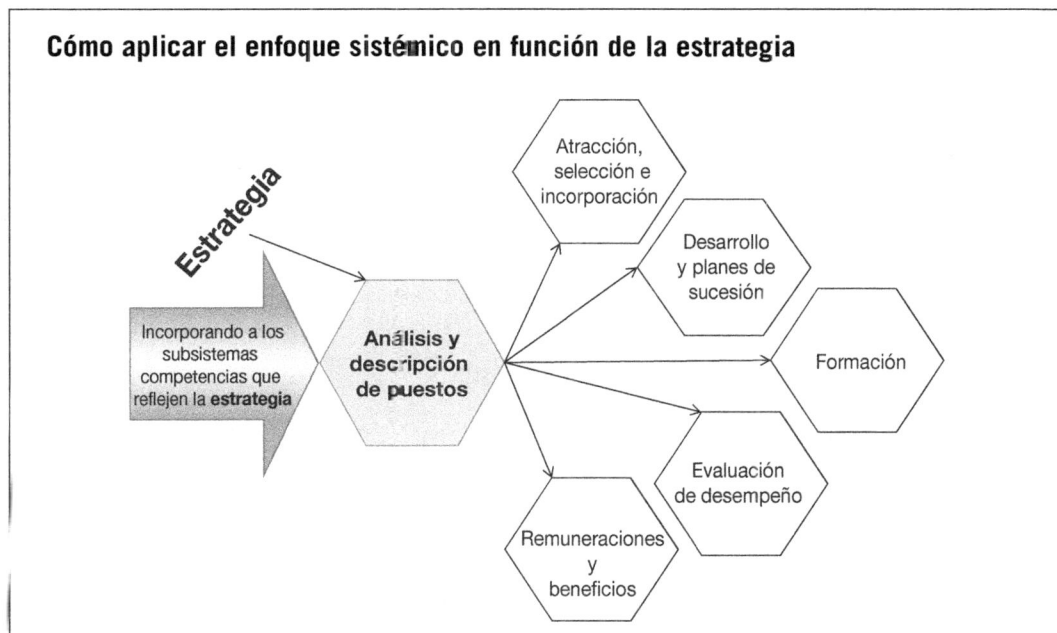

Cómo aplicar el enfoque sistémico en función de la estrategia

Estrategia

Incorporando a los subsistemas competencias que reflejen la **estrategia**

Análisis y descripción de puestos

Atracción, selección e incorporación

Desarrollo y planes de sucesión

Formación

Evaluación de desempeño

Remuneraciones y beneficios

---

5   CEO: sigla que corresponde a la expresión inglesa *Chief Executive Officer* y que se utiliza para denominar al número 1 de una organización.

© GRANICA

Los distintos métodos de trabajo se "resumen" en el *descriptivo de puestos,* que será la base de todos los otros subsistemas: *Atracción, selección e incorporación de personas, Evaluación de desempeño, Remuneraciones y beneficios, Formación,* y *Desarrollo y planes de sucesión.*

En cuanto al colaborador, el referido documento (descriptivo de puestos) será la guía sobre la cual deberá basar su accionar cotidiano y en relación con la que se medirá su desempeño y la adecuación persona-puesto. La idea se expresa en el gráfico al pie.

Cuando se logra lo expuesto en dicho gráfico, se simplifican los métodos de trabajo. El colaborador tendrá un documento guía para su accionar que –a su vez– reflejará lo que se espera de él y será el patrón de medida de su desempeño. Desde ya, y como se explica en relación con la *evaluación vertical* en el Capítulo 6, no serán los únicos elementos a tomar en cuenta para evaluar el desempeño, sino la base del diseño de la evaluación.

El círculo virtuoso se cierra, dado que su jefe tendrá la misma referencia, tanto de medida como para guiar su propio accionar, y si el *descriptivo* fue diseñado contemplando la estrategia organizacional, esto implicará que todos en esa organización trabajan en conjunto para alcanzarla.

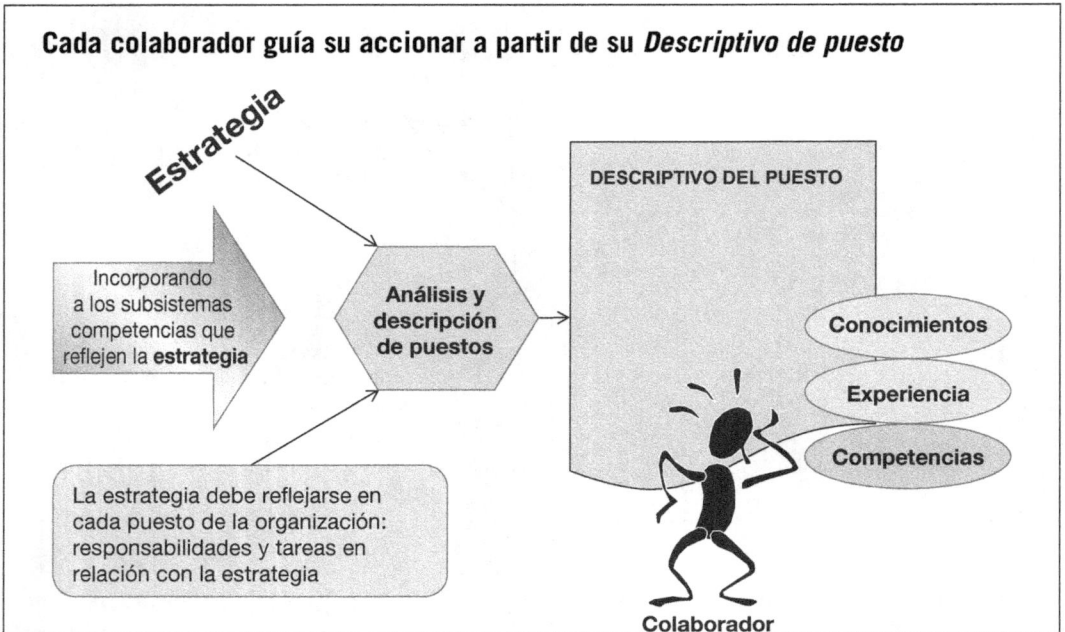

Cada colaborador guía su accionar a partir de su *Descriptivo de puesto*

Estrategia

Incorporando a los subsistemas competencias que reflejen la **estrategia**

Análisis y descripción de puestos

DESCRIPTIVO DEL PUESTO

La estrategia debe reflejarse en cada puesto de la organización: responsabilidades y tareas en relación con la estrategia

Conocimientos

Experiencia

Competencias

Colaborador

Planeamiento de los recursos humanos

El planeamiento de los recursos humanos no es independiente. Muy por el contrario, se relaciona directamente con la planificación de la organización en su conjunto.

Planificación organizacional y planificación específica de los recursos humanos

En páginas previas se analizó la estrategia organizacional y su relación con los recursos humanos. Por otra parte se ha identificado la estrategia de Recursos Humanos como ese conjunto de acciones coordinadas y planeadas para conseguir un fin, desde la perspectiva del área de Recursos Humanos y dentro del marco de la estrategia organizacional.

Todas las organizaciones realizan un planeamiento de sus actividades a través de acciones que se llevan a cabo con el propósito final de confeccionar un plan de acción en relación con un determinado tema. En el ámbito de las organizaciones el planeamiento implica la consideración de todos los elementos necesarios para que un proyecto, función, área, unidad de negocios o la empresa en su conjunto alcance un objetivo determinado.

Continuando con nuestra área de interés, también se puede identificar un planeamiento de los recursos humanos. La planificación del capital humano de una empresa es una de las responsabilidades del área de Recursos Humanos. Dicha planificación es uno de los aspectos a ser considerados dentro de la planificación económico-financiera de la organización en su conjunto.

Para llevarla adelante deberá considerarse la estrategia organizacional junto con los objetivos generales de corto, mediano y largo plazo. En función de estos aspectos, se deben analizar, en colaboradores de todos los niveles, las capacidades necesarias para alcanzarlos: conocimientos, experiencia y competencias.

Por último, y en relación con la planificación, se puede señalar la "planificación del empleo". Esta expresión podría ser considerada desde una perspectiva macroeconómica, en cuyo caso se trataría de uno los elementos a considerar dentro de las políticas del gobierno central de un país.

Por otra parte, podría utilizarse desde una perspectiva microeconómica; en ese caso, se sugiere la utilización de la denominación "planificación de recursos humanos".

Cómo realizar el planeamiento de los recursos humanos

Para una dirección estratégica de Recursos Humanos será necesario realizar un planeamiento de ellos. La incorporación o desvinculación de personas, el desarrollo de competencias y la adquisición de nuevos conocimientos son los aspectos más usuales a considerar en dicho plan.

A partir de la estrategia organizacional, el área de Recursos Humanos diagnosticará las necesidades en relación con las personas. Por ejemplo, si la empresa ha fijado en su estrategia focalizarse en la calidad de sus productos y servicios o incrementar su participación en el mercado o mejorar el clima laboral, estos aspectos formarán parte del planeamiento en Recursos Humanos.

Las organizaciones deben afrontar numerosos desafíos en un contexto cambiante y exigente y para ello cuentan con las personas que las integran. Los gerentes de las diferentes áreas operativas en conjunto con el área de Recursos Humanos deberán crear el clima adecuado para lograr la alineación de las personas con la estrategia fijada.

Un camino para realizar el planeamiento de los recursos humanos será responderse preguntas como las siguientes:

1. *¿Cuál es el foco del negocio/actividad de la organización?*

2. *¿Qué capacidades (conocimientos y competencias) necesita la organización para cumplir los objetivos estratégicos?*

3. *¿Cómo aplicar las diferentes herramientas de Recursos Humanos para aprovechar, reforzar o eventualmente adquirir las capacidades necesarias (conocimientos y competencias)?*

Antes de analizar las respuestas a estas preguntas, se sugiere tener en cuenta:

- que se podrá obtener diferentes respuestas si la empresa posee diferentes negocios, actúa en diferentes mercados, etc.;

- que se podrá encontrar diferencias, no ya en el mercado sino entre las personas, si tiene emplazamientos en diferentes zonas geográficas (es decir, diferentes culturas organizacionales).

El planeamiento de los recursos humanos, así como otros temas que integran el quehacer del área respectiva, es un tema que atañe a la alta dirección. El responsable del área de RRHH liderará su realización, pero no será su único responsable; las otras áreas deberán participar de algún modo.

¿Cuándo se lleva a cabo el planeamiento?

El planeamiento de recursos humanos, usualmente, se realiza conjuntamente con el planeamiento general de la organización. Por lo tanto, cada vez que la empresa realice su plan anual será una ocasión para el planeamiento de sus recursos humanos.

En resumen, se puede llevar a cabo el planeamiento en las siguientes ocasiones:

- Cuando la organización en su conjunto prepare el presupuesto del próximo ejercicio.
- Para el análisis estratégico de un área de negocios en particular.
- Frente a una acción concreta derivada de la estrategia o de alguna otra necesidad organizacional, como por ejemplo, abrir o cerrar una sucursal o fábrica.
- Por fusión o compra de toda la organización o de un área de negocios en particular.

Ejemplos de situaciones posibles:

- Reducir en un determinado porcentaje la fuerza laboral en un período de seis meses.
- Llevar a cabo una reducción de puestos de trabajo.
- Reasignar una determinada cantidad de colaboradores del área de producción a áreas de ventas y/o comercialización en un lapso definido (días, meses, años).
- Mantener en su nivel actual los costes laborales en el presente año. Esto puede implicar modificar el número de personas que integran la nómina.

El planeamiento resultante deberá ser tanto numérico como cualitativo. Ejemplos:

- Numérico: cifras definidas de altas y/o bajas en la nómina.
- Cualitativo: necesidades de entrenamiento, capacitación y/o desarrollo de competencias.

Dado que el planeamiento debe ser en todos los casos cuantitativo, implicará que las capacidades de las personas deberán ser medidas. Para ello se sugiere realizar un inventario de acuerdo con lo que veremos a continuación.

Inventario de recursos humanos

En relación con la planificación de los recursos humanos existe otro tema íntimamente relacionado: el inventario.

Las organizaciones realizan inventarios de bienes diversos, los cuales se registran en un documento que lleva ese nombre.

La expresión "inventario de recursos humanos" implica el relevamiento completo de los colaboradores que integran la organización, junto con sus capacidades.

Constaría, por ejemplo, de los siguientes datos por cada puesto:

* Área.

* Puesto.

* Nombre del ocupante de la posición.

* Estudios.

* Edad.

* Conocimientos específicos.

* Experiencia.

* Competencias.

Se podría confeccionar un inventario de aspectos específicos; por ejemplo, sobre conocimientos o competencias (o ambos).

En resumen, existen una serie de datos sencillos de obtener, como por ejemplo edad, domicilio, estudios formales, conocimientos específicos... y otros más difíciles de identificar, que implicarían la medición de competencias. Si se ha implementado un modelo de competencias, de allí se podrá obtener información al respecto.

Para que el inventario se transforme en una información de gestión, los diferentes ítems relacionados con cada persona deberían compararse con ítems similares en relación con el puesto que la persona ocupa ahora o bien se prevé que ocupará más adelante.

Inventario de recursos humanos.
Un esquema sencillo

Para confeccionar un inventario de las personas por área/sector, será muy útil la participación de todas las áreas involucradas. Se podrá partir de la información disponible en el área de Recursos Humanos y completar con mayor detalle de información y/o actualizar la ya existente.

La confección de un inventario de capacidades implica consignar las características relacionadas con la capacidad para desempeñar diferentes trabajos. Dicha descripción podrá indicar estudios realizados (títulos obtenidos, exámenes aprobados), formación obtenida, experiencia, evaluaciones de sus superiores, etc. Un inventario de capacidades puede ser de mucha utilidad en programas como los que se verán en el Capítulo 7 (programas internos para el desarrollo de personas) y para promociones internas.

Como se mencionara entre las capacidades, también deberá incluir un inventario de las competencias; en este caso el procedimiento es similar. Si la organización ha implementado un modelo de competencias podrá contar con la información incluida en él. En caso contrario habrá que realizar mediciones específicas de competencias antes de confeccionar el inventario.

Área/sector: ....

Nombre (del colaborador)	Puesto actual	Estudios y conocimientos (1)	Edad	Experiencia (2)	Competencias (3)

1. Estudios formales y conocimientos específicos.
2. Experiencia relevante. Puede ser actual o anterior al puesto actual.
3. Competencias: las mismas deberán ser evaluadas de manera específica al confeccionarse el inventario de recursos humanos o, si se cuenta con dicha información, obtenerse de la última evaluación de desempeño.

Planeamiento de los recursos humanos. Pasos a seguir

Para la preparación del planeamiento de los recursos humanos se parte del inventario descrito en el punto anterior. La idea se expresa en la figura al pie.

Los pasos identificados son:

1. Realizar un inventario de todas las personas que integran la organización (nómina). En este punto habrá que considerar si existen casos de personas próximas a jubilarse y, además, un porcentaje estimado de renuncias de acuerdo a estadísticas de años anteriores, situación general del mercado, etc.

2. Determinar la estructura que la organización realmente necesita.

3. Comparar el inventario (paso 1) con la estructura necesaria (paso 2).

4. Determinar las necesidades de aprovisionamiento.

5. Definir si esa necesidad de aprovisionamiento (paso 4) se podrá satisfacer de manera interna o habrá que recurrir a un reclutamiento externo.

Planeamiento de los recursos humanos. Pasos

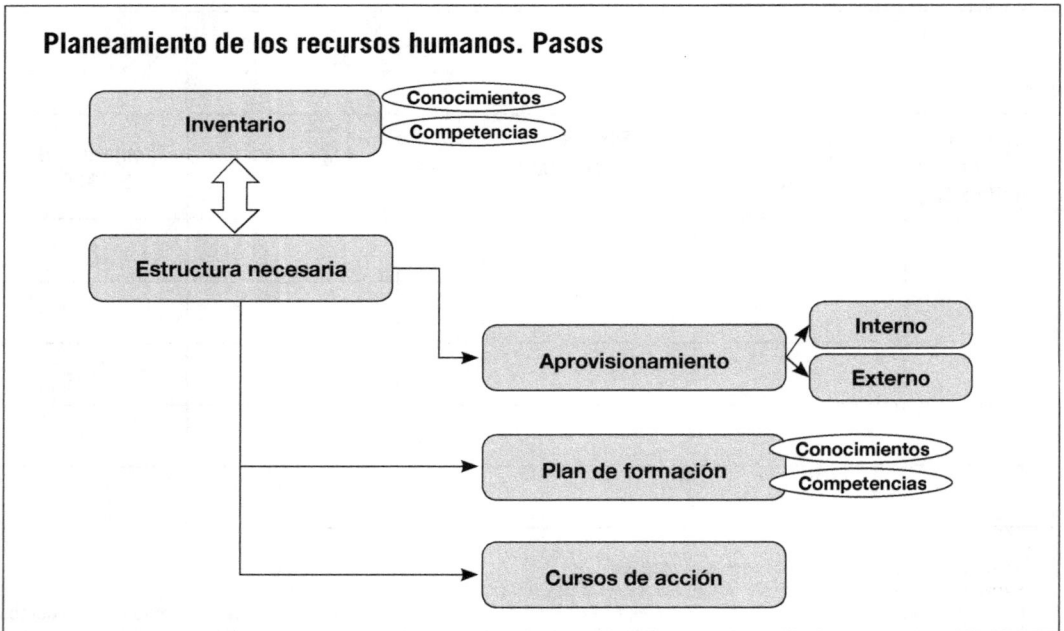

El concepto de aprovisionamiento interno hace referencia al hecho de cubrir puestos con colaboradores que ya integran la organización.

El planeamiento, al analizar la situación actual en materia de personas, deberá considerar todas las circunstancias: bajas de personal por jubilación, despido, renuncia, nuevos puestos a cubrir, necesidad de reemplazos por motivos diversos, etc. Adicionalmente también deberán considerarse los ascensos de personas a otros puestos, transferencias, etc.

El aprovisionamiento externo provee a la organización candidatos de distinto tipo y costo que la empresa puede o no estar en condiciones de incorporar.

6. Determinar necesidades de formación y desarrollo tanto en conocimientos como en competencias, de colaboradores actuales y, eventualmente, futuros.

7. Determinar cursos de acción con personas que, eventualmente, quedarán fuera de la organización.

Como resultado de todo lo anterior, se tendrá un pronóstico sobre la factibilidad de alcanzar el resultado esperado.

Si por alguna circunstancia el pronóstico fuese negativo, es decir que se determina que no será posible lograr el aprovisionamiento deseado en el plazo en el cual se realiza la planificación –usualmente un año–, se deberá replantear la estructura necesaria (paso 2).

Satisfacción laboral y otras mediciones como soporte de la gestión

Encuestas a colaboradores

Entre las buenas prácticas de Recursos Humanos se encuentran las encuestas a colaboradores. Se realizan para conocer cuál es su grado de satisfacción respecto de su trabajo y el contexto en el cual se desenvuelven, y sobre valores y proyectos personales. Cuando se posee este tipo de información es posible un mejor diseño de los métodos de trabajo organizacionales (subsistemas de Recursos Humanos).

Si las organizaciones indagan sobre los tres aspectos mencionados, en especial sobre los proyectos personales, y toman acciones al respecto –por ejemplo, diseñando carreras específicas–, esto será muy positivo para los colaboradores cuando necesiten armonizar su vida profesional con otros proyectos.

Las organizaciones realizan, en muchos casos, diversas mediciones de cultura y otros factores relacionados con el comportamiento organizacional. Entre las más difundidas se encuentran las encuestas de satisfacción laboral, conocidas también como encuestas de clima organizacional, que si bien brindan información sumamente útil deben ser complementadas por otras herramientas adicionales, como las encuestas sobre valores y proyectos personales de los colaboradores.

Para conocer sobre los objetivos personales y otros aspectos, también personales, como valores, proyectos, etc., las organizaciones pueden administrar encuestas específicamente diseñadas a tal efecto, las cuales pueden, a su vez, administrarse en dos formatos:

- Sin requerir el nombre del colaborador. En estos casos se puede obtener información global sobre aspectos de tipo personal, en forma general. Se recomienda administrar este tipo de encuestas en aquellos casos en que las actividades organizacionales impliquen trabajar muchas horas, horarios no frecuentes como nocturnos o días feriado o cuando las personas deban realizar con frecuencia viajes prolongados, etc. De este modo, se conocerá cómo viven los colaboradores circunstancias como las mencionadas a modo de ejemplo, y en qué medida estas afectan sus otros intereses personales

Encuesta de satisfacción laboral. Medición interna del grado de satisfacción de los empleados sobre la base de una serie de ítems preestablecidos.
También se las conoce como encuesta de clima (laboral).
Este término se relaciona con la herramienta N° 18 descrita en la obra *Las 50 herramientas de Recursos Humanos que todo profesional debe conocer.*

Encuesta sobre valores y proyectos personales. Medición interna para conocer los proyectos personales de los colaboradores y el grado de adherencia de estos a los valores organizacionales. No son de uso frecuente en el ámbito de las organizaciones. Sin embargo, su utilización es altamente recomendable.
Este término se relaciona con la herramienta N° 19 descrita en la obra *Las 50 herramientas de Recursos Humanos que todo profesional debe conocer.*

Proyectos personales. Aquello que una persona desea ser y hacer en el marco de lo posible. Se relaciona con la visión o imagen del futuro deseado para sí mismo.

Valores (de la organización). Aquellos principios que representan el sentir de la organización, sus objetivos y prioridades estratégicas.

Valores personales. Principios básicos inherentes a cada individuo en particular. Se relaciona con las creencias más profundas del individuo, con la forma en que cada uno ve las cosas y, además, con los proyectos personales.
Los valores de una persona se observan en sus comportamientos, en cualquier momento o circunstancia. El concepto *valores personales* engloba aspectos como *integridad* y *ética*, y también otros, como, por ejemplo, *calidad* o *excelencia*, según la manera en que estos diferentes elementos integran las creencias profundas de cada persona.

Encuestas a colaboradores

Satisfaccion laboral

Valores

Proyectos personales

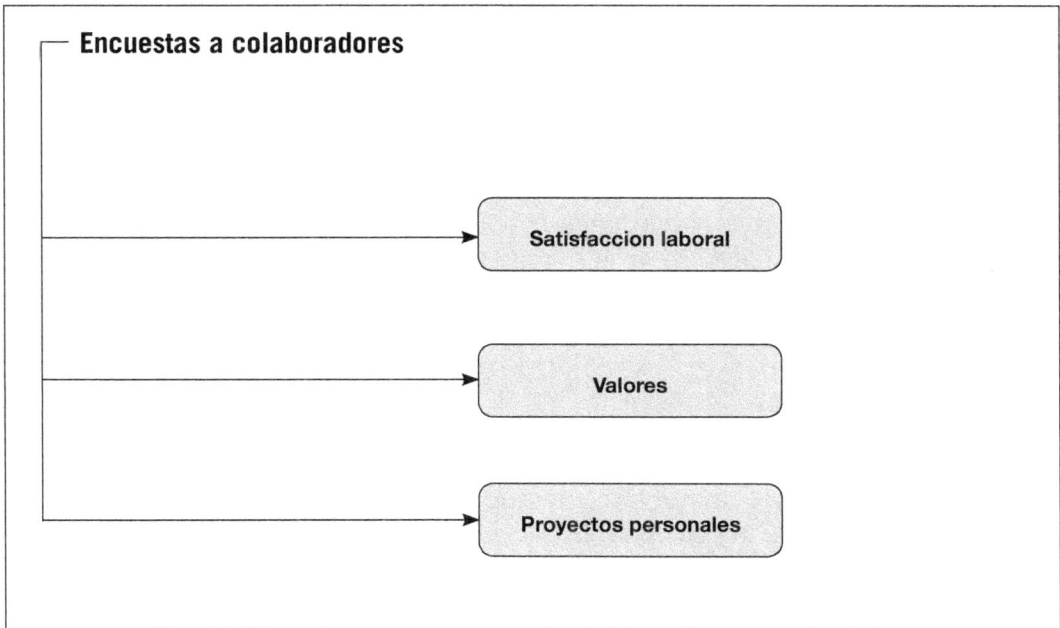

- Solicitando el nombre del colaborador. En estos casos se puede conocer con precisión si el colaborador desea encarar una carrera gerencial o, por el contrario, prefiere optar por otra. Se recomienda su aplicación en organizaciones donde la cultura permita que los colaboradores se expresen libremente al respecto.

Mediciones sobre satisfacción laboral

Las encuestas de satisfacción laboral, también denominadas encuestas de clima organizacional, bien administradas ofrecen muchos beneficios. En cambio, si son mal administradas pueden ser altamente perjudiciales y generar un efecto opuesto al deseado.

Antes de iniciar un proceso de encuesta de satisfacción laboral, la organización y sus directivos deberán tener en cuenta que para que la encuesta cumpla su cometido debe ser implementada en forma periódica. Así como las empresas hacen su auditoría anual, deberían adoptar un esquema de administración periódica para las encuestas de satisfacción laboral o clima organizacional. Eventualmente, pueden no llevarlas a cabo todos los años, pero sí con una periodicidad definida.

Si bien este tipo de mediciones no son exigidas por organismos de control como ocurre con las auditorías, brindan a la organización información relevante sobre otros aspectos.

Si no se está pensando en administrar estas encuestas con regularidad, es preferible no hacerlas e intentar un sondeo informal a través de los gerentes; por ejemplo, indagar cómo percibe cada uno de ellos el grado de satisfacción de los empleados a su cargo. Siempre habrá que tener presente que esta información será imprecisa y, quizá, influenciada por las propias percepciones subjetivas de los distintos consultados.

Como surge del gráfico al pie, pueden existir opciones diferentes para conocer acerca del grado de satisfacción laboral de los colaboradores.

Necesidad de confidencialidad

En algunos casos se menciona la necesidad de contar con un facilitador o consultor externo. Esta referencia no implica, de ninguna manera, una valoración superior del nivel de conocimientos de los consultores externos con relación a un eventual facilitador interno. Se manifiesta la sugerencia acerca de que sea "externo" solo por la índole de la información que los colaboradores deberán brindar y la conveniencia de que esta sea suministrada a una persona que no pertenezca a la organización

Mediciones de satisfacción laboral. Opciones

Mediciones a través de talleres realizados por un facilitador externo →
- Debe realizarlo un consultor externo
- Diseño a medida de la organización
- Deben armarse los grupos muy cuidadosamente
- Diagnóstico más preciso
- Costo alto

Encuestas de satisfacción laboral →
- Debe realizarlo un consultor externo
- Diseño a medida de la organización
- Diagnóstico amplio. Participan todos los colaboradores
- Costo intermedio

Encuestas de percepción de los jefes →
- Debe realizarlo un consultor externo
- Diseño a medida de la organización
- Diagnóstico menos preciso
- Costo intermedio

Consulta informal a los principales jefes →
- Puede realizarlo el número 1 de Recursos Humanos
- Diseño a medida de la organización
- Diagnóstico menos preciso y parcial
- Costo bajo

y que además brinde a las personas confianza respecto de la confidencialidad de los datos que brinden.

A continuación se analizarán con mayor detalle las opciones planteadas:

1. *Mediciones a través de talleres realizados por un facilitador externo.* Es quizá el método más costoso, no solo por el valor que implica la contratación del consultor para el diseño y del, o de los, facilitadores en la realización de los mencionados talleres. En nuestra experiencia, la mayor incidencia se verifica en el costo oculto de las horas de trabajo de los funcionarios participantes en cada una de las actividades.

2. *Encuestas de satisfacción laboral.* Estas encuestas se aplican a todos los colaboradores de una organización y pueden ser de diferente tipo. Usualmente se administran a través de un software. Para que sean más eficaces deben diseñarse a medida de cada organización y ser procesadas por un consultor externo que garantice la confidencialidad de las respuestas.

3. *Encuestas de percepción de los jefes.* Como su nombre lo indica, recoge la percepción que tienen los jefes sobre el grado de satisfacción laboral de sus colaboradores. Al igual que se comentara en el punto anterior, para que sean más eficaces deben diseñarse a medida de cada organización y ser procesadas por un consultor externo que garantice la confidencialidad de las respuestas. Con un diseño adecuado puede posibilitar el acceso a información útil para la toma de decisiones.

4. *Consulta informal a los principales jefes.* Usualmente se utiliza este método cuando se desea obtener información de manera rápida, consultando temas específicos a aquellos jefes que tengan grandes dotaciones a su cargo; o bien cuando no se dispone de presupuesto para encarar las opciones descritas con anterioridad.
   Con un cuestionario adecuado, aplicado a jefes con muchas personas a su cargo y con una muestra representativa, se puede obtener información útil para la toma de decisiones.

La mención de las cuatro opciones se ha realizado de manera ordenada por su grado de eficacia, de manera decreciente. La variante más efectiva es la medición a través de talleres realizados por un facilitador externo; sin embargo, por su costo, rara vez se utiliza. La segunda alternativa según su grado de eficacia es la encuesta de satisfacción laboral realizada del modo que se ha descrito. Las otras dos, al basarse en percepciones de los jefes, son menos fiables, aunque de todos modos pueden ofrecer información muy útil para el manejo de las organizaciones.

© GRANICA

Entre las opciones mencionadas deseo resaltar la última, que, si bien es la menos eficaz, tiene muy bajo costo. Muchas organizaciones se excusan diciendo: "no medimos la satisfacción laboral porque no tenemos presupuesto". Como puede deducirse, no hace falta "presupuesto" para llevar a cabo esta variante. Por lo tanto, siempre existe la posibilidad de conocer, en cierta medida, qué grado de satisfacción laboral tienen las personas que integran la organización, utilizando para ello desde alternativas que tienen un costo comparativamente elevado, a otras que requieren un presupuesto intermedio, y finalmente alternativas cuyo costo es "casi cero". Solo debe tomarse la decisión sobre si se desea conocer la satisfacción laboral de los colaboradores, o no.

Encuestas de satisfacción laboral

Como se comentó, las encuestas de satisfacción laboral o clima organizacional son las herramientas más conocidas y difundidas para obtener información sobre estos temas. A continuación se detallan sus principales características.

- *Debe realizarlas un consultor externo.* Este aspecto es fundamental. De este modo se asegura la confidencialidad del método aplicado.

- *Diseño a medida de la organización.* En el contexto actual se confunde tecnología de información con calidad del producto. Desde ya, este tipo de encuestas se hace utilizando la tecnología; usualmente se diseñan *formularios en línea* a través del sitio web del consultor en cuestión. Sin embargo, la utilización de tecnología no implica emplear un producto estándar. Todo lo contrario, las preguntas de la encuesta deben diseñarse a medida de cada organización.

- *Diagnóstico amplio. Participan todos los colaboradores.* Si bien no es obligatorio que sea incluida la totalidad de los trabajadores, es la mejor sugerencia y así se hace habitualmente.

- *Costo intermedio.* El costo se compone del valor propiamente dicho del diseño y el procesamiento de la encuesta junto con el tiempo destinado por los colaboradores para completar la encuesta.

Beneficios de una encuesta de satisfacción laboral

- Ofrece a la dirección un indicio de los niveles generales de satisfacción respecto de la organización.

- Beneficio adicional: el flujo de información mejora (por ejemplo, los empleados pueden participar en el diseño de la encuesta, y la forma de aplicación, y luego discutir los resultados).

- Puede ser una *válvula de escape* para las emociones de los empleados, que generalmente se sienten mejor luego de participar.

Información que la organización puede analizar/evaluar previo a encarar una encuesta de clima o de satisfacción laboral:

- Índices de rotación.

- Evaluaciones de desempeño.

- Índices de merma en la fabricación de productos, rotura de las maquinarias (u otros similares que indiquen fallas de producción).

- Informes sobre la calidad de los productos.

- Índices de ausentismo/puntualidad.

- Conflictos y juicios laborales, etc.

- Informes de accidentes, juicios por accidentes laborales.

- Programas de capacitación y sus resultados.

- Sugerencias de los empleados y/o clientes, si la empresa tiene algún sistema para recogerlas (buzón de sugerencias o equivalente).

- Informes médicos sobre el personal.

- Entrevistas de salida (si aún no se realizan, pueden ponerse en práctica).

- Informes de asesores sobre temas diversos que permitan inferir cómo funciona la empresa y el grado de satisfacción de los empleados, desde informes del auditor hasta los de todos los asesores que trabajen para la empresa.

Dadas las implicancias que tiene encarar un proceso de encuesta de satisfacción laboral, la dirección de la organización que se proponga hacerlo debería analizar previamente toda esta información.

Condiciones ideales para la realización de encuestas:

- Activo apoyo de la alta dirección.

- Participación de los empleados en el diseño (no es frecuente).

- Determinar un objetivo claro.

- Diseño y aplicación adecuados.

- Capacidad de la dirección para emprender acciones consecuentes (y disposición a hacerlo).

- Comunicación a los empleados acerca de los resultados, junto con los planes de acción derivados.

Es usual que en el mercado se ofrezcan productos prediseñados que a priori parecen muy interesantes; pero no es indicado optar por una alternativa de este tipo. En todos los casos, la encuesta para evaluar la satisfacción laboral debe ser diseñada a medida de la organización.

Pasos para implementar una encuesta de satisfacción laboral

- Identificación de la razón de la encuesta (puede ser un proyecto liderado desde el área de Recursos Humanos).

- Obtención del compromiso de la dirección.

- Desarrollo de la encuesta.

- Aplicación.

- Tabulación de los resultados.

- Análisis de los resultados.

- Retroalimentación a los participantes.

- *Instrumentación de un plan de acción.*

Hemos destacado este último paso porque es muy frecuente que no se realicen acciones concretas luego de finalizada la encuesta de clima laboral. Esto es tan negativo que, si no se está seguro de poder encarar un plan de acción consecuente, es aconsejable no realizar la encuesta.

Tipos de preguntas para las encuestas

En la actualidad lo más frecuente es la administración de cuestionarios en línea (*on line*) a través de la intranet de la organización o del sitio web del consultor interviniente, siendo esta última opción la más recomendable, por los factores expuestos más arriba.

Uno de los aspectos más importantes es cómo se plantean las preguntas. Nuestra experiencia profesional nos sugiere que el cuestionario debe ser mayoritariamente conformado por preguntas cerradas, ya sean de tipo binario (Sí/No; Verdadero/Falso) o de opción múltiple, reservando un espacio reducido donde el empleado se pueda explayar exponiendo sus opiniones e ideas.

En ningún caso se deben plantear preguntas cuya respuesta sea inducida desde el cuestionario, ni preguntar sobre cuestiones acerca de las cuales los empleados no puedan o no quieran responder. La encuesta debe ser clara, sencilla y pertinente.

Los distintos tipos de preguntas se pueden ver en el gráfico al pie de página.

Como ya se comentara, las encuestas para medir el grado de satisfacción laboral pueden ser de distinto tipo, así como puede variar su diseño y la forma en la que se plantean las preguntas a los participantes. Un buen diseño será clave para no inducir las respuestas.

Las preguntas, en cualquier encuesta, pueden ser cerradas o abiertas. Un ejemplo de pregunta cerrada podría ser: *¿Cuál es el grado de satisfacción en la relación con su jefe?* Y ofrecer una escala de 5 opciones como respuestas posibles: *No satisfecho, Ligeramente satisfecho, Satisfecho, Muy satisfecho, Sumamente satisfecho.*

Como su nombre lo indica, las preguntas abiertas buscan que los empleados se expresen con sus propias palabras. Estas preguntas deben ser pocas, y adecuadas.

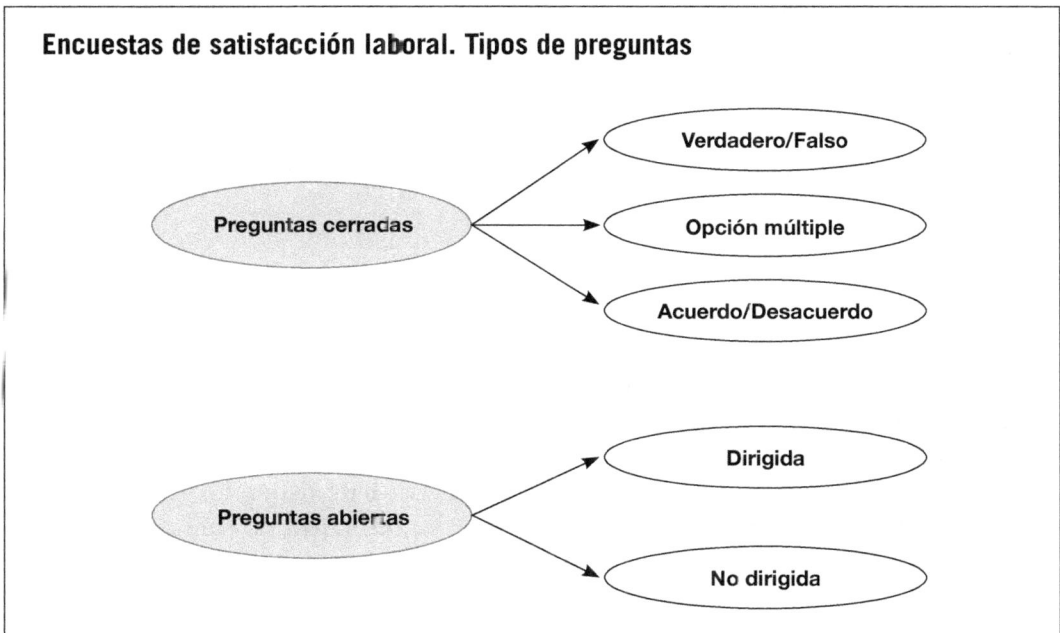

Encuestas de satisfacción laboral. Tipos de preguntas

- Preguntas cerradas
  - Verdadero/Falso
  - Opción múltiple
  - Acuerdo/Desacuerdo

- Preguntas abiertas
  - Dirigida
  - No dirigida

© GRANICA

A su vez, las preguntas abiertas no dirigidas son de tipo general (ejemplo: *¿Qué sugerencias desea hacer?*) y las preguntas abiertas dirigidas son sobre algún tema en particular (ejemplo: *¿Qué opina sobre las comunicaciones internas?*).

Los resultados. Su comunicación

Una vez que se han procesado los resultados –en la actualidad los sistemas en línea permiten la obtención de resultados casi al instante–, el primer paso será analizarlos. En una primera instancia por el especialista de Recursos Humanos, e, inmediatamente después, por los niveles gerenciales de la organización. Serán ellos quienes deberán tomar decisiones sobre la base de los resultados de la encuesta.

Comunicación a los empleados. Si bien la experiencia indica que los resultados impactan más a los directivos que a los empleados, la comunicación a estos es muy importante y de suma utilidad.

Un error común en el que muchas veces incurren las organizaciones es prestar atención solo a los grandes problemas. Los pequeños también deben ser considerados. Será importante tener en cuenta dos aspectos relevantes:

- Cuando como resultado de una encuesta de satisfacción o clima laboral se tomen medidas correctivas, será muy importante comunicar a los empleados todo el proceso, el análisis de los resultados, las conclusiones, y qué acciones se llevaron a cabo en consecuencia (o se planea realizar).

- Cuando se hace una encuesta de satisfacción o clima laboral la dirección debe estar preparada para pasar a la acción después de conocer los resultados.
  Si se consulta la opinión de los empleados, estos esperarán que se la tenga en cuenta.

En resumen, sobre las encuestas de satisfacción laboral

Si la empresa no está preparada para llevar a cabo un plan de acción consecuente con los resultados de la encuesta de satisfacción laboral, será mejor, como ya se dijo, no realizarla. Sin embargo, si los directivos están dispuestos a "hacer algo" sobre la base de los resultados obtenidos, la encuesta será una muy buena herramienta para encarar medidas de mejora interna. Del mismo modo puede ocurrir que los resultados propongan desde acciones no viables hasta otras que los directivos no consideren oportunas; pero los colaboradores que participaron en la encuesta esperan que *algo* cambie.

Por lo tanto, la retroalimentación podrá decir qué se cambiará y qué no, explicando por qué no se decide actuar con relación a ciertos puntos.

Otro problema que puede presentarse es que los colaboradores no crean en los efectos que la encuesta pueda tener, quizá porque ya alguna vez se hizo una similar y nada cambió. Sea cual fuere la razón, si se piensa que las personas no confían, quizá se deba esperar un tiempo antes de realizar una nueva encuesta de satisfacción laboral, o utilizar en su lugar alguno de los otros métodos descritos anteriormente.

Algunas organizaciones realizan *encuestas de satisfacción para niveles gerenciales o mandos medios.* Estas encuestas para los niveles de supervisión son tan importantes como las que se refieren a los empleados. Si los niveles gerenciales y otros mandos medios están insatisfechos, no será posible tener un alto grado de satisfacción laboral en los demás colaboradores. Por lo tanto, la encuesta a los mandos medios se puede encarar al mismo tiempo que la enfocada a los niveles de menor responsabilidad, o en otro momento. La elección de la opción más adecuada dependerá de cada caso en particular.

Estudios sobre valores y proyectos personales

Las personas tienen (o pueden tener) una visión de sí mismas, una meta a alcanzar, sus propios valores. Sin embargo, lo más frecuente es que no sepan llevarlos a palabras, que no sepan expresarlos.

De manera frecuente, es posible observar que las personas no saben muy bien cómo seguir adelante con sus propias vidas, desean cambiar el rumbo de sus carreras o dudan al respecto, etc., sin poder expresarlo claramente.

Una persona podrá, si así lo desea, elaborar una visión, *la imagen del futuro deseado para sí mismo,* para luego elaborar sus proyectos personales. Con frecuencia, las personas lo hacen de manera intuitiva y espontánea.

Los colaboradores de una organización, de todos los niveles, tienen proyectos individuales de diferente índole, tanto profesionales como personales. Estos últimos pueden abarcar desde la práctica de hobbies hasta actividades familiares o de cualquier otro tipo.

Las personas también tienen sus valores y creencias. Estos valores y creencias resultan fundamentales para el modo de conducirse y para las decisiones que toman en todos los ámbitos. Al mismo tiempo, una persona probablemente pueda cambiar con el tiempo estos valores fundamentales, pero ese tipo de cambios requiere un proceso difícil y personal, sobre el que las organizaciones solo pueden tener una influencia limitada.

Es importante destacar que si bien los valores son inherentes a cada persona, si esta lo desea podrá modificar o desarrollar los comportamientos asociados con esos mismos valores que cada uno puede definir como propios.

© GRANICA

El término *valores* incluye desde las virtudes personales hasta otros conceptos adicionales, que impliquen en una persona aspectos esenciales de su concepción de la realidad. Por lo tanto, dentro de los valores es posible considerar aspectos como *Integridad* y *Ética* y también otros como, por ejemplo, *Calidad*, cuando este concepto sea relevante para la persona.

Al igual que comentamos en relación con la visión personal, es difícil que las personas puedan responder con objetividad a la pregunta: *¿cuáles son sus valores?* o *¿cuáles cree que son los valores que le han inculcado sus padres?*

No obstante, las personas actúan tanto en la vida profesional como personal, y en ambos ámbitos es posible observar sus comportamientos.

En resumen, y como se verá en el Capítulo 6, en el momento de evaluar el desempeño de colaboradores –de todos los niveles– será posible observar el grado de aplicación de sus conocimientos, sus comportamientos, y se podrán observar –entre otros– aquellos comportamientos en los cuales se evidencian sus valores.

Correlación entre visión y valores organizacionales, y visión y valores individuales

En el marco de una organización, con frecuencia se logra una armonía entre la visión y planes estratégicos y los valores organizacionales. No obstante, para que su implementación sea exitosa deberá darse una cierta correlación entre otros factores, relativos a los valores, capacidades y proyectos de quienes integran esa organización. Los más importantes son:

- *Valores.* Correlación entre los valores de la organización y los de las personas que la integran (a todos los niveles).

- *Proyectos.* Correlación entre los planes estratégicos de la organización y los objetivos personales de los individuos que la integran.

- *Capacidades (conocimientos y competencias).* Correlación entre las capacidades de las personas que integran la organización y aquellas que esta necesita, tanto en lo que respecta a conocimientos como a competencias (en ocasiones solo se toman en cuenta los primeros), según los distintos puestos de la firma.

Si esta correspondencia aquí mencionada no se verifica –en cada uno de los ítems mencionados–, podría darse que el funcionamiento organizacional no sea para los involucrados todo lo provechoso que podría ser.

Al resumir algunos conceptos ya expresados y analizar el tema desde la perspectiva de la organización, se observa que esta tiene ciertos objetivos o una estrategia a alcanzar. Dentro de este concepto se incluye la *visión* y la *misión* de la organización, junto con una serie de *planes estratégicos* que se propone llevar a cabo. Además, su gestión está basada en una serie de *valores*. Para cumplir con los cuatro aspectos mencionados (misión, visión, valores y estrategia), la organización necesita contar con una serie de personas involucradas y comprometidas con ellos, ya sean directivos o empleados de cualquier nivel jerárquico. En caso contrario, estas metas no se cumplirán (al menos no en su totalidad o de la manera deseada).

Para que este conjunto de necesidades se articulen armoniosamente y se logre una conjunción de intereses positiva, deben darse una serie de correlaciones o correspondencias entre ciertos factores. Mencionaremos a continuación los más importantes (ver cuadro al pie de página).

Si la relación entre la organización y las personas que la integran se corresponde con la señalada en la columna de la derecha (*relación adecuada*), será posible lograr un funcionamiento organizacional altamente provechoso para ambas partes, en una relación *ganar-ganar*.

Las organizaciones deberían poner en práctica procedimientos para detectar la correspondencia o no de los tres puntos señalados: valores, adecuación persona-puesto, y proyectos personales y organizacionales. No para realizar acciones que perjudiquen a aquellas personas cuyas características no coincidan con las necesidades de la organización sino, muy por el contrario, para administrar posibles soluciones frente a esa realidad.

Si se analiza este punto desde la perspectiva de las personas, de todos los niveles, se observa que será muy bueno para ellos evaluar si sus proyectos y valores personales se corresponden con los de la organización a la cual pertenecen, ya que de no ser así deberán saber que aquella no es la mejor organización para establecerse y hacer carrera.

Cuando se verifica una armoniosa relación entre las necesidades y objetivos de las personas y los de la organización, siempre es bueno para ambas partes. Un

Organización	Personas (empleados y directivos)	Relación adecuada
Valores organizacionales.	Valores personales.	Valores compartidos.
Capacidades: conocimientos y competencias requeridos por el puesto.	Capacidades: conocimientos y competencias de la persona.	Concepto adecuación persona-puesto.
Proyectos organizacionales.	Proyectos personales.	No deben existir aspectos contrapuestos.

© GRANICA

responsable o directivo de Recursos Humanos deberá proponer métodos para conocer si esta correlación de conceptos existe.

En los diseños más frecuentes de las encuestas de satisfacción laboral –también denominadas *encuestas de clima*– no se indaga sobre valores y proyectos personales. Una opción posible sería adicionar este tipo de preguntas a las que usualmente se formulan.

Si la organización no realiza en forma habitual las encuestas de satisfacción laboral y desea hacerlo, puede unir ambos propósitos.

Otra variante, en especial respecto de los proyectos personales, es capacitar a los jefes para realizar esta indagación entre las personas que les reportan.

En síntesis, consideramos de vital importancia la administración de encuestas a los empleados para el análisis y evaluación de la correlación/correspondencia de los valores y proyectos personales con respecto a los de la organización.

De manera similar a lo expuesto en relación con las encuestas de satisfacción laboral, las encuestas para conocer acerca de los valores y proyectos personales de los colaboradores se pueden realizar de diversos modos. Veamos el gráfico al pie de página.

Los comentarios pertinentes respecto de este tipo de consultas y encuestas son similares a los ya formulados con relación a las encuestas de satisfacción laboral:

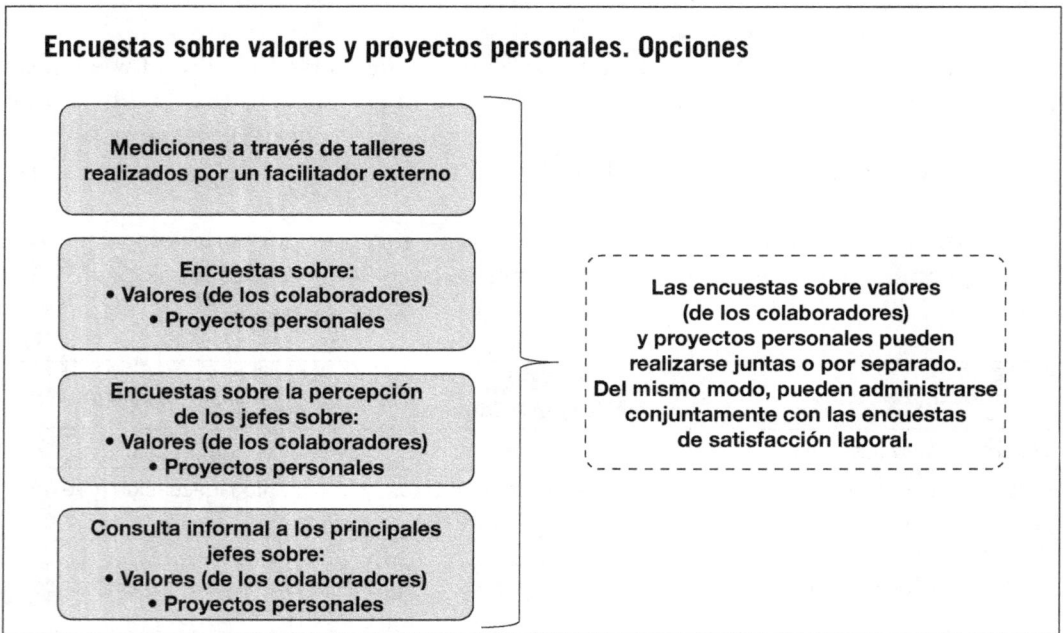

Encuestas sobre valores y proyectos personales. Opciones

Mediciones a través de talleres realizados por un facilitador externo

Encuestas sobre:
• Valores (de los colaboradores)
• Proyectos personales

Encuestas sobre la percepción de los jefes sobre:
• Valores (de los colaboradores)
• Proyectos personales

Consulta informal a los principales jefes sobre:
• Valores (de los colaboradores)
• Proyectos personales

Las encuestas sobre valores (de los colaboradores) y proyectos personales pueden realizarse juntas o por separado. Del mismo modo, pueden administrarse conjuntamente con las encuestas de satisfacción laboral.

1. *Mediciones a través de talleres realizados por un facilitador externo.* Es quizá el método más costoso, no solo por el valor que implica la contratación del consultor para el diseño y del, o de los, facilitadores en la realización de los mencionados talleres. En nuestra experiencia, es más significativo el costo oculto de las horas de trabajo de los funcionarios participantes dedicadas a cada una de las actividades.

2. *Encuestas sobre valores (de los colaboradores) y proyectos personales.* Pueden unirse ambos temas en una sola encuesta, o hacerse dos encuestas por separado. Para que sean más eficaces deben diseñarse a medida de cada organización y ser procesadas por un consultor externo que garantice la confidencialidad de las respuestas. Igualmente se recomienda que, de aplicarse, abarquen a todos los colaboradores de la organización.

3. *Encuestas de percepción de los jefes.* Como su nombre lo indica, recogen la percepción que tienen los jefes sobre los valores de sus colaboradores, así como sobre sus proyectos personales. Al igual que se comentara en el punto anterior, para que sean más eficaces deben diseñarse a medida de cada organización y ser procesadas por un consultor externo que garantice la confidencialidad de las respuestas.

4. *Consulta informal a los principales jefes.* Usualmente se utiliza este método cuando se desea obtener información de manera rápida, consultando sobre temas específicos a aquellos jefes que tengan grandes dotaciones a su cargo; o bien cuando no se dispone de presupuesto para encarar las opciones descritas en los puntos anteriores.
   Con un cuestionario adecuado, aplicado a jefes con muchas personas a su cargo y con una muestra representativa, se puede obtener información útil para la toma de decisiones.

Como surge del gráfico de la página anterior, una encuesta pueden diseñarse de modo tal de incluir varios temas en ella, o bien pueden administrarse varias encuestas por separado.

El diseño de una encuesta para medir tanto valores como proyectos personales será siempre a medida de cada organización; las opciones son variadas y diferentes.

Las encuestas para indagar sobre los valores y proyectos personales de los colaboradores no son aún de utilización frecuente, aunque ya forman parte de las denominadas *buenas prácticas* organizacionales.

© GRANICA

Cómo poner en práctica las diferentes encuestas a los colaboradores

Hemos expuesto hasta aquí diferentes tipos de encuestas dirigidas a los colaboradores. La pregunta que quizá pueda formularse el lector es: *¿cómo llevarlas a la práctica?*

Como en muchos otros temas, para esta pregunta no existe una única respuesta. Analicemos el gráfico al pie de página.

Una opción sería incluir todas las preguntas en una única encuesta o bien realizar las encuestas por separado. En el primero de los casos (una única encuesta), se sugiere dividir los cuestionarios en capítulos o partes, para separar las preguntas por temas, tal como se desprende del gráfico.

En dicho gráfico se muestran por separado las tres temáticas: *Satisfacción laboral, Valores* y *Proyectos personales.* Sin embargo, cuando se administran por separado lo más frecuente es –como ya se ha mencionado– dividir los temas en dos grupos: *Satisfacción laboral* por un lado y *Valores y proyectos personales* por otro.

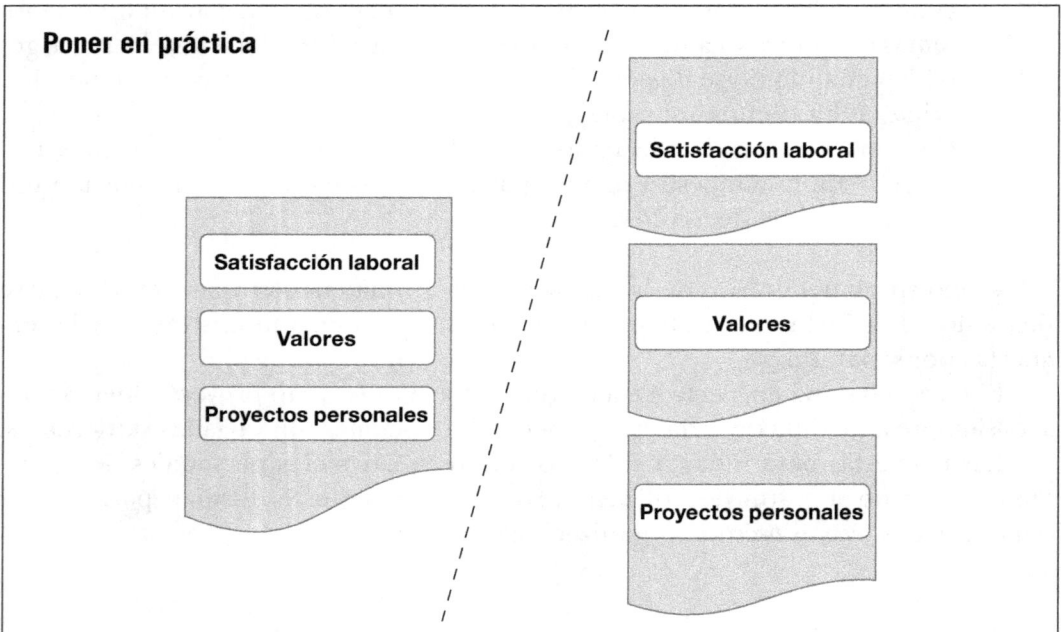

Poner en práctica

Satisfacción laboral

Valores

Proyectos personales

Satisfacción laboral

Valores

Proyectos personales

Indicadores de gestión
para Recursos Humanos

La gestión del área de Recursos Humanos puede ser medida por indicadores. Estos pueden ser de tipo general o específico.

El término "indicador/es" hace referencia a un valor numérico que se usa como guía para evaluar, por ejemplo, a una persona en particular o a un área de la organización en su conjunto.

Desde el área de Recursos Humanos los indicadores podrán ser utilizados para evaluar tanto el desempeño de las personas en relación con sus respectivos puestos de trabajo, como la gestión conjunta del área.

Se podrán elaborar indicadores en relación con múltiples temas; entre otros:

- De comportamientos (competencias y valores) y conocimientos.

- De gestión de un área u organización (en su conjunto).

- De desempeño (de un colaborador, de un área, etc.).

El término "indicadores de gestión" se refiere a aquellos índices específicos para medir el resultado de la gestión de la organización en su conjunto o de un área en particular (o grupo de funciones).

Para una aplicación eficaz de indicadores, estos deben permitir la comparación con años anteriores, con organizaciones similares, etc.

Por su parte, los "indicadores de gestión del área de Recursos Humanos" son aquellos índices específicos para medir el resultado de la gestión del sector y de las distintas funciones que lo componen. Ejemplos: índices para medir el resultado general de Recursos Humanos o las áreas de Selección, Formación, Desarrollo de personas, Desempeño, etc. (ver gráfico en página siguiente).

Las buenas prácticas sugieren la aplicación de un número limitado de indicadores, según las características de cada organización. Se deberá elegir aquellos más representativos en relación con la estrategia organizacional.

Para que los indicadores sean de utilidad, deberán implementarse varios años seguidos y/o contar con parámetros del mercado con los cuales comparar la gestión organizacional.

Los ejemplos de indicadores para medir la gestión del área de Recursos Humanos se encuentran en el cuadro al pie de la página siguiente.

© GRANICA

Indicadores: miden a través de una fórmula la gestión de un área, sector o función

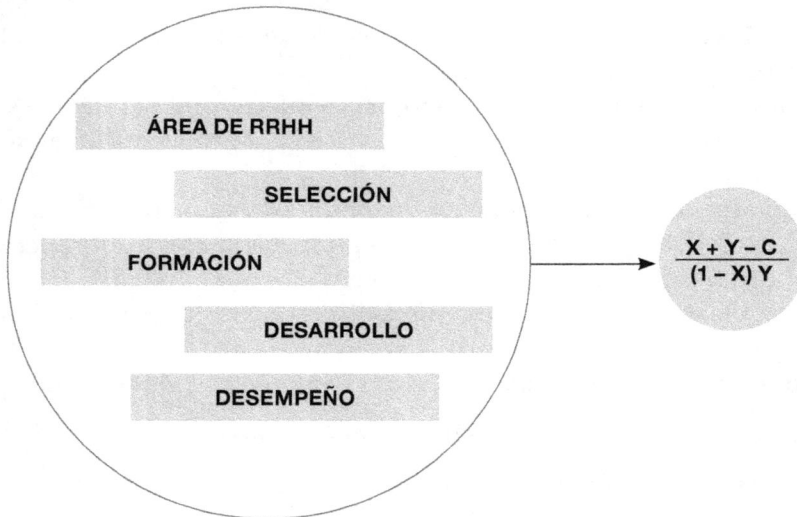

Indicador para medir	Fórmula de cálculo
El área en su conjunto: *Rotación*	$\dfrac{\text{Cantidad de personas que se retiran de la organización en un período determinado}}{\text{Cantidad total de personas en nómina}} = X$
Selección: *Costo por empleado*	$\dfrac{\text{Costo del área de Selección}}{\text{Cantidad de personas contratadas en un período determinado}} = X$
Desempeño	$\dfrac{\text{Cantidad de personas con desempeño superior}}{\text{Cantidad total de personas en nómina}} = X$
Formación: *Inversión en formación por empleado*	$\dfrac{\text{Inversión en formación}}{\text{Cantidad de empleados capacitados}} = X$
Desarrollo: *Grado de eficacia de programas internos* (en el ejemplo: *Diagramas de reemplazo*)	$\dfrac{\text{Cantidad de reemplazos realizados con personas de la propia organización}}{\text{Cantidad total de reemplazos}} = X$

Las marcas como indicadores de gestión

Como una forma de medir la gestión en su conjunto del área de Recursos Humanos se introducirán a continuación dos factores a tener en cuenta: *la marca de Recursos Humanos* y *la marca empleadora*. Son conceptos nuevos con dispar grado de difusión y muy interesantes, a tener en cuenta.

La Marca Recursos Humanos[6] es el título de un libro donde se expone todo lo que hay que hacer para alcanzar un alto reconocimiento de marca por medio del prestigio ganado dentro de la organización.

La "marca de Recursos Humanos", que identifica la valoración positiva que dentro de una organización posee el área, es producto de la eficacia de su gestión.

Trabajar sobre el concepto interno de marca tiene múltiples aplicaciones prácticas y con diferentes perspectivas:

- *Mirada interna.* Cuando el área de Recursos Humanos alcanza un valor de marca alto, se facilita la implementación de cualquier programa, método o proyecto que proponga, dado que tanto los directivos como los colaboradores en general tienen confianza en su gestión.

- *Mirada externa.* El valor de marca alto produce buena imagen entre directivos y colaboradores, y todos ellos, de manera consciente o no, la transmiten fuera de la organización. Como consecuencia, otras personas desean formar parte de ella.
  Esto implica obtener una respuesta altamente satisfactoria cuando se realizan acciones de atracción. Se logra atraer al mejor talento disponible para la posición ofertada.
  Esta mirada externa se relaciona, además, con la valoración que los colaboradores poseen del rol de sus propios jefes.

En los últimos años ha surgido un concepto muy difundido, conocido también mediante la expresión inglesa *employer branding* (en español, marca empleadora/ marca del empleador).

Lograr esta "marca" implica construir una imagen positiva en el mercado, conseguir una reputación como buen empleador tanto entre los colaboradores actuales como entre las personas que en el futuro podrían incorporarse a la organización.

Implica proponer y llevar a cabo una serie de acciones tendientes a lograr una percepción, por parte del mercado, altamente positiva como ámbito laboral, de

---

6   Alles, Martha. *La Marca Recursos Humanos.* Ediciones Granica. Buenos Aires, 2014.

© GRANICA

manera que las personas deseen trabajar en la organización. Sin embargo, esta imagen positiva no debe basarse solo en consignas publicitarias sino que, por el contrario, debe estar construida sobre la base de acciones concretas en materia de Recursos Humanos.

En resumen, para alcanzar altos valores tanto de la marca Recursos Humanos como de la marca empleadora y, al mismo tiempo, lograr buenos indicadores de gestión del área de RRHH se ponen en juego los mismos elementos y factores: llevar a cabo las buenas prácticas en materia de Recursos Humanos, diseñar herramientas (específicas de RRHH) fiables y sencillas que puedan ser aplicadas tanto por los especialistas de Recursos Humanos como por los directivos y jefes de las otras áreas. Todo lo necesario para alcanzar los resultados esperados en esta materia será tratado en esta obra a lo largo de los ocho capítulos que la integran.

Obras de Martha Alles relacionadas con este capítulo

Social Media y Recursos Humanos relaciona muchos temas que son tratados en esta obra con las nuevas tecnologías sociales.

Respecto del *modelo de competencias,* mencionado en este capítulo y que se verá en detalle en el Capítulo 2, tanto su armado como la mejor forma de llevarlo a la práctica han sido tratados en un gran número de obras de la autora.

Para el armado del modelo, la obra más completa es la denominada *Trilogía,* compuesta por los siguientes libros: *Diccionario de competencias. La trilogía. Tomo I, Diccionario de comportamientos. La trilogía. Tomo II* y *Diccionario de preguntas. La trilogía. Tomo III.*

En cada uno de los capítulos de este libro se hará una mención específica a obras directamente relacionadas con los contenidos tratados en ellos.

La temática de competencias también es mencionada en *Comportamiento organizacional, 5 pasos para transformar una oficina de personal en un área de Recursos Humanos.*

Los aspectos principales en materia de Recursos Humanos que deben conocer los jefes de todos los niveles están tratados en *Rol del jefe* y *12 pasos para ser un buen jefe.*

La temática de la disciplina de Recursos Humanos tiene una directa relación con la conciliación de vida profesional y personal en colaboradores de todos los niveles. Dos obras tratan con profundidad estos temas: *Conciliar vida profesional y personal. Dos miradas: organizacional e individual* y *12 pasos para conciliar vida profesional y personal. Desde la mirada individual.*

Por último, y como síntesis de toda la obra, son de vital importancia el *Diccionario de términos de Recursos Humanos* y *Las 50 herramientas de Recursos Humanos que todo profesional debe conocer.*

Síntesis del capítulo

- Recursos Humanos es una disciplina perteneciente a las Ciencias de la Administración. Adicionalmente, la expresión "recursos humanos", no como disciplina, sino como tema, en general, nos involucra a todos, a los especialistas en el área y a quienes se ocupan de otras especialidades, siendo estos últimos más numerosos que aquellos. ¿Por qué esta afirmación? En mayor o menor grado, todos somos jefes, compañeros y/o colaboradores de otras personas. La gran mayoría de los puestos de trabajo se desempeñan en ámbitos donde, además, lo hacen otras personas.

- Una organización cuenta con su estructura, métodos y procedimientos organizacionales, y las personas que la integran. Asimismo, se plantea alcanzar su *misión* y sus planes de corto plazo. Al mismo tiempo, la organización, de cara al futuro, define su *visión* y *estrategia* a alcanzar. Para lograrlo, entre otras cosas, podría necesitar cambios en la estructura, y personas con ciertas características a fin de alcanzar la visión definida. Para ello, las organizaciones implantan modelos de competencias (ver Capítulo 2).

- El área de Recursos Humanos tiene a su cargo una amplia gama de asuntos, desde los aspectos legales e impositivos en relación con las personas que integran la organización, hasta la administración de los subsistemas de Recursos Humanos. En cuanto al lugar que ocupa el área dentro de la estructura de la organización, existen en la práctica muchas variantes. No hay una única ubicación posible. Una de las sugeridas es que reporte al número 1 de la organización, al igual que las áreas principales. Cuando la gerencia del sector está cerca de la máxima conducción, está también más cerca de ocupar un rol estratégico. Si bien con ese único elemento no será suficiente, es un primer paso.

- Las organizaciones fijan *políticas*, y bajo este nombre se conocen diversas normas o reglas internas de funcionamiento que deben cumplir todos sus integrantes. Son definidas por la máxima conducción en función de su cultura y costumbres, respetando las leyes de cada país o región, según corresponda. Dentro de las políticas organizacionales se encuentran las *políticas de Recursos Humanos*, en este caso se hace referencia a las normas internas en relación con los colaboradores, de todos los niveles, que aseguran el cumplimiento de ciertos principios y valores, dentro del marco de la visión y estrategia organizacional. Usualmente contemplan aspectos éticos, de recaudo del patrimonio y del capital intelectual, entre otros factores.

© GRANICA

- Los especialistas de Recursos Humanos deben cumplir una serie de funciones inherentes a sus respectivos puestos de trabajo. En adición a ello, por el hecho de ser "profesionales" del área, deben asumir roles específicos para que esa área cumpla con el cometido que se espera de ella en el contexto actual. Se han identificado los roles del profesional de Recursos Humanos, que a su vez conforman el perfil requerido para llevar a cabo dicha función. Estos son: *Estrategia. Personas. Talento. Ética. Experto.* Para alcanzar los resultados esperados y sus objetivos estratégicos la organización cuenta con todas las personas que la integran, directivos y colaboradores de todos los niveles. No es posible analizar uno de estos aspectos aisladamente. Y no alcanza con cubrir alguno/s de ellos, sino que se deberá tener en cuenta a todos de manera particular y en conjunto, al mismo tiempo.

- Los "subsistemas de Recursos Humanos" son muy importantes dentro de las buenas prácticas del área y serán estudiados en los capítulos siguientes. El término hace referencia a segmentos del sistema de Recursos Humanos, compuestos por normas, políticas y procedimientos, racionalmente enlazados entre sí, que en conjunto contribuyen a alcanzar una meta −en este caso, los objetivos organizacionales−, y que rigen el accionar de todos los colaboradores que integran la organización, desde el número 1 hasta el último nivel de la estructura. Los subsistemas de Recursos Humanos son: *Análisis y descripción de puestos, Atracción, selección e incorporación de personas, Evaluación de desempeño, Remuneraciones y beneficios, Desarrollo y planes de sucesión,* y *Formación.* En todos los casos, los subsistemas de Recursos Humanos se diseñan a medida de cada organización.

- El concepto que hemos denominado "sistémico" es otro elemento importante dentro de las buenas prácticas en Recursos Humanos y deviene del más simple sentido común: darle a un tema un tratamiento de tipo global, considerándolo en su totalidad, sin dejar de lado ninguna de las partes que lo componen. Las organizaciones, de cualquier tipo o tamaño, tienen un propósito u objetivo a alcanzar. Por lo que se espera que todos los que trabajan en ellas lo hagan en conjunto para, entre todos, alcanzar el referido objetivo. El enfoque sistémico aplicado a los recursos humanos implica que el manejo de estos se haga con una mirada de conjunto, en oposición a una mirada parcial.

- La planificación de los recursos humanos (capital humano) de una empresa es una de las responsabilidades del área de RRHH. Dicha planificación es uno de los aspectos a ser considerados dentro del planeamiento económico-financiero de la organización en su conjunto. Para llevarla adelante deberá considerarse la estrategia organizacional junto con los objetivos generales de corto, mediano y largo plazo. En función de estos aspectos, se deben analizar, en colaboradores de todos los niveles, las capacidades necesarias para alcanzarlos: conocimientos, experiencia y competencias.

- Entre las buenas prácticas de Recursos Humanos se encuentran las encuestas a integrantes de la organización. Estas se realizan para conocer el grado de satisfacción de los colaboradores respecto de su trabajo y el contexto en el cual se desenvuelven, y sobre valores y proyectos personales. Cuando se posee este tipo de información es posible un mejor diseño de los métodos de trabajo organizacionales (subsistemas de Recursos Humanos). Entre las encuestas más difundidas se encuentran las de satisfacción laboral, conocidas también como encuestas de clima organizacional, que si bien brindan información sumamente útil, deben ser complementadas por otras herramientas adicionales, como las encuestas sobre valores y proyectos personales de quienes integran la organización.

- Los indicadores de gestión del área de Recursos Humanos son aquellos índices específicos para medir el resultado de la gestión del sector y de las distintas funciones que tiene a cargo. Ejemplos: índices para medir el resultado general de Recursos Humanos o las áreas de Selección, Formación, Desarrollo de personas, Desempeño, etc. Como una forma de medir la gestión en su conjunto del área de Recursos Humanos se debe considerar también los siguientes conceptos: la marca de Recursos Humanos y la marca empleadora.

- En resumen, para alcanzar altos valores tanto de la marca Recursos Humanos como de la marca empleadora y, al mismo tiempo, lograr buenos indicadores de gestión del área de RRHH, se ponen en juego los mismos elementos y factores: llevar a cabo las buenas prácticas en la especialidad, y diseñar herramientas de RRHH fiables y sencillas que puedan ser aplicadas tanto por los especialistas del área como por los directivos y jefes del resto de la organización. Todo lo necesario para alcanzar estos resultados esperados será tratado en esta obra a lo largo de los ocho capítulos que la integran.

© GRANICA

Para cada uno de los capítulos de esta obra hemos preparado casos prácticos y/o ejercicios orientados a lograr una mejor comprensión de los temas tratados en cada uno de ellos. El lector podrá encontrarlos en *Dirección estratégica de Recursos Humanos. CASOS.*

PARA TODOS LOS LECTORES

Se encuentra disponible en formato digital un Anexo donde se ha realizado un análisis detallado de libros y subsistemas que complementa las temáticas abordadas en esta obra.

PARA PROFESORES

Para cada uno de los capítulos de esta obra hemos preparado:

☞   Material de apoyo para el dictado de clases.

Los profesores que hayan adoptado esta obra para sus cursos tanto de grado como de posgrado podrán solicitar de manera gratuita:

Dirección estratégica de Recursos Humanos. CLASES

Únicamente disponibles en formato digital:
www.marthaalles.com

o bien escribiendo a:
profesores@marthaalles.com

Atracción,
selección
e incorporación

Análisis
y descripción
de puestos

Desarrollo
y planes
de sucesión

**DIRECCIÓN
ESTRATÉGICA
DE RECURSOS
HUMANOS**

Remuneraciones
y
beneficios

Formación

Evaluación
de
desempeño

Capítulo 2

Gestión
por competencias

En este capítulo usted verá los siguientes temas:

- Introducción a la Gestión por competencias

- Las buenas prácticas en Recursos Humanos. Gestión por competencias

- La Metodología de Gestión por competencias de Martha Alles International

- Misión. Visión. Estrategia. Definición del modelo

- Modelo de competencias Las diferentes competencias que lo integran

- Armado del modelo de competencias

- La asignación de competencias a puestos

- Modelo de competencias. Implantación

- Enfoque sistémico. Aplicación del modelo de competencias en los subsistemas de Recursos Humanos

- La difusión. Un pilar importante en la implementación del modelo de competencias

- Nuevos enfoques y competencias mirando al futuro

Introducción a la Gestión por competencias

Competencia. Diferente significados y definiciones

La palabra competencia se utiliza en distintos ámbitos y sus significados son diversos. Según la RAE, el término "competencia", en relación con "ser competente", significa:

Pericia, aptitud, idoneidad para hacer algo o intervenir en un asunto determinado.

Adicionalmente, también según la RAE, el término "competencia", cuando está relacionado con el infinitivo del verbo "competir", significa:

Disputa o contienda entre dos o más personas sobre algo.

Por último, la RAE define el término "competencia" –cuando está relacionado con "ser competente" y, a su vez, con "incumbencia"– de la siguiente manera:

Atribución legítima a un juez u otra autoridad para el conocimiento o resolución de un asunto.

Como puede apreciarse hasta aquí, son tres conceptos diferentes para una misma palabra: competencia.

Mucha de la bibliografía disponible sobre competencias está en idiomas diferentes del español, por lo cual es válido ver cómo se nombra el concepto en otras lenguas.

Competence es la palabra inglesa cuya traducción a nuestra lengua es "competencia". Su plural puede escribirse de dos maneras: *competences* o *competencies*.

Compétènce es el término en idioma francés cuya traducción a nuestra lengua es "competencia".

En otras lenguas:

- Alemán: *Kompetenzen.*

- Italiano: *competenze.*

- Portugués: *competencia.*

También, y como se verá en las páginas siguientes, existen diversas definiciones según los diferentes autores consultados y el fin o propósito que se desea dar al término. La definición que se utilizará en esta obra es la siguiente:

Competencia. Hace referencia a las características de personalidad, devenidas en comportamientos, que generan un desempeño exitoso en un puesto de trabajo (definición de Martha Alles).

El enfoque de esta obra en su conjunto es sobre los Recursos Humanos en ámbitos organizacionales, de cualquier tipo. Por lo tanto, el enfoque de "competencias" será desde esta perspectiva. Cómo aplicar Gestión por competencias desde la óptica organizacional.

La Gestión por competencias o Gestión de Recursos Humanos por competencias a la que hace referencia el título de este capítulo implica un modelo de gestión que permite alinear a las personas que integran una organización (directivos y demás niveles organizacionales) en pos de los objetivos estratégicos.

Para que sea eficaz la Gestión por competencias, esta se lleva a cabo a través de un modelo sistémico en el cual todos los subsistemas de Recursos Humanos de la organización consideren las competencias en sus procesos.

Un *modelo de competencias* implica un conjunto de procesos relacionados con las personas que integran la organización y que tienen como propósito, como dijimos, alinearlas en pos de los objetivos organizacionales.

Un modelo de competencias permite seleccionar, evaluar y desarrollar a las personas en relación con las competencias necesarias para alcanzar la estrategia organizacional.

Como resultado de la definición del modelo de competencias se confecciona una serie de documentos; entre los más relevantes se puede mencionar los *diccionarios de competencias y comportamientos* y la *asignación de competencias a puestos.* Se retomará este tema más adelante en este mismo capítulo.

Como decíamos en párrafos previos, entre las diferentes definiciones y aplicaciones del término competencias existe una muy difundida y que aborda la problemática desde otro ángulo: la empleabilidad de las personas. Nos referiremos a este enfoque a continuación.

Competencias laborales y conductuales. Diferencias

Existe en diversos medios, aun en los académicos, una profunda confusión sobre términos que, siendo parecidos, significan cosas muy diferentes: las *competencias laborales* y las *competencias conductuales.*

La Organización Internacional del Trabajo (OIT) impulsa a nivel mundial una serie de programas tendientes a lograr la Certificación en *competencias laborales* de personas que no poseen un título o certificado que permita acreditar sus

© GRANICA

conocimientos o especialidad. Estos programas de certificación son impulsados, a su vez, desde los gobiernos de los respectivos países.

Veamos una definición dada por Cinterfor (Centro Interamericano de Investigación y Documentación sobre Formación Profesional), perteneciente a la OIT: *Existen múltiples y variadas definiciones en torno a la competencia laboral. Un concepto generalmente aceptado la establece como una capacidad efectiva para llevar a cabo exitosamente una actividad laboral plenamente identificada. La competencia laboral no es una probabilidad de éxito en la ejecución del trabajo, es una capacidad real y demostrada.*

La mayoría de las definiciones de competencias laborales plantean una mezcla de conceptos necesarios para desempeñarse adecuadamente en un puesto de trabajo: conocimientos específicos y habilidades necesarias para un desempeño adecuado.

A modo de ejemplo comentaremos un documento del Consejo mexicano de Normalización y Certificación de competencias laborales (CoNoCer) de 1998, donde se presenta el modelo a aplicar en ese país en la materia. La definición de competencias laborales para este organismo es: *capacidad productiva de un individuo que se define y mide en términos de desempeño en un determinado contexto laboral, y no solamente de conocimientos, habilidades, destrezas y actitudes; estas son necesarias pero no suficientes por sí mismas para un desempeño efectivo.*

Las competencias laborales se relacionan con oficios y por extensión se aplican a profesiones de tipo universitario, y en algunos países se han aplicado en relación con la educación. Más allá del nivel educacional que abarque, en nuestra opinión, la principal diferencia que esta concepción de las competencias tiene con la metodología de Gestión por competencias radica en el punto de partida.

En resumen, las competencias laborales fijan su atención en el individuo, que puede o no pertenecer a una organización. La OIT promueve la certificación de las competencias laborales de los individuos como una forma de incrementar su empleabilidad. Si se desea trabajar sobre la empleabilidad de las personas, en especial sobre la de aquellos que no tienen trabajo, promover este tipo de programas será una gestión muy útil para la sociedad.

Cuando se desea trabajar desde el ámbito de las organizaciones se requiere el uso de los denominados modelos de management o de gestión, que permiten conducir los recursos humanos de la entidad con el propósito de alinearlos a su estrategia de negocios. Cuando esta modelización se hace correctamente, da lugar a una relación ganar-ganar entre el empleado y el empleador, ya que es beneficioso, al mismo tiempo, tanto para uno como para el otro. Estos modelos se basan, usualmente, en las denominadas "competencias conductuales". En la práctica, tanto académica como profesional, a las denominadas "competencias conductuales" se las denomina "competencias" sin aditamento alguno, y a las que se definieron en la OIT, "competencias laborales".

Las competencias laborales en ningún caso se plantean como un modelo de management o administrativo, aunque pueden ser aplicadas en el marco de las organizaciones. Tan es así que si se observa en la mayoría del material existente al respecto se podrá apreciar que los ejemplos que se presentan son –mayoritariamente– en relación con posiciones de tipo operativo, como por ejemplo operarios, enfermeros, vendedores, etc.

Según Cinterfor (como mencionamos, un organismo de la OIT), *la certificación es la culminación de un proceso de reconocimiento formal de las competencias de los trabajadores; implica la expedición por parte de una institución autorizada, de una acreditación acerca de la competencia poseída por el trabajador. En muchas instituciones de formación la certificación se otorga como un reconocimiento a la culminación de un proceso de formación, basada en el tiempo de capacitación y práctica, así como en los contenidos evaluados. Ello no necesariamente asegura que se esté haciendo una evaluación de competencias.*

A lo largo de los años he consultado la bibliografía existente sobre la temática de competencias, y para mi trabajo he elegido una de las vertientes de la concepción de competencias, en la firme creencia de que es la que se relaciona con el marco organizacional y la Administración de Empresas.

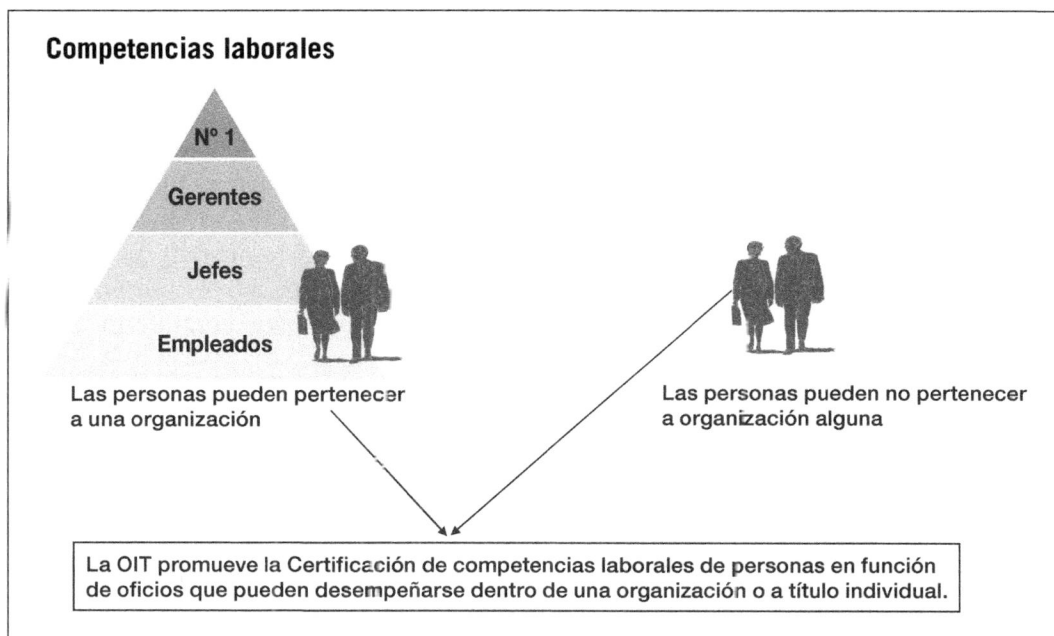

Competencias laborales

Nº 1
Gerentes
Jefes
Empleados

Las personas pueden pertenecer a una organización

Las personas pueden no pertenecer a organización alguna

La OIT promueve la Certificación de competencias laborales de personas en función de oficios que pueden desempeñarse dentro de una organización o a título individual.

© GRANICA

Orígenes de la Gestión por competencias

Unánimemente se considera la obra de David C. McClelland (más precisamente su libro *Human Motivation*, de 1999, publicado originalmente en 1987) como la base sobre la cual luego se construye la metodología de Gestión por competencias. Ese libro, como su nombre lo indica, está dedicado al estudio de la motivación humana.

Comprender la motivación humana lleva a una definición del término *motivo*, entendido como el interés recurrente para el logro de un objetivo basado en un incentivo natural; un interés que energiza, orienta y selecciona comportamientos.

La explicación de los términos clave de esta definición debería ayudarnos a clarificar y resumir lo que los psicólogos han aprendido acerca de la motivación humana. Básicamente, un motivo puede darse cuando se piensa con frecuencia acerca de un objetivo, es decir, se trata de un interés recurrente y no de pensamientos ocasionales.

Los estudios de David McClelland sobre la motivación describen los logros en el conocimiento acerca de qué son los motivos y cómo pueden ser medidos, avances que han llevado a un progreso sustancial en la comprensión de tres importantes sistemas motivacionales (definidos por este autor) que gobiernan el comportamiento humano:

- *Los logros como motivación*. La primera motivación que se investigó intensamente fue la determinada *por el logro* o *"n achievement"*. A medida que se progresó en esta investigación fue resultando evidente que podría haber sido mejor denominada *eficiencia*, porque representa un interés recurrente por hacer algo de una manera mejor. Hacer algo *mejor* implica algún estándar de comparación interno o externo, y quizá sea mejor concebido en términos de eficiencia o un ratio *input/output*. Mejorar significa obtener el mismo *output* con menos trabajo, obtener un mayor *output* con el mismo trabajo o, lo mejor de todo, obtener un mayor *output* con menos trabajo.

  De esta manera, la gente con alto *"n achievement"* prefiere actuar en situaciones donde hay alguna posibilidad de mejoras de esta clase. No son atraídas por situaciones en las que no hay posibilidades de lograr mejoras, esto es, trabajos muy fáciles o muy difíciles; y por lo tanto no trabajan más duro cuando deben desempeñarse en ellos. Las personas con alta orientación al logro prefieren tener responsabilidad personal por el resultado. Si dicho resultado es bueno, esto les da información de cuán bien lo están haciendo. Los *entrepreneurs* exitosos tienen alto *"n achievement"*.

- *El poder como motivación.* La necesidad de poder como clave en el pensamiento asociativo representa una preocupación recurrente que impacta sobre la gente y quizá también sobre las cosas. Se ha demostrado, con experiencias que involucran sentimientos de fortaleza física o psicológica, que los más altos resultados han sido recolectados de individuos con alto "*n power*".
  Altos niveles de "*n power*" están asociados con muchas actividades competitivas y asertivas con un interés en obtener y preservar prestigio y reputación. Sin embargo, desde que la competencia y particularmente las actividades agresivas son altamente controladas por la sociedad, debido a sus efectos potencialmente destructivos, la *válvula de escape* para esta motivación por el poder varía considerablemente de acuerdo con las normas que las personas han internalizado como comportamientos aceptables.

- *La pertenencia como motivación.* Se sabe menos de este tipo de motivación que sobre los dos anteriores. Derivaría de la necesidad de estar con otros, pero no hay certeza de cuál es la causa natural de la tendencia o el deseo de estar con otras personas como motivación.

Estas motivaciones se combinan con otras características para determinar que se traduzcan en *acción*.

Los estudios sobre competencias provienen de diversos países. De los Estados Unidos hemos seleccionado a Lyle y Signe Spencer; de Francia, a Claude Levy-Leboyer; del Reino Unido, a Gerald Cole, y varios otros de Italia. De este modo se pretende mostrar la uniformidad de ciertos criterios que pueden considerarse como básicos dentro de la metodología de Gestión por competencias.

La definición de "competencia" según Spencer & Spencer[1]. Estos autores aportan, en su definición, que una competencia es una *característica profunda* de un individuo que se encuentra *causalmente relacionada* con un *desempeño efectivo (que se toma como criterio de referencia) y/o superior* en un puesto de trabajo o situación laboral.

La definición de "competencias" según Levy-Leboyer[2]. La autora define a las competencias como repertorios de comportamientos que algunas personas dominan mejor que otras, lo que las hace eficaces en una situación determinada. Esos comportamientos son observables en la realidad cotidiana del trabajo e, igualmente, en situaciones de evaluación. Ponen en práctica, de forma integrada, aptitudes, rasgos de personalidad y conocimientos adquiridos.

---

1   Spencer, Lyle M.; Spencer, Signe M. *Competence at work, models for superior performance.* John Wiley & Sons, Inc., New York, 1993.
2   Levy-Leboyer, Claude. *Gestión de las competencias.* Gestión 2000, Barcelona, 1997.

© GRANICA

El tipo o el nivel de las competencias tiene implicaciones prácticas para el planeamiento de Recursos Humanos. Como ilustra el gráfico "Modelo del iceberg", las competencias de conocimiento y habilidad tienden a ser características de tipo visible de las personas, y relativamente superficiales (en el sentido de que están en la superficie de la personalidad, por lo que son fácilmente observables). El concepto de uno mismo o propio, los rasgos de personalidad y las motivaciones están más escondidos, en una zona más profunda de la mente de las personas.

Los conocimientos son relativamente fáciles de desarrollar; la manera más adecuada y efectiva de mejorar estas capacidades es mediante el entrenamiento y la capacitación.

Las motivaciones y los rasgos de personalidad presentan una dificultad mucho mayor tanto para su evaluación como para su desarrollo; lo más adecuado –siempre que sea posible– será *seleccionar* a individuos que ya posean las características de personalidad y las motivaciones requeridas para cada posición.

Para Colardyn (1996: 53) las competencias se pueden definir como *el conjunto de las capacidades demostradas en la vida profesional y social presente. Las competencias son individuales, son particulares de cada individuo y están íntimamente ligadas y dependen del contexto social general donde el individuo actúa o se desenvuelve y, muy especialmente, en*

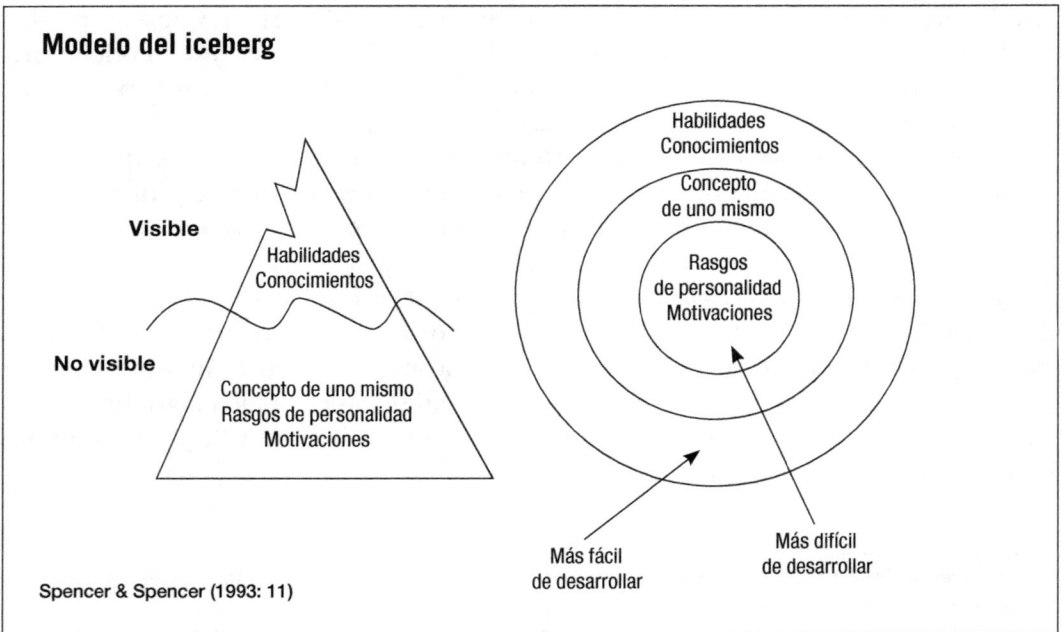

Modelo del iceberg

Visible
Habilidades
Conocimientos

No visible
Concepto de uno mismo
Rasgos de personalidad
Motivaciones

Habilidades
Conocimientos
Concepto de uno mismo
Rasgos de personalidad
Motivaciones

Más fácil de desarrollar

Más difícil de desarrollar

Spencer & Spencer (1993: 11)

relación con su campo de actividad, su especialidad y el sector profesional en el cual él vive cotidianamente.

El concepto de competencias es complejo e implica una serie de elementos a tener en cuenta. Lamentablemente, en la práctica profesional se le ha dado al término un uso corriente, quitándole su verdadero significado.

Renato Boccalari, en una obra que reúne trabajos de varios autores titulada *Competenze. Leva di eccellenza delle persone e delle organizzazioni* (Boccalari *et al.*, 2004), se refiere a la diferencia entre un modelo de competencias psicológico y uno de tipo estratégico. *La máxima conducción de la empresa podrá asegurar la continuidad de la misma solo desarrollando las competencias distintivas; estas deberán reflejar –a su vez– la fuente duradera donde se recogerá el producto futuro. ¿Cómo definir una "competencia distintiva"? Como aquella que reúne una serie de competencias y tecnologías que permite a una empresa ofrecer un beneficio a su cliente* (pp. 24-27).

Gestión por competencias. A modo de resumen del estado del arte

La temática que nos ocupa, Gestión por competencias, no es una moda. Por el contrario, se trabaja bajo modelos de competencias desde hace decenas de años, con sus variantes y evolución.

El término *competencia,* si bien posee varios significados y definiciones, en el contexto de este trabajo hace referencia a las características de personalidad. En el siglo XXI, y en el ámbito de las organizaciones, se asocia esta palabra con la gestión de los recursos humanos. Sin embargo, no en todas las compañías se trabaja bajo una metodología de Gestión por competencias. No obstante, las competencias o las características de personalidad están integradas, de un modo u otro, a los métodos de trabajo organizacionales.

Como se expresara, el término competencias puede tener otros significados y aplicaciones. Por lo cual existe cierta confusión al respecto, aun en medios académicos. Por ejemplo, muchas personas confunden *competencias laborales* con *competencias conductuales*, siendo aspectos muy diferentes.

Gestión por competencias es una metodología aplicada a la tarea de conducir los recursos humanos de una organización para lograr alinearlos a la estrategia de negocios. Cuando el modelo de competencias se diseña de manera adecuada es beneficioso, al mismo tiempo, tanto para la empresa como para los colaboradores que allí se desempeñan.

La Certificación en *competencias laborales* es impulsada por la Organización Internacional del Trabajo (OIT) a nivel mundial, a través de una serie de programas

© GRANICA

tendientes a lograr que las personas que no poseen un título o certificado que permita acreditar un conocimiento o especialidad determinado, puedan así adquirirlo. Estos programas de certificación son impulsados, a su vez, desde los gobiernos de los respectivos países y, en su esencia, se relacionan con oficios. Por extensión, en algunos casos se ha utilizado esta certificación en otros niveles.

La principal diferencia entre Certificación de competencias laborales y Gestión por competencias radica en el propósito con que cada una de ellas fue concebida: una para certificar capacidades de los trabajadores, otra como modelo de gestión para las organizaciones.

A las *competencias conductuales*, en la práctica, tanto académica como profesional, se las denomina simplemente "competencias", sin aditamento alguno, y a las que se definieron en la OIT, "competencias laborales".

La mayoría de los estudios e investigaciones sobre competencias en el ámbito de las organizaciones se basan en los trabajos de David McClelland (*Human Motivation*, obra original de 1987, y otros posteriores). Entre los principales exponentes sobre la temática de competencias –seguidores de McClelland– se puede distinguir a los norteamericanos Spencer & Spencer, que definen competencia como *una característica subyacente de un individuo que está causalmente relacionada a un* estándar *de efectividad y/o a una performance superior en un trabajo o situación*. El trabajo de estos autores aporta un esquema completo sobre cómo implantar, en una organización, un modelo de competencias. Otro exponente muy reconocido es la profesora francesa Claude Levy-Leboyer.

Seguramente se ha dejado fuera de estas menciones a otros autores que también tratan el tema de competencias. No obstante, creo haber citado los pioneros y más importantes. Esta no es solo mi opinión, sino que es compartida por otros estudiosos del tema y especialistas en la materia.

Las buenas prácticas en Recursos Humanos. Gestión por competencias

Recursos Humanos es una disciplina que se estudia desde hace mucho tiempo y, como se vio en el Capítulo 1, ha tenido una evolución en el tiempo. En el presente, las buenas prácticas de Recursos Humanos incluyen, en un lugar de preponderancia, la Gestión por competencias.

La expresión "buenas prácticas" hace referencia a aquellos procedimientos, políticas o procesos que son considerados un parámetro o estándar a alcanzar según la opinión generalizada de los expertos.

Si bien en diversos ámbitos, como los académicos, se diferencia adecuadamente la teoría de la práctica (la primera brinda conceptos y definiciones, y ejercitación la segunda), en la materia que nos convoca (Recursos Humanos) es más adecuado explicar y referirse a las buenas prácticas que a la teoría, dado que este último término, en algunos casos, hace referencia a *conceptos no probados* y las organizaciones desean conocer acerca de conceptos debidamente confirmados y que han demostrado una alta eficacia.

Por lo tanto, cuando nos referimos a las buenas prácticas, en esta obra o en otras, se presenta al lector interesado conceptos y definiciones probados en la vida real por un gran número de organizaciones.

En resumen, se pretende acompañar la teoría y la investigación académica con la experiencia práctica en el ámbito de las organizaciones, para dar como resultado métodos de trabajo fiables que las organizaciones de todo tipo puedan implementar confiadamente.

Durante todos estos años he sido –y sigo siendo– una lectora incansable de la bibliografía técnica disponible sobre competencias. Como surge de lo expuesto en las primeras páginas de este capítulo y lo que se verá a continuación, Gestión por competencias es un método sólido con muchos años de vigencia que, como es lógico, ha sufrido cambios y transformaciones, para adaptarse a las realidades del contexto, y ha evolucionado –básicamente– en sus detalles y aplicaciones.

Si bien la metodología que se expondrá es la que surge tanto de mis investigaciones y trabajo profesional como de la labor del equipo que integra nuestra firma, no representa simplemente una opinión más de un autor. En realidad es el fruto de la interacción entre la experiencia práctica y la reflexión constante, a la luz de los resultados positivos de modelos de competencias implementados en empresas y organizaciones de todo tipo y tamaño, a lo largo de toda Latinoamérica.

Por lo tanto, la Gestión por competencias, así como los aspectos más salientes de la metodología que se va a describir a continuación, conforman las buenas prácticas en materia de Recursos Humanos.

Por qué implantar Gestión por competencias

Si por alguna circunstancia se desea explicarle al CEO[3] o número 1 de la organización por qué es conveniente implementar Gestión por competencias, cuál puede ser su utilidad y los mayores beneficios que podría aportar, comenzaría por afirmar que Gestión por competencias es una herramienta de gestión, que lo ayudará a dirigir y manejar mejor la organización que tiene a su cargo. Un CEO comprende mejor que

---

3   Chief Executive Officer.

© GRANICA

nadie la necesidad de alcanzar la visión y la estrategia organizacionales, la dificultad que ello conlleva, y la importancia de las personas, de todo nivel, para lograrlo.

Usualmente la visión y la estrategia la fijan o determinan un número muy reducido de personas, y deberán ser llevadas a cabo por todos los integrantes de la organización. No existen puestos que contribuyen a la estrategia y otros que no. Las organizaciones –usualmente– no poseen puestos innecesarios dentro de su estructura; por lo tanto, todos, en mayor o menor medida, así como las personas que los ocupan, son necesarios y deben contribuir a alcanzar la estrategia organizacional.

La *Dirección estratégica de recursos humanos por competencias* es un modelo de management, que tiene como objetivo alinear a las personas que integran la organización en pos de los objetivos organizacionales o empresariales, e implica diseñar o, según corresponda, adaptar los distintos subsistemas de Recursos Humanos para relacionarlos con la estrategia empresarial u organizacional.

Un modelo de Gestión por competencias, con un diseño adecuado, será el mejor vehículo para alcanzar la estrategia y/o lograr un cambio cultural.

Un modelo de competencias para alcanzar la estrategia

Toda organización posee una misión, visión, valores y planes estratégicos. Unas organizaciones tendrán estos conceptos perfectamente definidos y expresados en documentos; otras no. Sin embargo, todas poseen una estrategia basada en una visión, más allá de que la hayan expresado por escrito o no.

El modelo de competencias servirá para alcanzar esa visión, para lograr los retos planteados por la estrategia organizacional, en la medida en que dicho modelo incluya en su definición los aspectos necesarios para alcanzarla. Cuando el modelo de competencias se define de este modo, agrega valor a la estrategia.

Si una organización ha definido, por ejemplo, su *balance scorecard*[4] o cuadro de mando integral, el modelo de competencias deberá reflejar las definiciones allí ver-

---

4   Kaplan, Robert S.; Norton, David P. *Cuadro de Mando Integral (The Balanced Scorecard).* Ediciones Gestión 2000, Barcelona, 1997.
Los autores Kaplan y Norton son los creadores de este modelo de gestión empresarial. Comienzan su labor investigadora en 1990, con la profunda convicción de que los modelos basados en indicadores financieros se encontraban completamente obsoletos. Su labor se materializó en el libro *The Balanced Scorecard*, publicado en 1996. Este modelo consiste en un sistema de indicadores financieros y no financieros que tienen como objetivo medir los resultados obtenidos por la organización.
Denominado en español *Cuadro de mando integral*, el modelo combina indicadores financieros (de pasado) con los no financieros (de futuro), y los integra en un esquema que permite entender las

tidas en relación con los temas económicos y financieros, los clientes, los aspectos operativos y, desde ya, los asuntos relacionados con los recursos humanos. Una vez identificados en el mapa estratégico los aspectos principales, estos serán los que se tomarán en cuenta para definir las competencias necesarias (en el modelo de competencias).

Un modelo para lograr el cambio cultural

El modelo de competencias también será el vehículo para lograr el cambio cultural deseado, en la medida en que las competencias que lo conforman representen ese cambio que se desea alcanzar.

Un modelo de competencias permite el cambio en todas sus direcciones. En primera instancia, *de arriba hacia abajo*, al definirse desde la máxima conducción. A su vez, permite el cambio *de lado a lado*, al modificar los subsistemas de Recursos Humanos; y, además, opera *de abajo hacia arriba*, cuando se desarrollan las competencias de los colaboradores de todos los niveles.

Buenas prácticas en la práctica

Desde nuestra firma hemos implantado modelos de competencias, siguiendo nuestra metodología –que se explicará en el punto siguiente–, en organizaciones de diferente tipo; por ejemplo:

- Empresas de más de 30.000 colaboradores así como otras con solo 20 (quizá alguna con un número menor aun).

- Desde grandes holdings empresarios, hasta empresas dirigidas por su dueño.

- Empresas de tipo doméstico (dentro de las fronteras de su propio país) y empresas regionales y transnacionales.

---

interdependencias entre sus elementos, así como la coherencia con la estrategia y la visión de la empresa.

La importancia de los activos intangibles ha sido también ampliamente considerada en el libro ya mencionado, en el que se incluyen cuatro tipos de objetivos a ser considerados equilibradamente para poner la estrategia en acción. Estos cuatro objetivos estratégicos principales son: los aspectos económicos y financieros; clientes y mercado; procesos internos, y aspectos relacionados con los recursos humanos, formación y crecimiento.

© GRANICA

- Empresas industriales y comerciales con fines de lucro, así como dependencias de gobierno.

- Empresas de servicios diversos, estudios de consultoría, bancos, financieras, compañías de seguros, hoteles, empresas industriales, comerciales, distribuidoras de productos, etc.

- Empresas que implantan un modelo cuya base es corporativa, y que debe adaptarse a la cultura del país o región, según corresponda.

- Organizaciones de diverso tipo, como fuerzas armadas e instituciones religiosas, entre otras de características muy definidas.

Sobre Gestión por competencias puede identificarse una fuerte base teórica, como se ha visto en páginas previas. Sin embargo, la Metodología que se expondrá a continuación está avalada, además, por las buenas prácticas profesionales y el trabajo de campo de nuestra firma consultora.

Gestión por competencias no es una moda, sino un método sólido con muchos años de vigencia que, como es lógico, ha sufrido cambios y transformaciones, para adaptarse a las realidades del contexto, y ha evolucionado –básicamente– en sus detalles y aplicaciones.

Si bien esta metodología surge tanto de mis investigaciones y trabajo profesional como de la labor del equipo que conforma nuestra firma, no representa una opinión más de un autor, sino que es el fruto de la experiencia, de ver resultados positivos en empresas y organizaciones a lo largo de toda Latinoamérica.

En resumen, la Gestión por competencias, así como los aspectos más salientes de la Metodología que se va a describir a continuación, conforman las buenas prácticas en materia de Recursos Humanos.

La Metodología de Gestión por competencias de Martha Alles International

Nuestra firma consultora ha desarrollado una metodología para la puesta en marcha de modelos de competencias, basada en dos grandes pilares: la teoría preexistente y la experiencia profesional –ya mencionada– trabajando con este método, el cual ha sufrido algunas transformaciones a través del tiempo. Esto implica haber tenido la oportunidad de realizar un sinnúmero de implantaciones de sistemas de competencias, conocer muchos modelos en organizaciones de todo tipo en países diversos, ajustar modelos diseñados por otros, buscar soluciones a distintos problemas, etcétera.

Conocer muchos modelos diferentes, además de los propios, brinda un panorama muy amplio. La riqueza del conocimiento en materia de competencias se obtiene no solo por conocer buenos métodos de trabajo, sino también por haber hecho la experiencia con otros que no han sido satisfactorios. Se aprende mucho al observar qué procesos no han dado resultado. Si bien un dicho popular afirma que el hombre es el único animal que tropieza dos veces con la misma piedra, en la actividad profesional tratamos de que esto no ocurra.

Definición de *competencias* para Martha Alles

En varias partes de la obra el lector encontrará definiciones de algunos términos. La inclusión de las definiciones cumple un doble propósito: clarificar el significado de ciertos términos, para los que no estén familiarizados con ellos, y, al mismo tiempo, fijar nuestra posición respecto de aquellos casos en que puedan existir diversas interpretaciones o corrientes relacionadas con los mismos. En consecuencia, estas palabras serán utilizadas a lo largo de toda la obra con el significado que les atribuimos en las correspondientes definiciones.

Como ya se expusiera, existen diferentes acepciones del concepto de *competencia*; en nuestro trabajo se utilizará la que incluimos a continuación.

> **Competencia.** Hace referencia a las características de personalidad, devenidas en comportamientos, que generan un desempeño exitoso en un puesto de trabajo.

> **Modelo de competencias.** Conjunto de procesos relacionados con las personas que integran la organización y que tienen como propósito alinearlas en pos de los objetivos organizacionales o empresariales.

Si bien los modelos de management o de gestión en relación con competencias hacen referencia, en todos los casos, a las denominadas *competencias conductuales*, existen autores y profesionales del área de Recursos Humanos que confunden la temática englobando bajo el nombre de *competencias* tanto a estas como a los conocimientos. Si bien puede decirse que los conocimientos son competencias técnicas y las competencias conductuales son competencias de gestión –en obras anteriores hemos mencionado esta cuestión–, cuando queramos referirnos a conocimientos usaremos solo este término (conocimientos), a los efectos de no confundir al lector, en especial al que no es un especialista del área, al cual también dirigimos nuestro trabajo.

Conocimiento. Conjunto de saberes ordenados sobre un tema en particular, materia o disciplina.

Modelo de conocimientos. Conjunto de procesos relacionados con las personas que integran la organización y que permiten definir los conocimientos necesarios para los diferentes puestos.

Ejemplos de conocimientos y competencias:

Conocimientos	Competencias
Informática (por ejemplo, un software)	Iniciativa - Autonomía
Contabilidad financiera	Orientación al cliente
Impuestos	Colaboración
Leyes laborales	Comunicación
Cálculo matemático	Trabajo en equipo
Idiomas	Liderazgo

Tanto los conocimientos como las competencias son necesarios para realizar cualquier tipo de trabajo. Sin embargo, la relación entre ellos es diferente.

Los conocimientos constituyen la base del desempeño; sin los conocimientos necesarios no será posible llevar adelante el puesto o la tarea asignada. No obstante, el desempeño exitoso se obtiene a partir de poseer las competencias necesarias para dicha función.

Veamos un ejemplo: si se está realizando una selección, lo más sencillo será evaluar los conocimientos de la persona que se postula, los cuales –por otra parte– suelen ser excluyentes en los procesos de búsqueda; por lo tanto, siempre que sea posible, se sugiere comenzar la evaluación por lo más fácil de medir y que es, a su vez, excluyente: los conocimientos requeridos. De este modo los candidatos que posean los conocimientos excluyentes serán evaluados a continuación en sus competencias o características más profundas.

Las competencias difieren según la especialidad y el nivel de los colaboradores dentro de la organización. En ocasiones, una misma competencia, por ejemplo *Liderazgo*, puede ser requerida para jóvenes profesionales y, al mismo tiempo, para los máximos ejecutivos, siendo diferente el nivel o grado requerido en cada caso.

Relación entre conocimientos y competencias

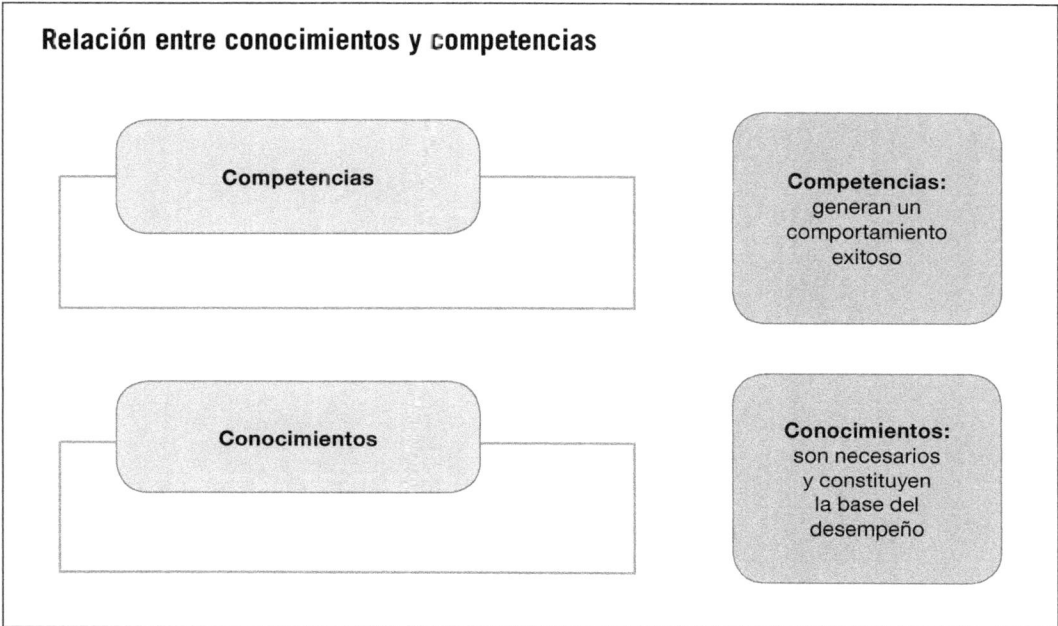

| Competencias | | Competencias: generan un comportamiento exitoso |

| Conocimientos | | Conocimientos: son necesarios y constituyen la base del desempeño |

Misión. Visión. Estrategia. Definición del modelo

Para la implantación de modelos de competencias existen diversos caminos, algunos ya dejados de lado al ser superados por nuevas tendencias. Si bien, en los primeros tiempos, para la definición de competencias se partía del estudio de ciertos referentes dentro de la organización, esto fue dejado de lado al comprobarse que se transfería a los modelos no solo las virtudes de estos referentes, sino también algunas características no convenientes. Asimismo, el sentido común indicó otros cambios, tales como la simplificación de las definiciones de modelos, para asegurar su puesta en marcha y posterior vigencia.

Para definir un modelo de competencias se parte, en todos los casos, de la información estratégica de la organización: su misión y visión, y todo el material disponible en relación con la estrategia. Este punto de partida puede darse en función de la información disponible o bien redefiniendo todos estos aspectos, para asegurarse de que se trabajará con información actualizada.

Las competencias se definen en función de la *misión*, la *visión* y la *estrategia* de la organización. Aunque no se defina un modelo de competencias, el mero sentido

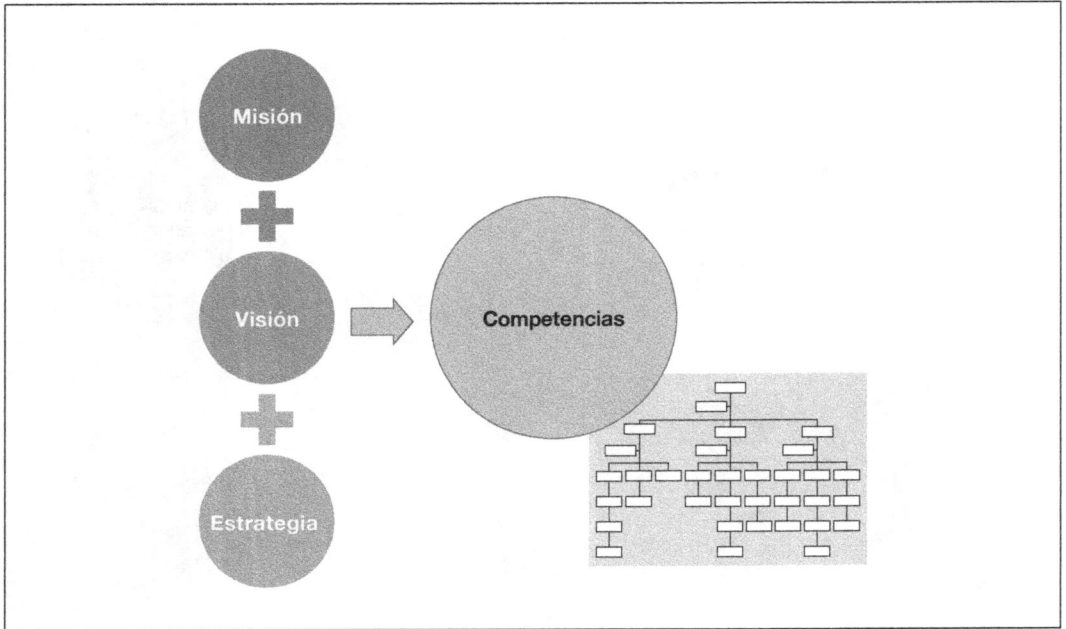

Para lograr los objetivos se requiere

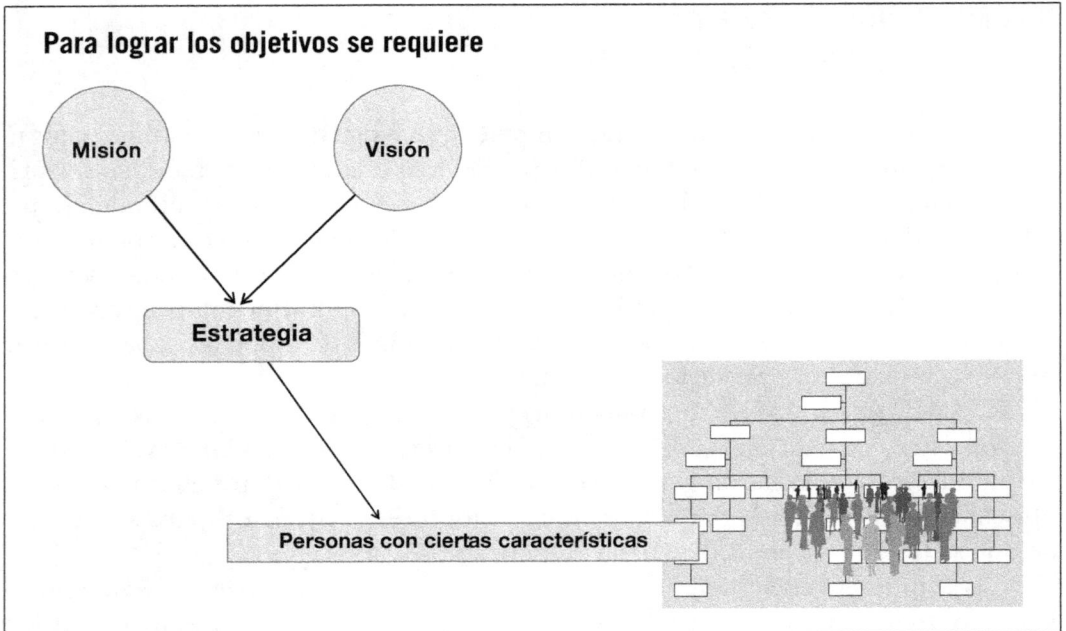

común indica que para alcanzar los objetivos estratégicos será necesario que las personas que integran la organización, tanto directivos como colaboradores de todos los niveles, posean ciertas características. Estas se denominan *competencias* en la aplicación de esta metodología.

Cómo incorporar valores a la cultura organizacional

Las organizaciones definen, además, sus valores. Estos pueden ser incorporados al modelo de competencias o ser tratados por separado.

> **Valores.** Aquellos principios que representan el sentir de la organización, sus objetivos y prioridades estratégicas.

> **Modelo de valores.** Conjunto de procesos relacionados con las personas que integran la organización y que permiten incorporar a los subsistemas de Recursos Humanos los valores organizacionales.

Una de las preocupaciones de muchos directivos de empresas es cómo llevar los valores organizacionales a la práctica, a la gestión.

La clave está en cómo transformar esos valores en herramentales prácticos, para que dejen de ser solo conceptos a los cuales "se adhiere", y se conviertan, además, en verdaderos indicadores de gestión.

Entre las competencias cardinales[5] el lector podrá encontrar ciertos conceptos que también pueden ser considerados valores, tratados aquí como competencias. Ejemplos: *Ética, Fortaleza, Prudencia, Temple*, solo por citar algunos.

Si se desea el tratamiento por separado de los valores, implementando para ello un *modelo de valores*, se sugiere operacionalizarlos a través de su incorporación a los subsistemas de Recursos Humanos, en especial, a los procesos de Selección, Desempeño y Desarrollo. La idea se expresa en el gráfico de la página siguiente.

En los últimos años las organizaciones han comenzado a preocuparse por los temas éticos, al menos en una mayor proporción que antes, producto de ciertos escándalos financieros donde quedó en evidencia que los valores personales, tales como la ética y la integridad, no se relacionan solo con la esfera individual o con la vida privada, sino que, por el contrario, los comportamientos no éticos de un directivo, por ejemplo, pueden provocar la quiebra de la organización en donde se desempeña.

---

5   Alles, Martha. *Diccionario de competencias. La trilogía. Tomo I.* Ediciones Granica, Buenos Aires, 2009.

© GRANICA

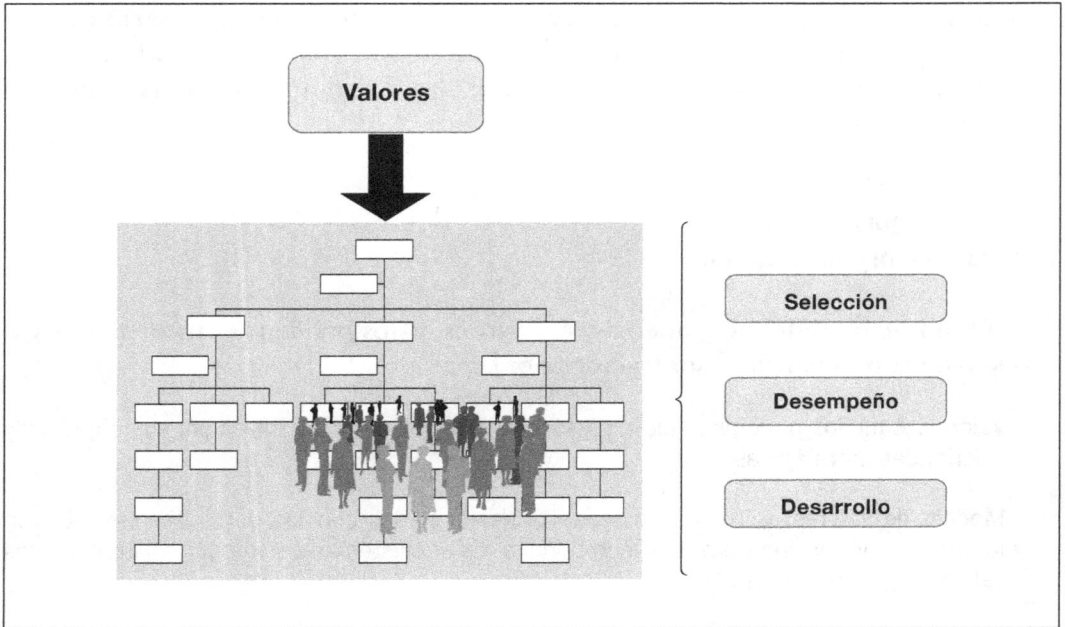

Ahora bien, la mera confección de *códigos de ética*, aunque es necesaria, no resulta suficiente. Definir *Ética* como valor organizacional tampoco lo es. Desde nuestra perspectiva, la ética debe tomar la forma de una competencia, para que las personas sean seleccionadas según comportamientos éticos y, una vez que ya pertenezcan a la organización, sean evaluadas en su desempeño considerando los aspectos éticos como una competencia más. Por último, los planes de desarrollo deben trabajar, también, sobre la ética para reforzar los comportamientos adecuados en las personas.

Como se vio en párrafos anteriores, otra opción es diseñar un *modelo de valores* por separado para lograr que estos lleguen a todos los subsistemas de Recursos Humanos y sean utilizados, realmente, en la práctica organizacional.

El rol de los directivos en la definición del modelo de competencias

Uno de los pasos más importantes es involucrar a los directivos de la organización en la definición del modelo de competencias. Este involucramiento implica participar activamente en la definición de cada competencia y, luego, aprobar los textos donde se plasman las diversas definiciones, en su versión final.

La Metodología de Martha Alles International

Trilogía

Talleres de reflexión con la máxima conducción y directores de área → Definición de competencias cardinales y específicas

Diccionario de competencias

Diccionario de comportamientos

Diccionario de preguntas

→ Descriptivos de puestos por competencias

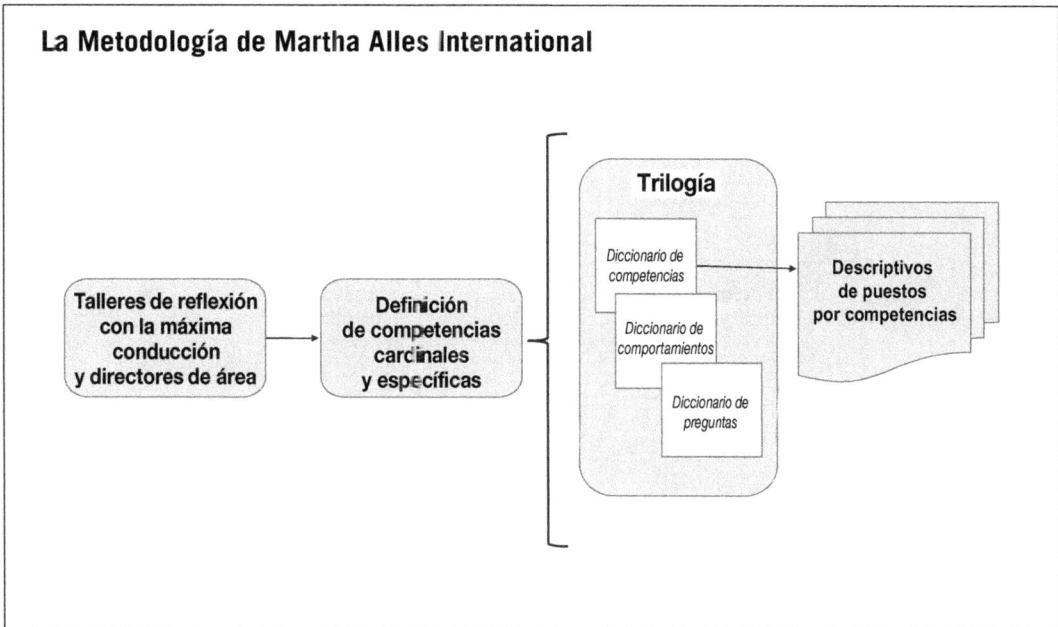

Los directores de la organización, por su experiencia y compenetración en el negocio o actividad, son quienes mejor pueden aportar las ideas básicas para construir el modelo. A partir de estos conceptos será luego el experto quien llevará estas ideas al formato de competencias y, de ese modo, construirá un modelo que no solo sea aplicable, sino que, por sobre todo, permita alcanzar la mencionada estrategia organizacional.

La participación de los altos ejecutivos es imprescindible en la definición de las competencias cardinales y específicas gerenciales. Luego, para las restantes, será conveniente incluir –además– a los niveles siguientes (por ejemplo, los directores de área y sus segundos niveles).

Definiciones

Competencia cardinal. Competencia aplicable a todos los integrantes de la organización. Las competencias cardinales representan su esencia y permiten alcanzar la visión organizacional.

Competencia específica. Competencia aplicable a colectivos específicos, por ejemplo, un área de la organización o un cierto nivel, como el gerencial.

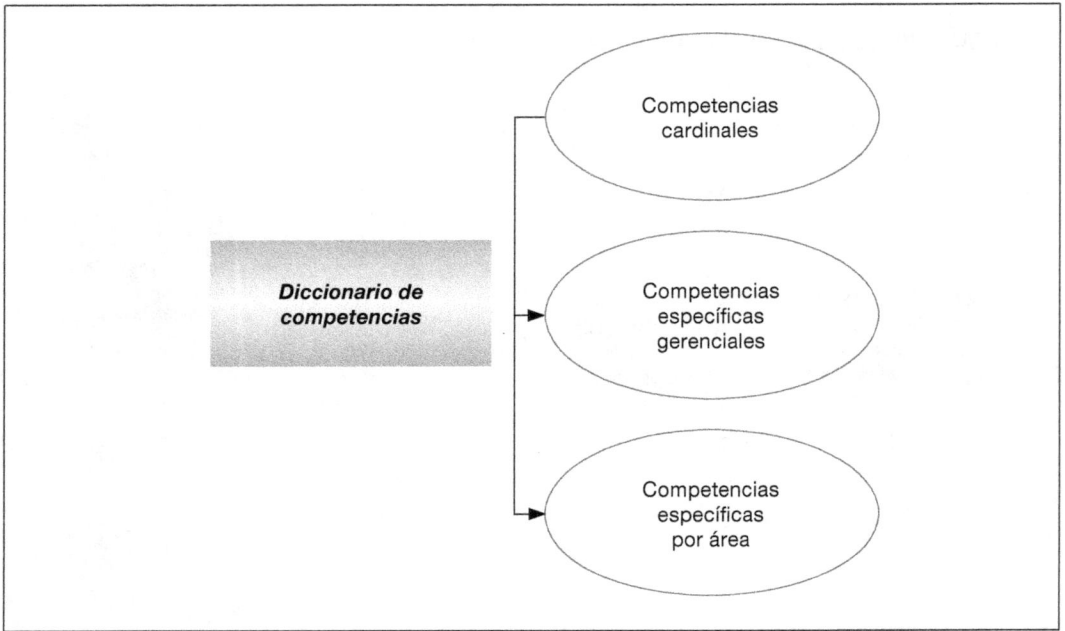

Como se desprende del gráfico precedente, un modelo de competencias está conformado por diferentes conjuntos de competencias.

En los párrafos siguientes daremos una breve explicación de cada uno de los grupos que integran el modelo de competencias.

Modelo de competencias.
Las diferentes competencias que lo integran

Una vez más, es importante considerar que los modelos se definen a medida de cada organización.

Otros aspectos que deben tenerse en cuenta son la claridad de los conceptos, el correcto uso del idioma y, además, que muchos de ellos se relacionan con otros y en ciertos casos se solapan entre sí. En el gráfico de la página siguiente podemos ver un ejemplo de esto.

Aun sin analizar las definiciones de tres *competencias* mencionadas allí, es fácil deducir que no será posible *trabajar en equipo* sin una *comunicación eficaz* ni se podrá poseer *liderazgo* sin ella.

Interrelación de conceptos

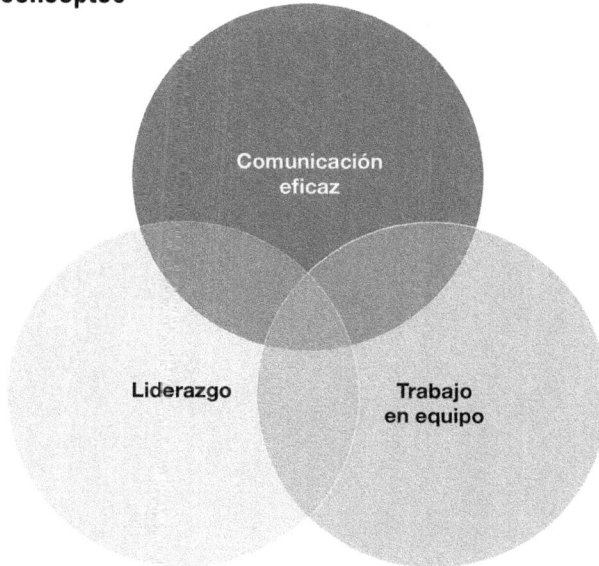

Comunicación
eficaz

Liderazgo

Trabajo
en equipo

Del mismo modo, un *líder* fomentará el *trabajo en equipo* y la *comunicación eficaz* y una persona que posea *comunicación eficaz* será mejor *líder* o *trabajador en equipo*.

En otras definiciones más complejas se da la misma situación, lo que debe analizarse en cada caso, evitando la duplicidad de conceptos dentro de un modelo de competencias.

Las competencias cardinales

Estas competencias hacen referencia a lo principal o fundamental en el ámbito de la organización; usualmente representan valores y ciertas características que diferencian a una organización de otras y reflejan aquello necesario para alcanzar la estrategia. Otros autores les dan otras denominaciones, como *core competences*, competencias generales o corporativas, y también competencias transversales.

Por su naturaleza, las competencias cardinales serán requeridas a todos los colaboradores que integran la organización (ver el gráfico de la página siguiente).

© GRANICA

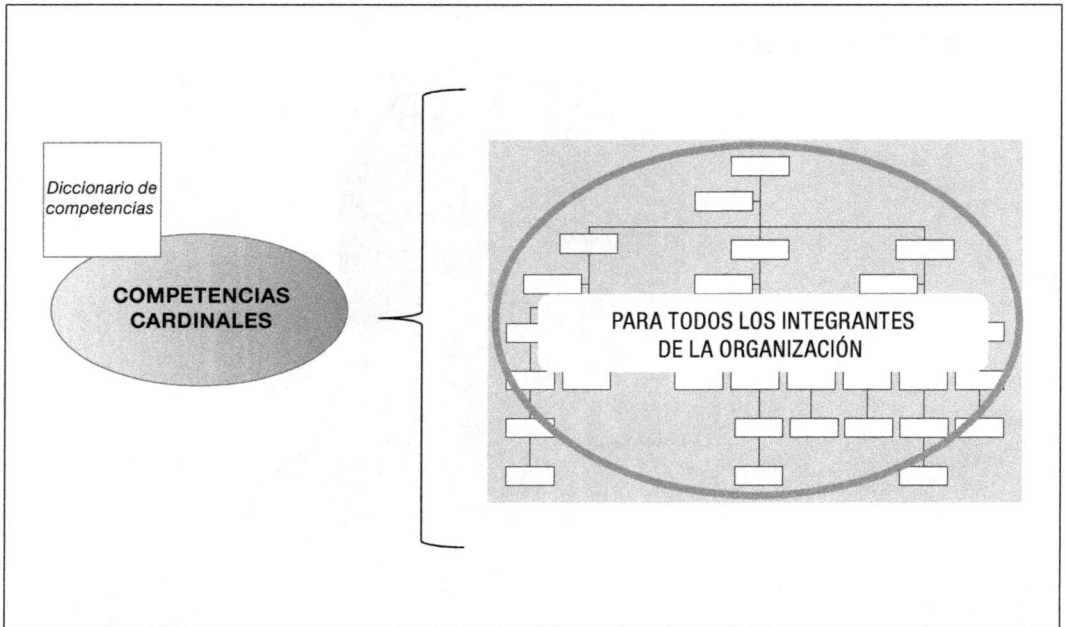

Las competencias específicas gerenciales

Las competencias específicas, como surge de su definición, se relacionan con ciertos colectivos o grupos de personas. En el caso de las específicas gerenciales se refieren –como su nombre lo indica– a las que son necesarias en todos aquellos que tienen a su cargo a otras personas, es decir, que son jefes de otros (ver gráfico superior en la página siguiente).

Las competencias específicas por área

Por último, las competencias específicas por área, al igual que las competencias específicas gerenciales, se relacionan con ciertos colectivos o grupos de personas. En este caso se trata –como su nombre lo indica– de aquellas competencias que serán requeridas a los que trabajen en un área en particular, por ejemplo, Producción o Finanzas (ver gráfico inferior en la página siguiente).

Una vez que se han definido las competencias cardinales, específicas gerenciales y específicas por área, se conforma el *Diccionario de competencias*, y en base a este

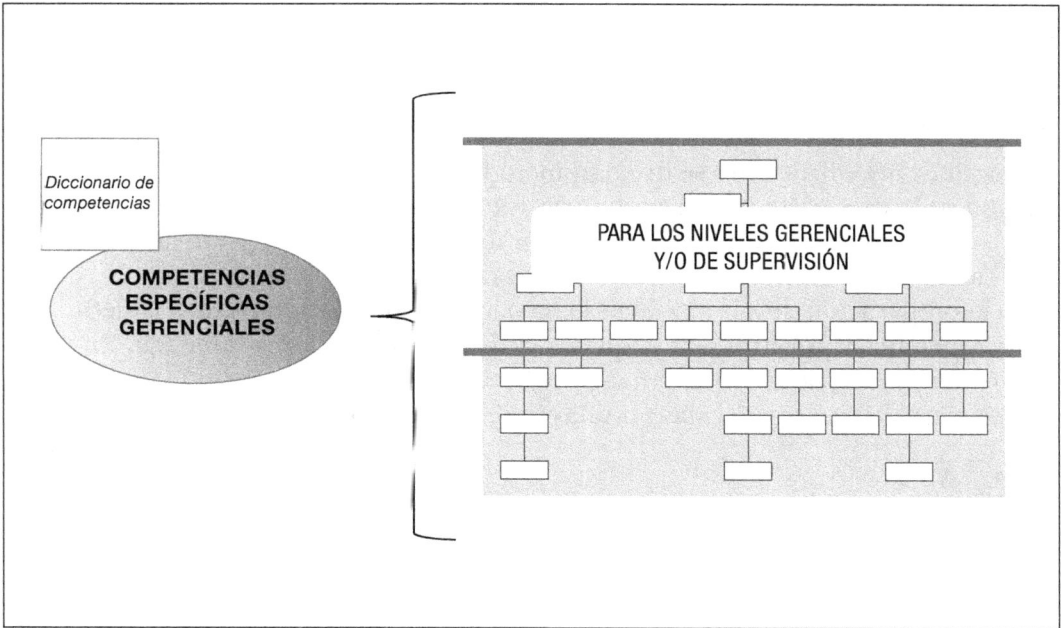

Diccionario de competencias

COMPETENCIAS ESPECÍFICAS GERENCIALES

PARA LOS NIVELES GERENCIALES Y/O DE SUPERVISIÓN

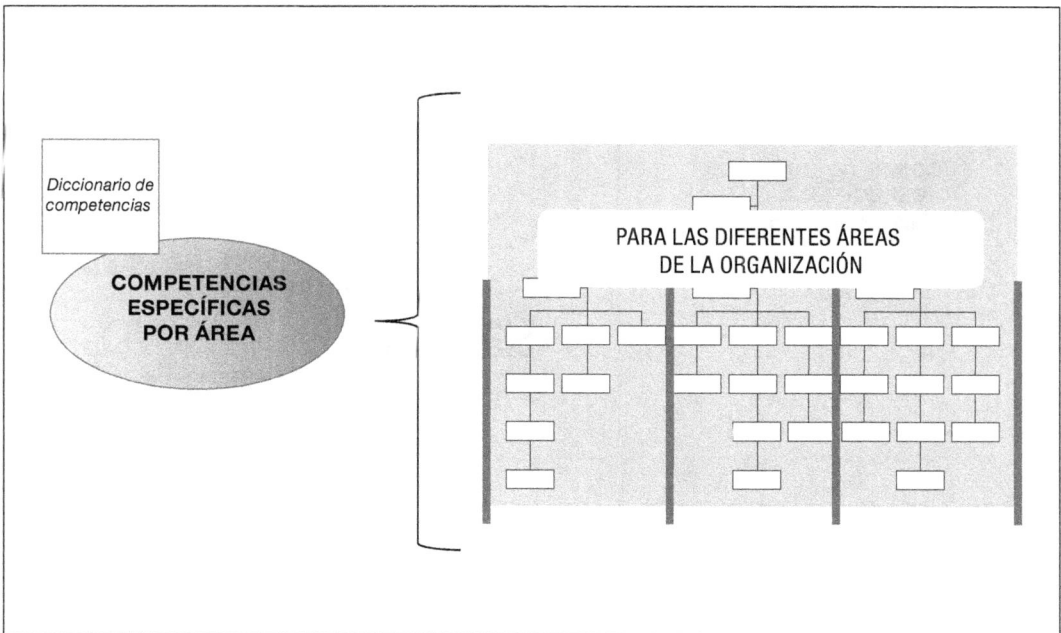

Diccionario de competencias

COMPETENCIAS ESPECÍFICAS POR ÁREA

PARA LAS DIFERENTES ÁREAS DE LA ORGANIZACIÓN

se procede a realizar el paso siguiente: determinar las competencias y grados necesarios para cada puesto de trabajo.

Definición de competencias específicas por procesos

En algunas organizaciones se diseñan métodos de trabajo por procesos. En el caso de que se lo considere necesario podría reemplazarse la definición de competencias específicas por área, por la definición de competencias específicas por procesos. La idea se grafica a continuación (ver gráfico al pie).

Para la preparación de la *Trilogía*[6] se le ha dado mayor protagonismo a la definición de competencias por área, dado que es la de mayor aplicación práctica. En obras anteriores he utilizado la denominación *familias de puestos* y es quizá la más adecuada respecto de este tema. Estas familias podrán ser definidas por:

- Área.

- Proceso.

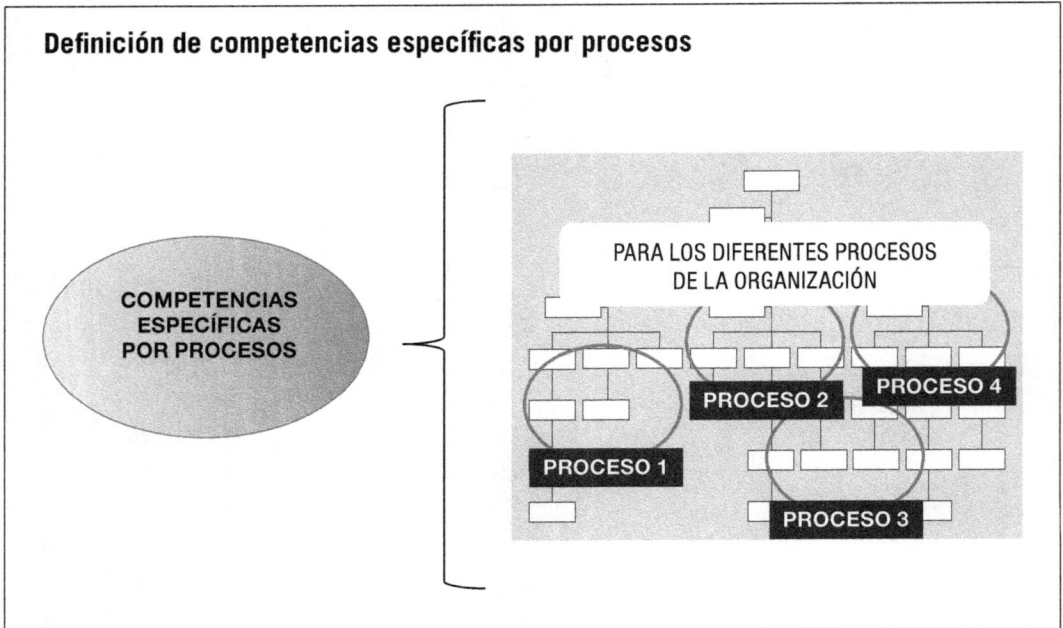

Definición de competencias específicas por procesos

---

6   Alles, Martha. *Diccionario de competencias. La trilogía. Tomo I.* Ediciones Granica, Buenos Aires, 2009. *Diccionario de comportamientos. La trilogía. Tomo II.* Ediciones Granica, Buenos Aires, 2009. *Diccionario de preguntas. La trilogía. Tomo III.* Ediciones Granica, Buenos Aires, 2010.

- Combinando área y proceso.

- Etcétera.

En resumen, se deberán buscar aquellas familias de puestos con características similares para, de ese modo, definir las competencias que les serán requeridas de manera conjunta.

Armado del modelo de competencias

La etapa inicial para la implantación de un modelo de competencias se compone de los talleres de reflexión con la máxima conducción y la definición de cuáles competencias conformarán el modelo, tal como se ha explicado hasta aquí. Retomando un gráfico que se expuso en páginas anteriores, luego de esta etapa inicial se preparan los diccionarios donde se refleja el modelo: la *Trilogía* (ver gráfico al pie).

Es decir, se define el modelo, a continuación se prepara el *Diccionario de competencias*, luego los ejemplos de comportamientos, compilados en un documento que se denomina *Diccionario de comportamientos*, que también es a medida de cada organización.

Para la confección del *Diccionario de competencias*, estas se abren en cuatro grados o niveles. La mencionada apertura se realiza del mismo modo para todas las

Armado del modelo

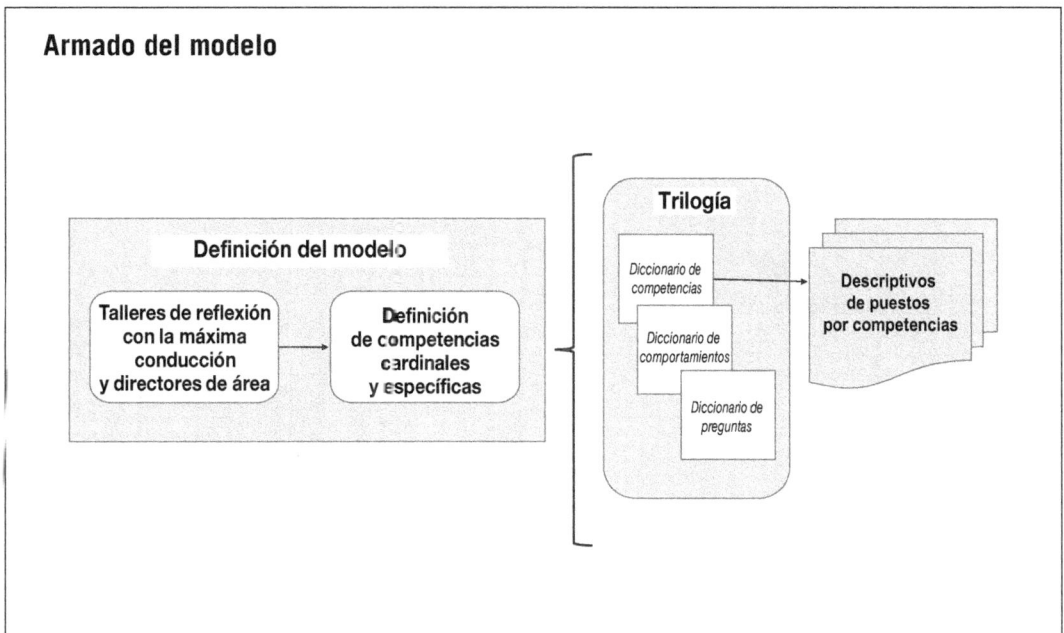

© GRANICA

competencias del modelo. Nuestra sugerencia es emplear una escala de cuatro grados; si se optara por una cantidad de grados diferente, se deberá respetar la coherencia dentro del modelo (ver gráfico al pie).

A continuación se expone un ejemplo de una competencia abierta en cuatro grados. Como puede apreciarse, la competencia se presenta con nombre y definición general, así como la definición correspondiente a cada uno de los niveles establecidos (A, B, C, D) (ver gráfico en la página siguiente).

Otras definiciones a tener en cuenta:

Definiciones

Comportamiento. Aquello que una persona hace (acción física) o dice (discurso). Sinónimo: conducta.

Comportamiento observable. Aquel comportamiento que puede ser visto (acción física) u oído (en un discurso).

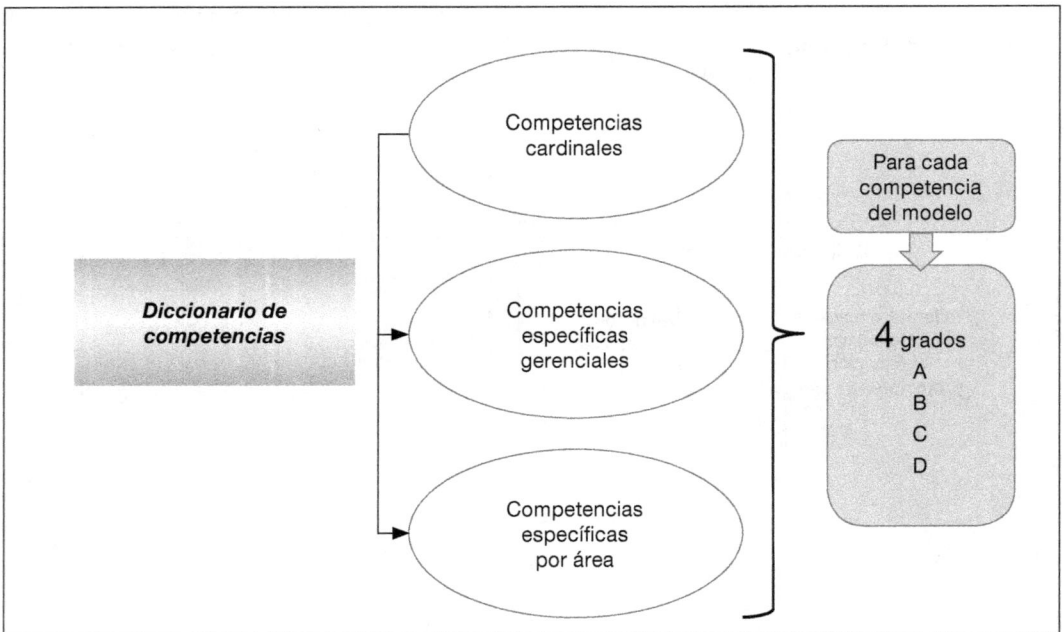

Colaboración

Capacidad para brindar apoyo a los otros (pares, superiores y colaboradores), responder a sus necesidades y requerimientos, y solucionar sus problemas o dudas, aunque las mismas no hayan sido manifestadas expresamente. Implica actuar como facilitador para el logro de los objetivos, a fin de crear relaciones basadas en la confianza.

A

Capacidad para brindar apoyo y ayuda a los otros (pares, superiores y colaboradores), responder a sus necesidades y requerimientos, mediante iniciativas anticipadoras y espontáneas, a fin de facilitar la resolución de problemas o dudas aunque las mismas no hayan sido manifestadas expresamente. Capacidad para apoyar decididamente a otras personas y para difundir formas de relación basadas en la confianza. Capacidad para promover el espíritu de colaboración en toda la organización y constituirse en un facilitador para el logro de los objetivos planteados. Capacidad para implementar mecanismos organizacionales tendientes a fomentar la cooperación interdepartamental como instrumento para la consecución de los objetivos comunes.

B

Capacidad para brindar ayuda y colaboración a las personas de su área y de otros sectores de la organización relacionados, mostrar interés por sus necesidades aunque las mismas no hayan sido manifestadas expresamente, y apoyarlas en el cumplimiento de sus objetivos. Capacidad para crear relaciones de confianza. Capacidad para utilizar los mecanismos organizacionales que promuevan la cooperación interdepartamental, y para proponer mejoras respecto de ellos.

C

Capacidad para apoyar y colaborar activamente con los integrantes de su propia área mediante una clara predisposición a ayudar a otros, incluso antes de que hayan manifestado expresamente la necesidad de colaboración. Capacidad para escuchar los requerimientos de los demás y para ayudarlos en el cumplimiento de sus objetivos, sin descuidar los propios.

D

Capacidad para cooperar y brindar soporte a las personas de su entorno cuando se lo solicitan, y tener en cuenta las necesidades de los demás.

Nota: El grado D indica que la competencia está desarrollada en un nivel mínimo.

© GRANICA

En el gráfico al pie se muestra un ejemplo de definición de una competencia y los comportamientos asociados. En todos los casos será necesaria, además, la definición de aquellos comportamientos por los cuales se evidencia que la competencia no está desarrollada. El lector podrá encontrar más información en la obra *Diccionario de comportamientos. La trilogía. Tomo II.*

Algunas organizaciones preparan un único documento, mezclando los conceptos de competencias y comportamientos. En nuestra metodología se confeccionan dos documentos por separado: el *Diccionario de competencias*, con la definición y apertura en grados de cada una de las que integran el modelo, y el *Diccionario de comportamientos*. En este último se preparan, como mínimo, cinco ejemplos de comportamientos por cada grado. Estos ejemplos son conductas observables que se utilizan para detectar y medir las competencias.

La existencia de dos documentos por separado se fundamenta en lo siguiente:

- Las competencias definen las características de personalidad (capacidad para hacer las cosas de una determinada manera) que un puesto requiere para ser desempeñado exitosamente o con una *performance* superior; por ello en los descriptivos de puestos se indican las competencias así como las

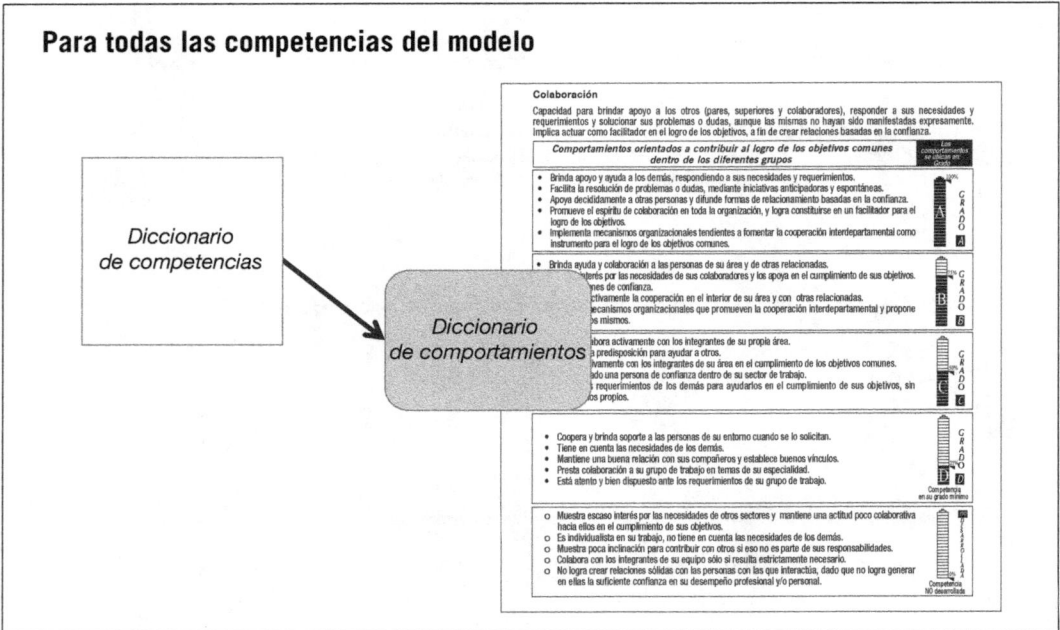

Para todas las competencias del modelo

otras capacidades (por ejemplo, conocimientos) que los puestos requieren: estudios formales, conocimientos especiales, experiencia requerida, etcétera y, también, las competencias y el grado requerido.

- Los comportamientos son indicadores que permiten la medición de las competencias.

El *Diccionario de comportamientos* será el documento que usará tanto el especialista de RRHH como el cliente interno para evaluar competencias en los distintos subsistemas de Recursos Humanos. Utilizando un lenguaje simple podríamos decir que los comportamientos observables son los indicadores a utilizar para evaluar o medir competencias. El lector encontrará una explicación más detallada sobre este diccionario y su utilización en la obra ya mencionada *Diccionario de comportamientos. La trilogía. Tomo II.*

Para todas las competencias del modelo, también se prepara el *Diccionario de preguntas* y de este modo se completa la *Trilogía* (ver gráfico al pie).

Las preguntas diseñadas deberán permitir evaluar competencias en el transcurso de una entrevista. El lector encontrará una explicación más detallada sobre este diccionario y su utilización en la obra *Diccionario de preguntas. La trilogía. Tomo III.*

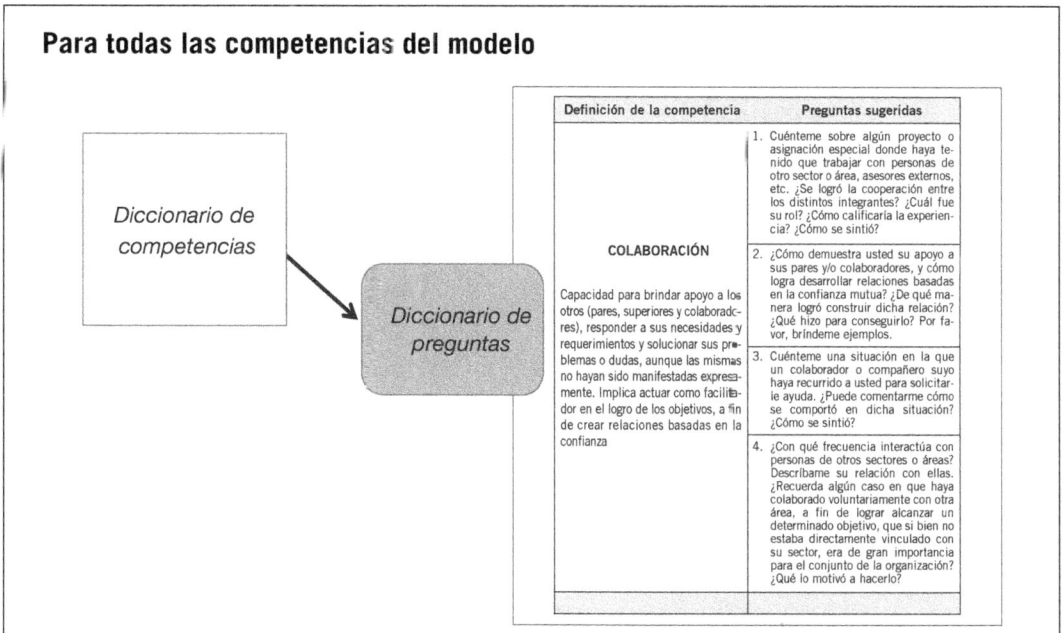

Para todas las competencias del modelo

Definición de la competencia	Preguntas sugeridas
	1. Cuénteme sobre algún proyecto o asignación especial donde haya tenido que trabajar con personas de otro sector o área, asesores externos, etc. ¿Se logró la cooperación entre los distintos integrantes? ¿Cuál fue su rol? ¿Cómo calificaría la experiencia? ¿Cómo se sintió?
COLABORACIÓN	2. ¿Cómo demuestra usted su apoyo a sus pares y/o colaboradores, y cómo logra desarrollar relaciones basadas en la confianza mutua? ¿De qué manera logró construir dicha relación? ¿Qué hizo para conseguirlo? Por favor, bríndeme ejemplos.
Capacidad para brindar apoyo a los otros (pares, superiores y colaboradores), responder a sus necesidades y requerimientos y solucionar sus problemas o dudas, aunque las mismas no hayan sido manifestadas expresamente. Implica actuar como facilitador en el logro de los objetivos, a fin de crear relaciones basadas en la confianza	3. Cuénteme una situación en la que un colaborador o compañero suyo haya recurrido a usted para solicitarle ayuda. ¿Puede comentarme cómo se comportó en dicha situación? ¿Cómo se sintió?
	4. ¿Con qué frecuencia interactúa con personas de otros sectores o áreas? Descríbame su relación con ellas. ¿Recuerda algún caso en que haya colaborado voluntariamente con otra área, a fin de lograr alcanzar un determinado objetivo, que si bien no estaba directamente vinculado con su sector, era de gran importancia para el conjunto de la organización? ¿Qué lo motivó a hacerlo?

Diccionario de competencias → Diccionario de preguntas

© GRANICA

El armado final del modelo se completa con la asignación de competencias a los diversos puestos de la organización.

La asignación de competencias a puestos

La asignación de competencias a puestos se hace a partir del *Diccionario de competencias*. En los *Descriptivos de puestos*, las competencias se indican con su nombre y grado o nivel. La definición de las competencias, así como su apertura en grados, se encuentran en el documento denominado *Diccionario de competencias*, confeccionado a medida de cada organización (ver gráfico al pie).

Es importante remarcar cómo se define cada competencia, ya que con frecuencia hay organizaciones que, como producto de incorrectas definiciones del modelo, trabajan de manera equivocada. Si los distintos niveles se definen solo con una palabra (por ejemplo, "grado A como un nivel excelente de la competencia"), sin una definición del grado y sin los ejemplos de comportamientos observables, no se dispone realmente de un modelo de competencias.

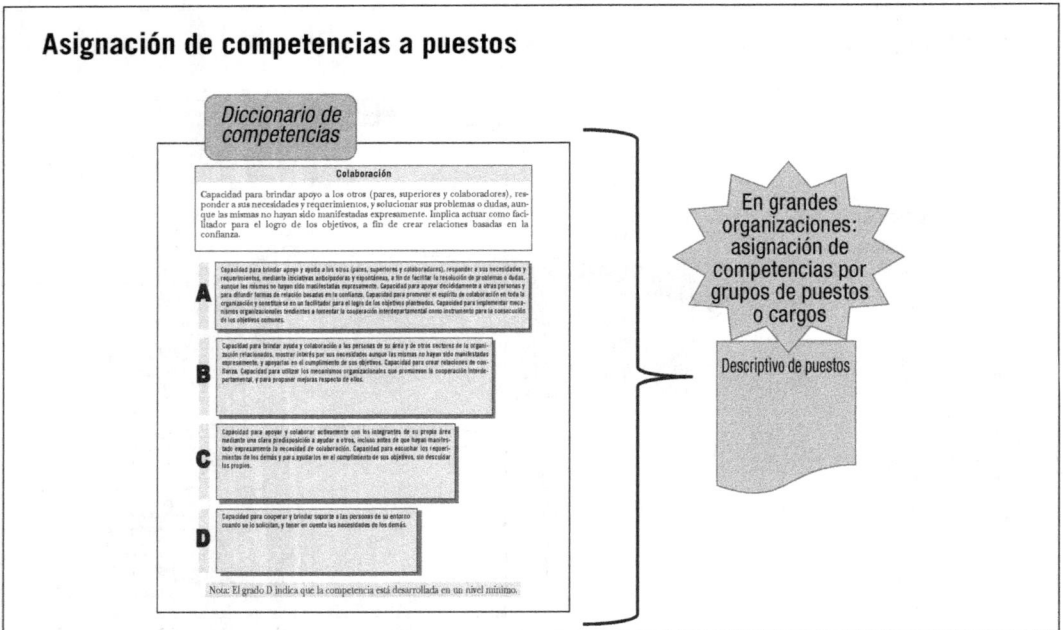

Asignación de competencias a puestos

Para todos aquellos que no estén familiarizados con estos temas, es importante resaltar la importancia de la apertura en grados de las competencias.

En una primera instancia, y frente a una pregunta concreta, cualquier futuro jefe le dirá que *desea que su colaborador posea la máxima iniciativa, o iniciativa elevada o en alto grado.* Frente a una repregunta sobre el grado de decisión que, por ejemplo, el vendedor posee, casi con certeza le responderá que deberá tener iniciativa "dentro de las pautas", es decir, cumpliendo las directivas recibidas. Por lo tanto, la iniciativa tiene un límite de referencia, es decir, un grado definido que –generalmente– no coincide con la primera descripción.

Una vez que se han descrito las competencias junto con sus grados, se realiza la asignación de competencias a puestos. Como es fácil apreciar, el análisis realizado en párrafos anteriores será definitorio en esta instancia (ver el gráfico ubicado al pie).

A continuación se expone un ejemplo de asignación de competencias a puestos. El lector encontrará una explicación más detallada respecto de este tema en la obra *Diccionario de competencias. La trilogía. Tomo I,* ya mencionado, en el capítulo titulado *Diccionario de competencias. Cómo utilizarlo* (ver el gráfico superior en la página siguiente).

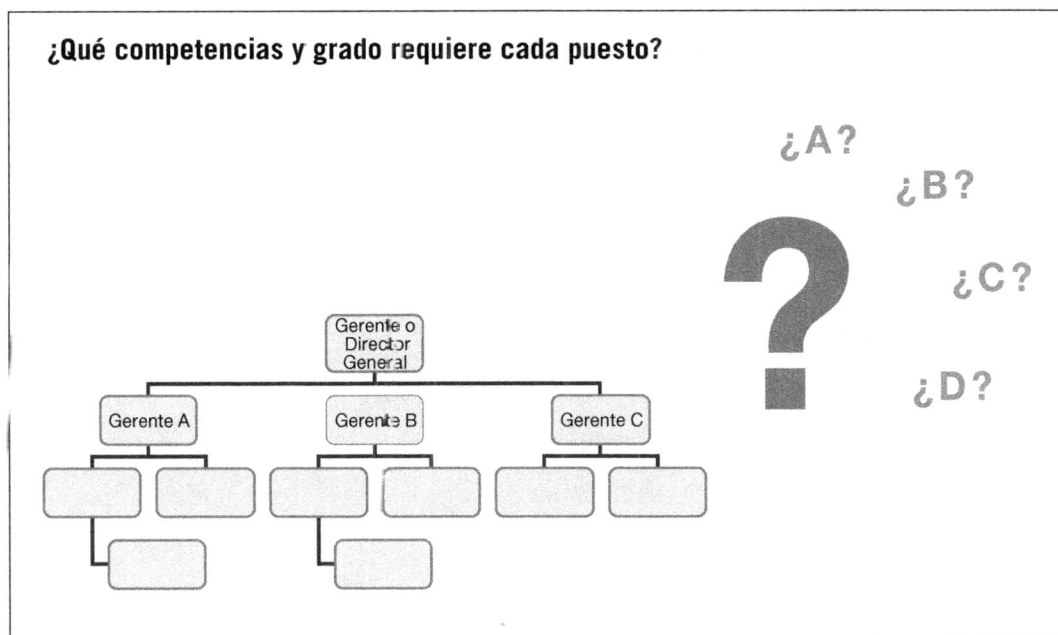

¿Qué competencias y grado requiere cada puesto?

Competencias asignadas a un puesto

Descriptivo de puestos

ÁREA DE RECURSOS HUMANOS
PUESTO: GERENTE DE RRHH

Competencias cardinales	A	B	C	D
Compromiso con la rentabilidad	X			
Responsabilidad personal	X			
Competencias específicas gerenciales				
Conducción de personas		X		
Competencias específicas área RRHH				
Adaptabilidad - Flexibilidad		X		
Cierre de acuerdos	X			
Credibilidad técnica	X			

Nota: Solo se consignan 6 competencias para la presentación del tema en un gráfico

Gestión de Recursos Humanos por competencias

GESTIÓN INTEGRAL POR COMPETENCIAS

Atracción, selección e incorporación

Análisis y descripción de puestos

Desarrollo y planes de sucesión

DIRECCIÓN ESTRATÉGICA DE RECURSOS HUMANOS

Remuneraciones y beneficios

Formación

Evaluación de desempeño

Cuando se implanta un modelo de competencias, los distintos subsistemas de Recursos Humanos resultan afectados, y se relacionan con él (ver gráfico al pie de página anterior).

Modelo de competencias.
Implantación

La implantación del modelo requiere ciertos pasos iniciales, a los cuales hemos dedicado las páginas precedentes. El armado del modelo comienza por la definición de competencias, junto con su apertura en grados, y a continuación se asignan estas competencias (con sus correspondientes grados) a los diferentes puestos.

En resumen se podría decir que los pasos iniciales son los siguientes:

1. Definición de competencias, en base a la misión, la visión y la estrategia de la organización. Se sugiere considerar, además, los valores organizacionales.

2. Preparar diccionarios (*Trilogía*).

3. Asignar competencias a puestos.

4. Inventario. Determinación de brechas.

Una vez que se han cumplimentado los pasos 1 a 3, se sugiere hacer un relevamiento del grado de desarrollo de competencias de todos los colaboradores de la organización. A este paso lo denominamos *Inventario*. Su propósito es determinar, por comparación (el inventario *versus* las competencias asignadas a cada puesto), las brechas existentes entre lo requerido y lo real.

Esta determinación de brechas se realiza con un único propósito: diseñar acciones de desarrollo a la mayor brevedad posible (ver gráfico superior en la página siguiente).

Para que se comprenda adecuadamente la importancia de este paso (determinación de brechas al inicio de la implantación del modelo), sugerimos al lector tomar en cuenta el gráfico inferior de la página siguiente.

Sobre la izquierda de dicho gráfico se ven los pasos iniciales para el armado del modelo. Una vez finalizadas dichas instancias, y de manera inmediata, será posible comenzar con las acciones de desarrollo de competencias a fin de achicar o reducir las brechas determinadas en el paso 4, *Inventario* (ver gráfico superior en la página siguiente).

© GRANICA

Pasos iniciales

MODELO DE COMPETENCIAS

TRILOGÍA → ASIGNACIÓN A PUESTOS → INVENTARIO

Diccionario de competencias

Diccionario de comportamientos

Diccionario de preguntas

1 **Definir competencias**
En base a la misión, visión y estrategia

2 **Preparar diccionarios**
Trilogía

3 **Asignar competencias a puestos**

4 **Inventario**
Determinación de brechas

Determinación de brechas al inicio

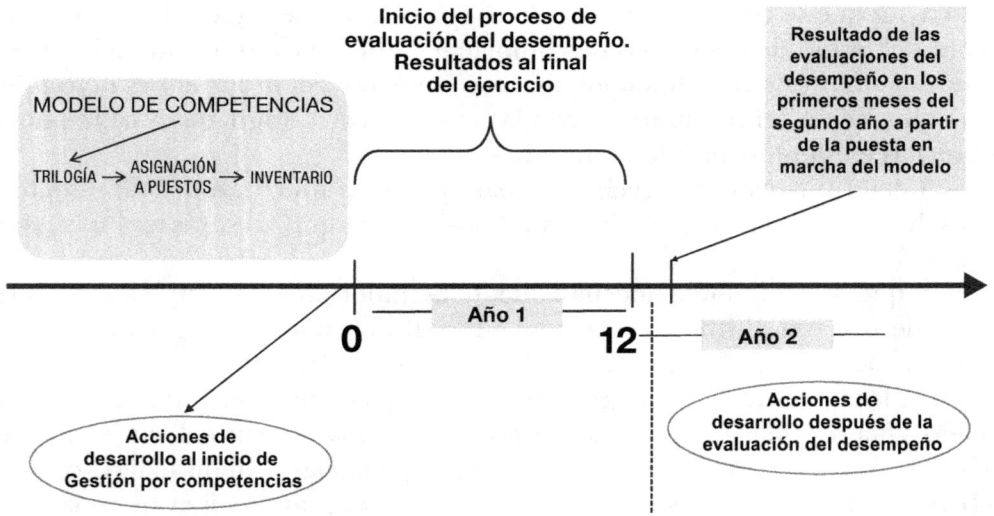

MODELO DE COMPETENCIAS

TRILOGÍA → ASIGNACIÓN A PUESTOS → INVENTARIO

Inicio del proceso de evaluación del desempeño. Resultados al final del ejercicio

Resultado de las evaluaciones del desempeño en los primeros meses del segundo año a partir de la puesta en marcha del modelo

0   Año 1   **12**   Año 2

Acciones de desarrollo al inicio de Gestión por competencias

Acciones de desarrollo después de la evaluación del desempeño

Continuando con el análisis del gráfico ubicado al pie de la página anterior luego de armado el modelo, este puede ser utilizado en la evaluación del desempeño, cuyos resultados estarán disponibles al final del período evaluado (en este supuesto, luego de 12 meses). Una vez finalizado el proceso de evaluación, se estará en condiciones de realizar acciones de desarrollo de competencias basadas en el resultado obtenido.

Cuando el modelo de Gestión por competencias está funcionando, uno de los pilares –como se verá a continuación– es Selección; es decir que, a través de diversos métodos, se debe lograr que no ingresen a la organización personas que no posean las competencias necesarias y en el grado requerido, según el modelo de competencias y el puesto de trabajo a ocupar. Por lo tanto, los nuevos colaboradores serán seleccionados en función del modelo de competencias.

Además, el desempeño se evaluará en función del modelo de competencias, así como las acciones de formación y desarrollo relacionadas deberán definirse teniéndolo como guía.

Los tres pilares luego de la puesta en marcha

Como se expresara en párrafos previos, una vez que se armó el modelo, deben trabajarse y cuidarse –especialmente– tres aspectos a los cuales hemos denominado "3 pilares".

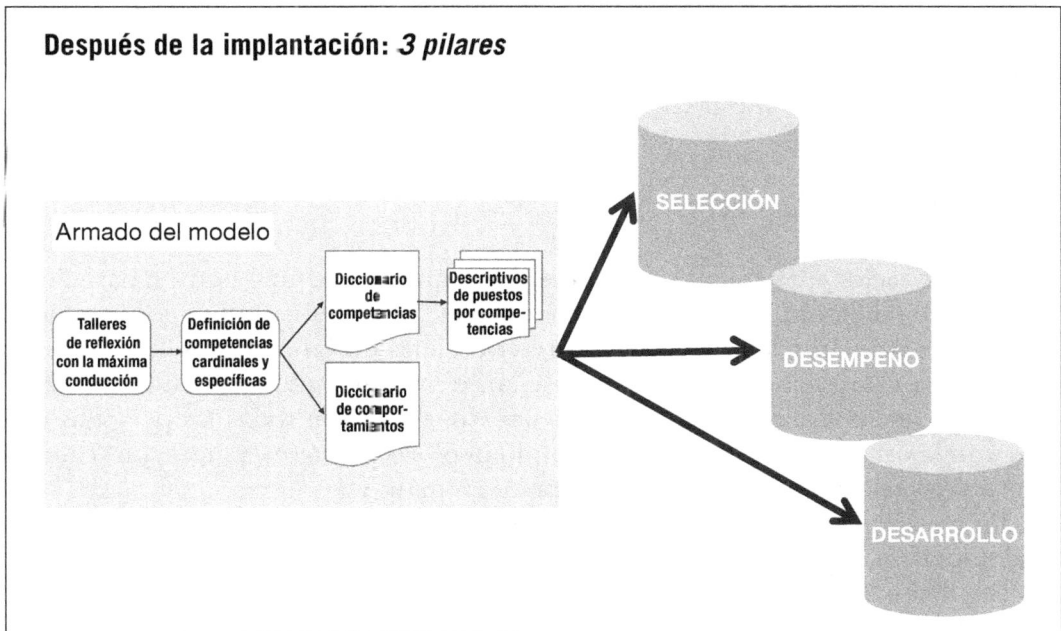

Después de la implantación: *3 pilares*

- *Selección.* Si se atiende este aspecto, los nuevos colaboradores poseerán, al ingreso, las competencias requeridas por su puesto.

- *Desempeño.* Deben medirse las competencias junto con los objetivos y resultados obtenidos.

- *Desarrollo.* La necesidad de desarrollo es permanente y debe ser un tema de trabajo cotidiano por parte de la organización y de sus colaboradores a través del autodesarrollo.

Selección, Desempeño y Desarrollo no son los únicos aspectos a tener en cuenta en la implantación de Gestión por competencias, pero son los básicos. Una vez que los tres pilares funcionen adecuadamente en relación con el modelo, será el momento de pensar en otros temas, por ejemplo, programas internos para el desarrollo del talento organizacional, como planes de carrera y planes de sucesión, bajo un gran paraguas de temas que en nuestra firma denominamos *Mapa y ruta de talentos.*

Plazos de la puesta en marcha

La metodología expuesta, sintéticamente, en las páginas previas, asegura que los plazos para contar con todos los subsistemas funcionando –o al menos lo más esencial de cada uno de ellos– oscila entre 3 y 6 meses, dependiendo de la complejidad del negocio de cada organización.

Formación del cliente interno

Una organización está compuesta por personas que interactúan entre sí para llevar adelante su cometido. Por lo tanto, en cualquier procedimiento que los involucre, los "actores principales" son ellos, los directivos, jefes y colaboradores. Las personas que trabajan en Recursos Humanos diseñan e implementan los subsistemas relacionados con su especialidad, pero quienes "los usan" son todas las personas que integran la organización, a las que denominamos *cliente interno,* ya que son "clientes internos en relación con el área de Recursos Humanos".

En consecuencia, una vez que se ha definido el modelo de competencias es de vital importancia la formación del cliente interno.

El cliente interno debe recibir formación sobre cómo elegir un colaborador (Selección), cómo observar comportamientos y realizar la evaluación de sus co-

**Aspectos clave antes, durante y después de implantar
Gestión por competencias**

El cliente
interno debe
estar entrenado
en los distintos
subsistemas
de Gestión por
competencias

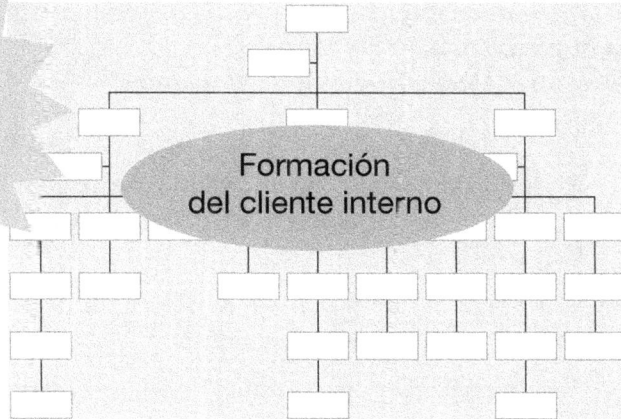

Formación
del cliente interno

laboradores en materia de competencias (Desempeño) y, por último, apoyar a sus colaboradores en su crecimiento y guiarlos en sus carreras profesionales dentro de la organización (Desarrollo).

En síntesis

Gestión por competencias es, para la dirección de una organización, una herramienta que:

- Aplica a organizaciones de todo tipo.
- No es solo para grandes organizaciones, sino también para medianas y pequeñas.
- Presenta un solo requisito: *dirección comprometida.*
- Puede diseñarse según distintos estilos de gerenciamiento / liderazgo.

© GRANICA

Las corporaciones transnacionales

Si una organización es subsidiaria de una corporación transnacional, será aconsejable analizar las definiciones del modelo, en especial la referidas a los comportamientos, para así reflejar la cultura de cada país o región y –algo sumamente importante– determinar si se cuenta con las herramientas necesarias para la adecuada implementación del modelo.

Para una adecuada y exitosa implantación debe tenerse en cuenta que todo saldrá bien si:

- El diseño o armado del modelo se realiza en función de la visión y la estrategia de negocios u objetivos organizacionales, e implementando "todas" las herramientas.

- Se implementa a partir de la dirección general de la organización, con su participación e involucramiento.

- Se comunica adecuadamente a toda la organización, en tiempo y forma.

- Se capacita al cliente interno.

- Se desarrollan las competencias de los colaboradores.

- Se implementan programas específicos para jefes.

Enfoque sistémico.
Aplicación del modelo de competencias
en los subsistemas de Recursos Humanos

Se ha mencionado el enfoque sistémico en el Capítulo 1. Bajo este concepto se hace referencia al tratamiento de un tema o sistema como un todo, de un modo global, considerando la totalidad de sus partes componentes.

El enfoque sistémico aplicado a los recursos humanos implica que el manejo de los mismos se hace con una mirada de conjunto, en oposición a una mirada parcial.

Para un manejo estratégico de los recursos humanos se sugiere aplicar un enfoque sistémico en torno al modelo de competencias, siempre y cuando este haya sido definido en función de la misión, visión, valores y estrategia de la organización.

La idea de enfoque sistémico en relación con los recursos humanos se explica en el gráfico siguiente.

Enfoque sistémico para alcanzar la estrategia

Enfoque sistémico

Atracción, selección e incorporación

Análisis y descripción de puestos

DIRECCIÓN ESTRATÉGICA DE RECURSOS HUMANOS

Desarrollo y planes de sucesión

Remuneraciones y beneficios

Formación

Evaluación de desempeño

Una vez definido el modelo de competencias, el primer paso será, como se vio en párrafos previos, la asignación de competencias a puestos, las cuales integrarán el *Descriptivo de puestos*. Ver Capítulo 3.

Una vez que se cuenta con los descriptivos de puestos con sus respectivas competencias y grados, uno de los primeros subsistemas en los cuales estos se utilizarán será la selección de personas, es decir, el subsistema denominado *Atracción, selección e incorporación*, que se verá en el Capítulo 4.

A partir de seleccionar colaboradores de acuerdo con el modelo de competencias será esperable que las personas incorporadas ya posean las capacidades que sus puestos requieran, es decir, conocimientos, competencias y experiencia.

No obstante esto, puede ocurrir que los nuevos colaboradores necesiten formación, al igual que aquellos que ya integran la organización.

La formación en conocimientos y en competencias se corresponde con el subsistema de *Formación* y se verá en el Capítulo 5.

El desarrollo del talento no solo se relaciona con Formación. Adicionalmente y en todos los casos, está directamente relacionado con otro de los subsistemas de Recursos Humanos, que denominamos *Desarrollo y planes de sucesión*. En este se consideran los diferentes programas para el desarrollo de personas que ya integran la organización, sobre la base de tres ejes. Primero, para el resguardo del capital intelectual, y a su vez para generar talento organizacional

© GRANICA

y para aprovechar la experiencia de los jefes. A estos temas se ha dedicado el Capítulo 7.

El enfoque sistémico se aplica, también, en la evaluación del desempeño: las personas que integran la organización son evaluadas por competencias, de acuerdo a sus descriptivos de puestos, según podrá verse en el Capítulo 6. La evaluación que se utiliza en estos casos se denomina *Evaluación vertical* y se conecta con el subsistema de *Remuneraciones y beneficios* a través de la medición del grado de cumplimiento de los objetivos (efectuada mediante la *Evaluación vertical*, ya mencionada). Los temas relacionados con remuneraciones se verán en el Capítulo 8.

La aplicación de un enfoque sistémico deviene no solo de las buenas prácticas; también se relaciona con el sentido común. Una persona debe ser seleccionada, evaluada y desarrollada dentro de un único modelo de competencias.

La difusión. Un pilar importante en la implementación del modelo de competencias

La difusión del modelo de competencias antes, durante y después de la implementación, es fundamental. Se verá a continuación una serie de acciones concretas a realizar una vez finalizada la definición del modelo.

Programa de difusión del modelo de competencias

El programa de difusión implica un conjunto de acciones tendientes a que la organización en su conjunto conozca el modelo de competencias adoptado y comprenda cabalmente su aplicación en los distintos subsistemas de RRHH.

Según puede apreciarse en la figura de la página siguiente, dicho programa puede constar de varias instancias:

- *Libro organizacional con el modelo de competencias.* Puede prepararse un libro propiamente dicho o bien un folleto explicativo que incluya, como mínimo, el *Diccionario de comportamientos.*

  Un libro organizacional sobre el modelo de competencias es recomendado para organizaciones con un gran número de colaboradores e implica que el mismo tendrá ISBN (identificador único para libros utilizado como estándar internacional).

  En empresas más pequeñas se puede elaborar un folleto.

- *Talleres de difusión del modelo.* Realizados "en cascada", desde el número 1 de la organización hasta alcanzar a todos los demás integrantes.

  Estos talleres tienen como foco principal lograr que todos los integrantes de la organización conozcan el modelo de competencias, las competencias que lo componen junto con sus definiciones y niveles; y por qué se han elegido esas competencias y su relación con los planes estratégicos.

- *Talleres sobre cómo observar comportamientos.* También realizados "en cascada", hasta involucrar a todos los integrantes de la organización.

  Estos talleres tienen su foco en lograr que tanto los integrantes del área de Recursos Humanos como todos los jefes de la organización y a partir del número 1, aprendan a observar comportamientos, en base al diccionario de comportamientos de la organización.

  Además, se sugiere diseñarlos utilizando el método *Codesarrollo*, que se verá en el Capítulo 5.

- *E-learning.* Cuando la organización cuenta con este tipo de plataforma, se puede utilizar como otro recurso adicional de difusión. En este caso, nuestra sugerencia será utilizar e-*learning* con contenidos similares a los talleres mencionados: *Difusión del modelo* y *Cómo observar comportamientos.*

Lo descrito se expone en la figura siguiente.

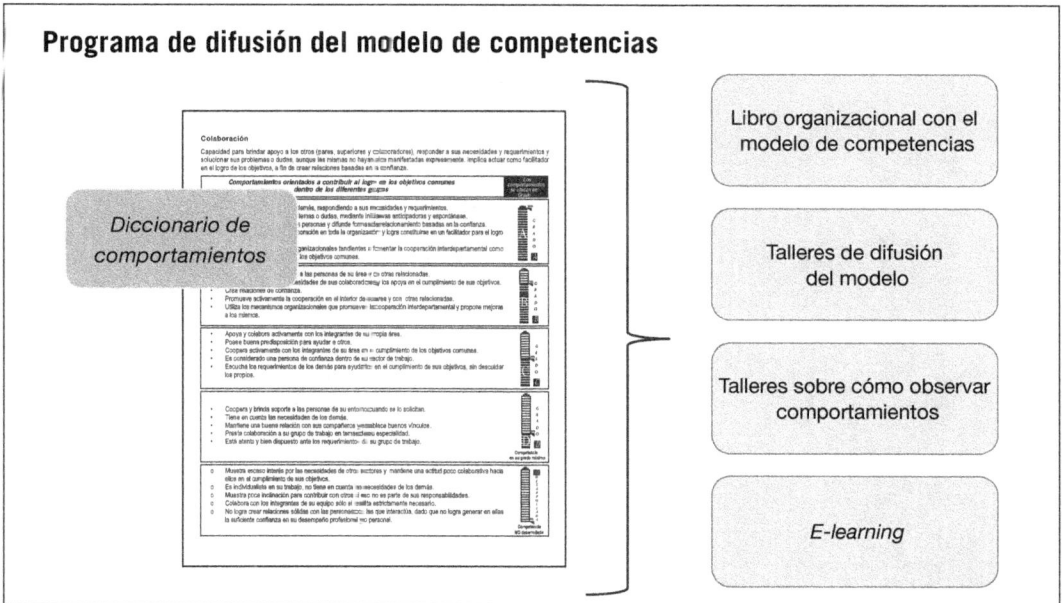

Programa de difusión del modelo de competencias

Diccionario de comportamientos

Libro organizacional con el modelo de competencias

Talleres de difusión del modelo

Talleres sobre cómo observar comportamientos

E-learning

A continuación se brinda mayor detalle sobre los dos talleres mencionados para un adecuado programa de difusión.

Talleres de difusión del modelo de competencias

Estos talleres son actividades de formación estructurada en las que se intercalan exposiciones teóricas con ejercitación práctica, siendo esta última la predominante, con el propósito de difundir el *modelo de competencias* organizacional.

En todos los casos estos talleres deben ser diseñados a medida de cada organización. En la figura al pie se brinda información adicional.

Un único taller de difusión puede no cubrir todos los objetivos y retos necesarios en el momento de la implementación del modelo. Cuando se implementa un nuevo modelo pueden darse dos situaciones diferentes: que sea la primera vez que se implemente un modelo de competencias o que el nuevo modelo reemplace a uno anterior. En cualquiera de las circunstancias mencionadas, será necesario formar a los jefes, de todos los niveles y a partir del número 1, *acerca de la mejor forma de utilizar el modelo de competencias*; por ello se sugiere llevar a cabo acciones formativas al inicio de la puesta en marcha.

Talleres de difusión del Modelo

PARA TODOS LOS COLABORADORES

RRHH

Directivos y colaboradores

FOCO DE LA ACTIVIDAD

Lograr que todos los integrantes de la organización conozcan el modelo de competencias:

• Las competencias que lo componen
• Sus definiciones
• Los ejemplos de comportamientos (diccionario de comportamientos) para poder, primero reconocerlos y, luego, evaluarlos.

El método que se utiliza es *Codesarrollo*.

Talleres iniciales de formación en competencias

En el momento de implantar el modelo se sugiere comenzar por difundirlo, al mismo tiempo que se brindan las primeras nociones sobre cómo observar comportamientos.

Las personas, en especial los que son jefes desde hace mucho tiempo, creen saber cómo evaluar personas. En algunos casos es una consideración acertada, en otros no.

Para unificar criterios dentro de la organización y para asegurar una medición objetiva de competencias, la formación acerca de Gestión por competencias debe comenzar con talleres sobre cómo observar comportamientos.

No obstante, es importante recordar que la formación en competencias es una tarea de tipo continuo. Por lo tanto, no alcanza con hacerla solo al inicio de la puesta en práctica del modelo. Será necesario formar a los integrantes del área de Recursos Humanos así como a todos los jefes en temáticas tales como *selección, desempeño y desarrollo,* con la perspectiva de Gestión por competencias y en relación directa con el modelo organizacional.

En la figura siguiente se exponen diferentes opciones para iniciar la formación en competencias en el momento de implantar un nuevo modelo.

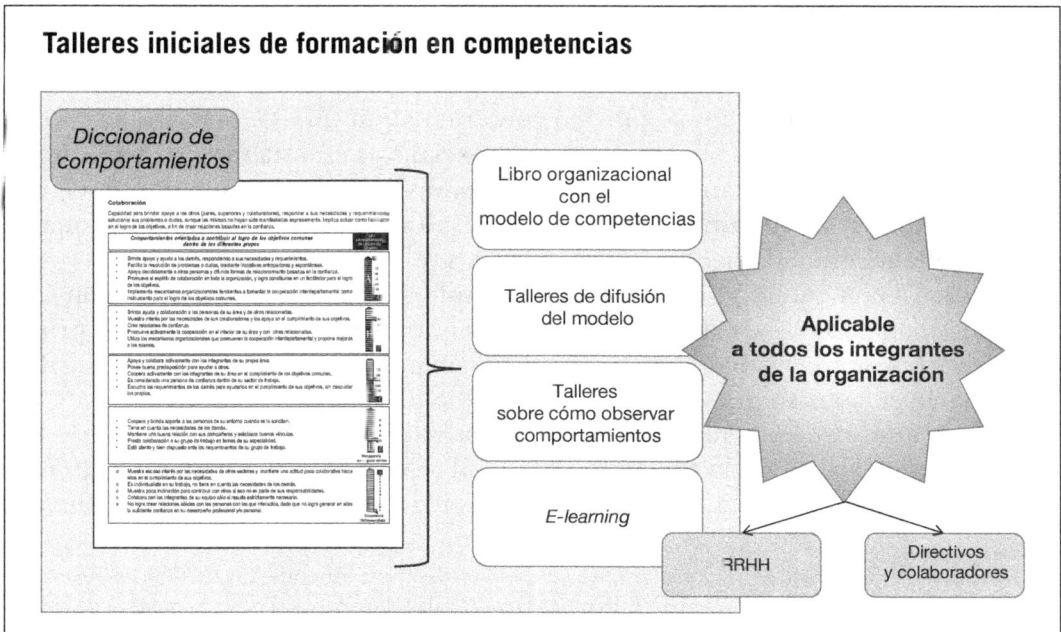

Talleres iniciales de formación en competencias

Nuevos enfoques
y competencias mirando al futuro

En esta sección, es mi objetivo compartir con el lector que el nuevo enfoque dado a la metodología en los últimos años está reflejado a lo largo de los ocho capítulos de esta nueva edición de la obra que tiene en sus manos.

Como se expresara, la temática de competencias no es nueva; sin embargo, se ha modificado de manera sustancial la forma en la cual se trata la mayoría de los temas relacionados.

En la Presentación mencionamos que una serie de factores nos llevaron a preparar esta nueva edición: nuevas experiencias e implementaciones y los cambios de enfoque en materia de Gestión por competencias hicieron necesario modificar una serie de aspectos. Adicionalmente, nuevas competencias seleccionadas de cara al futuro deben ser consideradas; se explicará a continuación por qué.

En los años 2009 y 2010 publiqué una nueva trilogía sobre Gestión por competencias[7], preparada con base en este enfoque diferente de la metodología. Adicionalmente, y para exponer estas nuevas tendencias, se eligieron las competencias más utilizadas y preferidas por las empresas para alcanzar sus estrategias organizaciones de cara al futuro, analizando y pensando cómo deberían ser los integrantes de cada una de ellas para alcanzar metas y objetivos en diez años, en veinte años...

Un modelo de competencias siempre se piensa y diseña de cara al futuro. El pasado ya transcurrió; por lo tanto, las organizaciones deben prepararse para enfrentar el futuro, que se vislumbra incierto, difícil, competitivo, globalizado, entre otras características que hoy se pueden prever de algún modo, más otras aún desconocidas. Este es el reto a asumir por los especialistas en esta materia y por todos en general: cómo diseñar métodos de trabajo para que todos los integrantes de una organización, en su conjunto, respetando los valores y políticas organizacionales, trabajen mancomunadamente para alcanzar los referidos objetivos.

Como ya comentara al inicio de este capítulo, en lo personal trabajo con Gestión por competencias desde hace unos veinte años; sin embargo, entre los primeros años y hoy se ha producido una serie de cambios muy profundos, en especial en la forma de encarar su puesta en práctica.

El uso intensivo de la metodología en empresas clientes en todos los países hispanoparlantes nos ha dado una visión regional relevante, y nos ha permitido relacionarnos con empresas que plantean sus estrategias a diez años, a veinte años, lo

---

7   *Diccionario de competencias. La trilogía. Tomo I.* Ediciones Granica. Buenos Aires, 2009. *Diccionario de comportamientos. La trilogía. Tomo II.* Ediciones Granica. Buenos Aires, 2009. *Diccionario de preguntas. La trilogía. Tomo III.* Ediciones Granica. Buenos Aires, 2010.

que ha implicado posicionarnos de cara al futuro todo el tiempo. Esto nos impulsa a mirar la temática de Recursos Humanos desde otra perspectiva, a visualizar sus posibles problemáticas y cómo afrontarlas.

Las competencias, usualmente, se presentan en tres grupos, esto no ha sufrido grandes cambios:

- Competencias cardinales.

- Competencias específicas gerenciales.

- Competencias específicas por área.

Las 60 competencias más utilizadas en el siglo XXI

Los aspectos más relevantes a destacar sobre las competencias seleccionadas como las más representativas de las nuevas tendencias son los siguientes:

- Se ha procurado definir las competencias más utilizadas en el siglo XXI, es decir, en las nuevas implementaciones y en la revisión de modelos definidos con anterioridad. En la selección realizada se incluyen conceptos que representan la estrategia a futuro de las organizaciones hispanoparlantes, que, además, reflejan en esta estrategia sus necesidades de cambio organizacional.

- Se ha debido incorporar nuevos conceptos, como por ejemplo: *Responsabilidad personal, Compromiso con la rentabilidad* y *Respeto,* entre muchos otros.

- Se ha decidido ofrecer una nueva apertura en grados y nuevas definiciones para conceptos tradicionales, e incorporar otros totalmente nuevos.

A continuación se mencionarán los nombres de las competencias, algunas de las cuales se han definido como cardinales y otras como específicas; sin embargo, es muy importante destacar que cualquiera de ellas puede ser considerada en una categoría u otra, según se requiera. Por ejemplo, la competencia cardinal *Ética y sencillez* podría ser considerada como específica por área, y la competencia específica por área *Desarrollo de personas* podría ser considerada como cardinal.

Las competencias seleccionadas como ejemplos de cardinales fueron:

1. *Adaptabilidad a los cambios del entorno*

2. *Compromiso*

3. *Compromiso con la calidad de trabajo*

© GRANICA

4. *Compromiso con la rentabilidad*

5. *Conciencia organizacional*

6. *Ética*

7. *Ética y sencillez*

8. *Flexibilidad y adaptación*

9. *Fortaleza*

10. *Iniciativa*

11. *Innovación y creatividad*

12. *Integridad*

13. *Justicia*

14. *Perseverancia en la consecución de objetivos*

15. *Prudencia*

16. *Respeto*

17. *Responsabilidad personal*

18. *Responsabilidad social*

19. *Sencillez*

20. *Temple*

Las competencias seleccionadas como ejemplos de específicas gerenciales fueron:

21. *Conducción de personas*

22. *Dirección de equipos de trabajo*

23. *Empowerment*

24. *Entrenador*

25. *Entrepreneurial*

26. *Liderar con el ejemplo*

27. *Liderazgo*

28. *Liderazgo ejecutivo (capacidad para ser líder de líderes)*

29. *Liderazgo para el cambio*

30. *Visión estratégica*

Las competencias seleccionadas como ejemplos de específicas por área fueron:

31. *Adaptabilidad - Flexibilidad*

32. *Calidad y mejora continua*

33. *Capacidad de planificación y organización*

34. *Cierre de acuerdos*

35. *Colaboración*

36. *Competencia "del náufrago"*

37. *Comunicación eficaz*

38. *Conocimiento de la industria y el mercado*

39. *Conocimientos técnicos*

40. *Credibilidad técnica*

41. *Desarrollo y autodesarrollo del talento*

42. *Dinamismo - Energía*

43. *Gestión y logro de objetivos*

44. *Habilidades mediáticas*

45. *Influencia y negociación*

46. *Iniciativa - Autonomía*

47. *Manejo de crisis*

48. *Orientación a los resultados con calidad*

49. *Orientación al cliente interno y externo*

50. *Pensamiento analítico*

51. *Pensamiento conceptual*

52. *Pensamiento estratégico*

53. *Productividad*

54. *Profundidad en el conocimiento de los productos*

55. *Relaciones públicas*

56. *Responsabilidad*

57. *Temple y dinamismo*

58. *Tolerancia a la presión de trabajo*

59. *Toma de decisiones*

60. *Trabajo en equipo*

En todos los casos, para cada competencia será necesario contar, además del nombre de la misma, con su definición y grados (*Diccionario de competencias*); también identificar ejemplos de comportamientos (*Diccionario de comportamientos*) y, por último, ejemplos de preguntas para su evaluación (*Diccionario de preguntas*).

Obras de Martha Alles relacionadas con este capítulo

El armado del modelo de competencias, así como la mejor forma de llevarlo a la práctica, ha sido tratado en un gran número de obras.

Para el armado del modelo, la obra más completa es la denominada *Trilogía*, compuesta por los siguientes libros: *Diccionario de competencias. La trilogía. Tomo I*; *Diccionario de comportamientos. La trilogía. Tomo II*, y *Diccionario de preguntas. La trilogía. Tomo III*.

En cada uno de los capítulos siguientes se hará una mención específica a obras directamente relacionadas con cada uno de ellos.

La temática de competencias también es mencionada en *Comportamiento organizacional, 5 pasos para transformar una oficina de personal en un área de Recursos Humanos*.

Por último, y como síntesis de toda la obra, son de vital importancia el *Diccionario de términos de Recursos Humanos* y *Las 50 herramientas de Recursos Humanos que todo profesional debe conocer*.

Síntesis del capítulo

- La definición de Martha Alles que utilizaremos en esta obra: competencia hace referencia a las características de personalidad, devenidas en comportamientos, que generan un desempeño exitoso en un puesto de trabajo.

- Un modelo de competencias implica un conjunto de procesos relacionados con las personas que integran la organización y que tienen como propósito alinearlas en pos de los objetivos organizacionales. Un modelo de competencias permite seleccionar, evaluar y desarrollar a las personas en relación con las competencias necesarias para alcanzar la estrategia organizacional.

- La definición del modelo de competencias se basa en la misión, visión y estrategia organizacional. En base a todos estos factores se eligen las competencias que formarán parte de dicho modelo. Los valores y la cultura organizacional también son considerados en el momento de elegir y definir las competencias.

- Los directivos de la organización participan activamente en la definición del modelo.

- En la implantación de un modelo de competencias tienen suma relevancia los documentos resultantes de la definición de dicho modelo. Estos documentos serán parte de los métodos y procedimientos organizacionales y la base de la mayoría de los subsistemas que involucran el accionar de todos los colaboradores de una organización, desde el número 1 hasta todos los restantes niveles que la conforman.

- El *Diccionario de competencias* es un documento interno organizacional en el cual se presentan las competencias, definidas en función de la estrategia y diseñadas a su medida.

- Un modelo organizacional está conformado por competencias cardinales y competencias específicas, gerenciales y por área.

- Los diccionarios *de comportamientos* y *de preguntas* conforman, junto con el *Diccionario de competencias*, la llamada *Trilogía*.

- Una vez definido el modelo de competencias se realiza la asignación de competencias a puestos. Dicha asignación formará parte de los *Descriptivos de puestos*.

- Los descriptivos de puestos con sus competencias y grados, serán la base para los subsistemas de *Atracción, selección e incorporación, Formación, Evaluación de desempeño, y Desarrollo y planes de sucesión*. Igualmente serán la base de otros procesos y métodos de trabajo, en relación con las personas que integran la organización.

- Los tres pilares, una vez que se ha armado el modelo, son:
  - *Selección*. Mediante la atención de este aspecto, los nuevos colaboradores poseerán al ingreso las competencias requeridas por su posición.
  - *Desempeño*. Deben medirse las competencias junto con los objetivos y resultados obtenidos.
  - *Desarrollo*. La necesidad de desarrollo es permanente y debe ser un tema de trabajo cotidiano por parte de la organización y de sus colaboradores a través del autodesarrollo.

- Enfoque sistémico en los subsistemas de Recursos Humanos. Bajo este concepto se hace referencia al tratamiento de un tema o sistema como un todo, de un modo global, considerando la totalidad de sus partes componentes. El enfoque sistémico aplicado a los recursos humanos implica que el manejo de los mismos se hace con una mirada de conjunto, en oposición a una mirada parcial.

- La *Nueva Trilogía* presenta los conceptos más utilizados por las organizaciones al definir sus modelos de competencias, de cara al futuro.

© GRANICA

- Por último, un aspecto relevante no siempre considerado: llevar a cabo un *Programa de difusión del modelo de competencias*. Dicho programa debería ofrecer una serie de acciones tendientes a que la organización en su conjunto conozca el modelo de competencias adoptado y comprenda cabalmente su aplicación en los distintos subsistemas de RRHH.

Para cada uno de los capítulos de esta obra hemos preparado casos prácticos y/o ejercicios orientados a lograr una mejor comprensión de los temas tratados en cada uno de ellos. El lector podrá encontrarlos en *Dirección estratégica de Recursos Humanos. CASOS.*

PARA TODOS LOS LECTORES

Se encuentra disponible en formato digital un Anexo donde se ha realizado un análisis detallado de libros y subsistemas que complementa las temáticas abordadas en esta obra.

PARA PROFESORES

Para cada uno de los capítulos de esta obra hemos preparado:

☞ Material de apoyo para el dictado de clases.

Los profesores que hayan adoptado esta obra para sus cursos tanto de grado como de posgrado podrán solicitar de manera gratuita:

Dirección estratégica de Recursos Humanos. CLASES

Únicamente disponibles en formato digital:
www.marthaalles.com

o bien escribiendo a:
profesores@marthaalles.com

Atracción,
selección
e incorporación

Análisis
y descripción
de puestos

Desarrollo
y planes
de sucesión

**DIRECCIÓN
ESTRATÉGICA
DE RECURSOS
HUMANOS**

Remuneraciones
y
beneficios

Formación

Evaluación
de
desempeño

Análisis y descripción de puestos

En este capítulo usted verá los siguientes temas:

- Esquema de la descripción de puestos
- Análisis de puestos
- Métodos para reunir información
- Cómo redactar los descriptivos de puestos
- La utilización de entrevistas y cuestionarios
- Adecuación persona-puesto
- Relación de los descriptivos de puestos con otras funciones de Recursos Humanos
- Cuando una organización ha adoptado la Gestión por competencias
- Aplicar Gestión por competencias a la descripción del puesto
- La importancia de los descriptivos de puestos en un proceso de selección
- El teletrabajo

© GRANICA

Esquema de la descripción de puestos

Cada organización debe contar, por escrito, con una breve descripción de cada uno de los puestos que la integran. De este modo se asegura la no repetición de tareas, se evita que otras queden sin ser asignadas a algún colaborador, y al mismo tiempo se establece la base de los demás subsistemas.

Analizar puestos, para luego describirlos, comprende una serie de procedimientos para reunir y analizar la información sobre sus contenidos, las tareas a realizar, los requerimientos específicos, el contexto en que las tareas son efectuadas y qué tipo de personas deben contratarse para esa posición. Cuando las compañías definen correctamente los puestos se facilitan otras tareas en relación con el área de Recursos Humanos, entre ellas las de reclutamiento y selección de nuevos empleados.

Cualquier sistema de gestión de Recursos Humanos, con independencia de su complejidad y evolución, requiere herramientas básicas para el desarrollo de sus políticas y prácticas. Una de ellas es la descripción de puestos, con prescindencia del tamaño de la organización.

Análisis y descripción de puestos

La descripción de puestos es la base de los distintos procesos de Recursos Humanos

Carreras

Desempeño

Remuneraciones

Formación / Selección

Descripción de puestos / Inventario de puestos

La información del análisis de puestos se utiliza como base para diversas actividades relacionadas con la administración de Recursos Humanos:

- reclutamiento y selección;

- formación;

- remuneraciones;

- evaluación de desempeño;

- desarrollo de carrera y planes de carrera;

- asegurarse de haber asignado todas las tareas que deben realizarse.

El propósito del análisis, descripción y documentación de puestos de trabajo es el conocimiento real –y actualizado– de la estructura de la organización, sus cometidos y actividades, las responsabilidades de los diferentes puestos, los niveles de exigencia requeridos respecto de conocimientos, experiencia, competencias, etc.

El análisis, descripción y documentación de puestos es una técnica de Recursos Humanos que, de forma sintética, estructurada y clara, recoge la información básica de un puesto de trabajo en una organización determinada.

Para iniciar el análisis y descripción de los puestos se parte del relevamiento o recolección de la información que luego será analizada; a continuación, se confirma el relevamiento y finalmente se realiza la descripción del puesto, en general utilizando un formulario estandarizado.

En tres palabras: *relevamiento-confirmación-descripción* (ver gráfico en página siguiente).

El análisis del puesto previo a la descripción implica un procedimiento sistemático para reunir información sobre el contenido del puesto, las tareas que se realizan y sus requerimientos específicos, y qué tipo de personas se requieren para desempeñarlo.

Para una correcta descripción de puestos es importante, antes de iniciar la tarea, clasificar los puestos a relevar, es decir, aquellos sobre los cuales se deberá recolectar información para su posterior descripción:

- Según el *nivel* jerárquico: alta dirección, gerencias de área, jefaturas intermedias y demás puestos iniciales.

- Por la *formación* requerida: alta formación o muy especializada o puestos operativos para los que no es necesaria.

© GRANICA

Descripción de puestos: esquema

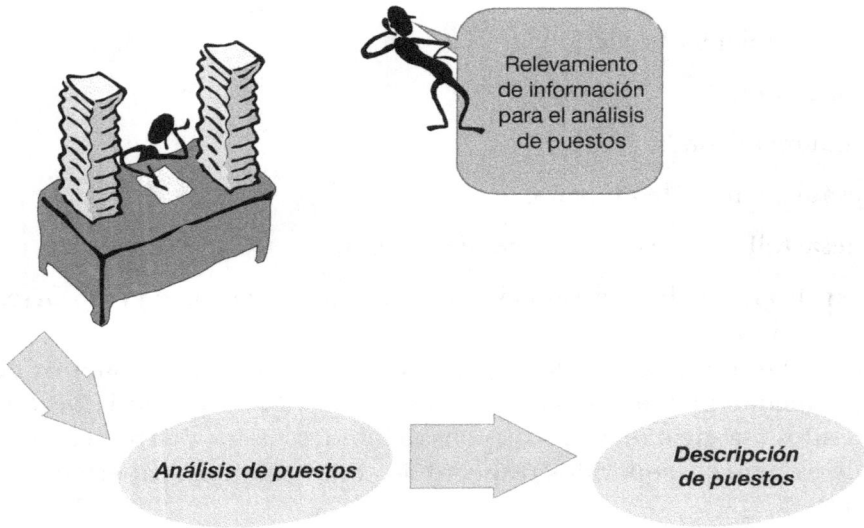

Relevamiento de información para el análisis de puestos

Análisis de puestos

Descripción de puestos

Clasificación de puestos

Por los resultados de su gestión: alto impacto en los resultados generales (o bajo impacto).

Por el nivel jerárquico: alta dirección, gerencias, puestos medios, puestos iniciales.

La organización

Por los recursos humanos que manejan.

Por la formación requerida.

- Por los *resultados* de la gestión a su cargo: de alto impacto o no en los resultados de la organización.

- Por los *recursos humanos* que maneja.

Igualmente es importante definir, antes de la recolección de información –y luego confirmarla durante el proceso de recolección– la relación entre los puestos: *puestos paralelos* y *puestos subordinados.*

En ocasiones esta relación no está muy clara, aunque se obtenga previamente un organigrama. Por ello será muy importante la confirmación durante el relevamiento de las reales relaciones entre los puestos.

Una correcta descripción de puestos incluye tres momentos:

1. Entrevista de relevamiento estructurada, utilizando un cuestionario o entrevista dirigida. El planeamiento de la entrevista y la utilización de formularios son imprescindible.

2. Confirmación de la información obtenida.

3. Descripción del puesto propiamente dicha, donde el resultado a obtener será el documento denominado *Descriptivo de puesto.*

Antes del relevamiento es importante definir la relación entre los puestos

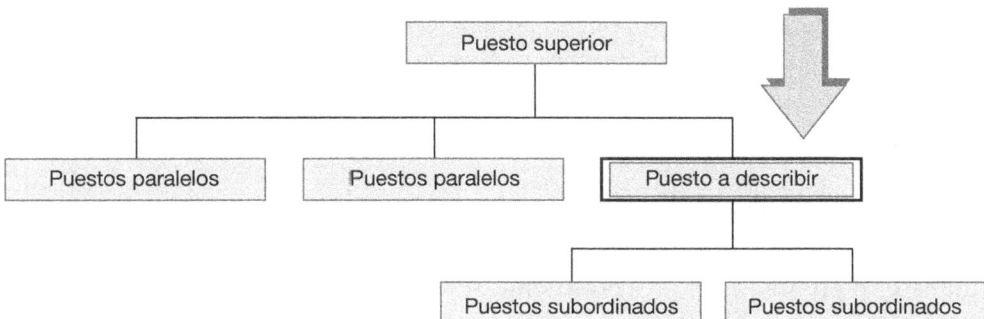

Análisis y descripción de puestos

| Entrevista de relevamiento estructurada | momento 1 |

| Confirmación del relevamiento | momento 2 |

| momento 3 | Descriptivo del puesto |

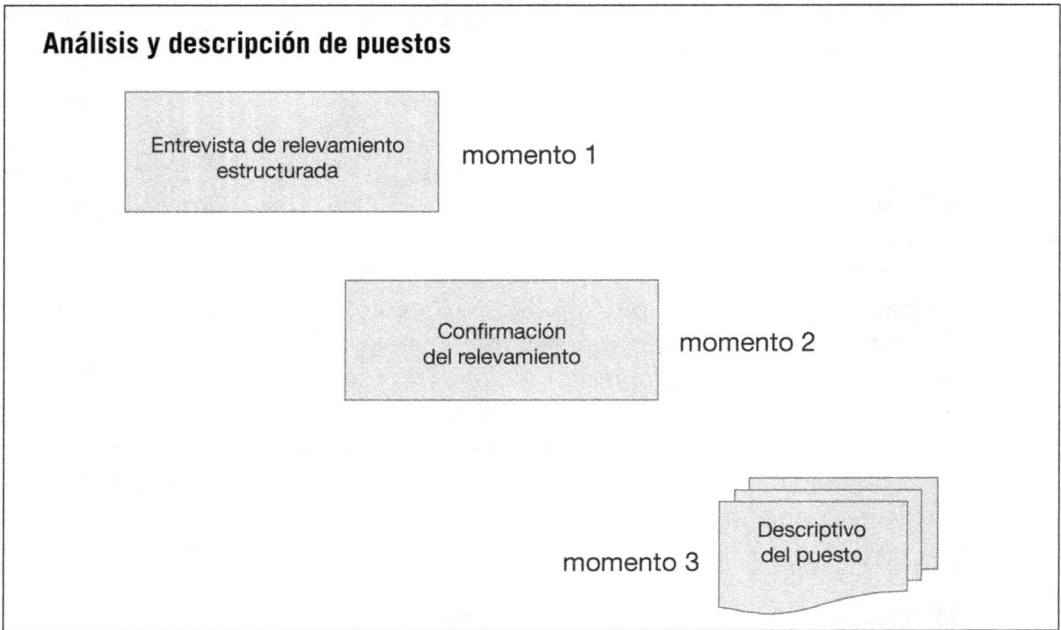

Del autor al lector

No es posible basarse únicamente en la experiencia de la persona que confecciona las descripciones de puestos, ya que cada caso o empresa difiere de los demás. Además, se sugiere realizar entrevistas estructuradas. En ocasiones los entrevistados tienden a relatar problemas personales cuando el especialista en Recursos Humanos intenta hacer un relevamiento. Con buenos modales y "políticamente", será necesario reencauzar la entrevista y seguir el esquema planeado en la mencionada entrevista estructurada.

Análisis de puestos

El análisis de puestos es el procedimiento sistemático de reunir y analizar información sobre:

- el contenido de un puesto (tareas a realizar);
- los requerimientos específicos;

- el contexto en que las tareas son realizadas;
- qué tipo de personas son las más adecuadas para ocupar esa posición.

¿Cómo darse cuenta de que una organización necesita mejorar la descripción de puestos?

Las siguientes son algunas situaciones que indican la necesidad de revisar o describir –si no se ha hecho hasta el momento– los puestos de una organización.

- Cuando los salarios son inequitativos o la escala salarial es inconsistente.
- Empleados que no saben exactamente qué se espera de ellos.
- Conflictos frecuentes por no saber exactamente quién hace cada tarea.
- Responsabilidades abiertas de modo que se duplican los esfuerzos.
- Selección y contratación de personas no calificadas para sus trabajos.
- Inadecuado o pobre entrenamiento con la consecuencia de poca producción y baja calidad.
- Demora en la prestación de servicios o entrega de productos.

Cuando un cliente se acerca a una consultora, cuando un número 1 de cualquier tipo de organización plantea un problema como los mencionados u otros de índole similar, rara vez plantea, al mismo tiempo, que su organización debe revisar o describir los puestos de trabajo. Esta persona simplemente describe un problema (conflictos entre áreas, clientes disconformes, etc.); será el especialista en Recursos Humanos quien aconsejará *comenzar por el principio*, tal como se vio en el Capítulo 2.

Como resulta casi obvio, no todos los problemas de una organización se solucionan con tener los puestos descriptos adecuadamente; pero, al mismo tiempo, es igualmente cierto que la descripción de puestos es la base para ordenar una organización en todos los temas relacionados con el personal que la integra.

Beneficios de un buen programa de descripción de puestos

Los beneficios más importantes de una correcta y actualizada descripción de puestos son:

- Posibilita comparar puestos y clasificarlos. De este modo las compensaciones son más equitativas.

© GRANICA

- Es una muy valiosa herramienta para reclutar, seleccionar y contratar personal.

- Capacitar, entrenar y desarrollar personal es mucho más sencillo con la ayuda de la descripción de puestos.

- Define rendimientos estándar, lo que permite realizar correctas evaluaciones.

- Es vital en los planes de sucesión y otros programas internos de desarrollo.

- Otros usos: para analizar los flujos de información de una compañía.

Muchas organizaciones definieron puestos de trabajo por primera vez a raíz de un proceso de certificación en normas de calidad (por ejemplo, las normas ISO). Al mismo tiempo, la fuerte preocupación por obtener "la certificación" y "pasar la auditoría" ha desvirtuado el uso y la importancia de la descripción de puestos en sí y su relación estrecha y profunda con los otros subsistemas de Recursos Humanos. Más allá de que una organización haya realizado la descripción de puestos por requerimientos de las normas de calidad, debería tenerse en cuenta los verdaderos beneficios que esta descripción trae aparejados para la organización en su funcionamiento cotidiano, además del hecho puntual e importante, por cierto, que representa la certificación de la calidad.

El responsable de Recursos Humanos debe asumir un rol preponderante en este proceso y relacionar los descriptivos de puestos con los diferentes subsistemas de Recursos Humanos. En muchas organizaciones los diseños de calidad los realizan consultores externos junto con los especialistas en Organización y Métodos o Calidad, por lo cual no se obtienen todos los beneficios mencionados más arriba.

Información necesaria para el análisis de puestos

La descripción de puestos tiene varios momentos, como ya hemos visto, que se realimentan entre sí para lograr el objetivo central. El análisis de un puesto se hace a partir de la información recolectada y se utiliza para darle consistencia a lo relevado. Permite efectuar correcciones y confeccionar perfiles de búsquedas. La descripción final se obtiene después de la realización del análisis del puesto.

La información necesaria para realizar el análisis del puesto es:

- Tareas y responsabilidades del puesto.

- Estándares de rendimiento.

- Máquinas u otros elementos necesarios.

- Condiciones laborales o contexto de la posición.

- Requerimientos de personalidad/competencias, según corresponda.

Por último, las descripciones de puestos –*job descriptions*– no hacen referencia a las personas que los ocupan. Como su nombre lo indica, brindan información sobre las obligaciones del puesto, responsabilidades, autoridad, relaciones con otros puestos y todo lo relacionado con la posición en sí.

Diferencia entre tarea y puesto.
Definiciones

- *Tarea:* trabajo que debe realizarse, usualmente, con algunas características predeterminadas, como plazos, contenidos, etc.

- *Puesto:* lugar que una persona ocupa en una organización. Implica cumplir responsabilidades y tareas claramente definidas.

El análisis de los puestos

- Describir tareas, responsabilidades y deberes del puesto.
- Identificar:
  – qué se hace;
  – por qué se hace;
  – dónde se hace;
  – cómo se hace.

El análisis de puestos permite responder las siguientes preguntas:

- ¿Cuáles son los puestos en la organización?

- ¿Cómo se relacionan entre sí?

- ¿De qué forma cada puesto se relaciona con los objetivos y la estrategia organizacional?

- ¿Cuál es el grado de adecuación de una persona al puesto que ocupa?

- ¿Cómo pueden ser reestructuradas las tareas para rediseñar o eliminar puestos?

Métodos para reunir información

Métodos de descripción y análisis de puestos

- *Observación directa*: en los casos más simples, el especialista en Recursos Humanos observa las tareas y completa el formulario a partir de lo que ve, sin la participación directa del empleado.

- *Entrevista*: se realiza una entrevista al ocupante del puesto.

- *Cuestionario*: el ocupante del puesto completa un cuestionario.

- *Mixta*: administración conjunta de por lo menos dos de estas variantes.

La conveniencia de utilizar un método u otro, o una combinación de ellos, dependerá de cada caso. Lo más usual es utilizar varios métodos al mismo tiempo, y será el especialista el que opte por uno u otro. Por ejemplo, puede utilizarse el método de observación directa para puestos operativos, en forma conjunta con formulario y entrevista para puestos de supervisión, y solo cuestionario para personas que están en lugares alejados de las oficinas centrales. Cada caso es particular y se deberá optar por lo más conveniente en cada uno.

Pasos en secuencia para una posición

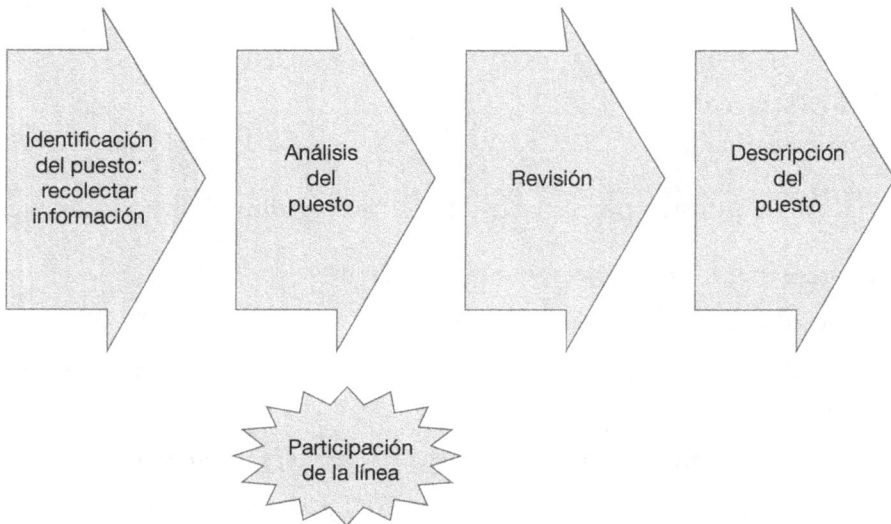

Identificación del puesto: recolectar información → Análisis del puesto → Revisión → Descripción del puesto

Participación de la línea

Pasos para una nómina o conjunto de puestos

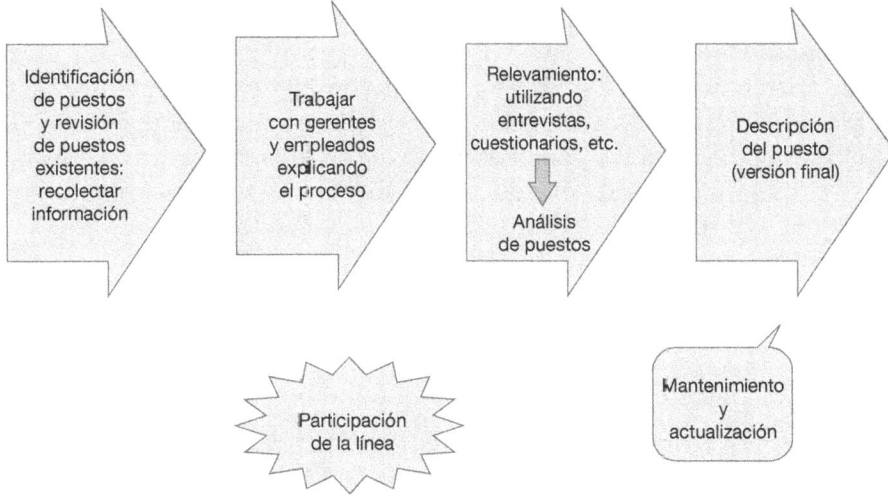

Identificación de puestos y revisión de puestos existentes: recolectar información

Trabajar con gerentes y empleados explicando el proceso

Relevamiento: utilizando entrevistas, cuestionarios, etc.

Análisis de puestos

Descripción del puesto (versión final)

Participación de la línea

Mantenimiento y actualización

¿Quién reúne la información para el análisis de puestos? Por lo general estas tareas están en manos de especialistas en Recursos Humanos con el apoyo indispensable del jefe y del ocupante del puesto.

Del autor al lector

Si bien la descripción en sí misma está a cargo de un especialista en Recursos Humanos, quien releva el puesto mediante una entrevista estructurada con el ocupante del mismo, es de vital importancia el papel de la línea, es decir, el supervisor y el jefe del área o departamento. Sin esta validación el programa puede fracasar.

La entrevista

Es una etapa fundamental del proceso y hay distintos tipos según el caso:

- Entrevistas individuales con cada empleado.
- Entrevistas grupales cuando varios empleados ocupan el mismo puesto.
- Entrevistas con uno o más supervisores, según corresponda.

© GRANICA

Es muy importante que el entrevistado entienda correctamente por qué se realiza la entrevista, sin confundirla con otro tipo de reuniones. Recuerde que es necesaria la colaboración de todos los involucrados.

Es igualmente importante el modo en que se formulan las preguntas: concretas, sin posibilidad de diferentes respuestas, breves, preguntar una sola cosa por vez, etc.

Usar un formulario como guía es el mejor consejo para estas entrevistas; se lo podrá tener en la mano y seguir su secuencia. A diferencia de un proceso de selección, en el que se evalúa a las personas y ellas se sienten evaluadas, en este tipo de entrevistas el que realiza la recolección de información y la persona que ocupa el cargo sólo deben describirlo; no hay evaluado ni evaluador.

Para Cole[1], los dos aspectos más difíciles de describir son:

- el propósito general del puesto;
- los principales deberes del puesto.

Los entrevistados tienen una fuerte tendencia a describir todo lo que hacen sin discernir su importancia relativa. En ocasiones, tareas poco relevantes ocupan un espacio importante en el relato y, mientras que se describen en breves palabras tareas de alto impacto para la organización.

Los cuestionarios

Constituyen otro método para obtener información del puesto. A través de ellos los empleados describen las tareas, deberes y obligaciones de su empleo.

Un esquema basado solamente en cuestionarios es de mucho menor costo que el basado en entrevistas. Por otra parte, si está bien administrado brindará información acertada.

Observar tareas

Este método puede ser útil cuando una tarea que puede ser observable es realizada por una persona menos calificada para llenar un cuestionario, por ejemplo tareas de limpieza o de fábrica.

No parece ser un método adecuado para otras posiciones.

---

1   Cole, Gerald. *Personnel Management*. Letts Educational Aldine Place, Londres, 1997, páginas 122 y siguientes.

Los formularios

Principales ítems de un formulario de análisis de puestos:

- Título del puesto, división, sector o gerencia.

- Sumario: breve definición de la tarea; puede haber dos posiciones con nombres similares y diferentes contenidos.

- Deberes y responsabilidades: las tareas a realizar.

- Capacidades y requisitos educacionales.

- Interrelaciones: relaciones específicas entre este puesto y otros de la organización o de la comunidad.

- Otras condiciones laborales: cualquier condición inusual que la posición implique, por ejemplo horarios diferentes a los generales de la compañía, viajes frecuentes, etc.

- Otros requisitos: de personalidad o competencias cuando una empresa trabaje con esta metodología, etc.

- Preparado por . . . .; aprobado por . . . .; fecha . . . .

Cómo redactar los descriptivos de puestos

Identificación del puesto

Nombre del puesto, código o identificación interna, área, departamento o gerencia al cual pertenece, ciudad o región cuando sea pertinente, etc.

Es aconsejable uniformar la terminología a utilizar; por ejemplo, si los gerentes son de igual nivel no se puede llamar a unos *gerentes divisionales*, a otros *gerentes departamentales* y a otros solamente *gerentes*.

© GRANICA

Pasos

Análisis, descripción y documentación de los puestos

- Entrevista individual
- Entrevista con el superior
- Trabajo de grupo
- Cuestionario

Plan de trabajo

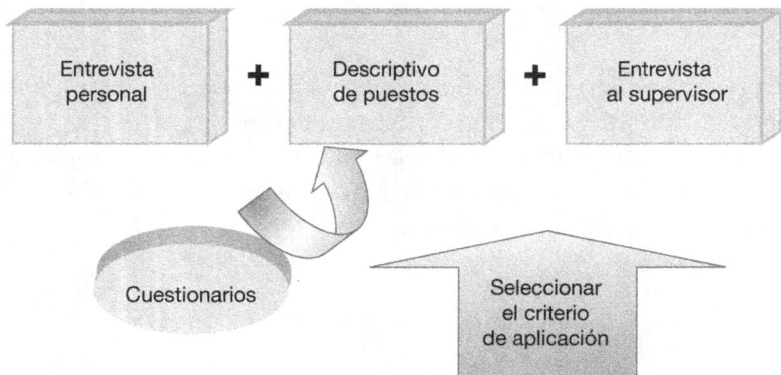

Entrevista personal **+** Descriptivo de puestos **+** Entrevista al supervisor

Cuestionarios

Seleccionar el criterio de aplicación

El código del puesto debería servir para identificar rápidamente a los distintos puestos, por ejemplo, a todos los comerciales, a todos los de IT (información y tecnología), etc.

Debe figurar en la identificación el título del supervisor inmediato, y también la fecha, para hacer constar el momento en que se confeccionó el descriptivo del puesto.

Descriptivo del puesto	
Título del puesto:	Código:
Fecha:	División/área:
Escrito por:	Procesado por:
Aprobado por:	Grado/Puntos:
Título del supervisor inmediato:	Nivel de salario:

Resumen del puesto

En el formulario que se presenta en *Dirección estratégica de Recursos Humanos - Casos* hemos denominado a esta sección "Síntesis del puesto"; otras personas la denominan "misión del puesto". Son diferentes nombres para un mismo concepto: una frase que resume el propósito del puesto.

Como su nombre lo indica, debe ser breve; solo se detallan las actividades principales, por ejemplo:

Dirige todas las operaciones de la sucursal Salta, supervisa a su personal e informa sobre los resultados.

Es responsable por la compra de productos e insumos para el área de administración de la Casa Central.

Nunca deben incluirse en un sumario ni en una descripción de puestos las denominadas frases abiertas, tales como "otras responsabilidades"; si estas existen, deben detallarse.

Relaciones

Muestran las relaciones del puesto con otros puestos dentro o fuera de la organización. Por ejemplo:

- Reporta a . . . .
- Supervisa a . . . .
- Trabaja con . . . . (nombres de puestos)
- Fuera de la compañía: por ejemplo, proveedores, clientes, autoridades o asesores, como abogados, auditores y otros consultores.

Responsabilidades y deberes

Se debe presentar una lista detallada de estos aspectos de la función. Esto puede llevar varias carillas. A pesar de que se recomienda que el descriptivo sea conciso y breve, no debe omitirse ninguna responsabilidad del puesto, aunque se trate de una tarea que deba realizarse una vez al año, por ejemplo, para el cierre del balance.

Autoridad

En esta sección se deben definir los límites de autoridad del puesto, incluyendo sus atribuciones en la toma de decisiones, la supervisión directa de otras personas y el manejo de dinero o límites de aprobación de gastos, etc.

Criterios de desempeño

Pueden ser difíciles de incluir en muchos casos. Significan, en general, qué se espera del empleado: que cumpla con todo lo especificado en el descriptivo del puesto y cada una de sus responsabilidades y deberes. En las tareas factibles de alguna cuantificación es más sencillo; debería tratar de encontrarse una variable indicativa. Esta y otras razones son las que aconsejan la participación de especialistas en procesos de definición y preparación de los descriptivos de puestos.

Ejemplos:

Responsabilidad: cumplir con el programa de producción.

1. Producir equis toneladas de producto por día/semana/mes.

2. Estándar de calidad: porcentaje de rechazo.

3. Horas extras autorizadas: porcentaje del total.

Condiciones de trabajo y ambiente

En las oficinas ubicadas en localizaciones específicas quizá el relevamiento de las condiciones ambientales no sea relevante, pero sí puede serlo en situaciones donde la posición se vea expuesta a ruidos o cualquier situación no favorable para el trabajador.

Otras condiciones: incluir horarios especiales, viajes frecuentes y cualquier requerimiento especial inherente al puesto.

Descriptivo del puesto

TÍTULO DEL PUESTO: *Asistente administrativo.*

Departamento: *Marketing.*

Resumen del puesto

Tareas y responsabilidades

• *Tomar y transcribir notas.*

• *Organizar reuniones.*

• *Recibir y hacer llamadas telefónicas.*

• *Preparar informes.*

Requisitos educacionales _____

Relaciones internas _____

Cualidades necesarias: *habilidad verbal, habilidad para realizar cálculos simples.*

Competencias: *"Adaptabilidad - flexibilidad", para realizar varias tareas, a menudo cambiando de asignaciones sin previo aviso.*

Preparado por: _____   Fecha: _____

Otros pasos necesarios: el análisis de puestos

En base a la información relevada se analizarán los aspectos más importantes, por ejemplo:

- identificación del puesto;
- trabajo a desempeñar;
- condiciones físicas;
- competencias requeridas;
- conocimientos requeridos;
- requisitos especiales;
- responsabilidades.

Basándonos en la obra de Cole[2], una ayuda para este análisis es responder a preguntas tales como:

- *¿Cuáles son las principales razones de la existencia del puesto?*
- *¿Qué resultados se esperan del puesto?*
- *¿Cuáles son las tareas claves?*
- *¿Qué nivel de autoridad formal tiene el puesto?* (en el manejo de recursos financieros, para incorporar o desvincular personal, etc.).
- *¿Qué niveles de presupuesto maneja?*
- *¿Qué cantidad de personal le reporta?*
- *¿Qué competencias y conocimientos son necesarios para desempeñar con éxito la función descrita?*

---

2   Cole, obra citada.

La utilización de entrevistas y cuestionarios

Ya hemos explicado ambas técnicas. En ocasiones se pueden utilizar en forma combinada.

Entrevista

Entrevistador: _____   Fecha: _____

Entrevistado: _____

TÍTULO DEL PUESTO: _____

Departamento: _____   Supervisor: _____

Describir las tareas más importantes _____

Describir las tareas secundarias _____

Describir máquinas y otros elementos utilizados _____

Describir educación mínima necesaria _____

Principales responsabilidades _____

Describir contactos personales que debe manejar el empleado en el puesto _____
Etc.
Etc.

Cuestionario

Nombre y apellido del empleado: _____   Fecha: _____

TÍTULO DEL PUESTO: _____

Departamento: _____   Supervisor: _____

Tarea: cómo, por qué, frecuencia, tiempo utilizado.
Tarea: cómo, por qué, frecuencia, tiempo utilizado (repetido tantas veces como el número de tareas que correspondan).
Etc.

¿Qué máquinas utiliza? Nombre de las máquinas o equipos y tiempos de utilización.
Describa contactos personales que la persona debe tener para desempeñar la tarea.

Firma del empleado: _____

Aprobado y revisado por
(supervisor inmediato): _____
Etc.
Etc.

Del autor al lector

Los cuestionarios solo se utilizan en niveles de base de la organización. No obstante, pueden ser de utilidad cuando la organización tiene funcionarios localizados en zonas alejadas, por ejemplo un agente en el exterior. En ese caso, se le puede enviar un cuestionario que luego se complementa con algunas preguntas telefónicas.

Adecuación persona-puesto

Como paso final de un proceso de análisis y descripción de puestos deberá analizarse la adecuación de la persona al puesto.

Para ello debe incluirse en el análisis el perfil del empleado, que deliberadamente se ha dejado fuera del proceso hasta este punto.

En base al descriptivo del puesto y al perfil de la persona se podrá analizar la adecuación de la persona al puesto.

Los mapas y planes de carrera (tema que se verá en el Capítulo 7) se confeccionan y analizan a partir de la descripción de puestos.

Adecuación persona-puesto

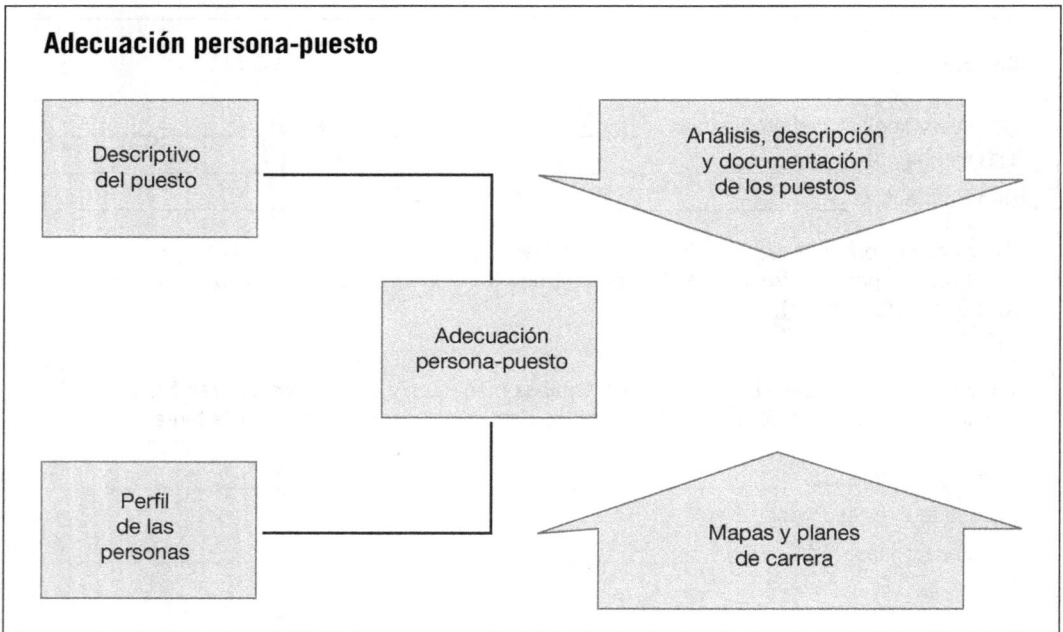

- Descriptivo del puesto
- Análisis, descripción y documentación de los puestos
- Adecuación persona-puesto
- Perfil de las personas
- Mapas y planes de carrera

Relación de los descriptivos de puestos
con otras funciones de Recursos Humanos

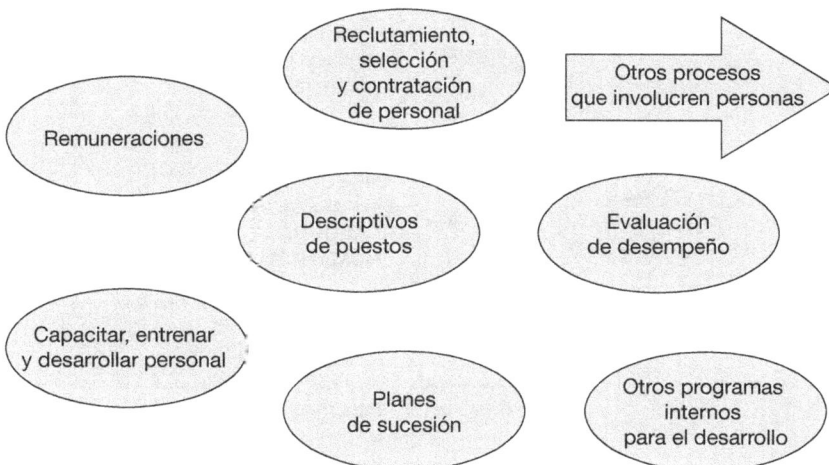

Al inicio del capítulo se hizo una referencia –representada gráficamente con una pirámide en cuya base figuran la descripción y el inventario de puestos– a la vinculación de la descripción de puestos con otras funciones de Recursos Humanos. Si bien, como ya hemos dicho, todas las funciones del área se relacionan entre sí, los descriptivos de puestos son la base de los otros subsistemas de Recursos Humanos.

Los descriptivos de puestos se utilizan también en otros procesos además de los correspondientes a Recursos Humanos; por ejemplo, en el diseño de flujos de información.

Del autor al lector

Cuando una empresa decide iniciar la implementación de los sistemas de Recursos Humanos, debe comenzar por describir los puestos de la organización.

**Relaciones de los descriptivos de puestos
con otras funciones de Recursos Humanos**

Reclutamiento, selección y contratación de personal

Otros procesos que involucren personas

Remuneraciones

Descriptivos de puestos

Evaluación de desempeño

Capacitar, entrenar y desarrollar personal

Planes de sucesión

Otros programas internos para el desarrollo

Cuando una organización ha adoptado la Gestión por competencias

Ya nos hemos referido a este tema en el Capítulo 2. Si una empresa realiza su gestión a través de un modelo de competencias, estas deberán ser consideradas en el momento de describir los puestos o revisar las descripciones existentes. Los cuestionarios y entrevistas que se realicen para efectuar el relevamiento deben prever esta información.

La descripción del puesto se realizará recolectando información objetiva y preguntas especialmente diseñadas para este propósito.

¿Cómo relacionar el análisis y descripción de puestos con la Gestión por competencias?

En el momento de confeccionar los descriptivos de puestos se deben considerar las competencias definidas para esa posición. Para ello se realiza el paso denominado "asignación de competencias y grados a puestos". Lo usual es que las competencias específicas estén relacionadas con un área en particular; si esto es así, en el momento de la descripción del puesto solo se debe confirmar el nivel o grado requerido de cada competencia. Esto se aplica también cuando se han definido competencias específicas para, por ejemplo, niveles gerenciales.

Un esquema global por competencias

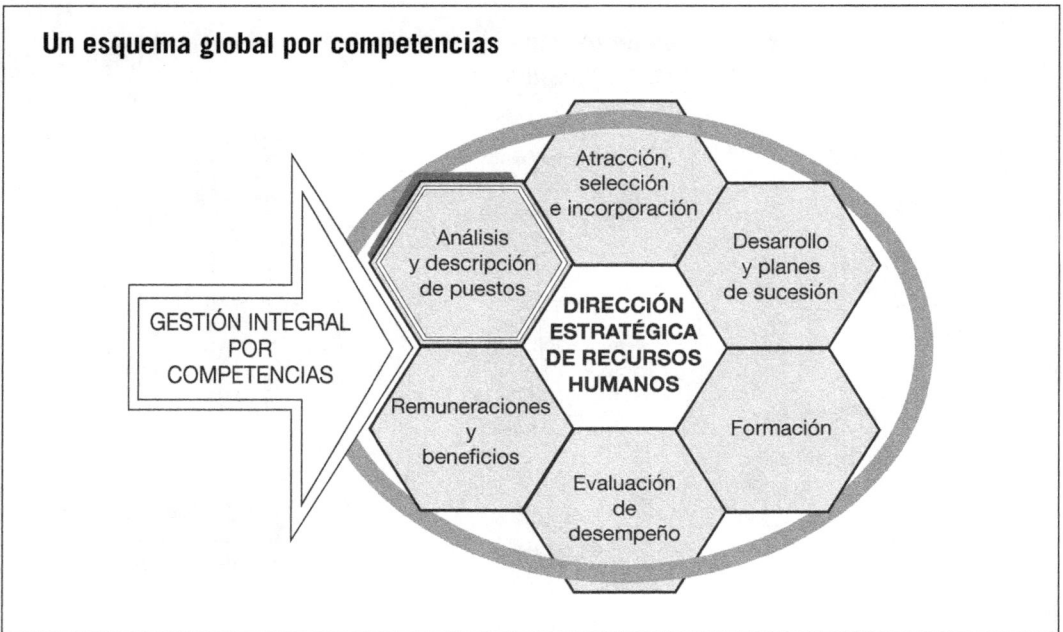

Aplicar Gestión por competencias a la descripción del puesto

En la obra *Diccionario de competencias. La trilogía. Tomo I* se presentan las competencias abiertas en grados: nivel A, B, C o D. En una explicación rápida se podría decir que:

A: es un grado muy alto.
B: muy bueno, por sobre el estándar.
C: bueno, en muchos casos suele representar el nivel requerido para el puesto.
D: nivel mínimo de la competencia. En algunos casos, este nivel es sumamente retador.

Como se explicó en el Capítulo 2, para las diferentes mediciones de competencias se utiliza el *Diccionario de comportamientos. La trilogía. Tomo II.* Allí, además de los ejemplos de comportamientos definidos por niveles o grados, en todos los casos se presentan ejemplos de comportamientos que evidencian la competencia no desarrollada.

Las competencias forman parte de la descripción del puesto. Cuando una empresa prepara descriptivos de puestos al estilo tradicional, pregunta: ¿qué tareas, obligaciones y responsabilidades se requieren para desempeñarse bien en el puesto?

En cambio, cuando se presenta un descriptivo de puestos por competencias se pregunta, además: ¿cuáles son las competencias necesarias para ser exitoso en el puesto?

Si el entrevistado no está familiarizado con el concepto de competencia, no podrá responder a esta pregunta. El especialista en Recursos Humanos deberá formular las preguntas de otro modo para obtener las respuestas deseadas. De todas maneras, debe tener en cuenta que en todos los casos la definición de competencias se realiza a partir de la alta dirección (como se vio en el Capítulo 2); por lo tanto, se deberá confirmar la información con niveles jerárquicos superiores.

Otra de las ventajas de trabajar con esta metodología es que la asignación de competencias puede realizarse, en ocasiones, por familia de puestos, simplificando la implementación.

Por lo tanto, dentro de un modelo de competencias, la descripción del puesto puede hacerse con diferente grado de detalle en cuanto a las funciones. Adicionalmente, indicar las competencias requeridas para cada puesto y el grado necesario. Por ejemplo: competencia *Trabajo en equipo*, grado B.

De todos modos, cada organización deberá decidir cómo describir los puestos, ya que pueden indicarse las tareas fundamentales y las competencias necesarias y su grado requerido.

La asignación de competencias a puestos

Una vez que se ha definido el modelo de competencias (Capítulo 2) y se han elaborado las descripciones de puestos, se deberán asignar las competencias y sus grados a los diferentes puestos de trabajo.

En primer lugar, se deberá tener en cuenta que las competencias cardinales aplican a todos los puestos de la organización. Luego, se deberá considerar a qué área pertenece el puesto (familia de puestos), de este modo se asignarán las competencias específicas. Por último, se deberá analizar, en función de las tareas del puesto y la importancia de estas, el grado requerido de las competencias. Para ello se deberá leer con suma atención la descripción de cada competencia en cada grado o nivel. Existe una tendencia generalizada a asignar grados más altos que los necesarios a los diferentes puestos de trabajo. Una forma de hacerlo correctamente es analizar en profundidad la apertura en grados de la competencia y asignar solo el grado o nivel necesario de esta para lograr un desempeño superior o exitoso en el puesto.

En este punto es importante señalar que a un puesto se le asignan competencias, es decir, se define qué capacidades son necesarias para desempeñarse exitosamente en esa posición. Por lo tanto, el documento con el que se trabaja para hacer la asignación de competencias a puestos es el *diccionario de competencias*.

El *diccionario de comportamientos* (explicado en el Capítulo 2) se utiliza en los distintos subsistemas de Recursos Humanos para evaluar a las personas; por ejemplo, en los procesos de selección o evaluación de desempeño.

El descriptivo de puesto por competencias que se expone en el gráfico de la página siguiente, se corresponde con una posición de gerente de Recursos Humanos en una empresa de servicios.

En todos los casos se sugiere poner a disposición del ocupante del puesto tanto las competencias como sus comportamientos asociados, que constan en los respectivos diccionarios de la organización. No es necesario que la persona conozca los documentos completos, pero sí las secciones correspondientes a su puesto de trabajo.

Descriptivos de puestos: competencias

Nombre de la competencia	A	B	C	D
Competencias cardinales				
Compromiso con la calidad de trabajo		X		
Ética			X	
Flexibilidad y adaptación		X		
Perseverancia en la consecución de objetivos		X		
Competencias específicas gerenciales				
Liderazgo		X		
Conducción de personas			X	
Dirección de equipos de trabajo		X		
Competencias específicas por área				
Orientación al cliente interno y externo		X		
Orientación a los resultados con calidad			X	
Iniciativa - Autonomía			X	
Conocimiento de la industria y el mercado		X		
Colaboración	X			

Evolución de las competencias en una familia de puestos

En el Capítulo 7 trataremos la función de desarrollo en Recursos Humanos. Al relacionar esta función con las competencias, se analiza en especial cómo estas evolucionan en una familia de puestos.

La familia de puestos representa en sí misma un plan de carrera, tema que se tratará en el Capítulo 7. Solo incluiremos a continuación una breve síntesis para la mejor comprensión de la descripción de puestos por competencias.

Al utilizar competencias para el desarrollo de un individuo (Capítulo 7), deben evaluarse sus competencias. Esto podrá ser a través de evaluaciones específicas (Capítulo 4) o como resultado de la evaluación de desempeño (Capítulo 6), comparando dicha evaluación con lo requerido por cada puesto (en este capítulo) y su evolución en los planes de carrera.

Se puede ver un ejemplo de este procedimiento en la página siguiente. Se analizará este tema con mayor detalle en el Capítulo 7.

Planes de carrera. Ejemplo. Desde Vendedor Junior hasta Jefe Zonal

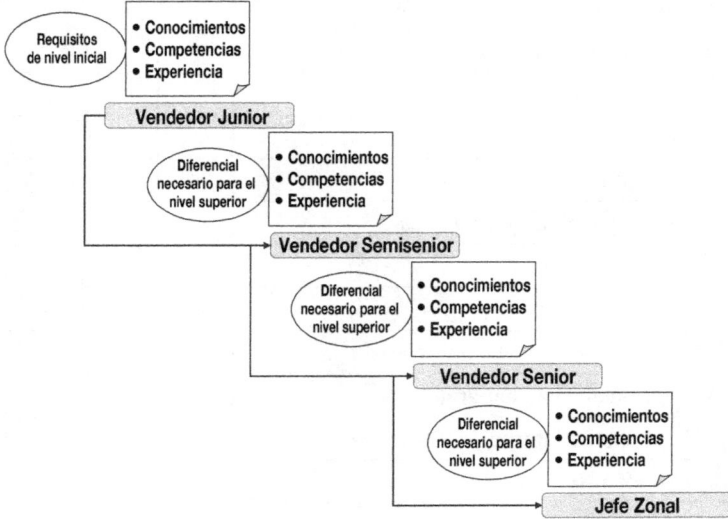

Requisitos de nivel inicial
- Conocimientos
- Competencias
- Experiencia

Vendedor Junior

Diferencial necesario para el nivel superior
- Conocimientos
- Competencias
- Experiencia

Vendedor Semisenior

Diferencial necesario para el nivel superior
- Conocimientos
- Competencias
- Experiencia

Vendedor Senior

Diferencial necesario para el nivel superior
- Conocimientos
- Competencias
- Experiencia

Jefe Zonal

Del autor al lector

Si una empresa no ha implementado un modelo de Gestión por competencias, puede de todos modos tomar los lineamientos generales que le presentamos en este capítulo. Muchos de ellos pueden considerarse para la descripción de puestos o para los planes de carrera, sin la implementación del esquema global.

De cara al 2020 se requerirán nuevas competencias en adición a las tradicionales, por lo tanto, ya sea en una empresa pequeña como en una de mayor tamaño, se deberá comenzar a aplicar estos criterios.

En síntesis, en la medida en que se *sube* en la escala jerárquica las competencias pueden cambiar, o cambiar su peso específico para la posición. Muchas compañías solicitan la competencia "Liderazgo" en niveles iniciales, como un modo de asegurarse cuadros gerenciales para el día de mañana, pero no se la requiere con el mismo grado que para el gerente del área.

Del autor al lector

Algunos consejos para confeccionar descripciones de puestos:

- Ser concreto, preciso, que las responsabilidades estén claras y cada una se pueda leer separada del resto, es decir, comprenderse sin relacionarla necesariamente con otras.
- Indicar el alcance del trabajo involucrado, por ejemplo: *Confecciona el presupuesto de gastos de su departamento.*
- Ser específico, utilizar correctamente el idioma, usar palabras directas y sencillas de modo de explicar claramente:
  1. el tipo de trabajo;
  2. el grado de complejidad;
  3. el grado de capacidad requerido;
  4. la medida en que las respuestas o problemas están estandarizados;
  5. grado y tipo de responsabilidad;
  6. etc.
- Ser breve.
- Para estar seguro, pregúntese: ¿un nuevo empleado o supervisor entenderá el puesto si lee el descriptivo correspondiente?

Revisiones

El éxito de los programas de análisis de puestos se basa, entre otras cosas, en las revisiones periódicas. No es necesario que estas tengan una fecha determinada, por ejemplo una vez al año. Dependerá de la compañía, del negocio o de la función.

Los autores concuerdan en que las descripciones de puestos deben ser revisadas; las organizaciones son *entes vivos* que se modifican por causa del mercado, la tecnología, los negocios, la globalización, cambios estratégicos y/o de conducción, fusiones y adquisiciones, etc.

La importancia de los descriptivos de puestos en un proceso de selección

Se ha puesto especial énfasis en el Capítulo 4 sobre el relevamiento del perfil, e insistimos en ello en nuestras actividades formativas, ya que una correcta definición de aquello que se desea encontrar será el primer paso para el éxito en un proceso de selección de personas, cualquiera sea su nivel. Del mismo modo, una adecuada

© GRANICA

definición del puesto, con su correspondiente descripción, no solo facilita la búsqueda del nuevo colaborador, sino que será un documento imprescindible cuando se quiera hacer un *job posting*, una promoción interna, una búsqueda en el mercado, la evaluación de desempeño del ocupante de la posición y de las restantes funciones del área.

Las descripciones de puestos, que pueden ser vistas como innecesarias por unos o burocráticas por otros, son la base de un buen sistema de gestión de Recursos Humanos.

El teletrabajo

Nuevas formas de trabajo y descripción de puestos

¿Por qué incluir el teletrabajo en este capítulo en particular y en relación con los recursos humanos estratégicos?

El análisis del teletrabajo –con dispares opiniones entre los especialistas– es un tema actual y del futuro. El teletrabajo debe ser objeto de estudio, y su aplicación será conveniente cuando las ventajas superen a las desventajas.

Nos referiremos al teletrabajo de personas que pertenecen a una organización, no a aquellos trabajadores que trabajan desde su hogar utilizando las comunicaciones pero que ofrecen servicios a terceros, bajo modalidades *free lance* o cualquier otra, sin pertenecer a la plantilla en relación de dependencia o fija dentro de la organización.

Brooking[3] se refiere al tema: los empleados han cambiado su forma de trabajo y algunos ni siquiera tienen ya un "lugar de trabajo", sino que trabajan en su casa, comunicándose con sus directores y colegas a través de las autopistas de información. Estos teletrabajadores permiten a las empresas reducir sus costos con menos oficinas, menos salas de reuniones, menos viajes y un enorme ahorro de tiempo.

Cuando la misma autora se refiere a las empresas del tercer milenio, tiene otra vez en cuenta al teletrabajo. Se pregunta: ¿cómo serán las empresas del tercer milenio? Su fuerza de trabajo será muy valiosa, debido a sus conocimientos. Una formación de calidad –un buen adiestramiento– siempre es un activo, ya que mantiene la fuerza de trabajo y su *know how*. Además, los empleados no tendrán que reunirse tantas veces cara a cara como antes, sino que se comunicarán electrónicamente. Tampoco deberán desplazarse al lugar de trabajo, ya que estarán en contacto con

---

3   Brooking, Annie. *El capital intelectual*. Paidós, Buenos Aires, 1997, páginas 13 y siguientes.

sus colegas y directores a través de los ordenadores y las redes informáticas. Muchos de ellos serán teletrabajadores –realizarán sus tareas laborales en casa–.

La autora se preguntaba por el tercer milenio sobre el final del anterior. Hoy ya estamos en el tercer milenio y el teletrabajo aún no se ha generalizado; sin embargo, esta forma de trabajo de manera parcial está muy difundida, es decir, personas que por situaciones específicas llevan adelante sus tareas laborales desde su hogar.

Para Vican[4] el teletrabajo no representa una fuente especial de creación de nuevos empleos, solo desplaza los puestos y las actividades existentes; es una nueva forma de organizar el trabajo, con un desplazamiento de sectores en baja a sectores en expansión.

Para Scajola[5], a través del teletrabajo es posible contar con un área nueva de oferta, aumentando las posibilidades de ocupación de personas con desventajas. El teletrabajo correctamente aplicado ofrece una serie de oportunidades positivas, reorganizando el trabajo en el espacio físico y en el tiempo en que es prestado, modificando el vínculo existente.

Relación de descripción de puestos con el teletrabajo

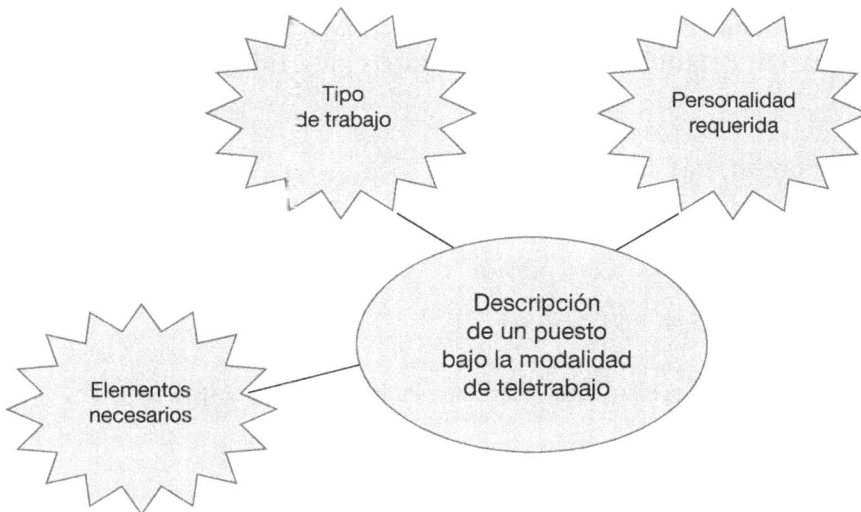

Tipo de trabajo

Personalidad requerida

Descripción de un puesto bajo la modalidad de teletrabajo

Elementos necesarios

4   Vican, Pierre. *Le guide du télétravail*. Manitoba, Paris, 1998, páginas 192 y siguientes.
5   Scajola, Silvano. *Il telelavoro, Istruzioni per l'uso*. Edizioni Lavoro, Roma, 1998, páginas 18 y siguientes.

© GRANICA

En cuanto al tema de este capítulo, la descripción de puestos hace que sea factible el teletrabajo; pero esto lo veremos más adelante. Como una primera aproximación, para la descripción de puestos bajo la modalidad del teletrabajo hay que tener en cuenta el *tipo de trabajo*, la *personalidad requerida* para el puesto y los *elementos que serán necesarios* para realizar la tarea.

Para Bracchi y Campodall'Orto[6] otro elemento importante es la implementación de un programa piloto de teletrabajo, y que este tenga lugar en una estructura de alta flexibilidad.

El tema del teletrabajo lo he desarrollado con anterioridad y se incluye en este capítulo porque es un elemento que se debe considerar al realizar la descripción del puesto.

El teletrabajo es trabajo, en el sentido de tareas que se realizan en forma estable para un empleador. Parece obvio, pero es la mejor definición para no confundirlo –como es frecuente– con trabajos *free lance* u otras variantes por el estilo. El segundo elemento que caracteriza al teletrabajo es que es un trabajo a distancia, y el tercero es que utiliza las telecomunicaciones.

¿Para qué es útil realmente el teletrabajo? Para situaciones tales como la siguiente: una multinacional con oficinas centrales en Londres, por razones de costo de la mano de obra decide hacer la contabilidad en la India. En un breve resumen, se envía la información a la India; allí se procesa, y por el mismo medio se devuelve la contabilidad con balance de saldos conciliado. Eso es teletrabajo.

Para Bracchi y Campodall'Orto[7], las etapas para iniciar un proyecto de teletrabajo son:

1. fase preliminar;

2. el proyecto piloto;

3. evaluación del proyecto piloto;

4. implementación en firme.

Dentro de la fase preliminar destacan las siguientes etapas:

a) Definición estratégica del objetivo.

b) Designación del coordinador del proyecto y del equipo.

---

6 Bracchi, Giampio y Campodall'Orto, Sergio. *Progettare il telelavoro.* Franco Angeli, Milano, 1997, capítulo 4.
7 Bracchi, Giampio y Campodall'Orto, Sergio, obra citada.

c) Logro de consenso.

d) Definición del área donde se aplicará el teletrabajo.

e) Definición de las características del proyecto.

Creo importante desatacar la necesidad de lograr consenso, ya que lo relaciono con la condición mencionada por los mismos autores: una empresa flexible. Se requiere un determinado estilo de organización para implementar teletrabajo.

Marco necesario para una exitosa experiencia de teletrabajo

Los recursos humanos

¿Qué *características personales* debe tener un teletrabajador?

1. Capacidad de organizar su tiempo;

2. habilidad para planificar;

3. autodisciplina;

4. capacidad de soportar el aislamiento;

5. de seguir un horario;

6. de separar vida familiar y trabajo;

7. buena comunicación por teléfono y en las redes sociales ;

8. poca necesidad de contactos sociales;

9. capacidad para combinar trabajo y ocio.

Y no requiere en especial:

1. capacidad de supervisión;

2. capacidad de trabajo en equipo.

Para Scajola,[8] las principales características o competencias que se requieren para el teletrabajo son:

---

8   Scajola, Silvano, obra citada.

© GRANICA

1. *Autogestión en el trabajo.*

2. *Capacidad de evaluar por sí mismo el resultado de su trabajo.*

3. *Manejarse bien como una empresa individual, con las ventajas y los riesgos que esto implica.*

A su vez, para que un teletrabajador pueda estar a gusto se requiere:

1. espacio físico adecuado;

2. potencia eléctrica;

3. calefacción, frío y ventilación;

4. iluminación;

5. tranquilidad.

Como vemos, se requiere un enfoque diferente del tradicional para evaluar las potencialidades y necesidades del trabajador.

La correcta elección del jefe es una clave en este tipo de trabajo.

En síntesis, el teletrabajo es factible en caso de:

1. tarea cuantificable;

2. que requiera un espacio físico reducido;

3. cierta rutina;

4. trabajo individual y de baja comunicación con otros;

5. pocas herramientas y de bajo costo;

6. plazos, fechas ciertas o fáciles de determinar;

7. tarea descentralizable (desde el empleador).

La relación laboral

Aspectos especiales a tener en cuenta en la relación laboral de teletrabajo

1. El lugar de trabajo: una parte de la vivienda debe ser reservada para la actividad profesional. El trabajador se compromete a mantenerla limpia y en

condiciones de ser visitada, como si se tratara de un despacho u oficina. Y todo cambio de lugar de trabajo debe ser comunicado al empleador.

2. Equipo y útiles de trabajo: los equipos y materiales necesarios para el ejercicio de la actividad de teletrabajo serán suministrados por la empresa. Estos continúan siendo propiedad de la organización. Su reemplazo, cuando sea necesario, estará a cargo de ella, así como también su mantenimiento y traslado.

3. Desplazamientos: el trabajador participará regularmente en las reuniones de información y de trabajo exigidas por el cumplimiento de su tarea. Por ejemplo, una vez por mes.

4. Compensación por gastos específicos originados por el teletrabajo, por ejemplo, instalaciones eléctricas, etc.

5. Duración de la relación de teletrabajo: si bien es variable, debería contemplar la vuelta al esquema anterior en caso de que el trabajador llegue a la conclusión de que no le conviene o no le interesa la experiencia, o bien porque la empresa concluya que él no es apto para trabajar en su casa.

6. Gastos extra ocasionados por el teletrabajo: luz, teléfono, calefacción, deben ser abonados por la empresa, la que podrá pedir una rendición de gastos con los recibos correspondientes.

7. El salario: en general no cambia. Hay compañías que en vez de pedir a sus empleados que rindan los gastos extra originados en el teletrabajo prefieren abonar un plus que compense estos gastos. Hay casos en que, por el contrario, se abona al empleado un salario menor, porque el teletrabajo es voluntario y se considera en realidad un premio. Otro factor que esgrimen los que abogan por pagar menos es que el teletrabajador tiene menos gastos en transporte, ropa y comidas.

8. No debería significar pérdida alguna de los beneficios que el empleado haya alcanzado.

9. El control del teletrabajador: con frecuencia, no es posible llevar a cabo ningún control horario sobre el empleado. El empleado es a su vez responsable de su propio equipo y herramientas de trabajo.

10. La seguridad y protección de los datos: esto es vital para la empresa. El teletrabajador debe comprometerse a resguardar la información.

© GRANICA

Ventajas y desventajas del teletrabajo para la empresa y para el trabajador

Ventajas

Para la empresa

- Ahorro de espacio físico y de todo lo que de allí se deriva: luz, teléfono, etc.
- Disminuyen los problemas de ausentismo.
- Se realiza una gestión por resultados.
- Aumento de la productividad.

Para el empleado

- Soluciona problemas de la vida de familia al permitir un contacto más directo con ella.
- Si el trabajador tiene una buena productividad, puede tener más tiempo libre.
- Más libertad real, y sensación de libertad.
- Pueden disminuir los problemas laborales que provengan de la interacción con otros compañeros.
- Menos gastos de ropa, transporte, etc.

Inconvenientes

Para la empresa

- En la etapa inicial, el costo de los equipos y otras inversiones.
- Imposibilidad de un control por presencia del empleado.
- Mayor dificultad del trabajo en equipo.
- Pérdida paulatina de la identificación del empleado con la organización.

Para el empleado

- Aislamiento y sensación de pérdida de estatus.
- Pérdida de uno de los principales beneficios del trabajo: la socialización.

- Pérdida de la guía en la carrera laboral (el marco de referencia).

- Afrontar la primera etapa de cambio a teletrabajador.

- Falta de apoyo de compañeros y referentes (no tiene a quién preguntarle una duda).

- Desvinculación paulatina de la empresa (pérdida de identificación).

Paliativos

Hay distintos modos de encarar el teletrabajo que pueden ayudar a superar estas desventajas; por ejemplo, tomarlo por un período sin asumirlo como una modalidad permanente, o combinar semanas de trabajo en el domicilio con algún tiempo en las oficinas.

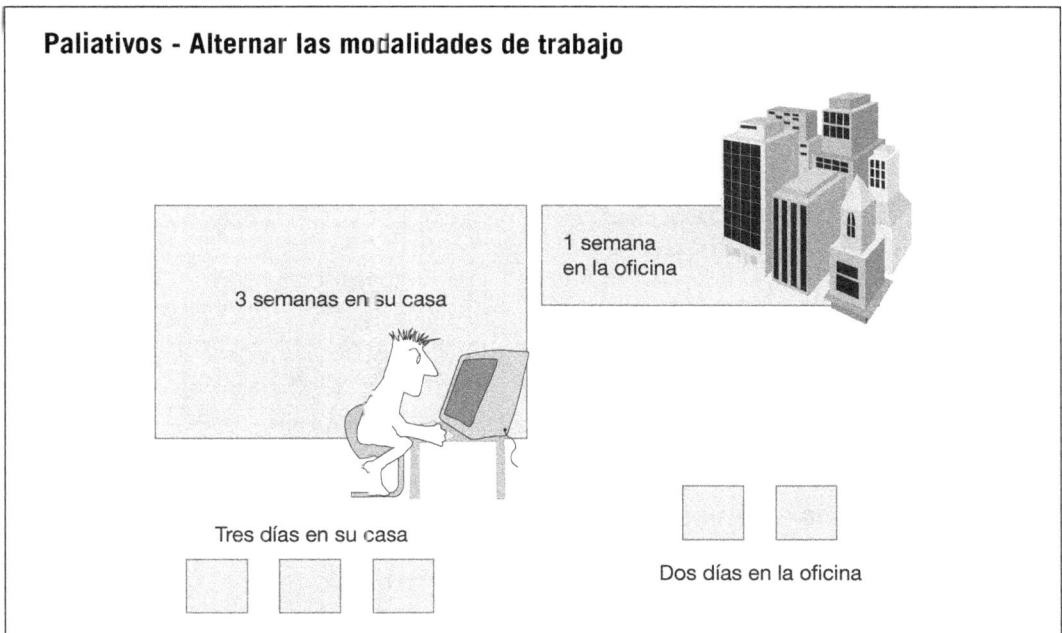

Paliativos - Alternar las modalidades de trabajo

3 semanas en su casa

1 semana en la oficina

Tres días en su casa

Dos días en la oficina

© GRANICA

Una buena implementación del teletrabajo combina tres elementos

- Personalidad del teletrabajador.
- Tipo de trabajo a realizar.
- Estilo de supervisión del jefe.

Los mejores puestos para el teletrabajo

Algunos puestos parecen hechos a propósito para esta modalidad. Requieren paz y tranquilidad, el mínimo posible de interrupciones, y concentración. Ejemplos prácticos:

- Ventas de todo tipo: servicios, venta directa y otras.
- Utilización de base de datos de una oficina central para actividades derivadas.
- *Data entry* (ingreso de datos desde una fuente en papel).
- Programación de computadoras, aplicaciones para Internet, redes sociales, etc.
- Trabajos relacionados con periodismo, redacción, edición de libros y revistas.
- Producción de programas periodísticos de cualquier medio: televisión, radio.
- Especialidades en procesamiento de textos y otros trabajos de secretaría administrativa.
- *Research* (investigación).
- Actividades profesionales: traducción, abogacía, arquitectura, psicología, sociología, economía, consultorías, contaduría, entre otras.
- Capacitación de adultos o específica en diversos temas.

Los peores puestos para el teletrabajo

Los siguientes puestos no permiten el teletrabajo por tiempo completo o plazos extensos:

- Directivos y gerentes de alto nivel.
- Empleados en niveles más bajos que necesitan un seguimiento y supervisión constante.
- Personas que trabajen en fábricas.
- Profesionales de la salud.

Obras de Martha Alles relacionadas con este capítulo

Para la etapa de armado del modelo de competencias se utilizan las siguientes obras: *Diccionario de competencias. La trilogía. Tomo I*; *Diccionario de comportamientos. La trilogía. Tomo II*.

Síntesis del capítulo

• Analizar puestos, para luego confeccionar los descriptivos de puesto, comprende una serie de procedimientos para reunir y analizar la información sobre sus contenidos, las tareas a realizar, los requerimientos específicos, el contexto en que las tareas son efectuadas y qué tipo de personas debe contratarse para cada posición. Cuando las compañías definen correctamente los puestos se facilitan una serie de otras tareas en relación con el área de Recursos Humanos, entre ellas las ya estudiadas de reclutamiento y selección de nuevos empleados.

• El análisis, descripción y documentación de puestos es una técnica de Recursos Humanos que, de forma sintética, estructurada y clara, recoge la información básica de un puesto de trabajo en una organización determinada.

• La descripción de puestos, que permite la realización del inventario del personal, es la base para los restantes procesos de Recursos Humanos: formación y selección, remuneraciones, evaluación de desempeño, planes de carrera, etc.

• Para una correcta descripción de puestos pueden identificarse tres momentos claves: la entrevista de relevamiento estructurada con utilización o no de un cuestionario, la confirmación de la información obtenida y la descripción de puesto propiamente dicha. En todos los casos el resultado del relevamiento debe ser revisado con el supervisor inmediato.

• Diferencia entre tarea y puesto: la tarea es el conjunto de actividades individuales que ejecuta el ocupante de un puesto, y el puesto es la posición ubicada dentro de la estructura organizacional.

• Distintos métodos para la descripción y análisis de puestos: observación directa para los casos más simples, entrevista dirigida al ocupante del puesto, cuestionario que completa el ocupante, o mixta, que combina la entrevista con el cuestionario.

© GRANICA

- La adecuación persona-puesto se efectúa relacionando el descriptivo del puesto con el perfil de la persona que lo ocupa.

- Los mapas y planes de carrera se confeccionan sobre la base de los descriptivos de puestos.

- Si una empresa maneja sus recursos humanos por competencias, la descripción de puestos debe incluirlas, como parte del mencionado documento, *Descriptivo del puesto*. Los cuestionarios y entrevistas que se realicen para el relevamiento deben prever esta información. Las preguntas deben estar especialmente diseñadas, por ejemplo: ¿cuáles son las competencias necesarias para ser exitoso en el puesto?

- La revisión de las descripciones de puestos es muy importante. No es necesario tener una fecha determinada, por ejemplo una vez al año; dependerá de la compañía, del negocio y de la función. Las organizaciones cambian a causa del mercado, la tecnología, los negocios.

- Las nuevas formas de trabajo, como el teletrabajo, afectan las descripciones de puestos. Se entiende que hay teletrabajo cuando convergen en forma simultánea el trabajo a distancia, las comunicaciones y la relación de dependencia con el empleador. Los elementos que se necesitan, el tipo de trabajo a realizar así como la personalidad requerida del empleado y del eventual jefe son algunos de los aspectos a tener en cuenta en la descripción de puestos bajo la modalidad de teletrabajo.

Para cada uno de los capítulos de esta obra hemos preparado casos prácticos y/o ejercicios orientados a lograr una mejor comprensión de los temas tratados en cada uno de ellos. El lector podrá encontrarlos en *Dirección estratégica de Recursos Humanos. CASOS.*

PARA TODOS LOS LECTORES

Se encuentra disponible en formato digital un Anexo donde se ha realizado un análisis detallado de libros y subsistemas que complementa las temáticas abordadas en esta obra.

PARA PROFESORES

Para cada uno de los capítulos de esta obra hemos preparado:

☞ Material de apoyo para el dictado de clases.

Los profesores que hayan adoptado esta obra para sus cursos tanto de grado como de posgrado podrán solicitar de manera gratuita:

Dirección estratégica de Recursos Humanos. CLASES

Únicamente disponibles en formato digital:
www.marthaalles.com

o bien escribiendo a:
profesores@marthaalles.com

Capítulo 4

Atracción, selección e incorporación de los mejores candidatos

En este capítulo usted verá los siguientes temas:

- La importancia de una buena selección para las organizaciones
- Empleo externo *versus* promoción interna
- Definir el perfil
- Planificación de una búsqueda
- Reclutamiento
- Pasos del proceso de selección
- La redacción del anuncio
- La entrevista
- La entrevista por competencias
- Claves de una buena decisión
- La comunicación en el proceso de selección
- La inducción

La importancia de una buena selección para las organizaciones

Los buscadores de empleo suelen suponer que los procesos de selección están pensados solo para el mejor desenvolvimiento de las organizaciones. Esto en parte es cierto, pero la realidad indica que un buen proceso de selección debe ser beneficioso tanto para la empresa contratante como para el nuevo colaborador; si esto no se logra, el resultado final no será el esperado.

La selección en contextos con alto desempleo suele presentar una situación paradójica. Si bien frente a una convocatoria de empleo pueden recibirse muchas postulaciones, será necesario "atraer" a aquellas que realmente interesan en relación con el perfil. La selección deberá incorporar nuevas técnicas, como la selección por competencias para aquellos que adopten este sistema integral de gestión de recursos humanos.

Necesidades del trabajador

El trabajo puede considerarse, como cualquier actividad, desde diferentes perspectivas. Para entender mejor a los candidatos que se desea *atraer*, para luego *seleccionarlos* y más adelante *retenerlos* en una organización, quizá sea importante analizar las necesidades que una persona espera que sean cubiertas por su trabajo. Maslow elaboró su teoría en 1954, indicando en la base de la pirámide las necesidades primarias y, ascendiendo, las menos prioritarias. La jerarquía de necesidades establecida fue la que se describe en el gráfico de la página siguiente.

Un ser humano necesita en primera instancia satisfacer sus *necesidades fisiológicas*, como la comida y la vivienda.

Luego la *seguridad*. Hasta aquí, las necesidades se cubren a partir de las compensaciones económicas, pero no terminan allí.

A partir de tener las mínimas necesidades cubiertas, las personas requieren más de su trabajo.

De abajo hacia arriba, *sentido de pertenencia*, a la organización, al grupo.

Sentirse querido y aceptado.

Estimación y estatus, sentirse respetado, sentir el desafío de lograr sus objetivos; y por último y no menos importante, una persona necesita desarrollar su potencial: autorrealización. Esto implica satisfacer las necesidades de su propia actualización, sentirse realizado poniendo en práctica sus capacidades.

Jerarquía de necesidades

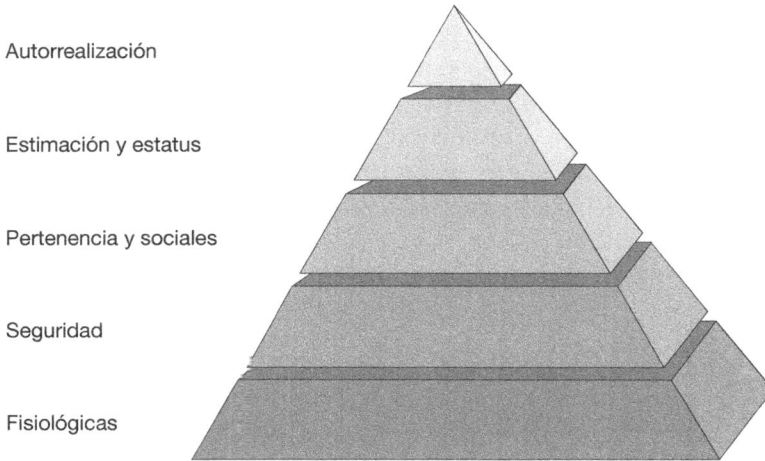

Autorrealización

Estimación y estatus

Pertenencia y sociales

Seguridad

Fisiológicas

Pirámide de Maslow, *Diccionario de términos de Recursos Humanos*, página 311.

En resumen, una organización debe pagar salarios suficientes para proteger a sus empleados –y a sus familias– y adicionalmente proveer incentivos para desarrollar la propia estima y autorrealización.

¿Cómo se logra? Con políticas y procedimientos de Recursos Humanos que las empresas deben fijar y actualizar permanentemente. Nos pareció importante, en esta época en la que tanto se habla del desempleo y las necesidades de un mundo global, plantear un enfoque complementario repasando las necesidades de las personas en relación con el trabajo. Autores más modernos tratan también el tema, como Edgar Schein[1], que menciona el contrato psicológico que un empleado cierra con su empleador, donde se establecen las demandas que el empleador hace al empleado y también lo que este demanda de su empleador. *Que la gente trabaje eficientemente, genere compromiso, lealtad y entusiasmo por la organización y sus objetivos y se sienta satisfecha de su trabajo, depende en gran parte de dos condiciones:*

* la medida en que se compaginen las expectativas del individuo en relación con lo que la organización le puede dar y lo que él puede dar a la organización;

---

1   Schein, Edgar H. *Psicología de la organización*. Prentice Hall Hispanoamericana, México, 1982.

- la naturaleza de lo que realmente se intercambia: dinero a cambio de tiempo laboral extra, satisfacción de necesidades sociales y de seguridad a cambio de más trabajo y lealtad, etc.

En esta relación de interacción se manifiesta una influencia y una negociación permanentes tendientes a establecer un contrato psicológico aceptable.

No es un tema de debate si es necesario o no hacer una buena selección. Es obvio. Pero el tema es diferente según el ángulo desde el cual se mire. Byrne[2] comenta: *las corporaciones o sociedades multinacionales pueden a menudo sobrevivir a los errores. Pero no los ejecutivos, o al menos no con tanta frecuencia.* Este autor, que es un *headhunter,* reconoce sus errores, como el de haber influido negativamente en la carrera de otras personas.

Del autor al lector

Los consultores, como cualquier otro ser humano, somos falibles. Pero no se puede a sabiendas inducir a un candidato a tomar un puesto que no es para él, donde las posibilidades de fracaso son altas.

En mi consultora, y en tantos años de trabajo, me ha tocado atender organizaciones complejas. Si bien nunca hemos tomado casos reñidos con la honestidad, sí nos ha tocado buscar personal para empresas que, desde nuestra óptica de Recursos Humanos, necesitaban mejorar el manejo de su capital humano. ¿Cuál es nuestro deber en ese caso? ¡Advertirle al postulante!

También es cierto que siempre hay una persona adecuada para cada caso, porque aun en empresas con jefes autocráticos, donde quizá muchos de nosotros no podríamos trabajar, existen personas que encuentran un modo de manejarse allí y crecer. Por lo tanto no se debe rechazar de plano la situación. La misma deberá ser evaluada y resuelta.

Contrato psicológico

Schein[3] introduce el concepto del contrato psicológico entre la persona y la organización. Cuando ya la organización ha reclutado, seleccionado y entrenado a su personal debe preocuparse entonces por crear condiciones que permitan mantener por bastante tiempo un alto nivel de eficiencia y que le permitan también a cada

---

2   Byrne, John. *La búsqueda de grandes ejecutivos.* Planeta, Barcelona, 1988.
3   Schein, Edgar H., obra citada.

empleado, por el solo hecho de pertenecer a la organización y trabajar para ella, satisfacer sus necesidades más apremiantes.

Todos esperamos que la organización nos trate humanamente, que nos brinde trabajo y facilidades que resuelvan nuestras necesidades en lugar de crearnos otras, que nos brinde oportunidades de crecer y aprender más, que nos haga saber cómo estamos haciendo las cosas.

La organización, por su parte, tiene también expectativas más implícitas y sutiles, por ejemplo, que el empleado dé una buena imagen de la organización, que le sea leal, que guarde los secretos de la organización y que todo lo que haga sea por el bien de ella −es decir, que esté siempre bien motivado y dispuesto a brindar lo mejor de sí por la organización−. Los desengaños más grandes que se llevan los administradores se presentan casi siempre cuando un buen empleado se desmotiva o "parece que ya no quiere hacer mucho por la compañía".

El contrato psicológico cambia con el tiempo a medida que cambian las necesidades de la organización y las del individuo. Lo que un empleado espera de su trabajo a los 25 años de edad puede ser completamente diferente de lo que espera a los 50. En la misma forma, lo que la organización espera de una persona durante un período acelerado de crecimiento puede ser completamente diferente de lo que necesita cuando la empresa alcanza cierta estabilidad o cuando está sufriendo un revés económico.

Una reflexión sobre el título del capítulo: por qué "atracción"

¿Por qué hablar de atracción? Independientemente de la situación de cada país/ región, para el éxito de la tarea de selección se debe atraer a los mejores candidatos, a los que cubren el perfil requerido y no a cualquier candidato que pueda estar interesado en trabajar.

Sobre este aspecto en particular es interesante la presentación del tema que hacen Kevin Klinvex y otros autores[4], relatando cómo un postulante −Eric− vive las distintas ofertas de tres empleadores y cómo, luego, se decide por aquella empresa que lo atrajo mejor desde el anuncio en el periódico y en el siguiente proceso de selección.

---

4   Klinvex, Kevin C.; O'Connell, Matthew S. y Klinvex, Christopher P. *Hiring great people*. McGraw-Hill, New York, 1999.

© GRANICA

El reclutamiento es el proceso de identificar y atraer a un grupo de candidatos, de los cuales más tarde se seleccionará a uno para que reciba el ofrecimiento de empleo.

Muchas personas sienten –piensan– que hacer una selección los coloca en una posición de preeminencia sobre otras personas, algo así como que ellos están otorgando algo, en este caso un trabajo. ¡Y no es así!

Una organización primero identifica a su candidato, *su objeto de deseo,* y luego debe *conquistarlo,* atraerlo. En un proceso de selección los dos eligen, no solo la empresa sino también el postulante. A su vez, para que la empresa pueda elegir debió identificar y luego atraer a varios candidatos y no solo a uno.

Un buen proceso de selección se inicia definiendo correctamente los primeros pasos, dejando en claro las expectativas del solicitante y las reales posibilidades de satisfacerlas.

Es muy importante la buena identificación de los perfiles que a la empresa le interesan e igualmente importante la posterior atracción de los mismos. Por ello es fundamental la correcta identificación del perfil buscado y de las reales expectativas de los participantes.

Inicio del proceso

Para Milkovich y Boudreau[5], el reclutamiento no solo es importante para la organización; es un proceso de comunicación de dos canales: los aspirantes desean obtener información precisa acerca de cómo sería trabajar en la organización, y las organizaciones desean obtener información precisa acerca del tipo de empleado que será el aspirante si es contratado.

Para Schein[6] la organización es un plan de actividades humanas que no empieza a funcionar hasta que no se haya reclutado a las personas que van a desempeñar los diversos roles o a realizar las actividades previstas. Por consiguiente, el primer y posiblemente el mayor problema humano en cualquier organización es cómo reclutar empleados, seleccionarlos, entrenarlos, socializarlos y asignarlos a los puestos para asegurar la mayor eficiencia.

Una de las tesis centrales de Schein es que es posible mantener las dos perspectivas; la del individuo, que pretende satisfacer sus necesidades por medio de la organización, y la del administrador, que quiere utilizar el recurso humano para resolver

---

5   Milkovich, George y Boudreau, John. *Dirección y administración de Recursos Humanos. Un enfoque de estrategia.* Addison-Wesley Iberoamericana, México, 1994.
6   Schein, Edgar H., obra citada.

las necesidades de la organización. Estos dos grupos de necesidades, aparentemente divergentes pero superpuestos en la realidad, se complican más a la luz de la perspectiva de desarrollo, ya que las necesidades de la organización y las de sus miembros cambian con el tiempo y con la experiencia. Así, por ejemplo, una solución que fue viable para la organización en un momento dado puede que no lo sea en otro.

Empleo externo *versus* promoción interna

La primera fuente que debe explorarse es la propia organización. Luego de haber agotado este análisis se deberá salir al mercado.

Un sano enfoque de la función de Recursos Humanos es –cuando se produce una vacante– buscar primero dentro de la propia institución. Hay compañías que utilizan procedimientos para la autopostulación (*job posting*). No obstante, aquellas que no operen de esta forma, el primer lugar donde comenzar la búsqueda será dentro de la propia organización. Luego de agotar exhaustivamente este camino, recién allí será aconsejable salir al mercado.

En ocasiones existe una tendencia a desvalorizar al propio personal y se piensa que es mejor lo que hay afuera. Puede o no ser así. En otras organizaciones, donde la gente tiene una fuerte identificación, se observa el fenómeno opuesto, se cree que todo lo mejor está dentro de la empresa y que el mercado no dará los perfiles requeridos.

Dentro de las *buenas prácticas* del área de Recursos Humanos se incluye velar por lo mejor para la empresa, y por ello se deberá analizar objetivamente si hay o no una persona que se adapte a las necesidades del puesto a cubrir.

La promoción interna, ya sea dirigida o producto de la autopostulación, es la herramienta para ello.

Cuando una vacante se cubre con una persona interna es siempre una buena noticia para la organización.

Cuando las personas ascienden en la organización se cumplen dos propósitos básicos: por un lado, solucionar una necesidad, y por otro y muy importante, brindar una oportunidad de crecimiento a un colaborador.

Concepto de cliente interno

Recursos Humanos es un área *staff* o de asesoramiento dentro de la organización. En consecuencia, cuando un área *de línea* u otra de tipo *staff* requiere un servicio del área de Recursos Humanos, esta debe actuar aplicando el concepto de "cliente".

© GRANICA

En este caso es un cliente interno que requiere un servicio del área staff, que en el marco de este capítulo implica solucionar un requerimiento de personal.

Evaluación de las necesidades

En el momento de relevar el perfil es muy importante descubrir las reales necesidades del futuro jefe. Ni sobrevalorar ni subvaluar lo que se requiere. De muy buena fe, nuestro interlocutor puede tener una idea equivocada de lo que necesita. Es muy importante despejar esta incógnita, ya que será clave en todo el proceso que se inicia.

La remuneración como un elemento más del perfil

Otro elemento clave a considerar al inicio de la búsqueda es el componente remuneración dentro del perfil. Muchas veces este factor hace imposible la resolución de una búsqueda.

Recursos Humanos, en su rol de asesor/consultor de su cliente interno, deberá prestar asesoramiento sobre si ese perfil requerido, con ese salario previsto, es factible o no de encontrarse en el mercado. Para ello utilizará información de mercado, producto de encuestas salariales o de consultas informales.

El salario es de ese modo un dato más del perfil. No es posible definir un perfil solo con los requisitos del puesto. La remuneración prevista es un elemento más a tener en cuenta.

Del autor al lector

Como responsables de Recursos Humanos o de un proceso de selección tenemos la obligación de asesorar a nuestro cliente interno o externo sobre las reales posibilidades de encontrar en el mercado el perfil buscado.

Remuneración *versus* posibilidades reales de obtener ese candidato en el mercado

En ocasiones, la ecuación requisitos del puesto/remuneración prevista no se condice con el valor de mercado para esa posición; cuando esto sucede, quizá el responsable de Recursos Humanos deberá informar que *aquello que desea no se puede lograr por...*

Determinar la verdadera chance de encontrar lo requerido en el mercado se transforma en un elemento muy importante en el planeamiento de un proceso de selección, tema que veremos más adelante. Es necesario saber si la búsqueda a encarar es razonablemente sencilla, una posición respecto de la cual existe en el mercado una razonable oferta, o por el contrario, si se trata de una posición difícil, una *perla negra* o *rara avis*, ya sea porque es una posición escasa en el mercado o porque nuestra estructura de salarios dificulta la búsqueda.

Definir el perfil

La acepción número 7 de la palabra *perfil*, según la Real Academia Española (www.rae.es), es la que más se ajusta a nuestro tema: en pintura, perfil es "contorno aparente de la figura, representado por líneas que determinan la forma de aquella", y en sentido figurado, la novena acepción define: "miramientos de las conductas o en el trato social". También nos es útil la definición 5, relacionada con la geometría: "figura que representa un cuerpo cortado, real o imaginariamente, por un plano vertical".

El antiperfil

Cuando un cliente interno o externo define una búsqueda diciendo: necesito "alguien como el Sr. X", Recursos Humanos se encuentra frente a un eventual problema. Cuando ante el pedido de mayores precisiones, las que se obtienen son "mayores precisiones sobre una persona" y no sobre un puesto y los requisitos del mismo, tenemos lo que se puede definir como *antiperfil*.

Es imposible encontrar *alguien como el Sr. X*. Cada uno de nosotros es único, con sus virtudes y defectos y, gracias a Dios, aún no se hacen clones de seres humanos. En cualquier orden de cosas, en cualquier relación interpersonal, no se puede reemplazar a una persona buscando su igual. O su opuesto.

Sí es cierto que las organizaciones en su conjunto tienen también su perfil; esto nos indica, de alguna manera, que la gente suele "parecerse" dentro de las organizaciones, lo que no es necesariamente malo ni bueno: depende del caso.

En ocasiones, un gerente quiere buscar a alguien "como él", y en otras aún más graves, como él cree que es. A veces se sobrevalora o se sobredimensiona el puesto, causando que el postulante seleccionado no llegue luego a interesarse en él. Si, por el contrario, luego de ingresar percibe que el puesto lo excede, se frustrará a corto plazo y se irá.

© GRANICA

Este es uno de los puntos claves del asesoramiento que brinda el área de Recursos Humanos en su rol de consultor, dentro o fuera de una empresa. Los casos más difíciles de resolver son aquellos en los que se parte del antiperfil, y son muy comunes.

Cómo recolectar la información del perfil

Parece bastante sencillo preguntar qué estudios o conocimientos especiales se requieren para determinado puesto. Por lo tanto nos vamos a centrar en detalle en los aspectos del perfil más complejos de detectar.

En *Elija al mejor* y en *Dirección estratégica de Recursos Humanos. Casos,* incluimos un detallado formulario-guía para recolectar información sobre un perfil. Es importante destacar algunos aspectos: la persona que toma nota del perfil debe comprenderlo. En la actualidad, muchas veces las características de un puesto son complejas, producto de la compleja realidad de los negocios. Si se está relevando un perfil de una posición para negocios financieros, por ejemplo, es preciso entender en qué consiste ese negocio en particular. Será necesario preguntar y repreguntar hasta lograr una correcta comprensión del perfil a buscar, por dos motivos igualmente importantes: para realizar la búsqueda y para entrevistar a los posibles candidatos. La entrevista se realiza "con desventajas" si el entrevistador "no entiende" lo que hace el entrevistado.

Datos objetivos como edad, sexo, educación y experiencia laboral se resuelven en una primera instancia y no es la parte más difícil de la tarea; de todos modos es necesario despejar la real necesidad que se nos plantea. Los puntos claves y de más difícil definición están dados por las competencias o características de personalidad y las relaciones dentro de la organización. Sobre este último aspecto es conveniente primero revisar el organigrama, analizar su vigencia y, de ser necesario, proponer las modificaciones necesarias. Es fundamental detectar las relaciones informales, las denominadas "líneas de puntos" en el organigrama. Definir correctamente: de quién depende, a quién supervisa y quiénes son sus pares.

Del autor al lector

Se les recomienda a los expertos en Recursos Humanos que aprendan todo lo que puedan acerca de los cargos específicos que están tratando de cubrir; pero, ante todo, deben concentrarse en las destrezas propias de su especialidad.

En una segunda etapa es imprescindible analizar las competencias o características de personalidad de aquellos que se relacionan directamente con el puesto y la influencia que esto tenga en la definición del perfil. Con estos elementos se está en condiciones de definir las competencias o características de personalidad que realmente se requieren.

Como un último punto –e idealmente–, definir o esbozar el plan de carrera del candidato a seleccionar.

Un completo asesoramiento al cliente interno finaliza con el análisis de las posibilidades de encontrar lo requerido. Si el perfil es de aquellos que a priori se consideran "difíciles", hay que tratar de obtener un segundo perfil, por ejemplo al 80% del ideal fijado y al cual se le pueda asignar una probabilidad mayor de incorporación.

Planificación de una búsqueda

El proceso de selección no puede quedar fuera del contexto de la organización. Sin embargo, cada organización en particular manejará determinadas normas internas, explícitas o no, que inciden en la modalidad de encarar cada etapa del proceso. Por ejemplo, recurrir solo a fuentes internas de reclutamiento, transferir el proceso a una consultora externa, etc.

Lo importante es, más allá de las particularidades de cada organización, que el proceso de selección no pierda de vista su objetivo principal: cubrir la posición con quien más se adecue a los requerimientos definidos. La planificación de una selección incluye determinar y estimar los pasos a seguir y las herramientas a utilizar.

El número de entrevistas dependerá de cada búsqueda en particular y de los sectores de la organización que participan en el proceso. Realizar una evaluación psicológica que aporte información sobre aspectos de la personalidad de los candidatos y de sus habilidades intelectuales también permitirá detectar la capacidad actual y potencial del candidato para desempeñar distintas funciones.

En algunos casos, especialmente en aquellas posiciones estrictamente técnicas, también se recurre a una evaluación específica, por ejemplo: un lenguaje de programación, conocimientos legales, impositivos, etc. En ocasiones el futuro jefe u otro entrevistador idóneo revisa los conocimientos técnicos del postulante.

¿Quiénes participan en el proceso de selección? Existen dos alternativas posibles.

En el primer caso, la organización deriva el trabajo a una firma de consultoría, que una vez realizada la selección presenta al responsable de la búsqueda un grupo de candidatos finalistas.

© GRANICA

En el segundo caso, el área de Recursos Humanos de la organización o el área para la cual se desea cubrir la posición serán los responsables de realizar el proceso.

Es la organización quien toma la decisión sobre la modalidad para encarar la selección, en su conjunto o caso por caso.

En síntesis, el proceso de selección implica una toma de decisiones permanente, ya que cada etapa aportará información necesaria para la siguiente. Estas decisiones encadenadas se apoyarán en el sistema de comparación de atributos de los postulantes y permitirán alcanzar la decisión final sobre quién es la persona que más se adecua a los requerimientos del perfil.

Un aspecto fundamental de la tarea es el correcto planeamiento del proceso completo de selección. Para ello es necesaria la correcta identificación de los pasos a seguir, no solo en teoría –de un proceso de búsqueda–, sino en la búsqueda particular que se desea resolver.

Una vez que se hayan identificado los pasos y el grado de dificultad que se prevé para realizar esta búsqueda, se definirán los plazos, con un adecuado margen. Ni excesivo, para que el cliente interno no suponga desinterés o ineficiencia, ni demasiado estrecho como para que no pueda ser cumplido.

Planificación de un proceso de búsqueda

- Es de fundamental importancia la planificación del proceso de búsqueda. No todas ellas tienen el mismo grado de dificultad y cada una requerirá una estrategia diferente.

- En todo proceso "complicado" es más difícil la búsqueda propiamente dicha que la posterior selección.

- Si partimos de un buen "reclutamiento" la selección será luego sencilla.

Pasos

$$\text{Perfil} \Rightarrow \text{Canales} \Rightarrow \text{Entrevistas} \Rightarrow \text{Evaluaciones} \Rightarrow \text{Finalistas}$$

Identificar pasos y precisar tiempos aproximados para cada uno de ellos

Un esquema de planificación de Recursos Humanos

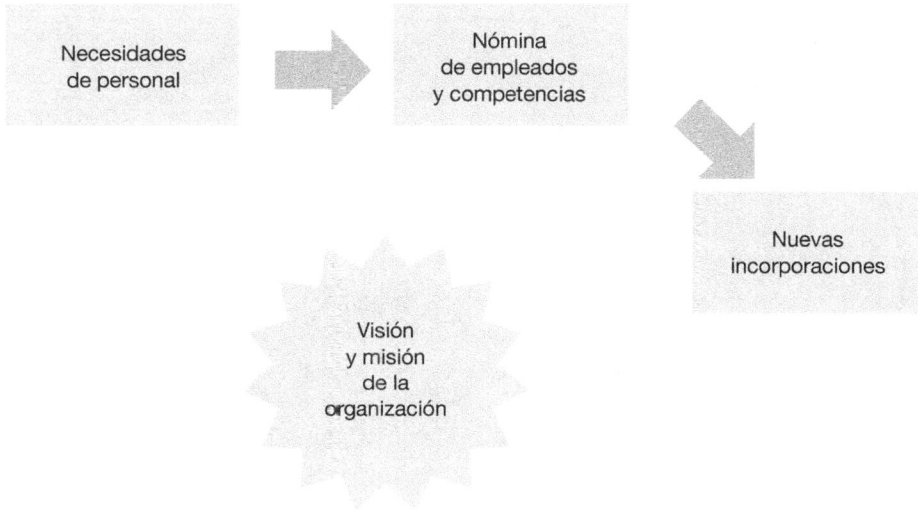

Necesidades
de personal

Nómina
de empleados
y competencias

Nuevas
incorporaciones

Visión
y misión
de la
organización

Planificación

Para un correcto planeamiento de los recursos humanos, el análisis global de la situación incluye ciertos parámetros básicos: las necesidades de personal, la nómina actual de empleados –su inventario–, incluyendo sus capacidades y competencias, y por último las nuevas incorporaciones. ¿Cómo realizar este análisis? Teniendo en cuenta la *visión* y la *misión* de la organización (ver gráfico precedente).

Bajando de nivel en nuestro análisis para el planeamiento de la función del área de selección utilizaremos como referencia el esquema representado en el gráfico de la página siguiente.

Para el planeamiento de la función de *reclutamiento y selección* se parte de la demanda, en este caso el perfil de la búsqueda. Es decir, se parte por el principio. La demanda tiene que estar en concordancia con los planes de la organización.

Para la satisfacción de la demanda una empresa tiene diferentes fuentes de aprovisionamiento: internas y externas. Las fuentes internas: ascensos, descensos y/o transferencias. Renuncias, despidos y jubilaciones constituyen un aprovisionamiento negativo. Dentro del aprovisionamiento interno contamos con herramientas como *job posting* o autopostulación. El aprovisionamiento externo hace referencia al mercado

© GRANICA

Esquema de planificación del reclutamiento y selección

Interacción entre el
aprovisionamiento
y la demanda

Análisis
de la demanda

Análisis
del aprovisionamiento

Interno

Externo

Ascensos
Descensos
Transferencias
Renuncias
Jubilaciones
Despidos

Pronóstico

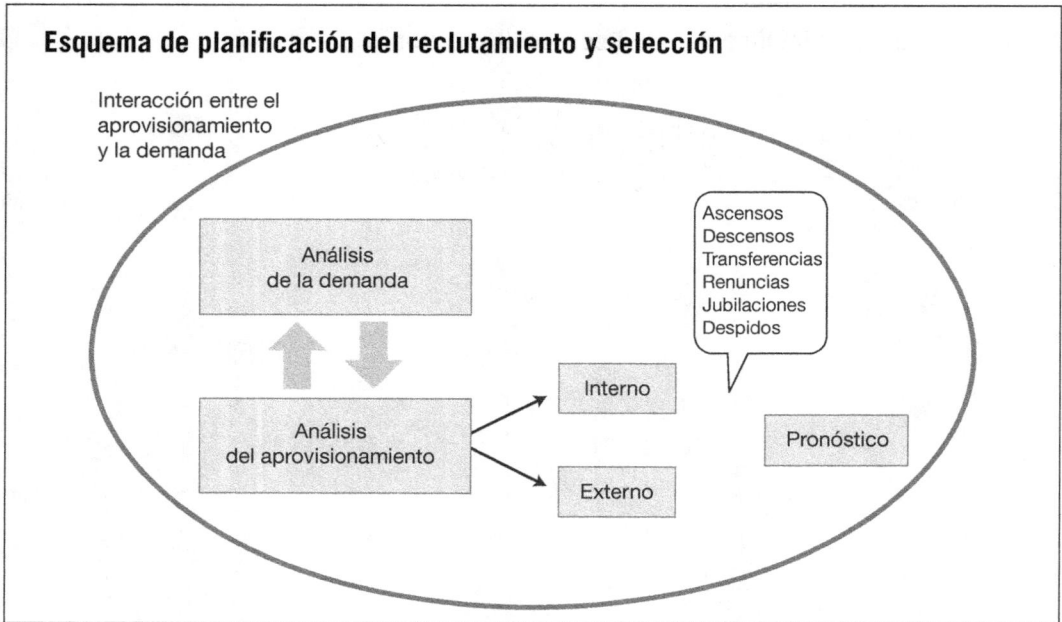

en general, que brindará diferentes opciones que podrán ajustarse o no a la remuneración prevista.

Usualmente, es recomendable agotar las fuentes de aprovisionamiento interno antes de recurrir al aprovisionamiento externo.

Del análisis de ambas fuentes se desprenderá un pronóstico: es posible o no satisfacer la demanda. Si por ambos caminos esto no es factible, se deberá reanalizar la demanda, provocando una interacción del aprovisionamiento sobre la demanda, lo que también se denomina replanteo de la demanda o del perfil.

Es de vital importancia la planificación de un proceso de búsqueda. No todas las búsquedas tienen el mismo grado de dificultad y cada una requiere una estrategia diferente.

Del autor al lector

Cuando nos encontramos con una "búsqueda difícil", por ejemplo porque el perfil es escaso en el mercado, o porque sin ser especialmente escaso nuestra propuesta salarial hará difícil que el candidato acepte, etc., será más complicado el reclutamiento de posibles candidatos que el proceso de selección en sí mismo.

Si partimos de un buen reclutamiento la selección será más sencilla.

Para la planificación se sugiere identificar los pasos a llevar a cabo, precisar tiempos aproximados y estudiar costos. En grandes rasgos:

- Definición del perfil.
- Identificación de los distintos canales o fuentes de reclutamiento.
- Entrevistas: cuántas y de qué tipo.
- Evaluaciones: cuántas, cuáles.
- Presentación de finalistas.

Conceptos a tener en cuenta en el momento de la planificación

La secuencia de las instancias de evaluación varía según la situación. Sin embargo, se recomienda, siempre que sea posible, la administración inicial de una evaluación de conocimientos, para luego evaluar las competencias y la motivación de las personas.

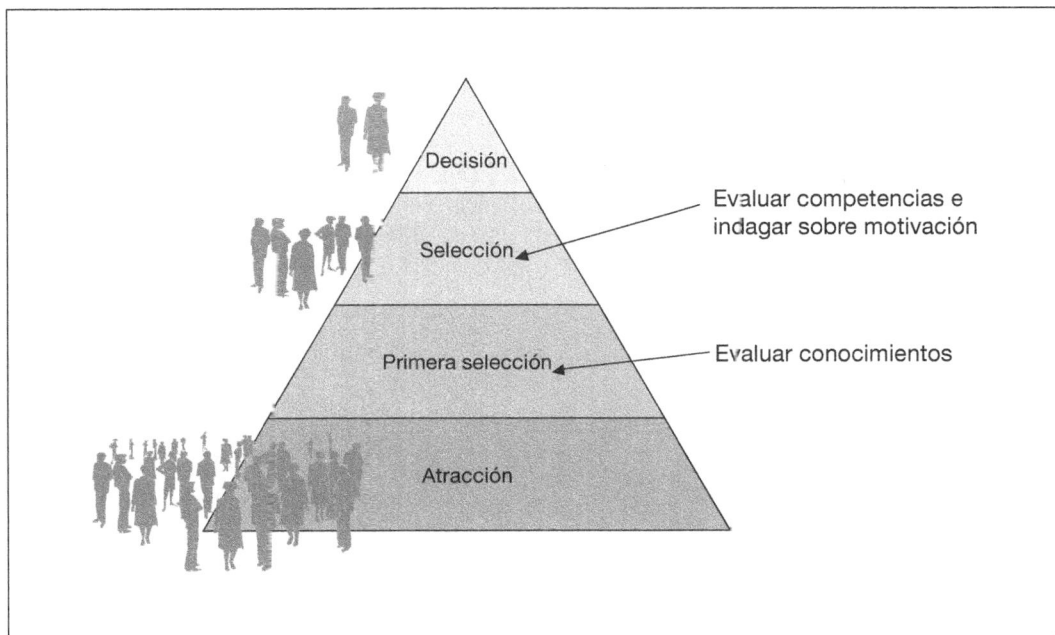

Decisión

Selección — Evaluar competencias e indagar sobre motivación

Primera selección — Evaluar conocimientos

Atracción

© GRANICA

Reclutamiento

El *reclutamiento* es un conjunto de procedimientos para atraer e identificar a candidatos potencialmente calificados y capaces para ocupar el puesto ofrecido, a fin de seleccionar a alguno/s de ellos para que reciba/n el ofrecimiento de empleo.

El reclutamiento puede ser interno, es decir, atraer personas dentro de la misma organización, o bien externo –atraer personas de fuera de la organización–.

La *atracción* es una etapa del proceso de selección de personas durante la cual se realizan una serie de acciones para atraer a los postulantes más adecuados en relación con el puesto que se desea cubrir.

Diferencia entre reclutamiento y selección

El *reclutamiento*, como se expresara, es la convocatoria de candidatos. Es una actividad de divulgación orientada a atraer de manera selectiva a los candidatos que cubren los requisitos de la posición requerida. Es la base para la etapa siguiente:

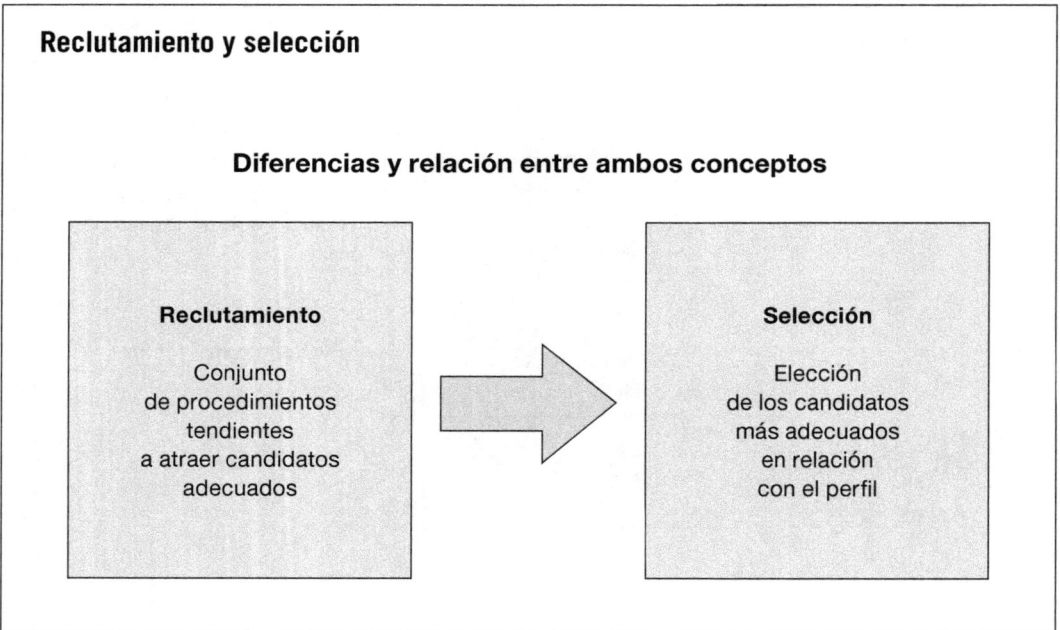

Reclutamiento y selección

Diferencias y relación entre ambos conceptos

Reclutamiento		**Selección**
Conjunto de procedimientos tendientes a atraer candidatos adecuados	→	Elección de los candidatos más adecuados en relación con el perfil

---

Selección: conjunto de procedimientos para evaluar y medir las capacidades de los candidatos a fin de, luego, elegir, sobre la base de criterios preestablecidos (perfil de la búsqueda), a aquellos que presentan mayor posibilidad de adaptarse al puesto disponible, de acuerdo con las necesidades de la organización.

Los candidatos pueden ser personas desempleadas o, por el contrario, pueden tener empleo, en la misma organización o en otras empresas.

Entre los candidatos que pertenecen a la empresa –reclutamiento interno– es factible encontrar personas que cumplen con el perfil requerido o que podrán cubrirlo luego de un período de adaptación o entrenamiento.

Igual clasificación de candidatos, con perfil requerido actual o potencial, es aplicable en el reclutamiento externo.

Elección de métodos y canales de búsqueda

Las fuentes de reclutamiento son múltiples y, además, surgen otras nuevas, con frecuencia. Primero se hará un breve análisis comparativo entre el reclutamiento interno y externo.

Reclutamiento	Ventajas	Desventajas
Interno	Más económico. Más rápido. Más seguro en cuanto a los resultados finales. Motiva a los empleados. Es un retorno de la inversión de la empresa en capacitación y desarrollo de personal.	Exige potencial de los empleados para poder ascender y que la organización ofrezca oportunidades de progreso. Puede generar conflictos de intereses. Puede elevar a los empleados a su máximo de incompetencia. Evita la renovación que la gente nueva aporta (mantiene el *statu quo*).
Externo	Trae sangre nueva y nuevas experiencias a la organización. Renueva los recursos humanos de la empresa. Aprovecha inversiones en capacitación y desarrollo de personal efectuadas por otras empresas o por los propios postulantes.	Es más lento que el reclutamiento interno. Más costoso. Menos seguro que el interno. Puede ser visto por los empleados como una deslealtad hacia ellos. Puede traer aparejados problemas salariales a la empresa (cuando el candidato externo pretende más que lo previsto inicialmente).

© GRANICA

Para un adecuado reclutamiento interno se sugiere:

* Publicar avisos de empleo en la intranet, carteleras u otros medios internos (*job posting*).

* Contar con un inventario del personal, con información sobre conocimientos, competencias, experiencia, etc.

* Planificar reemplazos y sucesiones.

Las búsquedas pueden realizarse a través de la contratación de un consultor externo –*outsourcing*– o con la propia estructura interna. Esta última opción es frecuente cuando las empresas cuentan con un departamento de Recursos Humanos. Aun así pueden existir circunstancias en las que es más conveniente la contratación de un consultor externo:

* búsquedas confidenciales;

* búsquedas que excedan el nivel del área de Recursos Humanos y que la dirección prefiera que se manejen por fuera;

* cuando la complejidad del tema requiera un especialista;

* cuando el proceso demande una visión imparcial;

* como real *outsourcing* para disminuir costos fijos de la compañía.

Estas son las principales razones; pueden existir otras. En cualquiera de estas situaciones es conveniente que la empresa tenga una política definida, aunque no rígida.

Luego de decidir si la búsqueda se hace interna o externamente, deberá definirse el mejor canal de acceso al mercado según el nivel y la complejidad de la posición a cubrir.

Las fuentes o canales de acceso al mercado

* Fuentes desde la empresa: cuando se decide hacer la búsqueda internamente.

* Fuentes de *outsourcing*: cuando se decide hacer la búsqueda utilizando la ayuda de un consultor externo.

Fuentes de reclutamiento

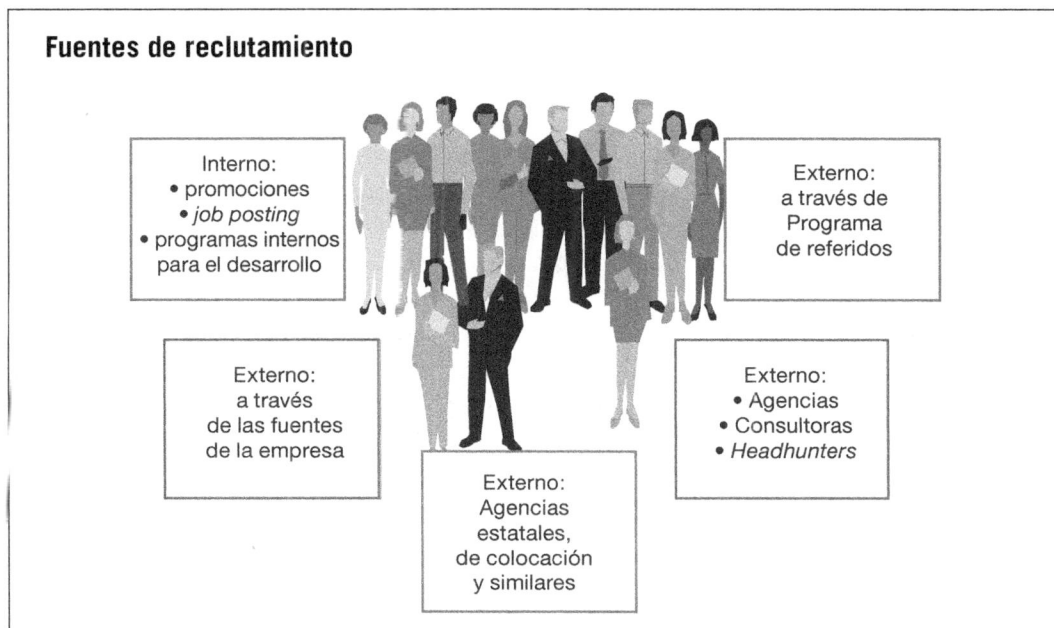

Interno:
- promociones
- *job posting*
- programas internos para el desarrollo

Externo:
a través de
Programa
de referidos

Externo:
a través
de las fuentes
de la empresa

Externo:
- Agencias
- Consultoras
- *Headhunters*

Externo:
Agencias
estatales,
de colocación
y similares

Ventajas y desventajas
de cada fuente de reclutamiento

Existen los defensores a ultranza del reclutamiento interno, y los del externo. Uno y otro tienen aspectos a favor y en contra. Ver cuadro comparativo al final de la página 185.

Reclutamiento externo. Es la forma más frecuente de realizar un reclutamiento, e implica la difusión en el mercado de los perfiles buscados, usualmente a través de anuncios, en periódicos o Internet, junto con otras fuentes de posibles candidatos.
Ver *Reclutamiento*.

Reclutamiento interno. Cuando el reclutamiento se realiza dentro de la propia organización se denomina reclutamiento interno. En ese caso se utilizan anuncios, por ejemplo, a través de la intranet, con el propósito de generar la autopostulación.
Ver *Reclutamiento* y *Autopostulación*.

© GRANICA

Las consultoras en Recursos Humanos

Armstrong[7] da una visión de las consultoras y qué se puede esperar de ellas. *Cada vez se requieren más consultoras para aconsejar sobre asuntos de Recursos Humanos. Las razones son obvias. Mientras que algunos departamentos de Recursos Humanos se reducen, especialmente en el centro de las grandes organizaciones, la necesidad de innovar es de suma importancia para asegurar que las organizaciones sobrevivan y prosperen en un mundo altamente competitivo. De este modo, los consultores con frecuencia son catalizadores o agentes de cambio.*

¿Por qué se contrata a las consultoras en Recursos Humanos? Se pueden señalar dos razones principales: primero, para obtener resultados mediante la innovación de sistemas y procedimientos, y obtener ayuda para resolver problemas. Segundo, para agregar valor a los procesos dentro de las organizaciones por medio de su experiencia y práctica.

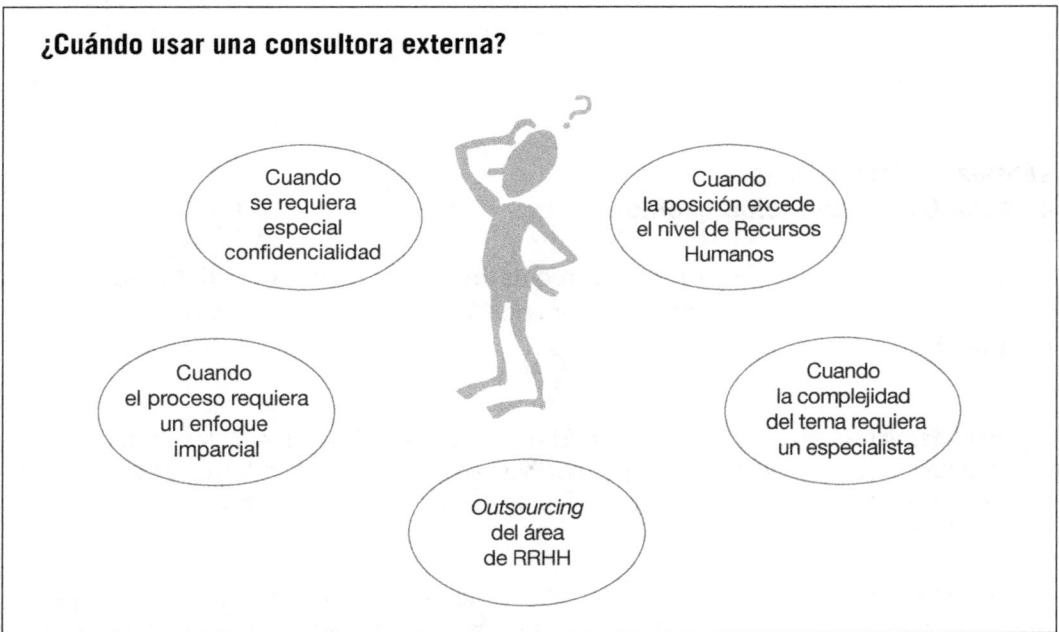

¿Cuándo usar una consultora externa?

Cuando se requiera especial confidencialidad

Cuando la posición excede el nivel de Recursos Humanos

Cuando el proceso requiera un enfoque imparcial

Cuando la complejidad del tema requiera un especialista

Outsourcing del área de RRHH

---

7 Armstrong, Michael. *Using the HR Consultant, Achieving Results, Adding Value (Utilizando las consultoras en Recursos Humanos, alcanzando resultados, agregando valor).* Institute of Personnel Management, 1994.

Las buenas consultoras, con la ayuda de sus clientes, agregarán valor a los procesos. En las raras ocasiones en que las cosas salen mal, las causas pueden ser haber contratado a la consultora equivocada, fracasar en aclarar los objetivos de la asignación o no haberle prestado suficiente importancia a la implementación y procesos de cambio gerencial.

Del autor al lector

La primera y gran decisión que es necesario tomar es la elección del canal o fuente de reclutamiento a utilizar. No obstante, los pasos son similares en todos los casos. Se sugiere utilizar todas las fuentes posibles en forma simultánea. Esa es, en nuestro criterio, la clave.

Pasos del proceso de selección

La clave del éxito de todo el proceso consiste, básicamente, en que sea sencillo y corto, cubriendo, desde ya, los requisitos de la organización: contratar a la persona indicada, en el momento indicado y con el salario indicado, y esto ¡no es fácil!

Además del riesgo de contratar a la persona incorrecta, también es conveniente evitar tener que procesar muchas respuestas irrelevantes de las distintas fuentes seleccionadas. Uno de los recursos más tradicionales en los procesos de búsqueda es la publicación de anuncios, y estos, cuando no están bien confeccionados, constituyen una frecuente fuente de respuestas inadecuadas.

Paso 1. *Necesidad de cubrir una posición y decisión de hacerlo.* Depende de la línea o cliente interno.

Paso 2. *Solicitud de empleado o solicitud de personal.* Se origina en la línea o cliente interno que demanda la posición a cubrir.

Paso 3. *Revisión del descriptivo del puesto.* Si la empresa lo tiene previamente definido, se deberá partir de este documento, revisarlo con el cliente interno y tomar notas complementarias en el paso siguiente.

Paso 4. *Recolectar información sobre el perfil de la búsqueda* y realizar un análisis del cargo a cubrir.

Paso 5. *Análisis del personal que integra hoy la organización,* para determinar si existe algún posible candidato interno para la posición.

© GRANICA

Pasos de un proceso de selección

1 Necesidad de cubrir una posición	**2** Solicitud de personal	**3** Revisión del descriptivo del puesto	**4** Recolectar información sobre el perfil
5 Análisis sobre eventuales candidatos internos	**6** Decisión sobre realizar búsqueda interna o no	**7** Definición de las fuentes de reclutamiento	**8** Recepción de candidaturas
9 Primera revisión de antecedentes	**10** Entrevistas: 1 o 2 rondas	**11** Evaluaciones específicas y psicológicas	**12** Formación de candidaturas
13 Confección de informes sobre finalistas	**14** Presentación de finalistas al cliente interno	**15** Selección del finalista por cliente interno	**16** Negociación
17 Oferta por escrito	**18** Comunicación a postulantes fuera del proceso	**19** Proceso de admisión	**20** Inducción

Paso 6. *Decisión sobre realizar la búsqueda interna o no.* Para reclutamiento interno se puede implementar *job posting* o autopostulación.

Paso 7. *Definición de las fuentes de reclutamiento externo.* Anuncios, bases de datos, redes sociales, contactos, consultoras. Puede darse el caso de un reclutamiento combinado, interno y externo.

Paso 8. *Recepción de candidaturas o postulaciones.*

Paso 9. *Primera revisión de antecedentes.* Implica lecturas de currículum vitae (CV) o aplicación de filtros en el caso de búsquedas a través de Internet o intranet. Objetivos: descartar casos, identificando a los candidatos que se ajusten más al perfil de modo de optimizar costos y tiempos. En este paso deben considerarse todos los instrumentos que sea factible aplicar en esta instancia, lo que que dependerá de cada caso en particular. Por ejemplo: cuestionarios *on line* o preguntas sobre conocimientos que puedan realizarse de manera previa al proceso de selección propiamente dicho. También, administrar algún tipo de test de conocimientos. Este último punto dependerá de la posición a cubrir.

Paso 10. *Entrevistas (una sola o varias rondas).* Lo usual son dos rondas de entrevistas. Objetivos de las entrevistas: presentación al postulante del puesto que se desea cubrir; análisis y evaluación de la historia laboral del postulante para determinar si sus conocimientos y competencias se relacionan y en qué grado con el perfil buscado, y análisis de las motivaciones de la persona entrevistada en relación con la búsqueda.

Paso 11. *Evaluaciones específicas y psicológicas.* Se realizarán todas las indagaciones posibles en el paso 9. En muchos casos quedarán aspectos adicionales para analizar o evaluar. Las evaluaciones técnicas específicas no se realizan en todos los casos, muchas veces se hacen preguntas en el transcurso de alguna entrevista para despejar aspectos relacionados con conocimientos, y en casos especiales pueden realizarse evaluaciones adicionales. Las evaluaciones psicológicas tienen como propósito evaluar actitudes, personalidad y potencial de desarrollo, entre otros aspectos. En este punto del proceso de selección pueden administrarse también pruebas adicionales para medir competencias, como entrevistas BEI y Assessment (ACM).

Paso 12. *Formación de candidaturas.* Del análisis de la información recolectada en todos los pasos previos se debe identificar a los mejores postulantes en relación con el perfil buscado o requerido, considerando los aspectos económicos del puesto a cubrir y las pretensiones de los postulantes.

Paso 13. *Confección de informes sobre finalistas.* La información debe ser completa y, al mismo tiempo, debe presentarse de manera que interese al cliente interno, generando expectativas razonables sobre los finalistas elegidos.

Paso 14. *Presentación de finalistas al cliente interno.* Apoyo en la coordinación de las entrevistas, ofreciendo ayuda en aquello que el cliente interno pueda necesitar.

Paso 15. *Selección del finalista por parte del cliente interno.* Asesorar al cliente interno en el momento en que deba tomar la decisión. Estar siempre atentos al grado de satisfacción del cliente interno en relación con la búsqueda en sí y con el desarrollo en general del proceso de selección.

Paso 16. *Negociación de la oferta de empleo.* Puede realizarla el futuro jefe o el área de Recursos Humanos; cada organización fijará una política al respecto.

Paso 17. *Presentación de la oferta por escrito.* No es de uso frecuente en muchos países; sin embargo, es una buena práctica a utilizar. Las organizaciones que la realizan lo hacen a todos los niveles.

Paso 18. *Comunicación a los postulantes que quedaron fuera del proceso de selección.* Se sugiere realizar este paso una vez que la persona seleccionada ha ingresado a la organización.

Paso 19. *Proceso de admisión.*

Paso 20. *Inducción.*

Pasos de una selección

1	Necesidad de cubrir una posición
2	Solicitud de personal
3	Revisión del descriptivo del puesto
4	Recolectar información sobre el perfil
5	Análisis sobre eventuales candidatos internos
6	Decisión sobre realizar búsqueda interna o no
7	Definición de las fuentes de reclutamiento
8	Recepción de candidaturas
9	Primera revisión de antecedentes
10	Entrevistas: 1 o 2 rondas
11	Evaluaciones específicas y psicológicas
12	Formación de candidaturas
13	Confección de informes sobre finalistas
14	Presentación de finalistas al cliente interno
15	Selección del finalista por el cliente interno
16	Negociación
17	Oferta por escrito
18	Comunicación a postulantes fuera del proceso
19	Proceso de admisión
20	Inducción

Tiempo →

$$\$$$

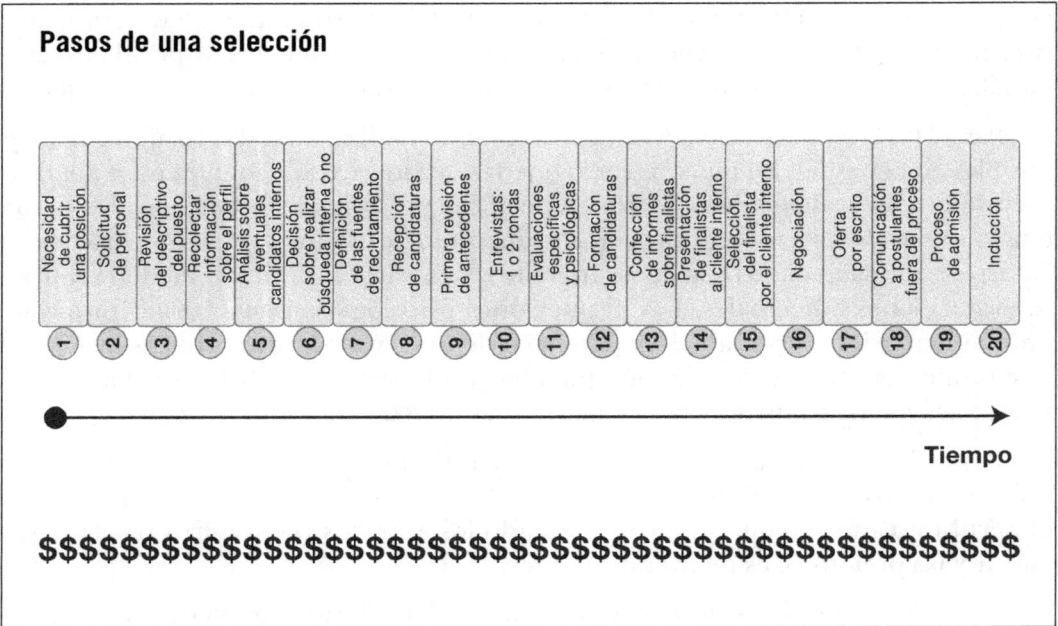

Frente a esta cantidad de pasos, se hace necesario un comentario. La mejor decisión sobre cuáles de estos pasos llevar a cabo y cómo armar la secuencia depende de cada caso en particular. Es oportuno recordar que, teóricamente, una mayor cantidad de instancias de evaluación asegura un mejor resultado; pero esto puede no verificarse en la práctica. Se deberá administrar la cantidad justa de instancias de evaluación para asegurarse la contratación de un buen colaborador considerando los costos involucrados.

En el gráfico precedente se ha querido mostrar que una mayor cantidad de pasos en el proceso de selección implica tiempo y mayores costos.

La redacción del anuncio

La redacción debe ser siempre directa y clara. Por su presentación y contenido, el anuncio es un reflejo de la organización, y representa la imagen que desea proyectar o comunicar. Una empresa puede contratar a una agencia de publicidad para que los redacte, pero por lo general esto no es necesario. Sin embargo, una agencia de publicidad podrá ser de ayuda para aspectos tales como estilo, diseño y el tipo y tamaño de letra que se deben emplear.

El anuncio

> Un buen anuncio establece la diferencia entre recibir muchas cartas "malas" y pocas cartas "buenas".
>
> Refleja la imagen institucional. Los posibles aspirantes, clientes, proveedores, competidores, la comunidad toda, podrán formarse una opinión a través de los anuncios de empleo.

Desde el comienzo resulta crucial definir la clase de respuesta que se busca. Se debe indicar con claridad, a los potenciales empleados, que se presenten en un lugar específico a una hora determinada o bien que envíen su CV para ser analizado. El anuncio debe contener ciertas partes indispensables:

- *Definir la empresa.* Si no es posible, por alguna razón, indicar el nombre, es aconsejable recurrir a un consultor externo. Muchos buenos candidatos que estén empleados no responderán si no saben a quién lo hacen. Es cierto que cuando el anuncio lo publica una consultora por lo general no se consigna el nombre de la empresa, pero el postulante en ese caso conoce el nombre del consultor y es a él a quien le escribe. En los casos en que el anuncio lo publique una consultora se deberá definir lo más precisamente posible el tipo de empresa sin incluir detalles que impliquen identificar al cliente.

- *Describir la posición*: responsabilidades, lugar de trabajo, frecuencia de viajes si fuese pertinente y cualquier otro dato relevante.

- *Requisitos excluyentes y no excluyentes.*

- *Frase que indique qué se ofrece*: desarrollo de carrera, buen salario, auto y vivienda si correspondiera, etc. En países como el Reino Unido es usual indicar el

© GRANICA

El anuncio: partes indispensables

- Definir la organización
- Describir la posición
- Requisitos excluyentes y no excluyentes
- Competencias dominantes
- Indicar qué se ofrece (por ejemplo, desarrollo)
- Información sobre cómo postularse

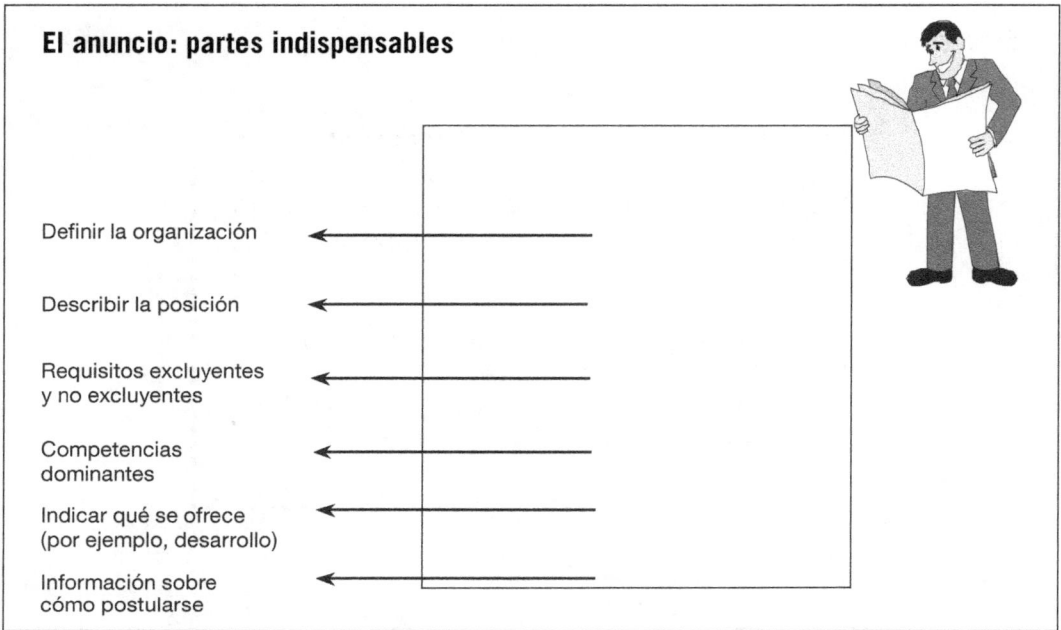

paquete anual de compensaciones. Esta no es una práctica frecuente en la Argentina y otros países de habla hispana.

- *Indicaciones finales*: adónde escribir o lugar donde presentarse, plazo de recepción de CV, si hay que indicar número de referencia o pretensiones económicas, si se requiere presentar foto, etc. Dirección, teléfono, e-mail.

Currículum *versus* perfil

Las búsquedas no necesariamente se hacen a partir de la recepción de un currículum. Sin embargo, a continuación nos referiremos a búsquedas donde se dispone de un currículum o cuando, si bien no se cuenta con él porque se está realizando un *hunting*[8], la persona sí posee uno. Esto quiere decir que la búsqueda se corresponde con el tipo de las que se realizan con CV.

Cuando el CV no existe, es decir, en el caso de las búsquedas donde la persona se presenta y a través de una fila llega a la instancia de la entrevista, los pasos se

---

8 *Hunting:* usamos esta expresión como un derivado de la expresión *headhunting* con la que internacionalmente se conoce la actividad de los cazadores de talentos.

pueden asemejar a partir de ese momento. En las búsquedas con CV, el primer paso antes de la entrevista lo constituye la lectura del CV y su comparación con el perfil.

Cómo leer un currículum

Hay aspectos de CV comunes a todas las búsquedas de tipo formal, tales como proli-jidad, presentación, tipo de escritura, errores comunes y extensión. Estos conceptos se aplican a todo tipo de soporte, en papel o digital.

Del autor al lector

Una buena idea para leer muchos CV es partir de los requisitos excluyentes y con una pri-mera lectura rápida armar tres grupos: los que SÍ cumplen, los que NO cumplen y los que están entre uno y otro grupo, los "dudosos". De ese modo podrá releer con atención estos últimos para decidir si los pasa a los que cumplen los requisitos o a los que no lo hacen.

Currículum *versus* perfil

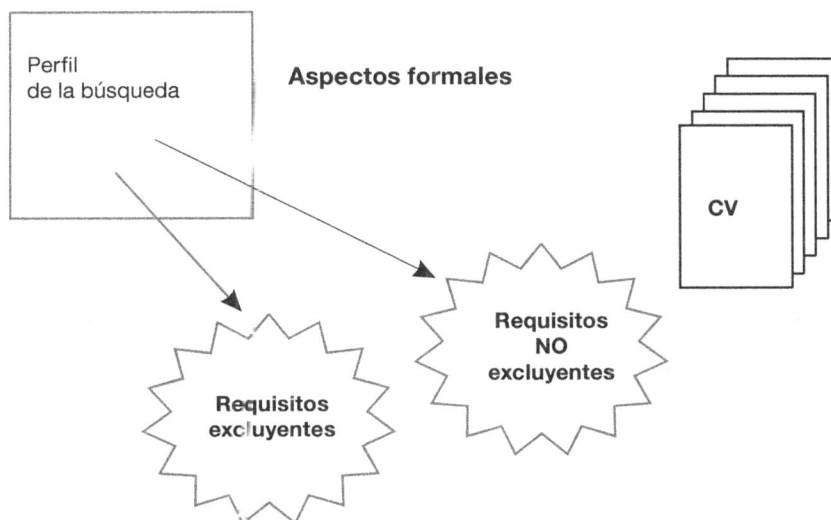

Perfil de la búsqueda

Aspectos formales

CV

Requisitos NO excluyentes

Requisitos excluyentes

© GRANICA

- Aspectos personales como edad, sexo, estudios, etc. En algunos países la evaluación de ciertos aspectos puede considerarse discriminatoria.

- Aspectos funcionales: dónde trabajó, qué experiencia posee, rotación o movilidad laboral.

Después de leer atentamente los cv se tendrá una lista de personas a entrevistar; el paso siguiente es la citación de los candidatos a la primera entrevista. Parece un tema sencillo y menor, pero no lo es.

La citación puede realizarse a través de una llamada telefónica, el envío de un correo electrónico, mensajes en las redes sociales (privados), etc.

La citación del postulante es un paso importante dentro del proceso de atracción y selección de buenos candidatos. Muchos de ellos pueden perderse en un mal proceso de citación, cuando la persona que realiza la convocatoria no está debidamente entrenada.

El proceso de citación

ANTES

Verificar
si fue entrevistado
con anterioridad,
reunir todos los
antecedentes

DURANTE

Es un momento
de vital importancia.
Muchos buenos
candidatos "se pierden"
en un mal proceso
de citación.
Entrenar bien a los
que hacen la tarea:
registrar quién
tomó el mensaje,
llamar varias veces,
tener en cuenta que
los familiares no siempre
apoyan...

La entrevista

Nuestra propuesta en materia de selección es y será siempre el trato amable y considerado hacia el participante. Por ello le sugerimos, al preparar la entrevista, tener en cuenta el lugar donde se desarrollará. Un lugar privado, con poco ruido y lo más cómodo posible hará sentir bien al postulante y, de ese modo, se obtendrá un mejor resultado de la entrevista.

Preparación de la entrevista

Planear la entrevista es fundamental. Para ello se recomienda partir del perfil de la búsqueda elaborado en conjunto con el cliente interno o futuro jefe, interno o externo. A partir de allí deberá analizarse el currículum del candidato a entrevistar. Antes de la entrevista será siempre conveniente tener presente la información sobre la persona a entrevistar; por ello se sugiere una nueva lectura del CV antes de la misma.

Del autor al lector

La preparación para un buen desarrollo de la entrevista:

- Conocer los objetivos de la organización.
- Revisar el perfil, el CV y la solicitud del postulante.
- Lectura de cualquier otra información cuando corresponda.
- Preparar preguntas.
- Organizar el tiempo.
- Considerar un ambiente adecuado.

Destinar tiempo suficiente para la entrevista
y asegurarse de conocer b en el perfil

No hay que armar la agenda superponiendo compromisos o con muy poco tiempo entre las entrevistas; hay que tener en cuenta que puede darse algún retraso del entrevistado o el entrevistador, que la entrevista puede ser más larga de lo previsto y, además, se puede necesitar tiempo extra para analizar la información recolectada.

© GRANICA

Si no se está seguro sobre algún punto del perfil, hay que volver sobre el particular.

Antes de la entrevista es necesario, además, reflexionar acerca de los objetivos e información necesaria que deberá obtener en la misma. Para enfrentar estas situaciones es aconsejable tener preparadas las preguntas que se formularán. Algunas recomendaciones:

- Hablar claro pero no demasiado fuerte.

- Adoptar una posición cómoda, variando de vez en cuando para alentar al candidato a hacer lo mismo.

Después de asegurarse de que el candidato está cómodo le sugerimos dos preguntas de inicio:

- *Coménteme sobre su historia laboral.*

- *Cuénteme cómo es un día típico en su trabajo.*

Considerar cómo se siente el candidato

Se recomienda tener especial cuidado en pensar cómo se siente el candidato en dos casos muy especiales: cuando participan muchos postulantes y el entrevistado lo sabe, y cuando el postulante a la posición está desempleado. Si el entrevistador se muestra reposado, expresa interés por el candidato y no permite distracciones ni interrupciones durante la entrevista, lo más probable es que el entrevistado también se tranquilice. Recuerde que el mejor entrevistador es el que se da cuenta de lo que el solicitante está sintiendo.

Es frecuente que los entrevistadores, sobre todo los no experimentados, trasladen sus vivencias a los candidatos. Por ejemplo, tener una mirada más complaciente hacia los graduados de la misma casa de estudios que ellos, o por el contrario, si tienen una imagen negativa de una universidad o actividad en particular, la transfieren a una persona sin conocerla. La objetividad debe ser su guía en todo el proceso.

Las personas no solo se comunican con la palabra. No obstante, no hay que basarse solo en el lenguaje corporal para evaluar a un candidato. Se debe reunir toda la información disponible antes de decidir la suerte de una postulación.

Concepto de entrevista

La entrevista es la herramienta por excelencia en la selección de personal, es uno de los factores que más influencia tienen en la decisión final.

La entrevista es un diálogo que se sostiene con un propósito definido y no por la mera satisfacción de conversar. Entre el entrevistador y el entrevistado existe una correspondencia mutua y gran parte de la acción recíproca entre ambos consiste en posturas, gestos y otros modos de comunicación. La palabra, los ademanes, las expresiones y las inflexiones concurren al intercambio de conceptos que constituye la entrevista.

Durante la situación de entrevista, ambos participantes (entrevistador y entrevistado) tienen su rol y deben actuar dentro de él, estableciendo un canal de comunicación en un marco acotado por el tiempo y el tema a tratar.

El entrevistador debe facilitar la comunicación manteniendo la distancia adecuada. Deberá manifestar su voluntad de ayudar, su interés y su intención de tratar los temas en forma estrictamente confidencial, absteniéndose de formular críticas. Posteriormente, expresará su comprensión de los problemas y orientará al entrevistado sobre el camino a seguir. Existen situaciones, problemas, estados de ánimo o deseos que deben analizarse. El entrevistador deberá tratar de descartar cualquier circunstancia que pueda influir en el momento de la entrevista y que no corresponda al comportamiento habitual del entrevistado.

Entrevistadores inexpertos pueden llegar a mimetizarse con sus entrevistados, pero también hay algunos entrevistados tan hábiles que manejan la situación de modo de poner a su interlocutor de su parte. El entrevistador tiene que poner distancia en la entrevista –siempre dentro del clima de calidez y confianza que se ha descrito–, es decir, no debe comprometerse emotivamente, ni dejarse influir por el entrevistado.

Cómo formular las preguntas

La manera de preguntar puede afectar profundamente las respuestas que se reciban. Es importante cómo se formulan las preguntas, estas deben ser precisas y específicas, si se personalizan o no, etcétera. Es común que el entrevistador induzca al entrevistado según las expectativas que puso en él o el preconcepto que se formuló, ya sea por referencias o por haber leído sus antecedentes. Tiene que ser objetivo para obtener mejores resultados.

Tampoco es conveniente personalizar de forma tal que el interlocutor se pueda sentir acusado, juzgado o imputado de los hechos ocurridos. El entrevistado debe sentirse libre para relatarlos a su modo.

© GRANICA

El éxito de la entrevista depende fundamentalmente de cómo se pregunta y de saber escuchar. Para ello es importante:

- Tratar de formular las preguntas de forma que puedan comprenderse fácilmente.

- Efectuar una sola pregunta por vez.

- Evitar que las preguntas condicionen las respuestas.

- No formular preguntas directas hasta que se tenga la convicción de que la persona entrevistada está dispuesta a facilitar, con exactitud, la información deseada.

- Formular inicialmente preguntas que no induzcan a eludir la respuesta ni a provocar una actitud negativa.

Del autor al lector

Algunos consejos para entrevistadores noveles:

1. *Hable menos y escuche más.* La mayoría de los entrevistadores hablan demasiado.
2. *Tome notas durante la entrevista.* Anote toda aquella información que considere relevante y que sea objetiva, no escriba nada que usted no quiera que su interlocutor vea que registra.
3. *Evite las distracciones.* Indique que no le pasen llamados durante la entrevista y apague su teléfono celular.
4. *Utilice toda la información que su interlocutor transmita.* Muchas veces son útiles pequeños comentarios en apariencia intranscendentes.
5. *No proyecte sobre el entrevistado opiniones o situaciones personales.*
6. *Piense mientras el otro habla,* por ejemplo:
   - Prepare la pregunta siguiente.
   - Analice lo que está diciendo el aspirante.
   - Relacione lo que el aspirante está diciendo ahora con algo que dijo al comienzo de la entrevista.
   - Échele un vistazo a la solicitud o al CV para verificar alguna información.
   - Observe el lenguaje corporal.
   - Considere qué relación guarda el historial del candidato con los requisitos del cargo.

Observe los cambios súbitos del lenguaje corporal. Por ejemplo, si el aspirante ha estado sentado muy tranquilo y de pronto empieza a moverse nerviosamente en el asiento cuando usted le pregunta por qué dejó su último empleo, eso puede ser un indicio de que algo anda mal. Aun cuando inmediatamente le dé una respuesta aceptable.

Distintos tipos de preguntas para la entrevista

Preguntas cerradas. Las que se pueden contestar con una sola palabra, que luego puede complementar con otra según sea la respuesta obtenida.

Preguntas de sondeo. Sencillas y cortas, tales como: ¿por qué?, ¿cuál fue la causa?, ¿qué sucedió después?, etc.

Preguntas hipotéticas. Se le presenta al entrevistado una situación hipotética, un caso, un ejemplo que se relacione con la posición o el trabajo para que lo resuelva: ¿Qué haría usted si...?", "¿Cómo manejaría usted...?; "Cómo resolvería usted...?"; "Qué haría en caso de que...?". Las preguntas hipotéticas son útiles para indagar sobre conocimientos. Por el contrario, no son aconsejables para analizar el grado de desarrollo de una competencia.

Preguntas intencionadas. Son preguntas que obligan al entrevistado a escoger entre dos opciones indeseables. No son útiles ni tampoco aconsejables.

Preguntas provocadoras. No las incluimos en nuestra metodología de trabajo pero sus defensores sostienen que son muy útiles para evaluar la reacción del candidato. Se las incluye en la mitad de la entrevista y sin que nada las anticipe; de ese modo juega, además, el factor sorpresa.

Preguntas que sugieren la respuesta esperada. Merecen nuestra misma opinión. Son aquellas que el entrevistador formula sugiriendo qué se espera que el entrevistado responda, por ejemplo: *Usted se propone terminar su carrera, ¿verdad?*

Preguntas abiertas. Ejemplos de preguntas abiertas son las sugeridas para el inicio de la entrevista, aquellas que facilitan que el entrevistado se explaye sobre un tema, permitiendo además obtener mucha información y evaluar otros aspectos sobre el candidato: modalidad de expresión y contacto, utilización del lenguaje, capacidad de síntesis, lógica de la exposición, expresión corporal, etc. Si el aspirante es muy locuaz y se desvía del foco de la entrevista, recuerde que el entrevistador y puede cortar una explicación irrelevante con una frase como "nos estamos desviando del objetivo de esta reunión, ¿por qué no volvemos a...", e indicar algo con relación al tema que desea evaluar: conocimientos específicos, experiencia laboral, etc. Un ejemplo de pregunta abierta es *"Cuénteme sobre su experiencia en..."*.

El lector encontrará diversos ejemplos de preguntas en las obras *Elija al mejor* y *Diccionario de preguntas.*

© GRANICA

Desarrollo de la entrevista

Algunas claves para el desarrollo exitoso de una entrevista:

- Terminar un tema antes de pasar al siguiente.
- Alentar al postulante a variar la elección de ejemplos para cubrir distintos aspectos, como actividades sociales, *hobbies*, trabajo y estudios.
- Escuchar atentamente, brindando al entrevistado la posibilidad de expresar toda su respuesta.
- Evitar la dispersión del candidato.
- Repetir lo que el candidato dice es una técnica para estar seguro de haber comprendido bien.
- Tomar notas de lo relevante después de la entrevista.

Cierre de la entrevista

Antes de finalizar pregúntese si sabe todo lo necesario en relación con el perfil. Los formularios de registro pueden ser de ayuda para no olvidar detalles importantes. Algunas ideas de cierre:

"¿Tiene alguna/otra pregunta?"
"El paso siguiente es..."

Con amabilidad, usted debe crear un clima de cierre, dar la sensación de que se han cubierto todos los puntos que se pretendía explorar y que la tarea ha sido cumplimentada satisfactoriamente. Indicar próximos pasos del proceso, comprobar disponibilidad para próximas entrevistas y datos para localizar al postulante.

Lo que hay que evitar durante una entrevista de selección

- Hablar demasiado. El entrevistador debería hablar cómo máximo el 30% del tiempo total de la entrevista.
- Demostrar acuerdo o desacuerdo con lo que el entrevistado diga.
- Distraerse.

- Interrumpir al candidato a menos que deba hacerlo.

- Intimidar al candidato.

- Demostrar superioridad.

- Usar terminología que el candidato pueda no entender.

- Dejar que sus gesticulaciones distraigan al candidato.

- Sentarse absolutamente quieto (le resta naturalidad a la situación).

- Hablar de usted mismo.

- Tratar de completar complicadas listas durante la entrevista.

- Comparar durante la entrevista al candidato con otro entrevistado o con el actual ocupante de la posición a cubrir.

- Las interrupciones en persona o por teléfono.

- Ser demasiado intenso (en comentarios, opiniones, etc.).

Distintos tipos de preguntas

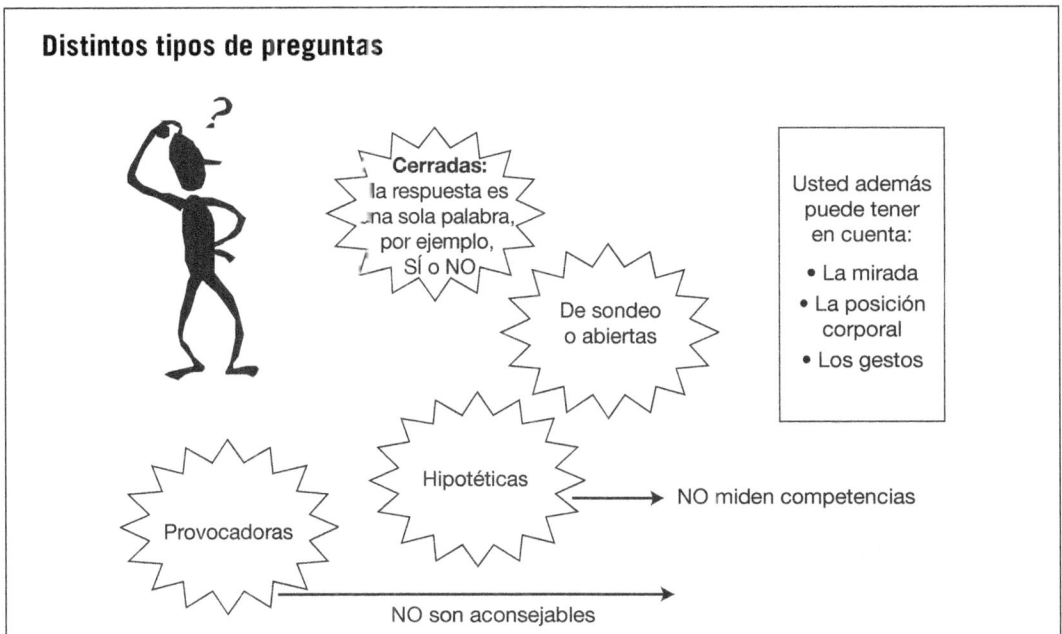

Cerradas: la respuesta es una sola palabra, por ejemplo, SÍ o NO

De sondeo o abiertas

Usted además puede tener en cuenta:

- La mirada
- La posición corporal
- Los gestos

Hipotéticas → NO miden competencias

Provocadoras

NO son aconsejables

© GRANICA

Lo que no debe olvidar

- Detectar las situaciones difíciles.

- Despejar los espacios en blanco en la historia laboral, entre un trabajo y otro.

- Conocer las razones por las que el entrevistado se fue de cada empleo.

- Las motivaciones del cambio. En la obra *Diccionario de preguntas. La trilogía. Tomo III* encontrará las más adecuadas para explorar la motivación para el cambio y las aspiraciones de carrera profesional del candidato.

- La remuneración actual o última (si no está trabajando) y la remuneración pretendida.

- Expectativas del postulante, las que expresa y las que no.

La entrevista por competencias

La evolución de los negocios y su complejidad han enriquecido el concepto tradicional sobre lo que se requería para cubrir una posición. Un contador, además de sus

---

Esquema de una entrevista por competencias

- *Hola, ¿cómo llegó hasta aquí?* (30 segundos para romper el hielo).

- *Cuénteme sobre su historia laboral...* (pregunta abierta de sondeo; permite despejar requisitos del perfil y observar comportamientos).

- *Preguntas para explorar competencias.*

- *Otras preguntas.*

- *Explorar motivación.*

- *Cierre* (consignas acerca de cómo sigue el proceso y preguntar si el entrevistado tiene alguna duda).

amplios conocimientos técnicos, debe poseer hoy Orientación al cliente interno o externo, cosa sobre la que quizá no se pensaba hace unos años.

Este nuevo contexto implica la necesidad de la detección adecuada de las competencias en postulantes a todo tipo de posiciones.

Una entrevista por competencias es similar a una entrevista tradicional, con un agregado fundamental: una serie de preguntas destinadas a explorar de qué manera se presentan en el entrevistado las competencias que requiere la posición a cubrir.

Las competencias y el proceso de selección

Al plantearse la selección por competencias, más aún si se está seleccionando a personas jóvenes, se deben definir, además de las competencias necesarias, aquellas otras que puedan ser guías o referencias para adquirir nuevas competencias.

La autora francesa Claude Levy-Leboyer[9] hace un resumen del tema que podemos utilizar como guía:

- Analizar los perfiles en función de las competencias.

- Elaborar los informes de candidatos finalistas con relación a las competencias definidas.

- Definir competencias necesarias para adquirir nuevas competencias.

- Hacer un diagnóstico de aquellas competencias que se pueden desarrollar.

- Eliminar parámetros inútiles. Un esquema simple no solo facilita la tarea sino que ayuda a un mejor resultado.

- Describir los perfiles de forma confiable y realista.

- Elaborar casos situacionales y tests de situación pertinentes.

- Planificar la movilidad de personas (rotación de puestos) teniendo en cuenta las necesidades de desarrollo y las experiencias de formación.

En resumen, las competencias son recursos estratégicos que permiten evaluar la gestión de los recursos humanos[10].

---

9 Levy-Leboyer, Claude. *La gestion des compétences.* Les éditions d'organisation. Paris, 1992.
10 Ibídem.

© GRANICA

Del autor al lector

¿Qué puede hacer una empresa si, aunque no ha implementado Gestión por competencias, este tipo de selección le parece una buena idea?

El modo de preguntar para evaluar competencias puede incorporarse a una metodología de trabajo y ser utilizado dejando de lado las preguntas hipotéticas como: "usted qué haría si…" y utilizando en su reemplazo otras como: "cuénteme qué ocurrió cuando…".

Entrevistas grupales

Hasta aquí nos hemos referido a la entrevista individual. Las entrevistas grupales tienen ciertos aspectos en común. Requieren –al contrario de lo que comúnmente se cree– entrevistadores muy experimentados, y tienen aplicación fundamentalmente en procesos masivos, por ejemplo las búsquedas de jóvenes profesionales. En estos casos la entrevista grupal inicial tiene por objeto informar sobre el programa y no focalizarse en la evaluación de los candidatos. Estos serán evaluados más adelante mediante la aplicación de técnicas grupales como el assessment (ACM), y otras individuales, como exámenes de idiomas o entrevistas de selección.

El registro de la entrevista

Evite las opiniones, por ejemplo: "me parece que sería un buen supervisor" o "creo que sería el candidato perfecto para el puesto". La objetividad deberá ser su principal preocupación. Para ello el secreto es anotar hechos relacionados con el aspecto que interesa evaluar, empleando frases descriptivas.

En *Elija al mejor* y en *Dirección estratégica de Recursos Humanos. Casos* se incluyen diferentes formularios para registrar las entrevistas utilizando o no el esquema por competencias. Las notas deben tomarse en dos etapas:

Durante la entrevista se anotan todos aquellos datos sobre los que responde el entrevistado:

- experiencia y conocimientos;
- empresa (es importante dibujar el organigrama);
- remuneración actual;
- motivo del cambio.

Luego de finalizada la entrevista –e inmediatamente–, completar los ítems que implican alguna valoración sobre el candidato.

- presentación;
- expresión/contacto;
- competencias o características de personalidad;
- conclusión con relación al perfil requerido.

Por último, es posible usar formularios prediseñados o una hoja de papel en blanco. Lo realmente importante es que se registre todo sobre la entrevista.

Del autor al lector

Una breve síntesis sobre el registro de la entrevista:

- Anote todo lo que pueda durante la entrevista: todo aquello que sea numérico y que usted piense que se puede olvidar.
- No anote durante la entrevista opiniones sobre el entrevistado.
- Complete sus anotaciones inmediatamente después de la entrevista.
- No registre opiniones: describa situaciones sin apreciaciones subjetivas.
- No se olvide de anotar la fecha de la reunión y su nombre.

Guía para la entrevista. El entrevistador con o sin experiencia podrá utilizar una guía para entrevistar en la que puede indicar breves comentarios.

Registro de la entrevista por competencias. Un formulario completo de registro es además una guía de todo lo que no hay que olvidar a la hora de la entrevista. Es muy útil, también, para planear la entrevista.

Para comparar la opinión de distintos evaluadores sobre observación de competencias, los pasos a seguir son los siguientes: primero, identificar las competencias requeridas por el perfil; luego, preguntar solo sobre las competencias requeridas, sin dispersarse con otras.

Si no hay competencias definidas por la empresa –es decir que la empresa no ha definido un modelo de competencias– igualmente podrá utilizar este tipo de preguntas. Para ello se sugiere utilizar las obras *Diccionario de preguntas. La trilogía. Tomo III* y *Diccionario de comportamientos. La trilogía. Tomo II.*

© GRANICA

Las evaluaciones

Trataremos en este capítulo los diferentes tipos de evaluaciones: las técnicas, las psicológicas y los *assessment*.

La elección de las herramientas a utilizar dependerá del caso, del tipo de posición a cubrir. No hay un único esquema posible.

Independientemente de la personalidad, existe una cantidad de capacidades críticas que son innatas y adquiridas al mismo tiempo: el razonamiento lógico, el manejo del lenguaje, la resistencia física, la destreza manual, el oído musical, las habilidades en el cálculo, el sentido de espacio, y la acumulación de conocimientos y experiencias. Incluso atributos personales, por ejemplo la edad, el género y la clase social, influyen en el conjunto.

Evaluación de la personalidad y su aplicación: la personalidad con frecuencia nos dice mucho más acerca del estilo que una persona puede agregar a la función que sobre su capacidad para ejercerla. Las evaluaciones serán útiles si son administradas por personas expertas y si –a su vez– se incorporan las ventajas de las diferencias. Tener una empresa con personas similares desde el punto de vista de la personalidad no es bueno.

Las evaluaciones pueden ser de distinto tipo:

* psicológicas de administración individual o grupal;

* de potencial (es una variante de la evaluación psicológica);

* *assessment center*;

* técnicas;

* de idioma.

A continuación nos ocuparemos de cada una de ellas.

Evaluaciones psicológicas

El carácter de las pruebas psicológicas a aplicar no será eliminatorio en el proceso de selección, salvo en aquellos casos en los que sean detectados posibles estados patológicos de los candidatos o se perciban anomalías o desviaciones de la media de signo negativo que podrían incidir en el desempeño futuro en el puesto de trabajo. Este es el caso de cocientes intelectuales excesivamente bajos o de configuraciones de personalidad neuróticas o psicóticas con bajos índices de control emocional.

En todos los demás casos, las pruebas psicológicas serán un elemento informativo más a considerar para la evaluación final. Se utilizarán como elemento de contraste de las impresiones generadas en las entrevistas y se tomarán en cuenta como información "técnicamente afinada" sobre el candidato.

La información psicométrica derivada de la aplicación y valoración de los tests en ningún caso se usará para descartar candidatos. Por el contrario, será una fuente de hipótesis para contrastar en el siguiente paso del proceso de selección, a la vez que constituirá un elemento valioso para el conocimiento del candidato y el enriquecimiento de la imagen e impresión que de él se obtiene por otras vías.

La administración de la evaluación psicológica laboral, si bien se realiza en un lapso corto, permite que las personas puedan mostrar distintas facetas.

Un proceso de selección es, fundamentalmente, un proceso iterativo –por aproximaciones sucesivas–; es un error pensar que la evaluación psicológica es la única opción. Está inserta en un proceso en el cual hay una serie de pasos, incluyendo por lo menos una entrevista o dos, y antes de ellas un análisis de la historia del candidato; en algún punto del proceso –más cerca del final que del inicio– se administra la evaluación psicológica.

En un esquema como el descrito, si la evaluación está integrada en el proceso, es un elemento enriquecedor que ayuda a la decisión final. Si se toma la evaluación aislada del proceso, puede transformarse solo en una serie de comentarios, no específicos.

Si todo el esquema de trabajo es bueno y consistente, lo habitual es que el resultado de la evaluación psicológica sea una confirmación de lo evaluado en instancias previas. Las sorpresas son muy poco frecuentes.

Del autor al lector

La devolución al candidato acerca del resultado de la evaluación psicológica

No hay usos y costumbres preestablecidos. Una buena sugerencia: una vez cerrada la búsqueda, cuando ya se ha tomado la decisión –cualquiera sea–, si la persona tiene interés en obtener una devolución de su material, se combina una entrevista o reunión corta –media hora aproximadamente– donde el profesional que tomó la evaluación lee los párrafos del informe y paso a paso observa cómo el evaluado escucha los comentarios y cómo se ve a sí mismo reflejado en el informe.

Un consejo: no contrate un psicólogo que no le ofrezca, como complemento de su servicio de evaluaciones, la devolución del resultado al evaluado. Tenga en cuenta, por otra parte, que no todos los evaluados lo solicitarán.

© GRANICA

Assessment Center Method (ACM)

Nos referiremos exclusivamente al *assessment* aplicado a la selección. Esta técnica puede ser aplicada en aquellos casos en que sea factible una entrevista grupal. Será el responsable de la selección quien deberá decidir cuándo aplicar la herramienta.

Como criterio general, en selección es factible aplicar *assessment* cuando se trata de búsquedas de jóvenes, profesionales o no. Esta es una opinión y se fundamenta en la conveniencia de no exponer a una situación de entrevista grupal a personas con trayectoria laboral que puedan ser reconocidas por otros, ya que de ese modo no se podría garantizar la confidencialidad del proceso de selección.

Tipos de pruebas situacionales utilizadas en el ACM

La experiencia del seleccionador, las indicaciones de su cliente y de los evaluadores participantes en el proceso, así como la naturaleza de la actividad o puesto para el que se selecciona, pueden hacer que las pruebas situacionales utilizadas en los procesos de ACM sean extremadamente diversas. Ejemplos: juegos de negocios, entrevistas simuladas, discusión en grupos, ejercicios para su análisis, etc.

El éxito de la aplicación del *assessment* en un proceso de selección depende de que:

- el método sea aplicado en casos donde esto sea posible (es ideal para programas de jóvenes profesionales);

- se dedique tiempo para una correcta planificación y diseño del caso;

- se armen grupos homogéneos;

- los evaluadores sean entrenados;

- participe la línea, y que esté entrenada al respecto;

- los grupos no excedan los 12 participantes y que el número de evaluadores/observadores sea de 3 a 4;

- se utilice un entorno físico adecuado;

- los evaluadores/observadores tomen nota en formularios específicos y que debatan las observaciones luego de finalizadas las actividades.

Es aconsejable que los futuros jefes participen o supervisen los casos a utilizar en el *assessment*. Adicionalmente, el resultado se enriquece cuando los futuros jefes participan como observadores.

Las pruebas técnicas

Pruebas de conocimientos técnicos o habilidades específicas en relación con el conocimiento

Esta fase del proceso de selección tiene por finalidad comprobar las destrezas técnicas y el grado de habilidad para la puesta en práctica de los conocimientos teóricos y experiencia que el candidato posee. La ubicación de la prueba técnica varía según el proceso de selección. En ocasiones es la primera instancia del proceso y en otros estará en la mitad. Cuáles de ellas se practicarán y cuál será su profundidad, también dependerá de cada caso.

Los medios que se pueden utilizar son:

- Exámenes escritos.

- Exámenes escritos a libro abierto: son muy comunes para evaluar a profesionales, por ejemplo abogados, donde se les presenta la redacción de una demanda de un caso real con la biblioteca especializada en temas legales a su disposición.

- Exámenes escritos domiciliarios: se presenta un caso y el evaluado lo devuelve en un plazo convenido.

- Entrevistas estructuradas: preguntas y respuestas.

- Entrevistas abiertas sobre temas técnicos.

- Pruebas de conocimientos específicos, como utilización de determinado software.

- Evaluaciones de idioma. Hay distintos niveles, desde la entrevista realizada en el idioma a evaluar, efectuada por el entrevistador o por la línea, hasta evaluaciones realizadas por traductores matriculados. Estas últimas tendrán distinta rigurosidad según se requiera en función del perfil: escrita (comprensión de texto y redacción propia), oral (comprensión y expresión), utilización de términos técnicos.

Entrevistas estructuradas a cargo de la línea: alcanzada esta fase del proceso de selección, los candidatos deben ser entrevistados por el responsable de línea o el directivo del área o departamento en los que se encuentre encuadrado el puesto a cubrir.

El objetivo fundamental de la entrevista será comprobar que los conocimientos técnicos y la experiencia del candidato son los requeridos por el puesto de trabajo.

© GRANICA

Para asegurar que se realiza una indagación completa, debe efectuarse una preparación concienzuda de la entrevista.

Ubicación de la evaluación psicológica en el proceso de selección

Si bien las evaluaciones psicológicas se realizan en la mayoría de los casos, no están ubicadas siempre en la misma instancia del proceso. Hay quienes primero administran tests a los eventuales postulantes aun sin saber si responden o no al perfil, y otros que toman los tests casi como una formalidad al momento del ingreso. Nuestra propuesta no se sitúa en ninguno de los dos extremos.

Para búsquedas de jóvenes profesionales sugerimos la utilización de técnicas grupales en los primeros tramos del proceso (ver gráfico al pie).

Cuando el postulante es llamado a participar en una búsqueda a través de un *hunting* o porque fue seleccionado a partir de la base de datos, no aconsejamos las técnicas grupales y situamos la evaluación psicológica al final del proceso, cuando el postulante ya tuvo su primera entrevista con la línea.

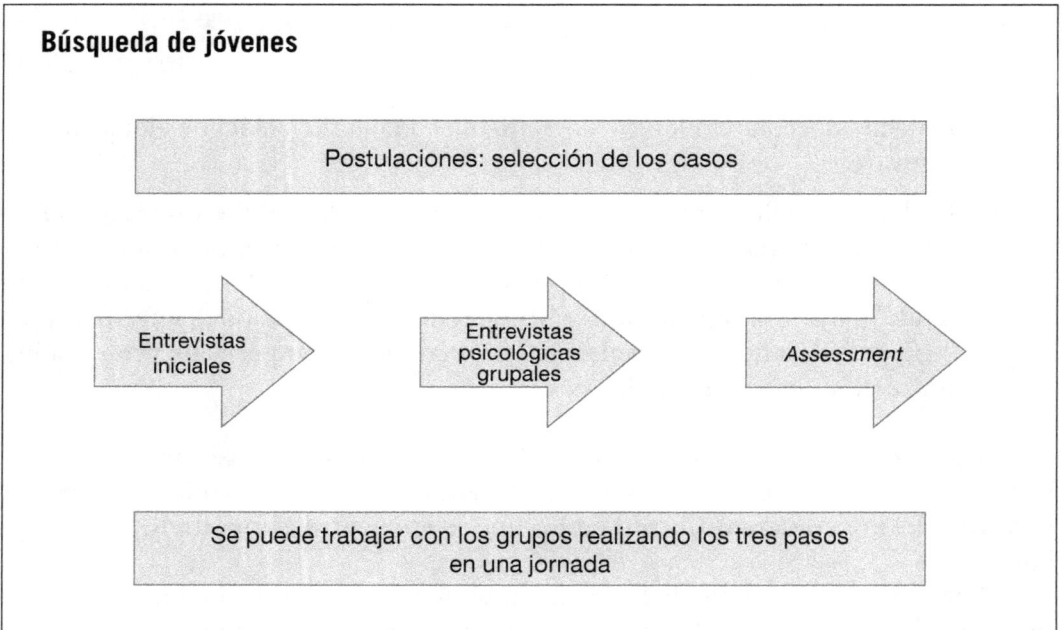

Búsqueda de jóvenes

Postulaciones: selección de los casos

Entrevistas iniciales → Entrevistas psicológicas grupales → *Assessment*

Se puede trabajar con los grupos realizando los tres pasos en una jornada

---

Búsquedas a través de anuncios

Presentación de los casos a entrevistar según el perfil

Entrevistas — + Casos

Evaluaciones psicológicas y otras

Presentación al cliente interno — – Casos

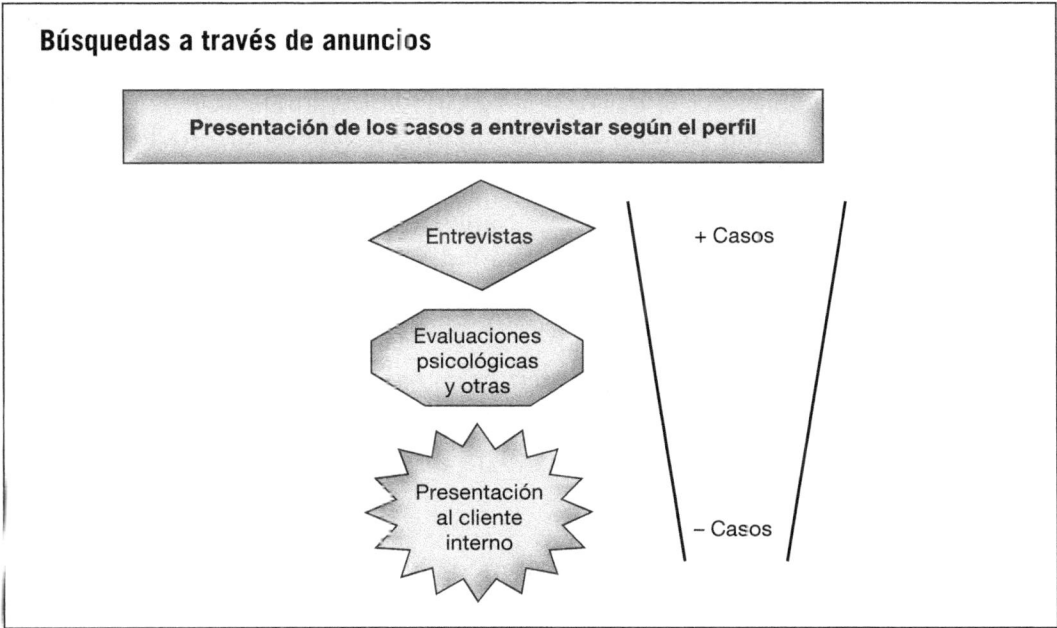

Cuando la búsqueda se realiza mediante la publicación de un anuncio es posible trabajar igual que en el punto anterior o adelantar la evaluación psicológica antes de la presentación al cliente interno. Se debe tener en cuenta que, en este caso, el postulante ha tenido respecto de la selección una actitud proactiva, ya que él contestó un anuncio. Difiere del caso *hunting* donde la acción proactiva fue de la empresa, que lo llamó para participar.

Comparación entre la evaluación psicológica y la evaluación o entrevista por competencias

El primer punto a aclarar es que la evaluación psicológica y la entrevista o evaluación por competencias no son excluyentes; es decir que en un proceso de selección se pueden aplicar ambas herramientas.

Algunas similitudes y diferencias:

- En la evaluación psicológica tradicional se evalúan características similares a las competencias, por ejemplo trabajo en equipo o liderazgo.

- En la evaluación psicológica, la definición de la característica a evaluar es estándar, es decir, se utiliza el concepto generalmente entendido sobre el

© GRANICA

aspecto a considerar. No obstante, en ocasiones los clientes internos o externos pueden dar su enfoque sobre el ítem.

- La evaluación psicológica tradicional se realiza con la aplicación de tests y es indispensable la intervención de un psicólogo entrenado en la materia.

- Cuando una organización decide implementar un modelo de Gestión por competencias, las mismas son definidas por la máxima dirección y son de esa compañía en particular, por lo tanto la definición de la competencia puede diferir entre empresas.

- La evaluación de cada competencia es en base a *conductas observables* o comportamientos (hechos reales del pasado).

- La entrevista por competencias la realiza una persona entrenada que puede o no ser psicólogo.

La evaluación psicológica, como herramienta en el proceso de selección o para decidir traslados o promociones, se usa desde hace muchos años por empresas y organizaciones de diferente tamaño y estilo, también y cada día más en pequeñas y medianas empresas.

La Gestión por competencias es una práctica en pleno desarrollo, utilizada cada vez más por todo tipo de organizaciones. Como se explicó en el Capítulo 2, se trata de modelos a medida que requieren para su implementación de un fuerte compromiso de la máxima conducción y, usualmente, la participación de un consultor o especialista en Recursos Humanos, que oriente en la definición de las competencias cardinales y específicas de la organización y los distintos puestos que la integran.

Comparación de candidatos

La forma ideal de comparar candidatos para una misma búsqueda es preparar una hoja de trabajo con el esquema que se observa en la página siguiente.

De este modo se podrá rápidamente establecer diferencias objetivas entre ellos.

Perfil	Candidato A	Candidato B	Candidato C	Candidato D
Estudios				
Experiencia requerida				
Conocimientos especiales				
Idiomas requeridos				
Conocimientos de computación				
Competencias / Características personales requeridas				
Etc.				

Claves de una buena decisión

La decisión sobre el mejor candidato para ocupar un puesto, la presentación de la oferta y demás aspectos sobre la contratación son responsabilidad del futuro jefe del nuevo colaborador. No es función del área de Recursos Humanos decidir sobre el mejor candidato, sino presentar la información para que la línea –el cliente interno– tome una buena decisión. El área de Recursos Humanos puede llegar a influir, pero no elegir el candidato.

Los riesgos de una mala decisión son perjudiciales para todas las partes, pero como especialistas de Recursos Humanos se debe tener en cuenta que si bien el perjuicio de incorporar a una persona equivocada es malo para la empresa, este error lo paga siempre más caro el individuo. Si bien, como se dijo, el área de Recursos Humanos no decide, sí influye, y tiene de ese modo la gran responsabilidad de poner el mayor esfuerzo para minimizar estos riesgos.

Armado de la carpeta de finalistas

Una vez agotada la instancia de la búsqueda, es decir la detección de candidatos y la selección de aquellos que mejor cubren el perfil, se deben tomar las primeras decisiones y armar la carpeta de finalistas.

¿Cómo presentar el informe? Cada uno puede buscar su propio estilo. No debe faltar una correcta comparación con el perfil incluyendo los aspectos económicos de la posición, con una recomendación final sobre cada caso. A partir de allí se podrá hacer una presentación escrita, un gráfico, o ambos.

Análisis de las consistencias laborales

Antes de iniciar el pedido de referencias sobre un postulante, las buenas prácticas aconsejan informarle a este que se ha llegado a los tramos finales del proceso de selección y que se solicitarán referencias sobre él. Asimismo, y en especial si la persona está trabajando, habrá que confirmar a quiénes se puede llamar, de modo de no comprometer la carrera futura del postulante, en especial si luego, por cualquier motivo, no es contratado.

Existen dos tipos de referencias, las formales y las brindadas por los jefes directos. Las formales son los datos que brinda, en general, la oficina de personal del lugar donde el candidato trabajó antes: si la persona realmente se desempeñó allí, fechas de ingreso y egreso, y cargos ocupados. Otro tipo de referencias formales lo constituyen las recolectadas por distintas fuentes, sobre si el candidato tiene juicios pendientes, inhabilitaciones para operar con bancos, si fue despedido, etc.

¿Quién podrá informar sobre otras características importantes del candidato como el desempeño, modalidad de trabajo, relación con pares, jefes y subordinados, etc.? Este tipo de información, usualmente, solo se consigue por algún canal directo, por ejemplo, el jefe de la persona en cuestión. En estos casos, con frecuencia, la persona que la brinda no lo hará por escrito.

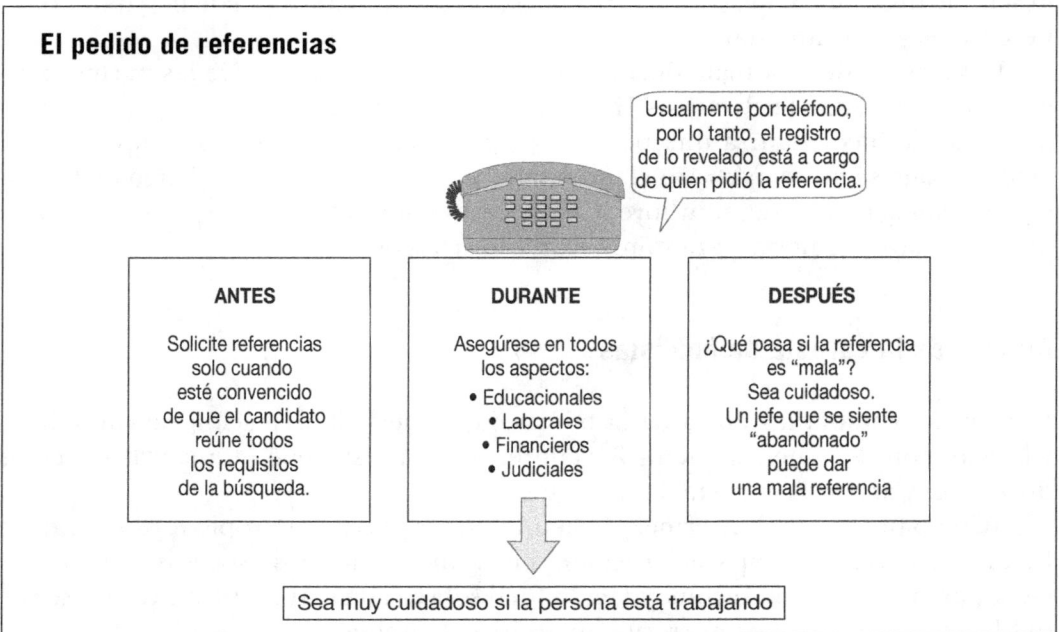

El pedido de referencias

Usualmente por teléfono, por lo tanto, el registro de lo revelado está a cargo de quien pidió la referencia.

ANTES	DURANTE	DESPUÉS
Solicite referencias solo cuando esté convencido de que el candidato reúne todos los requisitos de la búsqueda.	Asegúrese en todos los aspectos: • Educacionales • Laborales • Financieros • Judiciales	¿Qué pasa si la referencia es "mala"? Sea cuidadoso. Un jefe que se siente "abandonado" puede dar una mala referencia

Sea muy cuidadoso si la persona está trabajando

Los canales directos no solo los constituyen los superiores. Pueden ser una buena fuente de referencias otras personas que puedan conocer su desempeño, por ejemplo oficiales de cuentas de los bancos con los que opera, proveedores, clientes, agencias de publicidad, auditores, consultores, etc.

¿Cómo dividir el pedido de referencias entre la empresa y la consultora? En el caso que participe en el proceso de selección un asesor externo, una buena idea es solicitarle que investigue a través de los canales directos, y desde la empresa solicitar las referencias por los canales formales. ¿Por qué? Si el consultor es de prestigio tendrá, probablemente, mayores posibilidades de conseguir buena información, en este caso la más cercana a la realidad, y tendrá la ventaja adicional de no dejarse influir por otras personas ya que no necesita informar para quién se está realizando el proceso de selección, solo podrá decir que la información es para un cliente de su firma. En cambio, si lo hace la empresa, necesariamente revela para quién es la información solicitada.

¿Qué hacer cuando hay una referencia negativa? Se debe cruzar la información con otra referencia, como mínimo. Hay que tener en cuenta que un jefe resentido puede dar una mala referencia de un buen empleado, y un jefe "amigo" puede dar una buena referencia de uno malo.

Si después de cruzar la referencia sigue siendo no favorable, será aconsejable decírselo al interesado. Él debe saberlo. En ocasiones podrá existir una explicación de lo sucedido, y si no es así, se le habrá dado al candidato la oportunidad de dar su propia versión de los hechos.

Sugerimos cotejar todos los datos de la persona a incorporar, no dejar librado nada al azar. En una época en la que se han presentado casos de médicos sin diploma, abogados que no eran tales, fiscales que no eran abogados y diputados que eran reemplazados por otros a la hora de votar una ley, no deje de pedir los títulos originales, certificados de materias, etc.

Y un último comentario sobre el pedido de referencias: la tarea no debe quedar en manos de un asistente; es un tema delicado, y es aconsejable que lo realice personalmente el responsable de la búsqueda. Muchas veces obtendrá información a partir de interpretar un silencio o un gesto. Para ello se requiere entrenamiento y experiencia.

Del autor al lector

Importante: realice las mismas verificaciones para todos los finalistas.
No se debe tomar al pie de la letra todas las referencias que obtenga, puede suceder que buenas o malas referencias no sean objetivas. Asegúrese de ello.

© GRANICA

Dessler[11] también menciona el tema de las referencias e investigación de antecedentes, y plantea para esta etapa la confirmación de la historia del candidato a través de dos procedimientos que no compartimos: el detector de mentiras y las pruebas grafológicas, estas últimas de uso más frecuente que el primero.

Presentación de la oferta

Negociación en la etapa de oferta

Las buenas prácticas sobre negociación pueden aplicarse en un proceso de selección. Las etapas son:

- *Prenegociación*
  - Promover una buena relación formal e informal. Desde su rol de Recursos Humanos deberá manejar de modo satisfactorio la relación con su cliente interno y el candidato externo.
  - Trabajar en equipo.
  - Buscar apoyo dentro de la organización en niveles superiores y en los procedimientos de la compañía.
  - Desarrollar alternativas.

- *En la mesa de negociaciones*
  - Preparar un temario.
  - Fijar la agenda.
  - Definir los temas.
  - Discutir necesidades e intereses.
  - Aclarar los temas.
  - Dectectar las reales intensiones del candidato y centrar la atención en las pretensiones que desea alcanzar.
  - Buscar la forma de satisfacer sus necesidades.
  - Verificar la viabilidad de implementación de lo pactado antes de finalizar la negociación.

- *Posnegociación*
  - Asegurarse que se cumpla con la implementación de todo lo pactado.
  - Crear un buen clima de trabajo.
  - Anticiparse a posibles renegociaciones por parte del candidato.

---

11 Dessler, Gary. *Administración de personal*. Prentice Hall Hispanoamericana, México, 1996.

Decisión final y oferta

> **La línea debe
> estar involucrada**
> Si la oferta la hace
> Recursos Humanos
> la línea tiene que
> participar activamente.

> **La decisión
> es del cliente interno**
> Recursos Humanos
> puede ayudar
> pero la decisión
> es de la línea.

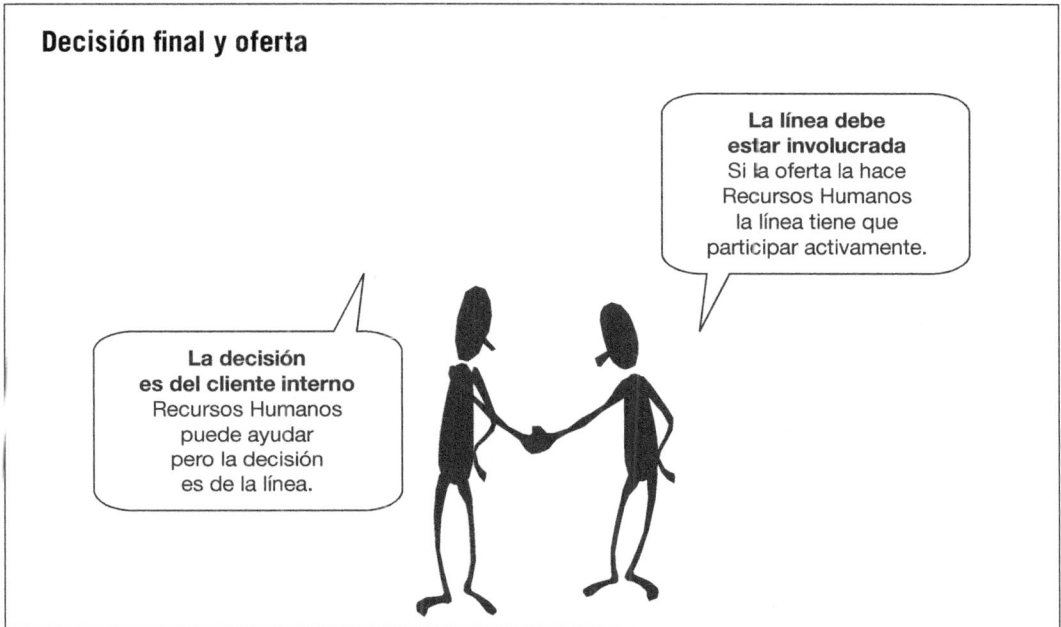

¿Cómo medir el éxito de una negociación?

Una forma es formularse y responderse las siguientes preguntas:

¿Se logró el acuerdo?
¿Se respetaron las normas y procedimientos de la compañía?

Si no se logró un acuerdo

- ¿Qué puedo proponer para reconciliar los intereses mutuos?

- ¿Qué es menos importante para una de las partes que pueda ser muy importante para la otra?

- Pensar estratégicamente imaginando diferentes escenarios.

- Cambiar el juego: introducir otros temas, cambiar las personas que negocian.

- Llevar el tema a una instancia superior.

Aplicados estos conceptos a una búsqueda, es posible esquematizarlos del siguiente modo:

La *posición* es el primer acercamiento a la negociación; el postulante dice lo que él quisiera obtener y la empresa plantea su opción mínima. Es decir, el candidato puede estar dispuesto a percibir algo menos y la empresa puede tener algo más para ofrecer.

El *interés* es aquello que realmente quiere el postulante o el nivel mínimo que está dispuesto a percibir en materia de compensaciones y beneficios. Y desde la empresa, será el nivel que no le origina problemas con la estructura salarial.

Las *opciones*, como su nombre lo indica, son las variantes que se exploran para acercar a las partes limando las diferencias.

Estándar objetivo o criterios objetivos. Son aquellos elementos que, al estar fuera de la negociación, pueden aportarle información objetiva. En el caso de negociar una búsqueda, los estándares objetivos o criterios objetivos pueden ser, por ejemplo, salarios de mercado para esa posición e industria en particular, salarios para posiciones similares dentro de la misma empresa, antecedentes de una negociación similar dentro de la empresa, etc.

La *alternativa* es una opción fuera de la mesa de negociaciones. Para el postulante será su trabajo actual u otra búsqueda en la cual esté participando, y para la empresa otro candidato igualmente adecuado para cubrir la posición.

Por último se llega a la *propuesta*, sobre la cual habrá o no un *acuerdo*.

Esquema de una negociación

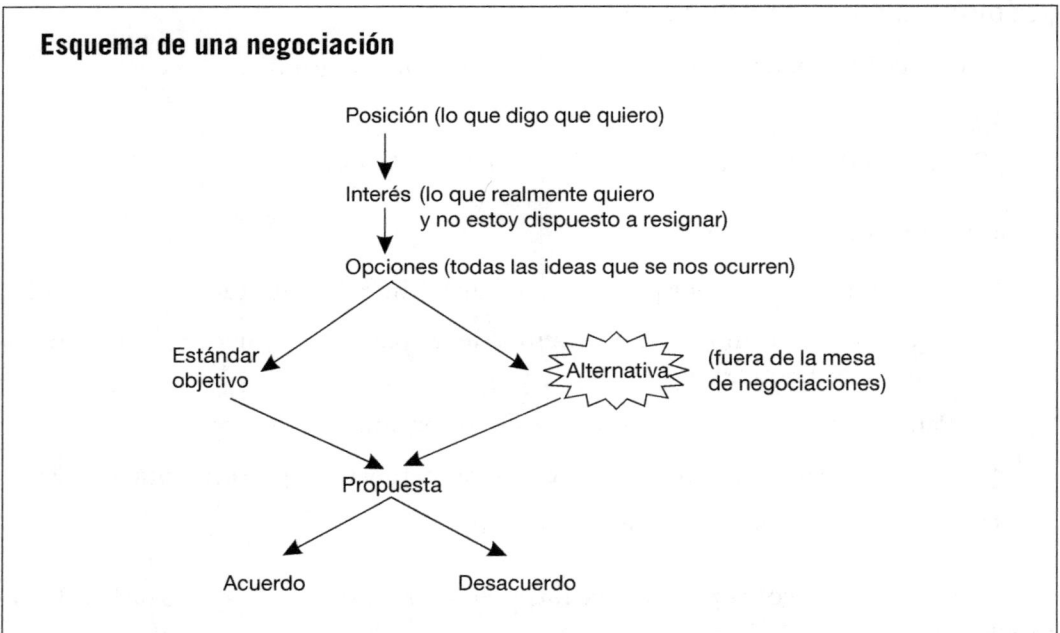

- Posición (lo que digo que quiero)
- Interés (lo que realmente quiero y no estoy dispuesto a resignar)
- Opciones (todas las ideas que se nos ocurren)
- Estándar objetivo
- Alternativa (fuera de la mesa de negociaciones)
- Propuesta
- Acuerdo
- Desacuerdo

La importancia de tener una alternativa

¿Qué es una alternativa desde el punto de vista del área de Recursos Humanos? Otra opción para la búsqueda tan buena como aquella sobre la que se está negociando.

¿Qué es una alternativa desde la óptica del postulante? Su trabajo actual u otra búsqueda, si no tan buena como esta, al menos aceptable.

Desde ya, es importante tener una alternativa para ambas partes de la negociación, pero aquí nos referiremos solamente al papel que le corresponde al área de Recursos Humanos, más específicamente a Selección. Más allá de que exista un alto desempleo o cualquier otra circunstancia externa, los buenos candidatos por lo general tienen posibilidades de participar de otras búsquedas o bien están empleados, y esa es su alternativa, aunque puedan no estar contentos con su trabajo actual.

Por lo tanto, el responsable de la búsqueda debe generar una alternativa tan buena como la que originó la negociación; si no es así, estará negociando en desventaja. Cuanto mejor es el candidato con el cual se está negociando, cuanto más alta es su empleabilidad, se hará más necesario contar con una alternativa adecuada.

En ocasiones, un candidato puede solicitar una prima por pase, un monto de dinero por dejar su puesto actual y aceptar la nueva posición.

Aspectos difíciles en una negociación. El rol de Recursos Humanos

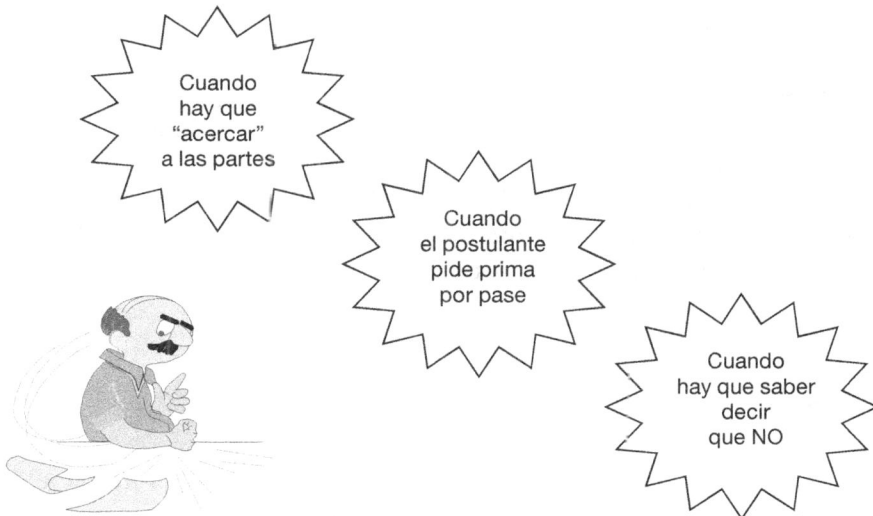

Cuando
hay que
"acercar"
a las partes

Cuando
el postulante
pide prima
por pase

Cuando
hay que saber
decir
que NO

© GRANICA

El rol de Recursos Humanos en una negociación difícil

¿Quién negocia?

Si bien la responsabilidad en la decisión sobre quién ocupará el puesto a cubrir es de la línea, no necesariamente es ella la que debe negociar. Se deberá elegir a la persona más adecuada en cada caso. Usualmente las organizaciones fijan políticas al respecto.

Del autor al lector

Como consultora, me ha tocado negociar y presentar ofertas. No hay que tener una pauta rígida. Dentro de la empresa, los encargados de la negociación puede ser Recursos Humanos o la línea.

La negociación la puede realizar el área de Recursos Humanos, el jefe directo del puesto a cubrir, un superior de este o el director del área. La participación de un consultor en la negociación deberá ser *por mandato,* es decir, no lo hará a título propio sino en una responsabilidad delegada, de modo que cuando se realice la reunión final del candidato con la empresa ya se hayan acordado los términos de la negociación.

En los casos en que el consultor realice la negociación, es necesario que la organización esté involucrada en el proceso. Muchos buenos candidatos se pierden en esta etapa, y reemplazarlos por otros se hace muy difícil cuando todos los involucrados ya se habían hecho a la idea de cubrir el puesto vacante con ese candidato que finalmente no ingresará.

Además, si la línea (futuro jefe directo) está involucrada se evitará que esta otorgue un salario mayor al previsto, o que responsabilice al consultor si el candidato se perdió por un aspecto salarial, etc. Por esta razón, como ya se dijo, las organizaciones fijan políticas al respecto.

La oferta por escrito

Cuando se llega a un acuerdo, es una buena práctica volcarlo en un papel. La palabra escrita tiene otro valor, sobre todo en relación con derechos y obligaciones, ya que adquiere fuerza de contrato.

Los pasos serían los siguientes:

Acordar con el interesado –en forma verbal– las condiciones de contratación, responsabilidades, tareas, personal a cargo y remuneración, que incluye el salario y otros beneficios, y cuando se llega a un acuerdo, expresarlo por escrito. Para ello:

- Describir la oferta detallando aspectos económicos, la posición a ocupar y la fecha de inicio de las actividades.

- La oferta debe estar firmada por una persona autorizada a tales efectos por la empresa.

- Por último, aceptada por el ingresante, este la devuelve firmada a la empresa que hizo la oferta.

Este procedimiento, sencillo, se puede aplicar en empresas de todo tipo. Sin embargo, no es todavía de uso frecuente.

Tiene innumerables ventajas: deja estructurada en forma clara la oferta, evita las discusiones futuras –*yo dije... yo entendí que...*–; protege al ingresante ante un eventual cambio de responsable en la empresa, y a la empresa contratante ante un eventual arrepentimiento del ingresante, si es retenido en su empresa actual en el momento de la renuncia.

La oferta por escrito: ¿qué debe incluir?

Es muy útil para la empresa y el candidato. Evita "ruidos" en la comunicación.

Fecha: ....

Destinatario: a quién se le ofrece el empleo.

Oferta: título del puesto y fecha de inicio.

Remuneración: salario y otros componentes.

Revisión salarial: cuándo el candidato puede esperar su primera revisión de sueldo.

Beneficios: ....

Firmas del acuerdo: del candidato y de un representante autorizado de la compañía.

- Puede ser aplicado a toda la nómina.

- Obliga a las partes.

- En muchos países, no tiene fuerza legal la firma de aceptación del ingresante, que aun habiendo firmado puede desistir de incorporarse a la organización.

Del autor al lector

¿Qué grado de utilización tienen en el mercado las ofertas por escrito? Aún no son muy frecuentes en muchos países, entre ellos la Argentina.

Entendemos que son innumerables los beneficios de utilizar la palabra escrita para la oferta final de contratación en el momento del ingreso de una persona a una organización.

Los trámites de ingreso

- Exámenes médicos.

- Evaluaciones ambientales (estudios de tipo social realizados por un profesional en la materia).

- Referencias financieras y judiciales.

Si bien algunos de estos pasos pueden ser considerados discriminatorios, son usuales. Cada uno de ellos tiene, de todos modos, sus pros y sus contras.

Si una empresa decide implementarlos, debe cerciorarse sobre la seriedad del proveedor elegido para la prestación del servicio. Un informe equivocado trae innumerables inconvenientes para postulantes y empresas. Además, es muy importante asegurarse del trato que estos prestadores darán a los candidatos.

Una forma de confirmar esto último es preguntando a los participantes cómo se sintieron, cómo fueron tratados al realizar los exámenes médicos o durante los estudios ambientales. La imagen de la empresa quedará inevitablemente asociada con una buena o mala imagen del consultorio médico o la asistente social.

Los candidatos suelen estar ansiosos cuando llegan las últimas instancias de una selección. Por lo tanto, si bien es importante cuidar las comunicaciones durante todo el proceso de reclutamiento y selección, hay que incrementar los esfuerzos en los tramos finales.

El entrenamiento de todos los que de un modo u otro atienden personas es vital. En la etapa final de la selección de un nuevo integrante de la compañía se deben cubrir los aspectos formales de la relación que luego tomará a su cargo el área de Administración de Personal. Los elementos necesarios son una ficha de ingreso y los últimos estudios: exámenes médicos, evaluaciones ambientales y de antecedentes –bancarios, judiciales, etc.–. Se recomienda implementar una política uniforme con todos los ingresantes; de ese modo se evitarán posibles acusaciones de prácticas discriminatorias y se evitará, con esa simple rutina, eventuales problemas futuros.

Muchos incluyen en esta etapa la evaluación psicológica, como un examen médico más. No nos parece adecuado.

Dessler[12] da razones a favor de que el examen médico se realice antes de la incorporación del candidato. El análisis puede ser utilizado para determinar si el aspirante cubre los requerimientos físicos de la posición y para descubrir alguna limitación médica que deba tenerse en cuenta. El examen, al identificar problemas de salud, puede además reducir el ausentismo y los accidentes y detectar enfermedades transmisibles que pudieran ser desconocidas por el aspirante.

Con frecuencia, en las organizaciones grandes el departamento médico de la empresa realiza el examen, en tanto que las compañías pequeñas contratan los servicios de médicos externos.

¿Qué hacer si se suspende la búsqueda?

Cuando las búsquedas se cancelan o suspenden, se deberá comunicar la decisión sin transmitir comentarios destinados a deslindar responsabilidades, por ejemplo, informando que la decisión la tomó el área "XX" o la Gerencia General, o similares. Las decisiones son de la organización y ese es el mensaje que se deberá transmitir.

Como se dijera, es muy importante tener informado al candidato del avance de la búsqueda.

IMPORTANTE

Para todos aquellos interesados en los índices de control de gestión en un proceso de selección, la autora ha desarrollado una serie de prácticos y sencillos indicadores para medir la gestión de un área de Selección en la obra *Selección por competencias*, capítulo 10.

---

12 Dessler, Gary, obra citada.

© GRANICA

La comunicación en el proceso de selección

Debemos imaginar dos situaciones diferentes:

- Cuando un postulante pregunta sobre su situación.
- Cuando proactivamente se comunica una decisión, y el candidato no fue el elegido.

La comunicación es importante en todo el proceso de búsqueda y crucial en los pasos finales.

El accionar de Recursos Humanos se desarrolla dentro de un contexto general, y este debe ser considerado. No implica que el área deba asumir una responsabilidad extra, sino que a través de pequeñas acciones será posible mejorar la relación con la comunidad. Sin llegar a tomar una función social que no le compete, puede ser de ayuda.

Hay ciertas circunstancias en que las empresas no manejan adecuadamente la comunicación. En este caso nos referimos a la comunicación dentro del proceso de búsqueda, donde participan personas que no pertenecen a la organización.

Una buena comunicación siempre aporta soluciones y evita problemas. En una sociedad con alto desempleo, por ejemplo, las personas que participan en un proce-

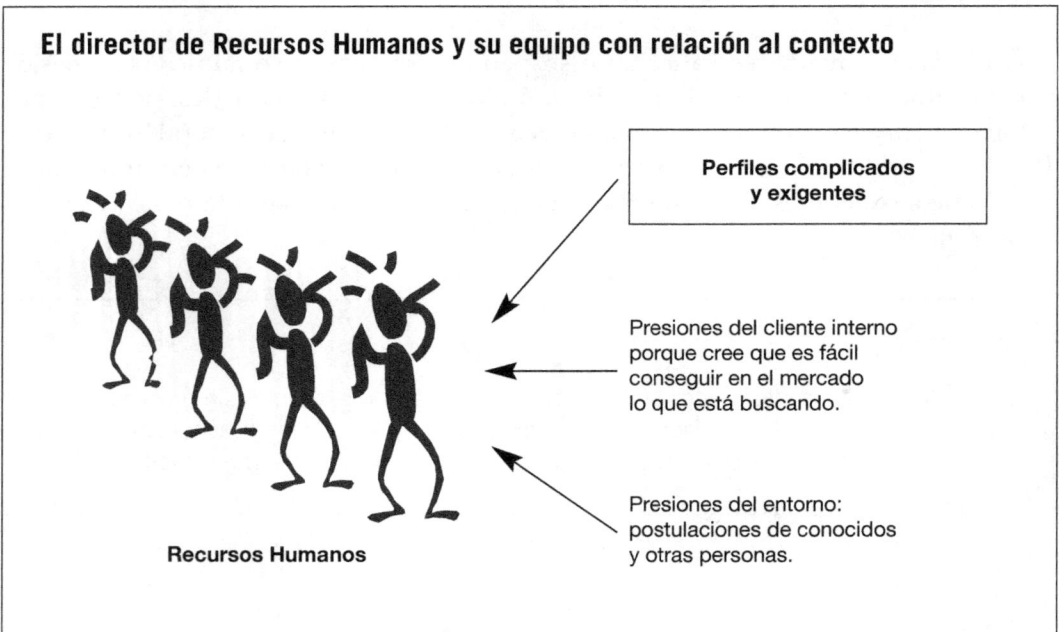

El director de Recursos Humanos y su equipo con relación al contexto

Perfiles complicados y exigentes

Presiones del cliente interno porque cree que es fácil conseguir en el mercado lo que está buscando.

Presiones del entorno: postulaciones de conocidos y otras personas.

Recursos Humanos

La comunicación

Todos los integrantes del área de Recursos Humanos, desde el director hasta el asistente, deben ser entrenados en cómo atender a personas de la organización y de fuera de ella.

Concepto de *front office*

---

so de selección, desempleadas o no, tienen una sensibilidad mayor en relación con el trato y la comunicación.

Una forma de contemplar estas situaciones es con un adecuado entrenamiento de todo el equipo que conforma el área de Recursos Humanos, desde el director o gerente hasta la persona que atiende el teléfono o recibe los currículum en la recepción, por correo electrónico u otra vía.

Utilizaremos el concepto de *front office*, frecuente en empresas de servicio en general. En las redes de oficinas de bancos que atienden al público, por ejemplo, se entiende que todas las personas que trabajan en ellas pueden atender a clientes.

En la oficina de Recursos Humanos todos deben estar entrenados para atender postulantes, aunque su tarea específica no sea entrevistar candidatos.

La situación real del postulante en el proceso de búsqueda

Usualmente se nos consulta hasta dónde informar, qué decir, cómo decirlo...

En la práctica se presentarán casos donde se conocerá el real estado de la postulación, y otros en que no. A estos últimos se los puede denominar "casos indefinidos". Estas son las posibilidades en cuanto a la situación del postulante:

© GRANICA

- Fue aceptado.

- No fue seleccionado.

- No se dispone de la información.

- Se dispone de la información, pero aún no se puede comunicar (por alguna razón valedera).

Cuando una búsqueda está en curso no es conveniente hacer comentarios categóricos. Es frecuente que un candidato que en una primera instancia no fue considerado pase a ser aceptado o viceversa, porque algo cambió durante el proceso de selección.

La inducción

El tiempo invertido en la inducción de un nuevo empleado es una pieza fundamental de la relación futura, y debe fijarse una política al respecto. Cada compañía puede hacerlo en forma diferente, según su estilo, más o menos extenso. En todos los casos, debe existir, esa es la clave.

Los métodos más frecuentemente utilizados:

- una carpeta;

- un curso;

- un video;

- intranet.

¿Qué debe contener como mínimo un manual de inducción?

- Información sobre la empresa:
    - Visión y misión.
    - Organigrama.
    - Operaciones: productos/volúmenes/cifras en general.
    - Aspectos geográficos.
    - Aspectos mundiales si es una corporación.

- Políticas, normas internas, beneficios, sistemas.

- Comunicaciones, costumbres de la compañía: horarios, feriados especiales, etc.

Si bien no es usual que figure por escrito en los programas de inducción, es muy interesante acompañarlos con algún procedimiento especial de seguimiento del ingresante. Por ejemplo, llamadas o reuniones periódicas para saber cómo se siente, si se han cumplido sus expectativas al ingresar a la empresa, etc.

Seguimiento del candidato ingresado

El seguimiento de las incorporaciones realizadas es una buena práctica, y puede realizarse en diferentes momentos.

Más allá de si se utilizan o no indicadores de gestión, es aconsejable realizar un seguimiento de los nuevos colaboradores entrevistando a estos y a sus jefes. La mutua satisfacción será un indicador útil y sencillo de cómo funciona el área de Selección.

En relación con el seguimiento de las personas que se incorporan a una organización, es importante también destacar la entrevista de salida como una forma de hacer seguimiento al averiguar sobre los verdaderos motivos por los cuales una persona deja su puesto de trabajo. Este tipo de entrevistas deben estar a cargo de una persona del área de Recursos Humanos, con el nivel suficiente como para detectar situaciones complejas o temas profundos que requieran experiencia para ser desentrañados.

En los casos críticos, por el nivel de la persona involucrada, será preciso que el responsable de la entrevista sea del máximo nivel posible, idealmente el director del área a la cual pertenece esa persona.

Obras de Martha Alles relacionadas con este capítulo

Para el reclutamiento y selección a través de las redes sociales, la obra *Social Media y Recursos Humanos*.

La selección de personas y las entrevistas por competencias son temáticas desarrolladas en profundidad en las siguientes obras: *Selección por competencias; Elija al mejor. Cómo entrevistar por competencias; Diccionario de preguntas. La trilogía. Tomo III*, y *Diccionario de comportamientos. La trilogía. Tomo II*.

Los aspectos principales en materia de selección que deben conocer los jefes de todos los niveles están tratados en *Rol del jefe* y *12 pasos para ser un buen jefe*. Como ya hemos dicho en el Capítulo 2, para las evaluaciones de competencias Martha Alles Capital Humano ha desarrollado una serie de herramientas, especialmente diseñados para la medición del grado de desarrollo de las competencias en las personas.

"Manuales de Assessment" (*Assessment Center Method*) en sus versiones estándar y a medida del modelo de competencias de la organización.

© GRANICA

También la *Entrevista estructurada,* igualmente en sus versiones estándar y a medida. Por último, estas herramientas se complementan con el *Manual para detectar valores personales en el proceso de selección.*

Síntesis del capítulo

- Una correcta selección de personas es buena para la empresa y para los individuos. Una persona tiene una serie de expectativas respecto de su trabajo y de la empresa, y a su vez el empleador también espera ciertas conductas de su personal. Cuando existe una correspondencia entre ambas series de expectativas, cuando ese contrato psicológico entre empleado y empleador se explicita, es compartido y aceptado, la relación es fructífera para todos.

- La definición del perfil es la base del proceso de selección. La selección de candidatos debe hacerse, en todos los casos, con relación al perfil requerido por el puesto. Por lo tanto, deben definirse todos los requisitos que la función plantea: los excluyentes y los no excluyentes. Una correcta división de estos requisitos será clave en las etapas posteriores del proceso de selección. Si la empresa trabaja bajo un esquema de gestión por competencias, deberá definir cuáles son las competencias requeridas para el puesto.

- Para planificar una búsqueda, estimar plazos y costos involucrados, es necesario conocer los pasos a seguir para ese proceso en particular. Los pasos necesarios para la planificación de un proceso de búsqueda son: definir el perfil, los canales a utilizar en la búsqueda, cuántas entrevistas y evaluaciones se realizarán y con quién, para luego armar la carpeta de finalistas.

- La entrevista es la herramienta por excelencia en la selección de personal, es uno de los factores que más influencia tienen en la decisión final respecto de la vinculación o no de un candidato a un puesto. La entrevista es un diálogo que se sostiene con un propósito definido y no por el mero gusto de conversar. Entre el entrevistador y el entrevistado existe una correspondencia mutua y gran parte de su acción recíproca consiste en posturas, gestos y otros modos de comunicación. La palabra, los ademanes, las expresiones y las inflexiones concurren al intercambio de conceptos que constituye la entrevista.

- La entrevista por competencias tiene por objetivo obtener información sobre comportamientos y acciones que el entrevistado ha implementado en situaciones reales, relacionadas con las competencias requeridas para el puesto.

- La decisión final es una decisión de la línea o cliente interno, no del área de Recursos Humanos. El área de Recursos Humanos o el responsable de la selección debe, siempre que sea posible, tener una alternativa (otro finalista) en el momento de la negociación con la persona seleccionada en primer término. La alternativa es otro postulante igualmente adecuado para cubrir el perfil.

- La oferta por escrito es una buena costumbre en defensa de los intereses de ambas partes. Debe incluir: fecha, a quién se le hace la oferta, título del puesto y fecha de inicio, salario y otros componentes de la remuneración, momento de las futuras revisiones salariales, beneficios, y firmas del candidato y de un responsable de la empresa que realiza la oferta.

- Los trámites de ingreso pueden diferir según los distintos países, pero los más usuales son: exámenes médicos, pedido de referencias financieras y judiciales, y los denominados exámenes ambientales. Se deberá tener en cuenta la normativa vigente al respecto en cada país.

- La comunicación con los candidatos participantes en un proceso de búsqueda acerca del avance de la misma, así como en el momento en que se toma la decisión, es una tarea relevante y se deberá entrenar a toda el área de Recursos Humanos sobre cómo responder preguntas y –eventualmente– contener la ansiedad de algún participante.

- La inducción del candidato es otro hito importante en la relación del empleado con la organización y debe ser planeada con anticipación. Los elementos a utilizar pueden ser diferentes.

Para cada uno de los capítulos de esta obra hemos preparado casos prácticos y/o ejercicios orientados a lograr una mejor comprensión de los temas tratados en cada uno de ellos. El lector podrá encontrarlos en *Dirección estratégica de Recursos Humanos. CASOS.*

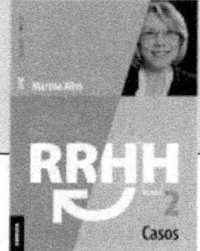

PARA TODOS LOS LECTORES

Se encuentra disponible en formato digital un Anexo donde se ha realizado un análisis detallado de libros y subsistemas que complementa las temáticas abordadas en esta obra.

PARA PROFESORES

Para cada uno de los capítulos de esta obra hemos preparado:

☞ Material de apoyo para el dictado de clases.

Los profesores que hayan adoptado esta obra para sus cursos tanto de grado como de posgrado podrán solicitar de manera gratuita:

Dirección estratégica de Recursos Humanos. CLASES

Únicamente disponibles en formato digital:
www.marthaalles.com

o bien escribiendo a:
profesores@marthaalles.com

Capítulo 5

Formación

En este capítulo usted verá los siguientes temas:

- Formación. Capacitación. Desarrollo. Aprendizaje. Definiciones
- Los distintos métodos para el desarrollo de personas
- Métodos para el desarrollo de personas fuera del trabajo
- La formación en el ámbito de las organizaciones
- Las bases del aprendizaje de adultos
- Espiral creciente y el proceso de aprendizaje
- Aprendizaje inteligente y no aprendizaje
- La función de Formación en las organizaciones y su relación con la estrategia organizacional
- Codesarrollo. Un método de aprendizaje de la Metodología Martha Alles
- Autodesarrollo
- Medir las capacidades de los participantes como un paso previo a la formación

© GRANICA

Formación. Capacitación. Desarrollo. Aprendizaje. Definiciones

En este capítulo el lector encontrará todos los temas relacionados con el aprendizaje y la formación de personas, desde la idea más clásica y tradicional, vigente aún en la actualidad, como es la formación a través de un curso de capacitación para adquirir o acrecentar conocimientos, hasta los más modernos métodos para el desarrollo de competencias.

Los estilos de aprendizaje pueden variar de persona a persona y la expresión hace referencia a las diferentes formas o caminos que los individuos, en general, siguen para alcanzar un nivel superior de conocimientos sobre alguna materia específica. De acuerdo al estilo de aprendizaje de cada uno, unos métodos serán más eficaces que otros.

En el ámbito de las organizaciones se trabaja con personas adultas; pueden ser jóvenes, pero siempre serán considerados adultos desde la perspectiva del aprendizaje.

Adicionalmente también se verá la función del área de Formación en las organizaciones y cómo planear la formación y controlarla.

El papel de la capacitación dentro de las organizaciones

La formación puede llegar a constituirse en un factor relevante dentro de los planes estratégicos organizacionales, en la medida en que sea diseñada a tal efecto.

No siempre la inversión en capacitación está bien direccionada, y a veces los muchos o pocos recursos que se disponen se utilizan de manera inadecuada. Ciertos conceptos básicos, como que la capacitación debe estar relacionada con el puesto que cada persona ocupa en el presente o se prevé que ocupará más adelante, no deben perderse de vista en ningún momento. Un sinnúmero de empresas diseñan programas de formación sobre ciertos tópicos que, si bien pueden ser interesantes o de utilidad potencial, no tienen relación con los puestos de trabajo de las personas que reciben esa capacitación. El ejemplo más frecuente son los "cursos de inglés para todo el personal", sin analizar si esta capacidad está relacionada con las tareas/responsabilidades actuales o futuras de dichas personas. En estos casos se planifica la actividad como parte del programa de formación; sin embargo es un enfoque equivocado: debería ser un ítem entre las remuneraciones y beneficios que se brindan al personal, ya que representa un "beneficio" para los colaboradores pero no cubre una necesidad de la organización. Esto es así en el ejemplo planteado, donde el inglés no es un requisito para el puesto que cada colaborador ocupa u ocupará.

Por el contrario, cuando la formación se planifica relacionándola con la estrategia y la visión de la organización, los planes llevados adelante en la materia estarán enfocados a que las personas logren de la mejor manera sus objetivos. Se verá la temática tanto en este capítulo como en el Capítulo 7, donde se hará referencia a la función de *Desarrollo de personas*, con especial foco en los programas internos para el desarrollo de personas y, en consecuencia, el cuidado del capital intelectual.

Cada vez que en las empresas se plantea el tema de la formación, lo que está en juego es la forma de difundir conocimientos, promover su aplicación práctica en pos de la obtención de resultados concretos y generar los cambios necesarios para enfrentar los retos del mercado.

Una de los aspectos a tener en cuenta desde el área de Formación es que uno de los objetivos a alcanzar es que cada uno de los colaboradores, de todos los niveles, desde el número 1, realice mejor sus tareas y alcance sus objetivos. Todas las organizaciones necesitan que las personas alcancen la excelencia en sus puestos de trabajo. En algunos casos, será necesario contar con individuos que tengan las capacidades necesarias para realizar no solo las tareas inherentes a su propio puesto de trabajo, sino también a otros, ante la eventual necesidad de reemplazos.

En este proceso de búsqueda de mejoras permanentes, la formación de las personas cobra un valor estratégico. Dentro de la función de Formación se deberá trabajar tanto para mejorar el presente como para construir un futuro en el que los recursos humanos estén formados y preparados para superarse continuamente.

Para alcanzar resultados eficaces, dado que en las empresas la formación siempre está dirigida a adultos, el énfasis de la misma debe ser de tipo práctico, relacionada con la actividad específica de cada persona, para que los receptores puedan visualizar de manera concreta cómo mejorarán su desempeño en sus respectivos puestos de trabajo.

La capacitación se desarrolla –usualmente- en un contexto con intereses de algún modo divergentes: por un lado, el asistente está preocupado por la obtención de resultados inmediatos y, por otro, el instructor se halla preocupado por actualizar conocimientos y/o desarrollar competencias, para mejorar esos resultados e impulsar cambios.

Transmitir conocimientos, desarrollar competencias, facilitar ciertas actitudes, es habilitar a las personas para promover cambios, en sí mismos y en su entorno. El aprendizaje exige compromiso de quien desea alcanzarlo. No hay transmisión efectiva si no hay curiosidad, búsqueda, interrogantes, involucramiento. Educar y aprender, capacitar y capacitarse, transformar y transformarse. Quienes se involucran

© GRANICA

en este devenir de la actividad educativa crecen, mejoran su capacidad, crean un futuro distinto.

Las organizaciones capacitan para poder optimizar sus resultados, mejorar su posición en el mercado. Las personas buscan capacitarse para hacer bien su tarea, para crecer personal y profesionalmente, para mejorar su posición relativa en la estructura, para, en síntesis, tener un mejor nivel de vida.

Para que las acciones de capacitación produzcan efectos transformadores deben cumplir con ciertos requisitos, respetar ciertos principios. Por eso es que, desde la perspectiva organizacional y personal, los resultados de la capacitación deben ser evaluados. Cada uno podrá preguntarse: *Las actividades de las que participamos, ¿generaron lo que esperábamos? Si fue así, ¿hemos podido aplicarlo?, ¿nos ayudó a mejorar?*

Del autor al lector

Es importante delimitar las expectativas respecto de la capacitación. Si bien promover el cambio en una empresa es inherente a la función de Formación, no por esto una actividad por sí misma puede impulsar las transformaciones estructurales que muchas organizaciones necesitan. La capacitación no puede ni debe estar ausente cuando un cambio es deseado, pero no alcanza por sí sola para producirlo.

Según Gore[1], el ambiente organizativo no es educativamente "neutro", y lo que la gente aprende en las empresas se origina sobre todo en el mero "estar" dentro de ellas, en trabajar, convivir e interactuar. También dice este autor que una organización que aprende y enseña debe aprender a capturar y procesar información del contexto para crecer y sobrevivir.

Si bien capacitación y formación son conceptos amplios, habitualmente se conocen como acciones de formación, capacitación o desarrollo a aquellas de tipo estructurado, ya sea producto de acciones individuales o grupales, por propia iniciativa o a través de la organización en la cual la persona se desempeña, y que se realizan con el propósito de alcanzar el aprendizaje por parte de los participantes.

Para Blake[2] el aprendizaje es una tarea, un trabajo, y como tal requiere el uso de energía, de esfuerzo. Nada podrá sustituir el esfuerzo personal del que aprende. Ni la tecnología, con todos sus medios y recursos, ni el propio coordinador de la actividad podrán suplantar el esfuerzo del participante.

---

1   Gore, Ernesto. *La educación en la empresa.* Ediciones Granica, Buenos Aires, 1996.
2   Blake, Oscar J. *La capacitación.* Ediciones Macchi, Buenos Aires, 1997, Capítulo 4.

Del autor al lector

Una sugerencia de tipo personal: analice la utilidad de la capacitación que recibió en su trayectoria laboral. Considere tanto actividades formales de capacitación como situaciones fuera del aula que hayan constituido para usted instancias significativas de aprendizaje. Indique por lo menos una consecuencia importante de esas actividades en el desarrollo de su tarea. *¿Obtuvo de su capacitación formal todo lo que esperaba y necesitaba? Si no fue así, ¿a qué adjudica la diferencia entre sus expectativas y los resultados alcanzados?*

Cómo tratan la temática de formación otros autores

Con el propósito de brindar al lector el estado del arte en materia de formación, se expondrá a continuación una breve mención de los principales autores que han tratado la temática. En el Capítulo 7, destinado a *Desarrollo,* donde se tratarán especialmente los programas internos para el desarrollo de personas dentro del trabajo, se ha incluido una sección similar a esta, donde se mencionan las principales obras sobre la temática allí tratada. No obstante, algunos autores se encuentran mencionados en los dos capítulos, dado que las temáticas que abordan están íntimamente interrelacionadas.

Libros y tratados sobre Recursos Humanos

Sherman y otros[3], en una sección que denominan *Desarrollo de la eficacia en Recursos Humanos,* agrupan temas relacionados con capacitación, desarrollo y desempeño. Específicamente en el punto capacitación, al igual que otros autores, diferencia el desarrollo de ejecutivos del de los otros colaboradores y presentan algunas experiencias exitosas en la materia.

Gary Dessler[4], bajo el nombre de *Capacitación y desarrollo* se refiere a ambos temas, formación para conocimientos y desarrollo de competencias. Establece una diferenciación entre la formación para niveles gerenciales y la destinada a otros niveles dentro de la organización.

---

3 Sherman, Arthur; Bohlander, George; Snell, Scott. *Administración de Recursos Humanos.* Thomson Internacional, México, 1999.
4 Dessler, Gary. *Administración de Personal.* Prentice Hall Hispanoamericana, México, 1994.

© GRANICA

Peretti[5], bajo el título *El desarrollo humano y social,* da a la temática de formación un encuadre remunerativo y la ubica dentro de un marco reglamentario como un derecho del trabajador. Si bien está vinculada a las necesidades del puesto, se percibe la formación más como una obligación que como una forma de buen manejo de los recursos organizacionales. Esta formación continua deriva (al menos al momento en que el autor publicó dicha obra) de una ley de su país (Francia) que fija un determinado porcentaje de la remuneración o los impuestos a la mano de obra. Muchos países tienen reglamentaciones similares.

Mathis y otros[6] abordan una serie de temas relacionados. Bajo el título global de *Formación y desarrollo de recursos humanos,* se refieren a las dos temáticas. En cuanto a formación, diferencian la modificación de comportamientos (desarrollo de competencias) de la transmisión de conocimientos. Asimismo, diferencian la formación dirigida a nuevos colaboradores del desarrollo de las personas que integran la organización. Al igual que otros autores distinguen los métodos dentro del trabajo (tratados en la obra *Construyendo talento)* de los métodos fuera del trabajo: cursos, resolución de casos de estudio, *role playing,* juegos de negocios y ejercicios de simulación, entre otros. En cuanto a los métodos, destacan la utilización de medios audiovisuales y la asistencia a través del ordenador.

El profesor Joshua Okumbe, de la Universidad de Nairobi[7], reconoce la existencia de dos métodos de formación: dentro y fuera del trabajo, al igual que otros autores consultados. Este autor keniata menciona, como métodos dentro del trabajo, entre otros, la enseñanza con la guía de un profesor y el mismo jefe dirigida a los nuevos empleados, rotación de puestos, *mentoring* y, como métodos fuera del trabajo, cursos o clases, *role playing,* simulaciones, etcétera.

Además, Okumbe indica, como muchos otros autores, la pertinencia de medir las reales necesidades de formación que los empleados tienen en el presente según sus puestos de trabajo, y cuáles de estos conocimientos y competencias deberían adquirir, con relación a puestos futuros.

Sobre las actividades *outdoor* dice Jac Fitz-enz[8]: *Una de las últimas y muy costosas modas del desarrollo son los cursillos de consolidación de equipos en el exterior. O de supervivencia. La suposición es que la gente aprende a trabajar en equipo construyendo balsas y escalando montañas juntos. Es probable que sea así. Me imagino que resultará muy divertido para el que esté en forma, y agónico para el que no lo esté, pero de cualquier manera los vendedores*

---

5   Peretti, Jean-Marie. *Gestion des ressources humaines.* Librairie Vuibert, Paris, 1998.
6   Mathis, Robert L.; Jackson, John H. *Human Resource Management.* South-Western College Publishing, a division of Thompson Learning; Cincinatti, Ohio; 2000.
7   Okumbe, Joshua Abong´o. *Human Resources Management an Educational Perspective.* Educational Development and Research Bureau; Nairobi, Kenya; 2001.
8   Fitz-enz, Jac. *Cómo medir la gestión de Recursos Humanos.* Ediciones Deusto, Bilbao, 1999. Página 291.

de este tipo de cursillos están obteniendo buenos ingresos. Y continúa luego: *Si se desea medir resultados,* (la actividad) *debe proporcionar formación de aptitudes en el contexto del puesto de trabajo. La razón para esto es que la construcción de balsas no tiene ninguno de los factores de riesgo que tiene la actuación en la empresa. En resumen* –dice Fitz-enz– *es divertido, pero tanto si la balsa flota como si se hunde, las personas siguen manteniendo su empleo cuando vuelven a la empresa.*

Gómez-Mejía y otros[9], en el capítulo *Formación de la fuerza laboral,* al igual que otros autores, plantean la necesidad de determinar las necesidades de formación. Asimismo se refieren a los medios de enseñanza, entre ellos los audiovisuales, los que emplean ordenadores e Internet, y los métodos disponibles. Estos autores plantean un tema interesante. Se preguntan si las empresas son éticamente responsables de proporcionar cursos de alfabetización a los trabajadores que carecen de habilidades básicas.

Renckly[10], en *Human Resources,* trata el tema de formación como un beneficio más a los empleados, no como una de las funciones del área de Recursos Humanos o como uno de los caminos para alcanzar la estrategia, que es –tal como se verá más adelante– nuestra propuesta.

Elliot Jaques[11], en *La organización requerida,* sostiene que los cambios organizacionales se logran a través de diseñar la estructura adecuada; primero hay que comprender cuál es la organización existente para luego diseñar la organización requerida. En varias partes de la obra se refiere al desarrollo de personas sin mencionar, de manera específica, la *formación.*

En un libro diferente a los anteriores, destinado a orientar a un jefe, gerente o dueño de empresa sobre cómo manejar al personal de manera directa, es decir, sin la ayuda de un especialista de Recursos Humanos, su autor, Arthur Pell[12], menciona temas que han sido tratados en esta obra, bajo el concepto *el supervisor como un entrenador.* En esta sección, y bajo los subtítulos *La capacitación es un trabajo en equipo* y *Programar la capacitación,* entre otros, plantea consejos muy simples para los jefes, en especial en aquellas empresas donde no existe un área de Recursos Humanos y un jefe no experto en el tema debe resolver sobre la capacitación de sus empleados.

Por último, la ya mencionada obra del profesor Okumbe, de la Universidad de Nairobi[13], hace referencia a la temática en un capítulo conjunto destinado a formación y desarrollo de personas.

---

9 Gómez-Mejía, Luis R.; Balkin, David B.; Cardy, Robert L. *Gestión de Recursos Humanos.* Prentice Hall, Madrid, 1998.

10 Renckly, Richard G. *Human Resources.* Barron's Educational Series, New York, 1997.

11 Jaques, Elliott. *La organización requerida.* Ediciones Granica, Buenos Aires, 2000.

12 Pell, Arthur R. *¡Administre su personal fácil!* Prentice Hall Hispanoamericana, México, 1996.

13 Okumbe, Joshua Abong'o. Obra citada.

Obras enfocadas exclusivamente a temas de formación

David A. Kolb es ampliamente reconocido y citado por muchos otros autores, por su método de aprendizaje. Nos referiremos más adelante, en este mismo capítulo, a su teoría central sobre el *proceso del aprendizaje experimental* que el autor plantea en la obra *Experience as the source of learning and development*[14], del año 1984.

En ese trabajo Kolb propone interesantes enfoques sobre las diversas formas de adquirir conocimientos y experiencias vitales. Solo a modo de ejemplo: la forma de asimilar conocimientos (designado como *conocimiento asimilativo* en su proceso de aprendizaje) permite: asimilar información, construir modelos conceptuales, contrastar teorías e ideas, diseñar experimentos y analizar datos cuantitativos.

Kolb, junto con otros autores, ha publicado *Innovation in Professional Education*[15], donde se relata una experiencia sobre educación formal superior en management, cuyos resultados fueron ampliamente beneficiosos tanto en conocimientos como en competencias gerenciales adquiridas.

Kolb, también junto con otros, ha publicado además *Conversational Learning. An Experiential Approach to Knowledge Creation*[16]. Allí desarrollan conceptos adicionales a la teoría del aprendizaje presentada por Kolb en 1984 (obra citada precedentemente), incorporando nuevos conceptos tales como grupos multiculturales y el ciberespacio.

Silberman[17] expone sobre todos los aspectos a tener en cuenta para la formación de personas, desde la necesidad de evaluar las necesidades, las distintas formas de impartir formación, cómo planearlas, y el uso de la tecnología, hasta cómo evaluar las actividades de formación.

The Trainer's handbook[18] brinda una completa guía sobre los diferentes aspectos que debe tener en cuenta un instructor o capacitador, desde cómo sentar a las personas en una actividad, por ejemplo, en función de las temáticas y otras variables, hasta cómo usar medios audiovisuales u otras formas de captar la atención de los participantes para brindar una mejor enseñanza.

14 Kolb, David A. *Experience as the source of learning and development*. Prentice Hall. New Jersey, 1984.

15 Boyatzis, Richard E.; Cowen, Scott S.; Kolb, David A. *Innovation in Professional Education*. Jossey-Bass Publishers, San Francisco, 1995.

16 Baker Ann C.; Jensen, Patricia J.; Kolb, David A. *Conversational Learning. An Experiential Approach to Knowledge Creation*. Quorum Books, Westport, 2002.

17 Silberman, Mel. *Active Training. A Handbook of Techniques, Designs, Case Examples, and Tips*. Pfeiffer, John Wiley & Sons, San Francisco, 2006.

18 Lawson, Karen. *The trainer's Handbook*. Pfeiffer, San Francisco, 2006.

Además, es posible encontrar publicaciones destinadas a ofrecer ejercicios para actividades de formación, tales como dos trabajos de Nilson[19][20] sobre la temática de trabajo en equipo.

Werner y DeSimone[21], en un libro de texto destinado al desarrollo de los recursos humanos, abarca diversas temáticas relacionadas. Con una perspectiva amplia, la obra recorre diferentes temas: la medición de capacidades, en especial competencias; la formación y el entrenamiento; *mentoring* y otras buenas prácticas organizacionales relacionadas con el desarrollo de personas. Específicamente sobre *formación*, enfatiza la importancia de la evaluación de las necesidades y de priorizarlas, definir los objetivos, los métodos, los materiales, la selección del instructor, la planificación de las actividades y del programa en su conjunto. Sobre la evaluación, menciona que se deben seleccionar los criterios de medición e interpretar −luego− sus resultados.

Otras obras relacionadas con la temática de la formación y el aprendizaje

Peter Senge[22] hace un juego de palabras al utilizar el concepto *aprender* en contraposición a los términos *entrenar y enseñar,* para expresar con relación a estas palabras: *El aprendizaje siempre ocurre en el tiempo y en la vida real, no en el salón de clase ni en sesiones de entrenamiento... La clave está en ver el aprendizaje como inseparable del trabajo cotidiano.* El autor, al destacar estos conceptos, está pensando cómo desarrollar (y cómo desarrollarse uno mismo) a través de la experiencia.

En una obra titulada *Administre el conocimiento*[23] sus autores hacen una interesante diferenciación entre los vocablos *datos, información* y *conocimiento. La tendencia a confundir estos términos −dicen* Probst y otros− *es la causa de múltiples malos entendidos en cuanto a la administración del conocimiento.* Agregan los autores mencionados: *Debemos considerar diferencias entre el conocimiento de los individuos y el de los grupos.*

En la obra de Senge *La quinta disciplina*[24] se menciona que el *aprendizaje en equipo* (como *disciplina*) comienza con el "diálogo", la capacidad de sus miembros para "suspender sus supuestos" e ingresar en un auténtico "pensamiento conjunto". A su

19 Nilson, Carolyn. *Teams Games for Trainers.* McGraw-Hill, New York, 1993.
20 Nilson, Carolyn. *More teams games for trainers.* McGraw-Hill, New York, 1998.
21 Werner, Jon M.; DeSimone, Randy L. *Human Resource Development.* Thomson Higher Education; Mason, Ohio; 2006.
22 Senge, Peter (et al.). *La Danza del Cambio.* Grupo Editorial Norma, Bogotá, 2000.
23 Probst, Gilbert; Raub, Steffen; Romhardt, Kai. *Administre el conocimiento.* Pearson Educación, México, 2001.
24 Senge, Peter M. *La quinta disciplina.* Ediciones Granica, Buenos Aires, 2012.

© GRANICA

vez, la disciplina del *diálogo* también implica aprender a reconocer los patrones de interacción que erosionan el aprendizaje. Los patrones de defensa a menudo están profundamente enraizados en el funcionamiento de un grupo humano. Si no se los detecta, atentan contra el aprendizaje. Si se los detecta y se los hace aflorar creativamente, pueden acelerarlo.

Para Senge, es vital que las cinco disciplinas (que dan origen al título de su obra) se desarrollen como un conjunto. Esto representa un desafío, porque es mucho más difícil integrar herramientas nuevas que aplicarlas por separado. Pero los beneficios de dicha integración son inmensos. Por eso, *el pensamiento sistémico es la quinta disciplina*. Es la que integra a las demás, fusionándolas en un cuerpo coherente de teoría y práctica. Por ejemplo, la visión sin pensamiento sistémico termina pintando seductoras imágenes del futuro sin proveer un conocimiento profundo de las fuerzas que se deben combinar para llegar a concretar el objetivo. Por ello, no alcanza con definir la visión, que es algo que muchas empresas realizan sin lograr un resultado tangible, ya que lo único que hacen al respecto es *redactarla*.

El pensamiento sistémico requiere de las otras disciplinas concernientes a la visión compartida, los modelos mentales, el aprendizaje en equipo y el dominio personal para realizar su potencial. La construcción de una visión compartida alienta un compromiso a largo plazo.

Obras específicas sobre competencias

Los autores que tratan la temática de Gestión por competencias de manera integral, es decir, analizando cómo la definición de competencias se relaciona con los distintos subsistemas de Recursos Humanos, actualizan algunos temas relacionados con esta obra. Citaremos a algunos de ellos.

Antonio Carretta[25], en un libro que compendia varios artículos y que está enfocado en las competencias, plantea la necesidad de su medición y desarrollo; sin embargo, para este último aspecto no indica el camino a seguir.

Boccalari y otros[26], que analizan el tema de la formación solo respecto de las competencias, señalan que estas primero deben medirse, asignándole un rol importante a la autoevaluación, para luego afirmar que en materia de competencias el interesado será el protagonista de su propio desarrollo. A continuación relacionan el *knowledge management* con el desarrollo de competencias, tema que hemos tratado en otra obra (*Desarrollo del talento humano. Basado en competencias*).

---

25 Carretta, Antonio; Dalziel, Murray M.; Mitrani, Alain. *Dalle Risorse Umane alle Competenze.* Franco Angeli Azienda Moderna, Milano, 1992.
26 Boccalari, R.; Caroni, L.; Oggioni, E.; Piccolo, A.; Rullani, E.; Vergeat, M. *Competenze. Leva di eccellenza delle persone e delle organizzazioni.* Franco Angeli, Milano, 2004.

Spencer[27] dedica un capítulo al desarrollo de competencias y, al igual que Levy-Leboyer, también cita a D.A. Kolb.

El tema del desarrollo de competencias posee un tratamiento diverso en la bibliografía consultada, siendo la obra de Spencer & Spencer la que ofrece métodos más prácticos para llevar a cabo dicho desarrollo.

Para la autora francesa Levy-Leboyer[28], el cambio más rápido que las empresas deben afrontar en el presente se relaciona con el desarrollo de competencias. *La iniciativa dejada a cada uno para organizar su desarrollo personal coincide también con la manera como los individuos intentan actualmente administrar ellos mismos su carrera profesional, incluso aunque deban hacerlo teniendo en cuenta necesidades y evoluciones previsibles del mercado.* Más adelante menciona que *no se aprende a aprender escuchando las lecciones de un maestro; se hace reflexionando, uno mismo o con ayuda de un interlocutor competente, sobre las ocasiones en que uno ha adquirido competencias, sobre lo que ha aprendido y la manera como lo ha aprendido.*

Por último, Levy-Leboyer enfatiza que cada persona tiene un estilo particular de aprendizaje. Estos "estilos cognitivos" son esencialmente formas de tratar la información disponible, incluidos los retornos de información.

El ciclo de aprendizaje refuerza los conceptos abstractos sobre cómo desarrollar la habilidad de otra persona para llevar a cabo una tarea y las habilidades interpersonales prácticas para lograrlo.

Las personas cambian solo si están realmente interesadas en hacerlo. En lo que respecta a sus competencias, los adultos no pueden cambiar sin un proceso que los haga sentir personalmente insatisfechos con las que tienen. Pero esto no alcanza: deben sentirse, además, seguros y confiados respecto de cómo llevar adelante las nuevas conductas. Los participantes deben reconocer las brechas existentes de cada competencia, entre su actual nivel y el deseado. Reconocer las brechas provee la energía y dirección para el cambio. En síntesis, no se puede cambiar en contra de la voluntad de las personas.

Para los autores italianos Carretta, Dalziel y Mitrani, ya mencionados, la evaluación de individuos en relación con el desarrollo de carreras puede hacerse con numerosos métodos: la entrevista por incidentes críticos (BEI, por su nombre en inglés), diversos tests, simulaciones en un *assessment center,* informes sobre la evaluación de desempeño, o evaluación de superiores, colegas y subordinados (*feedback 360°* o evaluación de 360°).

---

27 Spencer, Lyle M.; Spencer, Signe M. *Competence at work, models for superior performance.* John Wiley & Sons, Inc., New York, 1993.
28 Levy-Leboyer, Claude. *Gestión de las competencias.* Gestión 2000, Barcelona, 1997.

© GRANICA

En resumen, la mayoría de los autores mencionados hacen referencia a la necesidad de evaluar a las personas identificando como técnicas al respecto los *assessment centers* (ACM) y, en algunos casos, la evaluación de 360 grados. En ningún caso se menciona una herramienta específica para medir conocimientos o valores. Quizá pueda interpretarse que estos aspectos son mensurados en las evaluaciones de desempeño.

Adicionalmente plantean la necesidad de tener en claro los objetivos, conocer sobre las necesidades de capacitación, etc., pero ninguno de ellos plantea el enfoque estratégico que, en nuestra opinión, es determinante para una formación efectiva.

Un último comentario
sobre los autores seleccionados

Los autores mencionados no representan la totalidad de los materiales disponibles sobre la temática, solo hacemos referencia a algunos de los que hemos consultado de manera previa a la confección de esta obra. Conocer el *estado del arte* en una materia es una tarea que *nunca puede ser completa,* se limita a las lenguas que maneje quien lo confeccione y a la limitación física de leer y disponer de obras de tipo bibliográfico.

Algunos comentarios adicionales
sobre buenas prácticas en formación

En varios momentos nos hemos referido a definiciones y precisiones sobre el uso de términos; quizás algún lector le pueda parecer excesivo. Sin embargo, creemos muy importante señalar la diferencia entre conceptos, dado que –y solo a modo de ejemplo– no será la misma situación si un colaborador necesita desarrollar la competencia *planeamiento y control,* es decir, cambiar comportamientos con relación a este tema, que si necesita aprender una técnica sobre cómo planear o bien cómo manejar un software específico para planeamiento. Las actividades formativas en un caso u otro serán totalmente diferentes.

En la temática de Recursos Humanos existen muchas herramientas, todas ellas muy eficaces, en la medida en que se las use correctamente.

Sobre el uso de los términos en formación

Las personas, para desempeñar cualquier tipo de posición, gerencial o no, necesitan cubrir una serie de requisitos. Para ello ponen en juego sus capacidades, que pueden ser clasificadas de la siguiente manera:

- *Conocimientos*, tanto derivados de estudios formales como de otro origen.

- *Competencias y valores.* Los aspectos personales de cada uno pueden reunirse en un solo concepto, *competencias*, o desdoblarse en dos, *competencias y valores*. Los tratamos de manera conjunta dado que los métodos para su medición son similares y difieren de los utilizados para evaluar otros aspectos.

- *Experiencia.* Esta de algún modo provee tanto conocimientos como competencias, pero debe ser considerada por separado.

Como el lector puede apreciar, pueden existir zonas grises entre los distintos conceptos. En nuestra opinión, la clave es diferenciar los métodos de medición o evaluación, y las modalidades para su desarrollo, aprendizaje o formación.

Desarrollo de personas

El término desarrollo se utiliza, especialmente, con relación a competencias; sin embargo, también es aplicable a conocimientos.

Antes de iniciar procesos de desarrollo siempre es aconsejable contar con mediciones específicas del nivel de desarrollo en el participante. Para que se verifique el desarrollo, tanto de una competencia como de conocimientos, se deben dar las siguientes situaciones:

- Reconocimiento de la necesidad de desarrollo (por ejemplo, después de una evaluación de desempeño o luego de una evaluación específica de competencias).

- Informarse con respecto a la competencia o el conocimiento a desarrollar.

- Poner en juego la competencia/conocimiento, es decir "usarlo".

- Observar y reflexionar al respecto.

Estos cuatro pasos conforman un *círculo virtuoso de crecimiento*.

Un concepto para no olvidar

Existe una concepción sumamente arraigada en los especialistas de Recursos Humanos en relación con la formación de personas, y que podríamos denominar *sobreprotección*. Esta actitud o concepción no se manifiesta de manera consciente, y si se le pregunta a cualquiera de ellos la negará de manera rotunda, no porque falte a la verdad o porque no desee reconocerla, sino porque es una concepción arraigada y, además, ampliamente difundida.

© GRANICA

¿A qué me refiero al hablar de sobreprotección? Veamos un ejemplo: frente a una propuesta, por ejemplo, de autodesarrollo, las preguntas que formulan son: *¿Cómo se puede controlar? ¿Cómo sabemos si el colaborador está utilizando las guías publicadas en la intranet? ¿Debo indicarle a cada colaborador cuáles actividades debe realizar (por ejemplo, para achicar una brecha determinada)?*

Las actividades de autodesarrollo –se verá más adelante cuál es el papel de esta práctica en la temática de este capítulo–, como su nombre lo indica, las tiene que hacer la persona por su propia decisión.

Estas prácticas (autodesarrollo), así como otras propuestas de nuestra metodología, se basan en un concepto muy simple: las organizaciones están conformadas por personas adultas. Estas pueden ser jóvenes, con estudios o no, pero son adultas. Los jefes y los especialistas de Recursos Humanos no deben asumir un rol de padre o madre de sus colaboradores, ni aplicar esta concepción de las cosas en el diseño de las actividades.

La idea que se desea expresar en la figura al pie es que la organización deberá diseñar programas de desarrollo de personas y de formación sobre la base que los colaboradores son adultos, que toman las riendas de sus carreras y sus vidas. En contrapartida, la organización contiene y guía y, además, provee los métodos de desarrollo de personas (se verán dichos métodos en el Capítulo 7 y también en la obra

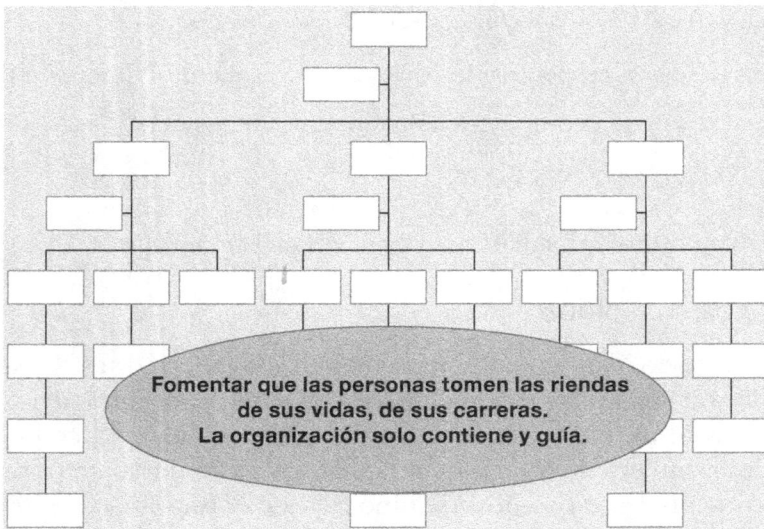

Las organizaciones están compuestas por personas adultas

Fomentar que las personas tomen las riendas de sus vidas, de sus carreras. La organización solo contiene y guía.

Construyendo talento). En resumen, las actividades de formación deberán diseñarse sobre la base de este criterio.

No es un rol de la organización ni de sus directivos y jefes que estos tomen a los colaboradores de la mano como lo hace una mamá o papá con niños muy pequeños. Una actividad de formación implica un camino de doble vía. La organización ofrece un método para el desarrollo de las capacidades de sus colaboradores aplicable tanto a competencias como a conocimientos, pero esto no termina allí: los colaboradores deberán hacer su parte.

Esto, desde ya, es bueno para todos y el primer beneficiado es, sin lugar a dudas, el mismo colaborador. Deseo destacar este último concepto porque no desearía que se interprete de manera errónea.

Por lo tanto, considerar como adulto al colaborador, cualquiera sea su nivel dentro de la organización, es una forma de respeto hacia él, siendo –además–, desde la perspectiva del tema que nos ocupa, la única forma de lograr su desarrollo. El diseño de actividades formativas, así como la puesta en marcha de cualquiera de los programas descritos en la obra *Construyendo talento*, ya mencionada, se basan en la responsabilidad de los participantes, de allí la importancia de enfatizar este concepto: las organizaciones están conformadas por personas adultas y estas son responsables por sus actos. Por ello en el gráfico precedente se consignó: *fomentar que las personas tomen las riendas de sus vidas, de sus carreras, etc*. El papel de la organización, de sus métodos de trabajo y, por ende, de los jefes y de los especialistas de Recursos Humanos, es el de guía y soporte.

Los distintos métodos para el desarrollo de personas

Las personas podemos incrementar conocimientos y/o desarrollar competencias a través de varias vías, desde la realización de acciones formativas específicas hasta la experiencia práctica. En la página siguiente se expondrán los tres métodos más usuales para el desarrollo de personas, utilizando, a su vez, la denominación más frecuente.

A continuación, una breve explicación de cada uno de ellos.

Métodos para el desarrollo de personas dentro del trabajo. Hace referencia al conjunto de buenas prácticas para el desarrollo de personas mientras estas continúan desempeñando su rol, a través de un consejo directo y oportuno dado por el jefe directo, o bien cuando el colaborador ejecuta o lleva a la práctica consejos e ideas sugeridas, o como consecuencia de la acción de un mentor o entrenador. En este

Los distintos métodos para el desarrollo de personas

> Métodos para el desarrollo de personas dentro del trabajo

> Métodos para el desarrollo de personas fuera del trabajo

> Método basado en el autodesarrollo. Dentro y fuera del trabajo

último caso, los ejemplos más conocidos son los programas de *Mentoring* y *Entrenamiento experto*.

En nuestra opinión la más aconsejable es la primera de las situaciones planteadas, cuando este desarrollo dentro del trabajo se verifica por la acción del propio jefe, quien desempeña el rol de entrenador de sus colaboradores. A estos programas los denominamos *Jefe entrenador*.

Este tipo de prácticas organizacionales tienen un paralelo en la formación dada por un maestro a su pupilo, por ejemplo, en artes y oficios desde la Antigüedad hasta nuestros días.

En el Capítulo 7 se verán los distintos métodos/programas para el desarrollo de personas "dentro del trabajo", que significa que una persona estará desarrollando sus capacidades (conocimientos, competencias) mientras lleva a cabo las tareas y responsabilidades de su puesto de trabajo.

Métodos para el desarrollo de personas fuera del trabajo. Son los más difundidos bajo el formato de cursos de capacitación. Como se verá más adelante, hay una gran variedad de estos métodos, además de nuestra propuesta específica: *Codesarrollo*.

Las actividades de capacitación, en el ámbito de las organizaciones, han incrementado su participación y nivel de importancia a partir de la segunda mitad del siglo XX. En el presente, muchas organizaciones cuentan con centros de capacitación y, menor medida, universidades dentro de las empresas.

En este capítulo se verán los distintos métodos para la formación de personas "fuera del trabajo". Aquí la palabra "fuera" significa que la persona puede estar asistiendo a una actividad formativa en horario laboral, e incluso en el mismo edificio donde realiza sus tareas cotidianas, pero en el momento en que participa de la actividad formativa "no está en su puesto de trabajo".

Método basado en el autodesarrollo. Dentro y fuera del trabajo. El autodesarrollo es el método más recientemente incorporado a las buenas prácticas de aprendizaje organizacional; su utilización comienza a difundirse en los últimos veinte años. Sin embargo, es una modalidad usada desde antaño, y se conocen grandes figuras de la historia que han sido autodidactas. Un autodidacta es una persona que ha encontrado su propio método para el autodesarrollo.

En la actualidad se diseñan guías para el autodesarrollo que constan de instructivos o manuales, tanto para el usuario directo o interesado como para sus jefes y los responsables de Recursos Humanos.

Las guías de desarrollo, en general, se confeccionan para ser utilizadas dentro y fuera del trabajo. Las "guías dentro del trabajo", como su nombre lo indica, ofrecen sugerencias para poner en práctica durante la realización de las tareas usuales del puesto que la persona ocupa. En cambio, las denominadas "guías fuera del trabajo" ofrecen sugerencias para desarrollar competencias y conocimientos en la vida cotidiana, y no se relacionan con la vida laboral.

Las organizaciones ofrecen a sus colaboradores *autodesarrollo dirigido.* Es decir, las guías que se ofrecen, usualmente en la intranet de la organización, se corresponden con los planes estratégicos organizacionales y dentro de ese marco (la estrategia) el colaborador elige las variantes más adecuadas del método, es decir, acordes con sus expectativas, preferencias y posibilidades. Esta modalidad también se verá, con mayor detalle, en este capítulo.

¿Cómo se interrelación los tres métodos mencionados?

Los métodos de desarrollo dentro y fuera del trabajo, así como el autodesarrollo, se relacionan entre sí y su funcionamiento es de tipo sistémico. Las organizaciones los utilizan de manera indistinta y se puede comenzar por cualquiera de ellos. Veamos algunos ejemplos.

Comenzar por planes de sucesión y/o diagramas de reemplazo. Se diseñan los programas mencionados, se designan los sucesores y se establecen ciertas brechas entre la evaluación de las competencias y conocimientos actuales con los requeridos por

© GRANICA

Interrelación entre los distintos métodos para el desarrollo

```
┌─────────────────────────┐
│  Métodos para el desarrollo     │───────────────┐
│  de personas dentro del trabajo │               │
└─────────────────────────┘               ▼
             ▲                    ┌──────────────────────────────┐
             │                    │ Método basado en el autodesarrollo.│
             │                    │   Dentro y fuera del trabajo   │
             ▼                    └──────────────────────────────┘
┌─────────────────────────┐               ▲
│  Métodos para el desarrollo     │───────────────┘
│  de personas fuera del trabajo  │
└─────────────────────────┘
```

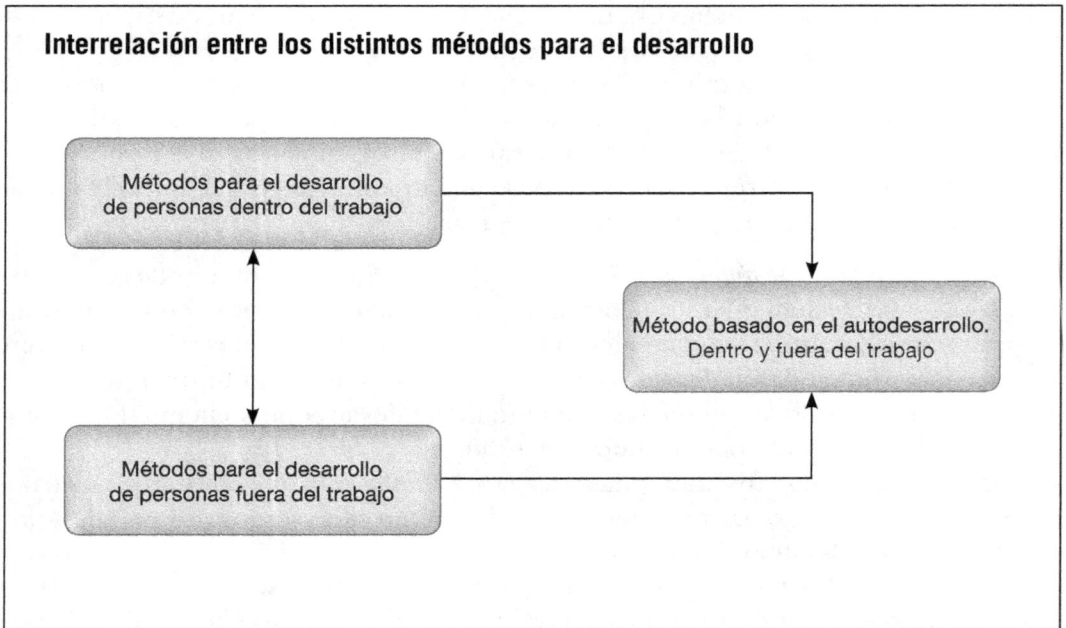

la nueva posición. Una vez establecidas las brechas se diseña un plan de acción individual que puede incluir (usualmente es así) actividades formativas. Hasta aquí se partió de métodos dentro del trabajo en forma conjunta con métodos fuera del trabajo.

Mentoring / Jefe entrenador combinado con autodesarrollo. Continuando con la situación anterior, se le podría asignar, a la persona designada para un plan de sucesión (o diagrama de reemplazo), un mentor, o su propio jefe asumir el rol de entrenador. Cualquiera de estos dos métodos se encuentran dentro de los denominados "dentro del trabajo". El mentor o el jefe en el rol de entrenador podrá sugerir el autodesarrollo.

El aprendizaje, como ya se expresara, puede llevarse a cabo por vías diversas y, a su vez, combinarse estas entre sí. Como puede verse en el gráfico precedente, los métodos dentro y fuera del trabajo se relacionan de manera directa. Una persona aprende mientras realiza sus funciones de acuerdo con su puesto de trabajo y, además, puede recibir formación específica, según las necesidades detectadas.

Ambos métodos se relacionan a su vez con el autodesarrollo. Este puede ser, a su vez, dentro y fuera del trabajo. La diferencia del autodesarrollo con otros métodos es que en el primer caso la iniciativa parte del propio colaborador, quien decide realizar ciertas acciones para adquirir nuevos conocimientos y/o para cambiar comportamientos (desarrollo de competencias).

Métodos para el desarrollo
de personas fuera del trabajo

Como se enunciara en párrafos previos, los denominados *métodos para el desarrollo de personas fuera del trabajo* hacen referencia a las actividades orientadas tanto a la transmisión de conocimientos como al desarrollo de competencias, que son planeadas por la organización y que pueden realizarse tanto dentro de su ámbito como fuera de él (considerando la ubicación geográfica), a la vez que pueden llevarse a cabo en el horario laboral de cada persona, o en cualquier otro. El ejemplo más frecuente de este tipo de actividades lo constituyen los cursos de capacitación o formación: se relacionan directamente con la tarea diaria pero se realizan fuera de esta.

Los métodos para el desarrollo de personas fuera del trabajo se relacionan con conocimientos y competencias.

Muchos de los métodos más conocidos parten de un principio básico común, poner al participante en acción. Los estudios de casos –en especial si son discutidos en grupos–, juegos gerenciales y *role playing,* apuntan a que los participantes sean los actores de su propia formación. Los seminarios deberán tener también estas características para ser efectivos.

No es frecuente que una persona modifique sus comportamientos producto de la adquisición de conocimientos o que desarrolle competencias solo por conocer los fundamentos teóricos del tema. Este solo aspecto, si bien es necesario, será insuficiente para que el desarrollo se verifique.

Del mismo modo, aplicar conocimientos en el puesto de trabajo será sumamente difícil si la persona no incorpora –además– un método práctico de aplicación que le permita "actuar los conocimientos" en su puesto de trabajo.

La formación se utiliza como un método integral de desarrollo de personas desde antiguo. Si se desea aplicar un concepto amplio, la formación en todas sus facetas coadyuva al desarrollo tanto de conocimientos como de competencias; es decir, si una persona recibe capacitación en un tema en particular, podrá al mismo tiempo desarrollar competencias. Veremos más adelante cómo combinar las actividades para lograr ambos objetivos al mismo tiempo.

En el mercado la oferta disponible sobre formación es muy variada. Veamos las alternativas más difundidas.

- *Cursos formales de capacitación.* Entre estos se pueden mencionar desde cursos de capacitación empresarial, tanto internos como brindados por instituciones externas a la organización, hasta carreras de grado, licenciaturas y estudios de posgrado, especializaciones, maestrías. Estas carreras, a su vez, pueden ser las que dicta una alta casa de estudios o bien ser diseñadas a medida de una organización en particular.

© GRANICA

Muchas organizaciones otorgan becas a sus colaboradores para la realización de estudios tanto de grado como de posgrado. En el caso de carreras impartidas por universidades y financiadas por las organizaciones en beneficio de sus colaboradores, las variantes más frecuentes son tanto el pago total de los gastos de estudio como de una parte de los mismos –por ejemplo, el 50%–. En ambos casos se presuponen ciertas facilidades para el estudio adicionales a las estándar, previstas en la legislación de cada país.

- *Lecturas guiadas.* Se relacionan con el autodesarrollo. Las lecturas sugeridas por mentores, jefes u otras personas que puedan influir favorablemente pueden ser de mucha utilidad para el desarrollo tanto de conocimientos como de competencias.

- *E-learning. Capacitación on line o instrucción guiada a través del ordenador.* Se trata de actividades formativas que utilizan el soporte tecnológico (el ordenador). Tienen una ventaja sobre los métodos tradicionales, al permitir la formación de personas sin requerir su desplazamiento físico, y además estas pueden elegir el horario en que se capacitarán, ya que pueden hacerlo en cualquier momento disponible.

- *Seminarios.* Al igual que sucede con los cursos, pueden ser internos o externos y se diferencian de estos, usualmente, por el tipo de temas que abordan.

- *Talleres.* Actividades de formación estructurada durante las cuales se intercalan exposiciones teóricas con ejercitación práctica, siendo esta última la predominante.

- *Método de casos.* Bajo esta modalidad se asignan casos para resolver fuera del entorno laboral. Lo más frecuente es que los mismos no tengan una única solución, por lo cual son muy adecuados para su análisis grupal, en una instancia que deberá ser conducida por un moderador experto.

- *Juegos gerenciales.* Los participantes deben resolver situaciones diversas para su formación, por ejemplo, analizar situaciones y luego decidir el mejor curso de acción basados en la información disponible. Muchos juegos de simulación no tienen una única solución y solo se proponen poner en acción las relaciones interpersonales.
  Existen muchas variantes de actividades de simulación por ordenador e interactivos donde las personas pueden jugar solas o en grupos. Para que sean fructíferas las actividades deben ser conducidas por un instructor experimentado, en el caso de ser presenciales, o tener un diseño muy cuidado, en el caso de los que se administran a través de un ordenador.

- *Programas con universidades.* Estos programas tienen un diseño orientado a la adquisición de conocimientos y, adicionalmente, son muy útiles para la formación integral de un individuo.

- *Role-playing.* Es un tipo de formación que se realiza a través de la simulación de diferentes situaciones de tipo laboral. Requiere una persona entrenada en esta práctica para asumir el rol específico deseado. Se utiliza especialmente para el desarrollo de competencias.

- *Licencias sabáticas.* En general vinculadas a ámbitos académicos, son, sin embargo, profusamente mencionadas en la literatura sajona de Recursos Humanos. Esta práctica propone un período sabático de un año, de allí la denominación muy conocida de "año sabático"; sin embargo, puede ser un período de entre seis meses y un año, durante el cual el empleado dispone de tiempo libre sin dejar de percibir su salario habitual. El involucrado puede destinar su tiempo, por ejemplo, a programas sociales, entrenamiento en lugares remotos, vivir en otros países sin contacto con sus tareas habituales, realizar programas de voluntariado u otras actividades formativas. Una de las desventajas de las licencias sabáticas es su alto costo. Se puede contar entre sus principales beneficios prevenir las enfermedades relacionadas con el estrés y ser un fuerte aliado en la retención de personas.

- *Actividades outdoor.* Han tenido su origen en programas para altos ejecutivos, por medio de los cuales estos pasan varios días o fines de semana alejados de sus lugares de trabajo para realizar determinadas actividades, incluso en lugares tales como un desierto o la montaña. Muchas llegan a ser verdaderas pruebas de supervivencia.
  En la actualidad, las actividades outdoor se focalizan en el trabajo en equipo y otras temáticas de resolución grupal, con diferente extensión, siendo las más frecuentes las que tienen un día de duración. Generalmente, se llevan a cabo en lugares abiertos, fuera del ámbito laboral.

- *Codesarrollo.* Explicaremos más adelante esta modalidad. Es el método de aprendizaje fuera del trabajo que se utiliza en nuestra metodología, y cuenta con muchos años de implementación práctica. Ha sido un método que, en sus inicios, se llevó a cabo bajo la modalidad de taller y luego ha evolucionado al formato actual, que luego detallaremos.

Algunos de estos métodos pueden formar parte de otros, como se verá más adelante. Por ejemplo, *role playing*, método de casos y juegos gerenciales pueden estar incluidos dentro de un taller.

© GRANICA

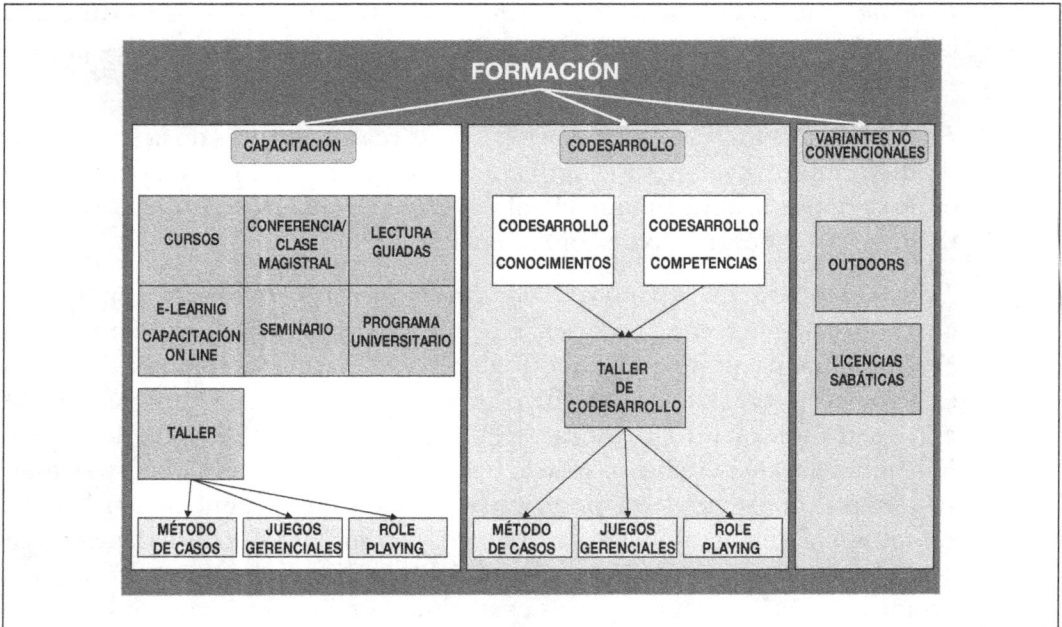

En nuestra opinión el término *formación* es muy amplio y contiene a muchos otros. Antes de exponer nuestras definiciones sobre las actividades mencionadas y para mayor claridad, se incluye un gráfico donde se indican las interrelaciones entre los diversos conceptos y actividades.

Como se puede observar en el gráfico precedente, dentro de *capacitación* pueden incluirse actividades tales como cursos, conferencias, clases magistrales, lecturas guiadas, *e-learning*, capacitación *on line*, seminarios, programas universitarios de grado y posgrado, y talleres. En la realización de estos últimos es posible utilizar método de casos, juegos gerenciales y *role playing*, entre otros recursos.

El Codesarrollo, tanto de conocimientos como de competencias, se imparte con formato de taller, y en ese marco pueden realizarse actividades tales como la resolución de casos, juegos gerenciales y *role playing*, entre otras.

Por último existen otras actividades no convencionales, como las denominadas *outdoors* y las licencias sabáticas.

En este gráfico no se han incluido actividades relacionadas con otros métodos para el desarrollo de personas, solo las actividades mencionadas con anterioridad y que corresponden a los métodos para el desarrollo de personas fuera del trabajo. Los métodos de desarrollo dentro del trabajo se verán en el Capítulo 7.

Capacitación

Si bien en párrafos anteriores ya fue mencionada la *capacitación* como una de las actividades fuera del trabajo, se hará a continuación un análisis adicional.

El término capacitación, usualmente, se utiliza para referirse a las actividades estructuradas, generalmente bajo la forma de un curso, con fechas y horarios conocidos y objetivos predeterminados.

La capacitación es la actividad más utilizada para la formación de personas, en especial adultas.

Su formato más frecuente es lo que cotidianamente se conoce como "curso", una actividad mediante la cual un profesor o instructor transmite una serie de conocimientos a los participantes.

Los objetivos de cada una de estas actividades son concretos y conocidos de antemano por los asistentes, así como las fechas y horarios en que tienen lugar.

Podría utilizarse el término "capacitación" con un alcance más amplio. Sin embargo, hemos utilizado esta definición porque representa la idea más frecuente que todas las personas tienen respecto al punto.

Una persona podría sostener que "se capacita" cuando realiza una tarea, y eso es cierto. De todos modos, y de acuerdo con el significado que se le ha dado a este término en obras previas y también en esta, la capacitación siempre es impartida

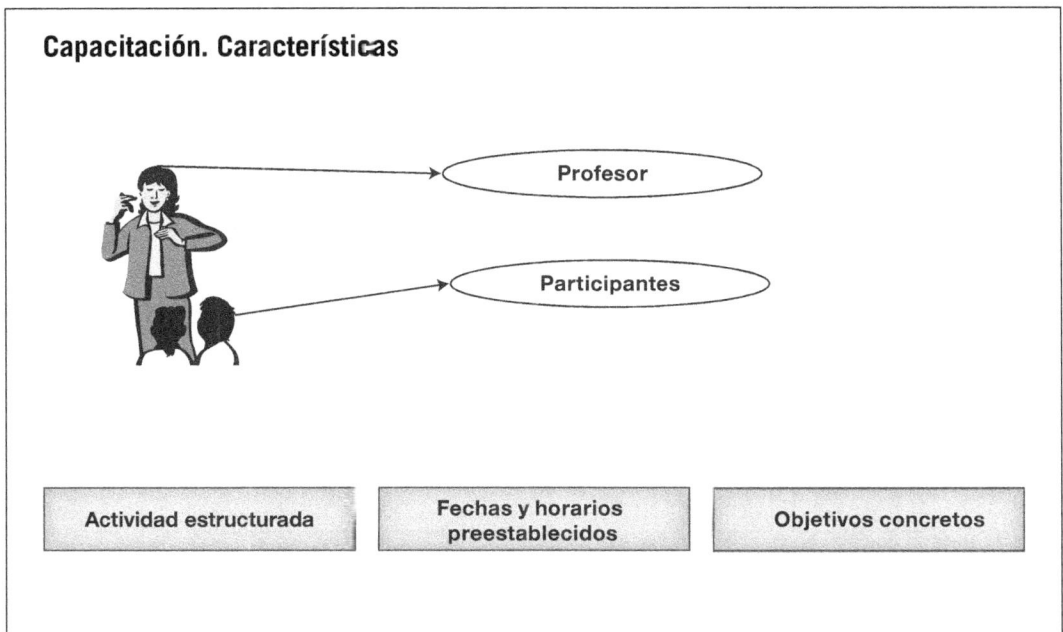

Capacitación. Características

Profesor

Participantes

| Actividad estructurada | Fechas y horarios preestablecidos | Objetivos concretos |

© GRANICA

por un profesor o instructor, según corresponda, a través de una actividad estructurada con formato de clase, con fechas y horarios establecidos y objetivos concretos.

Llevada esta definición al ámbito de las organizaciones, y solo a modo de ejemplo, se podría hablar de capacitación en una temática, por ejemplo, "costos estándar para los integrantes del área de Costos de una empresa en particular". Para ello, la empresa en cuestión contrata a un profesor o instructor, determina el lugar, las fechas y horarios de la actividad, y su alcance.

La capacitación tiene puntos en común y diferencias con el Codesarrollo; se verán más adelante. Por último, con relación a *capacitación*, se sugiere analizar la figura siguiente[29]: en la misma se pueden observar los distintos grados de eficacia de las diferentes formas de aprendizaje. De la figura se desprende que "escuchar una conferencia" da como resultado un aprendizaje relativamente bajo, que crece a medida que la persona incrementa su nivel de participación. El aprendizaje alcanza su nivel máximo cuando la persona pone en acción aquello que ha aprendido.

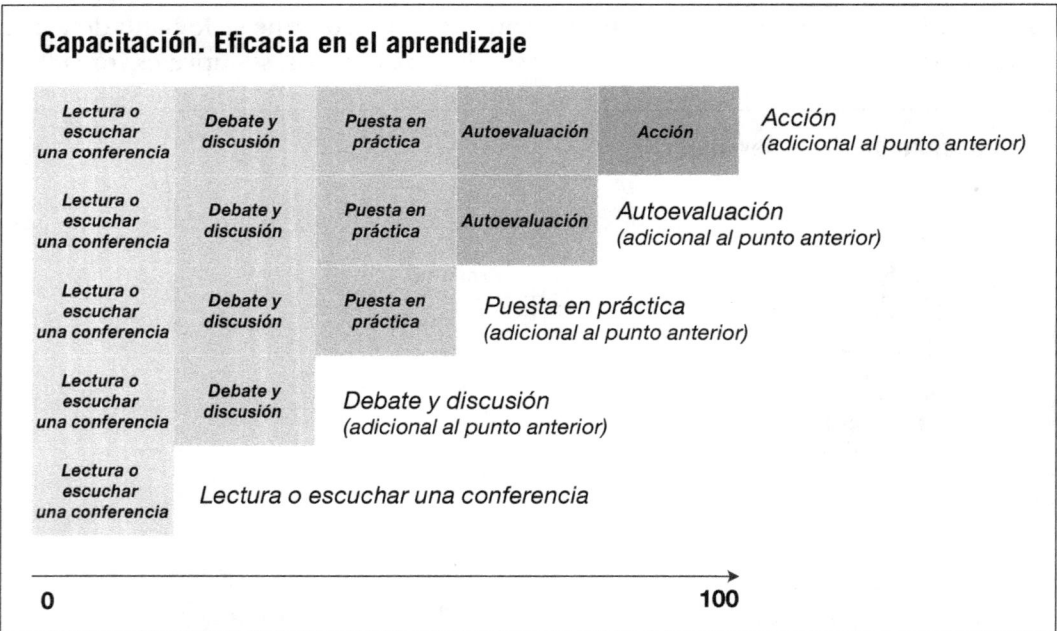

Capacitación. Eficacia en el aprendizaje

Lectura o escuchar una conferencia	Debate y discusión	Puesta en práctica	Autoevaluación	Acción	Acción (adicional al punto anterior)
Lectura o escuchar una conferencia	Debate y discusión	Puesta en práctica	Autoevaluación		Autoevaluación (adicional al punto anterior)
Lectura o escuchar una conferencia	Debate y discusión	Puesta en práctica			Puesta en práctica (adicional al punto anterior)
Lectura o escuchar una conferencia	Debate y discusión				Debate y discusión (adicional al punto anterior)
Lectura o escuchar una conferencia					Lectura o escuchar una conferencia

0   100

---

29 Alles, Martha. *Codesarrollo. Una nueva forma de aprendizaje.* Ediciones Granica, 2009. La figura expuesta está tomada del Capítulo 4.

En resumen, como se desprende de la figura, el grado de eficacia en el aprendizaje va creciendo cuando la persona que lo lleva a cabo va sumando actividades relativas al tema sobre el que se propone aprender.

Si la capacitación se reduce a leer un texto o escuchar a un orador, aun siendo este muy bueno, el grado de aprendizaje será menor que si, luego de dicha lectura o conferencia, se adiciona un debate o discusión a la actividad. Si a todo lo antedicho se le agrega la puesta en práctica de lo que fue tratado, el aprendizaje aumenta aún más, y logra su grado máximo cuando el conocimiento se pone en acción tras una autoevaluación.

Más adelante se expondrá una tabla comparativa de los términos "capacitación" y "codesarrollo", los cuales tienen puntos en común y diferencias.

La capacitación también puede ser a distancia, con la utilización de ordenadores, y en ese caso la denominación más frecuente es una combinación de términos en español e inglés, *capacitación on line,* también conocida por la expresión inglesa *e-learning.* En este caso, también se trata de actividades estructuradas para la transmisión de conocimientos, utilizando la tecnología informática, con plazos y objetivos predeterminados.

El capital intelectual y la capacitación

Se tratará en el Capítulo 7 la importancia que dentro del capital intelectual se asigna a los recursos humanos o el capital humano. Formar al personal, además de mantenerlo empleable, actualiza el capital intelectual[30] de la empresa. Por ello la capacitación tiene un valor estratégico para la organización. Realmente *marcará la diferencia entre una organización y otra.*

Grado de eficacia de cada una de las actividades para el desarrollo fuera del trabajo

La ponderación sobre el grado de eficacia surge de la experiencia profesional de nuestra firma y de la opinión de los directivos de un número relevante de organizaciones que han sido consultados al respecto.

Para la confección del cuadro que se expone a continuación utilizaremos una escala de *Alto, Medio* y *Bajo.* No obstante, la calificación es de tipo general, en cada caso dependerá del diseño, del instructor y del participante poder calificar con exactitud el resultado esperado, en cualquiera de los métodos mencionados.

---

30 Nos referiremos al capital intelectual de las organizaciones en el Capítulo 7.

© GRANICA

Método / Actividad	Aplicable a	Grado de eficacia
Método propuesto en la obra _Codesarrollo_		
Codesarrollo. Comprende Taller de codesarrollo y seguimiento posterior	Conocimientos	Alto
	Competencias	Alto
Método propuesto en la obra _Desarrollo del talento humano_		
Autodesarrollo. Comprende actividades dentro y fuera del trabajo.	Conocimientos	Alto
	Competencias	Alto
Otro método de la Metodología Martha Alles		
Método 12 pasos[31]	Conocimientos	Alto
	Competencias	Alto
Otras opciones para formación y capacitación		
Conferencias o clases magistrales	Conocimientos	Alto
	Competencias	Bajo
Cursos formales de capacitación	Conocimientos	Alto
	Competencias	Bajo
Lecturas guiadas	Conocimientos	Alto
	Competencias	Medio
Capacitación _on line_	Conocimientos	Alto
	Competencias	Bajo
Seminarios	Conocimientos	Alto
	Competencias	Medio
Taller	Conocimientos	Alto
	Competencias	Medio
Método de casos	Conocimientos	Alto
	Competencias	Medio
Juegos gerenciales	Conocimientos	Alto
	Competencias	Medio
Programas con universidades	Conocimientos	Alto
	Competencias	Bajo
Role-playing	Conocimientos	Medio
	Competencias	Alto
Licencias sabáticas	Conocimientos	Alto. Depende del objetivo
	Competencias	Medio. Depende del objetivo
Outdoors	Conocimientos	Bajo
	Competencias	Bajo

---

31 La autora ha publicado una serie de libros donde se aplica el Método de 12 pasos: _12 pasos para ser un buen jefe; Cómo delegar efectivamente en 12 pasos; Cómo transformarse en un jefe entrenador en 12 pasos, y 12 pasos para conciliar vida profesional y personal._

Como se dijo en párrafos anteriores, el grado de eficacia se relaciona más con la actitud del individuo que con el tipo de actividad en sí. Es decir que aun una actividad que en primera instancia parezca poco efectiva, si el participante efectúa al mismo tiempo un proceso de reflexión y a través de ello logra cambiar comportamientos tanto relacionados con conocimientos como con el desarrollo de competencias, puede pasar a constituir una modalidad de alta eficacia.

Los métodos de desarrollo fuera del trabajo, usualmente conocidos como métodos de formación, se utilizan habitualmente en combinación con los programas organizacionales para el desarrollo de personas, como se verá en el Capítulo 7.

Cómo utilizar con eficacia las distintas actividades para el desarrollo dentro del trabajo

Las diferentes actividades expuestas pueden ser combinadas en una misma actividad con diferentes alcances y propósitos. La idea se expresa en el gráfico al pie.

Se brindará a continuación una breve explicación sobre cada uno de los aspectos mencionados en el gráfico y cómo pueden ser tratados en el desarrollo de competencias o conocimientos, según corresponda.

Presentar el tema y poner en juego el conocimiento/competencia

Exposiciones teóricas

Ejercitación práctica

Reflexión sobre situaciones observables

Estudio de casos

Juegos gerenciales

Role playing

© GRANICA

Exposiciones teóricas. La exposición teórica será sobre conocimientos, o, en el caso de competencias, consistirá en una explicación detallada de los conceptos y comportamientos involucrados en ellas. En el caso de conocimientos, la exposición teórica se podría asimilar a la definición dada para *conferencias o clases magistrales.*

Ejercitación práctica. Con relación al desarrollo de conocimientos, se podrá trabajar sobre ejercicios prácticos; y reflexionar sobre los comportamientos vinculados en el caso de competencias.

Reflexión sobre situaciones observables. Esta opción tiene una relación más directa con *codesarrollo de competencias*; sin embargo, también puede darse en relación con conocimientos.

Estudio de casos. Puede aplicarse de la misma manera para conocimientos y competencias.

Juegos gerenciales. Al igual que en el punto anterior, puede aplicarse de la misma manera para conocimientos y competencias.

Role playing. Al igual que los dos recursos anteriores, puede aplicarse de la misma manera para conocimientos y competencias.

Las diferentes actividades mencionadas pueden aplicarse en conjunto o solo alguna/s de ellas, según el objetivo propuesto. Por último, es importante destacar la importancia del diseño de las actividades. Este será un factor determinante para alcanzar el grado de eficacia deseado.

La formación en el ámbito de las organizaciones

Uno de los subsistemas de Recursos Humanos es *Formación.* Las actividades a realizar en materia de formación deberían colaborar para que los empleados hagan mejor sus tareas. Planteado de esta manera, el desafío es de suma importancia, ya que todas las organizaciones necesitan que sus colaboradores mejoren la forma en que trabajan. En muchos casos, las personas deberán estar capacitadas para realizar tareas relacionadas con otros puestos de trabajo además del propio. En ciertas organizaciones, se aplican criterios de polifuncionalidad a distintos niveles, no solo a los operativos, sino también a los ejecutivos.

En este proceso de búsqueda de mejorar en forma permanente, la formación de las personas cobra un valor estratégico. En este sentido, el aporte que puede realizar quien tenga a su cargo la función de *Formación* consiste en mejorar el presente y tratar de ayudar a construir un futuro en el que los recursos humanos estén formados y preparados para superarse continuamente.

Para confeccionar planes de formación, un primer aspecto a tener en cuenta es que los conocimientos y las competencias requieren un tratamiento diferente a la hora de diseñar las actividades formativas.

La formación de tipo tradicional habilita para la transmisión de conocimientos. El desarrollo de competencias requiere modificación de comportamientos, y para ello se deben aplicar acciones diversas "a medida de la organización", ya que los modelos de competencias son diferentes entre una organización y otra.

En síntesis, y desde la perspectiva de la formación de personas en el ámbito de la organización, se debe diferenciar entre conocimientos y competencias para elegir en cada caso el método más idóneo.

Además, se debe tener en cuenta que la formación o capacitación de manera dirigida y estructurada no es el único método para el aprendizaje. La mayoría de las veces una mezcla de actividades da un nivel de efectividad mayor; por ejemplo, y como se verá al explicar Codesarrollo (más adelante en este mismo capítulo), es posible combinar una actividad con formato específico, como un taller, que transcurre en el ámbito del aula, con actividades posteriores, al inducir a la persona al autodesarrollo. Se verán otros métodos de desarrollo en el Capítulo 7.

Cuando se analiza la función de *Formación* debe hacerse con un enfoque sistémico. Por un lado, el plan de formación y, conjuntamente, una mirada sobre los programas internos de desarrollo. No será posible contar solo con uno de estos elementos para llegar a un análisis adecuado. La organización, para alcanzar sus planes estratégicos, necesitará personas formadas y el camino para alcanzar este objetivo será la implementación combinada de varios programas, según corresponda en cada caso en particular.

Cómo evaluar la formación

Si bien en materia de Recursos Humanos no se puede medir el retorno de la inversión de la misma forma en que, por ejemplo, puede considerarse el rendimiento de una maquinaria en un establecimiento fabril, la formación, aun así, debe ser evaluada. Para ello los caminos pueden ser:

- Considerar la reacción de los participantes durante la capacitación: participación, preguntas y otras manifestaciones.

© GRANICA

- Medir el aprendizaje, sobre la base de preguntas o ejercicios. Los jefes de los participantes podrán evaluar el resultado en la aplicación diaria de los contenidos.

- Evaluar el comportamiento durante la actividad.

- Medir los costos y los resultados: implica comparar los costos asociados al entrenamiento con los beneficios producto de la capacitación.

En un libro dedicado a las diversas formas de medir las acciones de capacitación, Abraham Pain[32] aporta ideas –además– para mejorar la eficacia de la formación misma. Para este autor es importante ponerse en contacto con los futuros participantes unas semanas antes del comienzo de la actividad de formación. El objetivo de este contacto es ubicar la práctica en un determinado contexto y conocer las expectativas existentes. Estos encuentros son valorados por los participantes, y resultan interesantes y fructíferos para ambas partes, capacitados e instructores.

Existen dos momentos posteriores de evaluación: durante el proceso de capacitación, y después. El "después" puede dividirse a su vez en tres momentos: a corto plazo (por ejemplo, a los 15 días), a mediano plazo (a los tres meses) y a largo plazo (al año).

Hay una tendencia a "guardar la carpeta del curso" y no implementar lo aprendido. Por eso es muy importante la evaluación en estos tres momentos posteriores a la capacitación, mencionados en el párrafo anterior.

Una forma completa de medir la capacitación comenzaría por realizar una medición antes de impartir cualquier actividad, comparando las capacidades de la persona con lo requerido por el puesto que ocupa (adecuación persona-puesto) o por otro con el cual se lo desee comparar, por ejemplo, frente a una eventual promoción, un plan de sucesiones, etc. Para ello se deberán determinar las brechas existentes entre lo deseado o requerido y las capacidades de la persona evaluada (conocimientos y/o competencias, según corresponda). La idea se expresa en el gráfico de la página siguiente.

Una vez que se ha impartido la actividad y después de un período determinado, se deberá medir nuevamente las capacidades bajo evaluación y realizar una nueva determinación de brechas. Si estas se han reducido, el resultado de la formación ha sido positivo.

En la práctica organizacional es usual utilizar como método de evaluación de la formación solo una encuesta de satisfacción del participante. La práctica es adecuada pero absolutamente insuficiente, ya que no se le ofrece la misma posibilidad al responsable de la actividad, quien quizá no está satisfecho con los participantes, o

---

32 Pain, Abraham. *Cómo evaluar las acciones de capacitación*. Ediciones Granica, Barcelona, 1993.

Requerido/deseado *versus* evaluación o medición

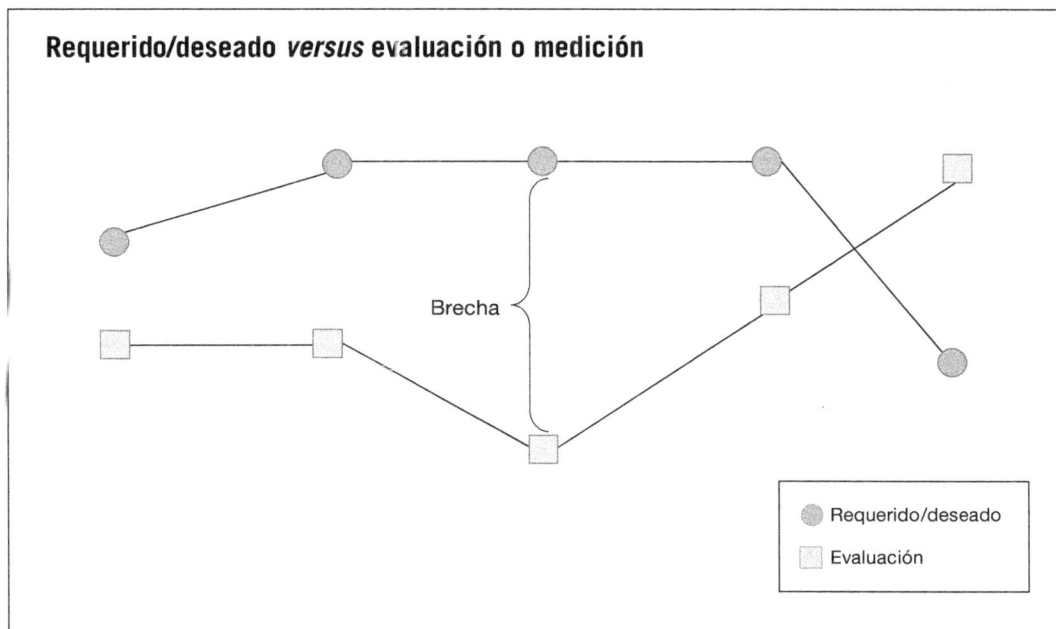

con el lugar, o con cualquier otro aspecto de la formación. Por lo cual, cuando desde el área de Recursos Humanos se desea realizar una encuesta, esta debe incluir a las dos partes actuantes.

Si el participante queda "muy satisfecho" pero no se produjo el aprendizaje, el resultado final será absolutamente inadecuado desde la perspectiva organizacional y de los objetivos a alcanzar. Se retomará este tema más adelante en este mismo capítulo, al ver el punto *La función de formación en las organizaciones y su relación con la estrategia organizacional,* y dentro de este el *Modelo organizacional de formación.*

Las bases del aprendizaje de adultos

Para una mejor comprensión del aprendizaje en el marco de las organizaciones, creo importante referirnos a la obra de David A. Kolb[33], ya mencionada al inicio de este capítulo. Hasta aquí, y de manera muy sintética, hemos presentado al lector los distintos métodos disponibles para el desarrollo de personas fuera del trabajo, brindando al mismo tiempo un enfoque introductorio sobre formación.

---

33 Kolb, David A. *Experience as the source of learning and development.* Prentice Hall, New Jersey, 1984.

Para el aprendizaje de adultos, existen teorías y buenas prácticas producto, básicamente, de la experiencia práctica profesional.

Según una cita de Silberman[34], hace más de 2.000 años Confucio dijo:

Lo que oigo, olvido.
Lo que veo, recuerdo.
Lo que hago, comprendo.

A partir de estas afirmaciones, el autor mencionado ha ampliado y expandido los dichos de Confucio de la siguiente manera:

Cuando solo oigo, olvido.
Cuando oigo y veo, recuerdo un poco.
Cuando oigo, veo y formulo preguntas y discuto con otros, comienzo a comprender.
Cuando oigo, veo, me cuestiono, discuto y hago, adquiero conocimientos y habilidades.
Cuando enseño a otro, puedo mostrar que soy un maestro y comprendo.

Con estas palabras, que parecen "casi" un juego, se expresa un concepto profundo que, con matices, se expondrá en este mismo capítulo.

Se dará a continuación una breve explicación sobre el aprendizaje de adultos a partir de la obra de Kolb[35], quien es ampliamente reconocido y citado por muchos otros, por su método de aprendizaje.

Como puede apreciarse en el gráfico de la página siguiente, el proceso de aprendizaje experimental puede ser descrito en cuatro partes de un ciclo, que representan diferentes modos de aprendizaje: experiencia concreta, observación reflexiva, conceptualización abstracta y experimentación activa. En este modelo, la experiencia concreta y la conceptualización abstracta, así como la experimentación activa y la observación reflexiva, representan en ambos casos dos dimensiones distintas, cada una de las cuales es el opuesto de la otra.

Los modernos métodos de capacitación incluyen desde la participación activa hasta la experimentación del conocimiento. A su vez, los programas deben ser flexibles, acordes a la disponibilidad del trabajador y de la organización.

La capacitación puramente teórica está en desuso y las nuevas generaciones quieren una rápida experimentación práctica. De los instructores se espera "la fórmula" para solucionar los problemas *bien y rápido*, la habilidad de combinar teoría con práctica dando *recetas* aplicables correctamente. Cada vez se requiere más de la capacitación y de sus responsables (capacitadores). El desafío es creciente.

---

34 Silberman, Mel. *Active Training. A Handbook of Techniques, Designs, Case Examples, and Tips.* Pfeiffer. John Wiley & Sons, San Francisco, 2006.
35 Kolb, David A., obra citada.

Proceso del aprendizaje experimental

Fuente: Kolb, David A. *Experience as the source of learning and development.* Página 42

Los enfoques de educación experimental sostienen que los adultos aprenden mejor si se los expone a las cuatro acciones referidas en el gráfico anterior. Aunque por lo general las personas prefieren uno o dos de los aspectos mencionados, para un mejor aprendizaje de adultos sería ideal que estos siguieran todos los puntos allí citados.

La propuesta del método Codesarrollo que se hará más adelante en este mismo capítulo, propone unir las cuatro variantes o modos de aprendizaje. Unas personas serán más susceptibles a aprender con uno de ellos y otras con otro diferente; sin embargo, todas las variantes, en su conjunto, coadyuvan al aprendizaje.

Espiral creciente
y el proceso de aprendizaje

El aprendizaje es, ante todo, un proceso. No puede identificarse solo en un momento. Quizá en un determinado instante comienza –por ejemplo, al escuchar una conferencia, al participar en un taller o comprar un libro–. Sin embargo, para lograr aprender sobre un tema específico o bien modificar comportamientos para alcanzar el grado de perfección en una determinada competencia, se debe realizar un proceso, que implica llevar a cabo una serie de pasos.

© GRANICA

El aprendizaje, tanto de un conocimiento como de una competencia, a través del cambio de comportamientos, puede asimilarse a la figura de una espiral creciente.

Espiral creciente, en nuestra metodología, significa adquirir y/o perfeccionar de manera progresiva las competencias y conocimientos que las personas poseen para alcanzar el éxito en sus puestos de trabajo o un desempeño superior. Sin olvidar que "adquirir y/o perfeccionar de manera progresiva las competencias y/o los conocimientos" implica tener una organización orientada al aprendizaje: una organización que aprende. Una "organización que aprende" significa que trabaja en forma permanente para mejorar; lo cual, en consecuencia, implica una mejora continua.

Los pasos para que se verifique la espiral creciente y, por ende, tanto el aprendizaje de conocimientos como el desarrollo de competencias, se muestra en el gráfico ubicado al pie.

Se trata de hechos concatenados entre sí y en una secuencia.

1. Se experimenta. Si de esa experiencia se puede primero reflexionar y luego identificar los aspectos positivos y negativos, es decir, qué cosas se hicieron bien y cuáles se debe mejorar, cuando se pase al paso siguiente el desempeño será en un nivel superior.

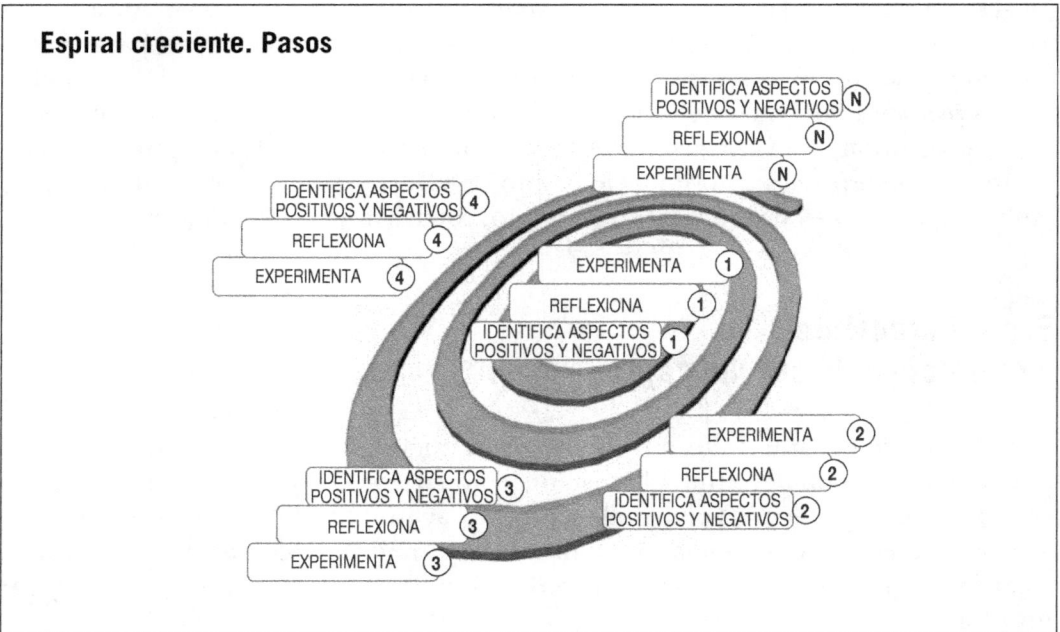

Espiral creciente. Pasos

2. Se experimenta nuevamente y se repite el ciclo descrito en el paso anterior. Es decir, si de la nueva experiencia se reflexiona para luego identificar los aspectos positivos y negativos, aquellas cosas se hicieron bien y aquellas otras sobre las que se debe mejorar, cuando se pase al paso siguiente el desempeño será en un nivel superior.

3. Se experimenta nuevamente y se repite el ciclo descrito en el paso anterior.

4. Se experimenta nuevamente y se repite el ciclo descrito en el paso anterior.

5. Se repite "N" veces.

Las personas que tienen este tipo de procesos incorporados a su quehacer cotidiano aprenden de manera constante aun sobre los temas de los cuales ya son expertos.

Espiral creciente en el desarrollo de una competencia

Por ejemplo, una persona desea desarrollar su capacidad como expositor en el ámbito de una conferencia, en un congreso profesional o en la presentación de un proyecto frente a una audiencia numerosa dentro de su organización. Debe hablar en público y, al mismo tiempo, está en proceso de desarrollo de su capacidad para hacerlo exitosamente.

Cada vez que debe hablar en público pone en juego su capacidad para hacerlo; si luego de cada una de estas experiencias logra reflexionar y sacar conclusiones que le permitan mejorar, cada vez su actuación será un poco mejor, y así desarrollará su capacidad para exponer en público. Si, por el contrario, no realiza un análisis provechoso de la experiencia y piensa que "no estuvo bien" porque falló el sonido, o porque el público estaba desinteresado, o porque tenía prisa… no sacará conclusiones que le permitan mejorar su próxima actuación como expositor frente a un público numeroso. Si el sonido falló deberá procurarse que esto no suceda la próxima vez, y si el público estaba desinteresado, habrá que tenerlo en cuenta…; pero además de lo "exterior" se debe analizar el "interior", o sea, los propios comportamientos, para de ese modo tener la posibilidad de mejorarlos.

© GRANICA

Espiral creciente en el aprendizaje de un conocimiento

La figura de la espiral creciente es de aplicación tanto en el desarrollo de una competencia como en el aprendizaje de un conocimiento. Por ejemplo, una persona ha asistido a un curso sobre el uso de un software determinado. Conoce el empleo de ordenadores, los utiliza cotidianamente, y el nuevo conocimiento tiene relación con una versión diferente de software, con cambios complejos.

Si una vez que ha finalizado la actividad formativa la persona pone en uso el nuevo software, lo aplica con esmero, y obtiene conclusiones tanto sobre los resultados positivos como sobre los negativos, cuando utilice el mismo software, continuando con el ejemplo, al día siguiente, lo hará en un nivel más alto que el día anterior, y así sucesivamente.

No hemos tomado al azar este ejemplo, dado que en materia de informática es usual que se trabaje *a prueba y error* y –en muchas ocasiones– algo *sale bien o mal* sin saberse con exactitud producto de qué acción fue consecuencia ese resultado.

Continuando con la espiral creciente, esta se verifica cuando se produce un análisis consciente de lo actuado tanto en los aciertos como en los fallos.

Aprendizaje inteligente y no aprendizaje

En el ámbito de las organizaciones, es frecuente observar, en un mismo momento y lugar, personas que realizan un aprendizaje inteligente y otras que no lo logran. Esta circunstancia también puede verificarse en otros ámbitos.

Es decir, puede observarse a un participante que puede realizar un proceso de aprendizaje inteligente y, en las antípodas, a otro que realiza un proceso de "no aprendizaje". Esto último lo consideramos aquí cuando no es producto ni de una menor inteligencia ni de dificultad alguna por limitaciones personales (estos casos no son objeto de nuestro análisis), sino que simplemente es el caso de personas que con adecuada capacidad teórica, similar a la de quienes pueden hacer un aprendizaje inteligente, no lo realizan.

Aprendizaje: el proceso inteligente

A la espiral creciente la podemos relacionar con lo que hemos denominado proceso inteligente de aprendizaje. ¿Por qué la expresión "inteligente"? No es nuestro propósito dar una nueva definición de inteligencia, sino que se desea enfatizar a través del uso de esta palabra el concepto que se expresa en el gráfico siguiente. Es decir, frente a una oportunidad de aprendizaje se puede elegir aprovecharla o rechazarla. A esta última variante nos referiremos más adelante como proceso de *no aprendizaje*.

El aprendizaje inteligente comienza al tomar contacto con un concepto nuevo. Esta situación puede ser consecuencia de la lectura de un libro o de una actividad formativa, solo por mencionar dos ejemplos. Como se desprende del gráfico siguiente, la acción que hemos denominado *Compara con conocimientos/experiencias pasadas* la hemos identificado con una línea no continua o de puntos, dado que debería estar fuera del momento en el cual se toma contacto con un nuevo conocimiento.

Veámoslo con un ejemplo: si mientras se lee un libro o se participa en un curso, al mismo tiempo se compara lo visto con algo ya sabido o conocido, el resultado más frecuente es que la persona "se distraiga" y no tome un cabal conocimiento del tema nuevo. Por lo tanto, se debe comparar, pero en un momento diferente al de escuchar / leer / tomar contacto con el nuevo concepto (conocimiento o comportamientos correspondientes a una competencia, según corresponda).

A continuación, se expone "paso a paso" el proceso del aprendizaje inteligente. Este es el más frecuente en la formación dentro el ámbito de las organizaciones.

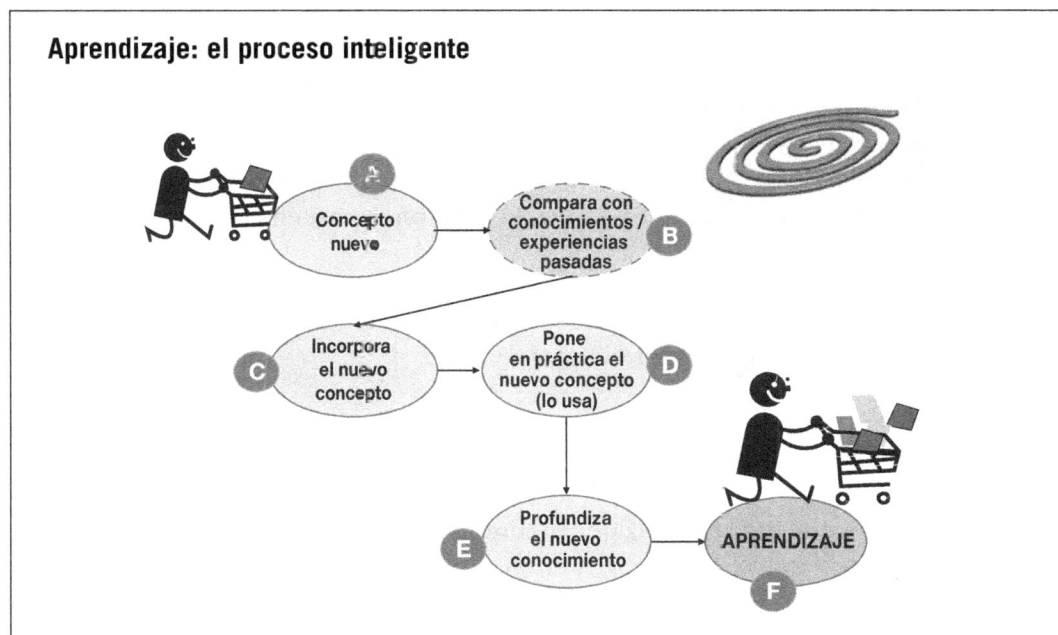

Aprendizaje: el proceso inteligente

De acuerdo con el gráfico de la página anterior, imaginemos que una persona transita los pasos mencionados.

A. En una actividad de formación o en un libro, se enfrenta a un concepto nuevo. También puede ser a través de *e-learning* u otra modalidad.

B. Lo más frecuente es que el sujeto de aprendizaje compare ese nuevo concepto con conocimientos que ya posee, con experiencias pasadas, etc. En algunas ocasiones sería ideal que esto no sucediese, dado que frente a ciertos conocimientos se debe "desaprender" para aprender, y de este modo se dificulta el resultado esperado. Este "desaprender" es más difícil aun cuando el objetivo de la actividad es el cambio de comportamientos.

C. A continuación, y una vez que ha realizado el paso B, incorpora ese nuevo conocimiento o, en el caso de competencias, incorpora un nuevo comportamiento: comienza el aprendizaje.

D. Luego, pone en práctica el conocimiento o el nuevo comportamiento, es decir, lo usa de algún modo, por ejemplo, en su trabajo cotidiano.

E. Continúa profundizando en el tema y, además, continúa utilizando el conocimiento o comportamiento, según corresponda.

F. ¡Se verifica el aprendizaje!

En el gráfico la idea se refuerza con dos figuras. Al inicio, el "carrito de compras de conocimientos/comportamientos" está casi vacío, y al final del proceso inteligente la figura es reemplazada por un "carrito de compras de conocimientos/comportamientos" con una carga mayor (de conocimientos). Recuerdo al lector que las figuras se incluyen para reforzar una idea: las personas poseen conocimientos, a los cuales suman otros.

Este proceso positivo de aprendizaje lo hemos denominado "inteligente", como se dijo más arriba, solo para enfatizar la idea: es "inteligente" incorporar nuevos conocimientos y no lo es rechazar el aprendizaje.

Proceso de *no aprendizaje*

Así como el proceso de aprendizaje inteligente es el más frecuente en el ámbito de las organizaciones, al mismo tiempo es común observar su opuesto. A la situación de rechazo del nuevo concepto la hemos denominado *situación de no aprendizaje*.

Usualmente, en actividades de formación sobre conocimientos y en especial cuando se ofrecen nuevos enfoques de temas conocidos, les decimos a los participantes: *dejen fuera por un momento los conocimientos que ya poseen, para permitirse comprender las nuevas teorías; una vez que las comprendieron, recién en ese momento realicen la comparación con los conocimientos preexistentes.* Muchas personas, en ese proceso de cotejo entre lo que ya saben y los nuevos conceptos, "pierden el hilo", se distraen, y la comprensión no se produce; en consecuencia, no se genera el aprendizaje. Por lo tanto, la comparación debe realizarse, pero en otro momento.

Es importante destacar que no estamos incluyendo en el concepto de "no aprendizaje" a aquella situación por la cual una persona, habiendo realmente aprendido un nuevo tema, al compararlo con el conocimiento preexistente llega a la conclusión que el previo es mejor, más adecuado a su circunstancia, etc. No estamos proponiendo la idea de que todo concepto nuevo es mejor ni nada parecido. Solo se está explicando por qué los adultos no aprenden, en especial en el ámbito de las organizaciones, donde muchas veces el aprendizaje no se encara por propia voluntad sino a partir de una sugerencia de la organización a la cual pertenece el sujeto que recibe la formación.

Proponemos al lector analizar detalladamente el proceso de no aprendizaje, que, como se dijo, también es frecuente en el ámbito organizacional.

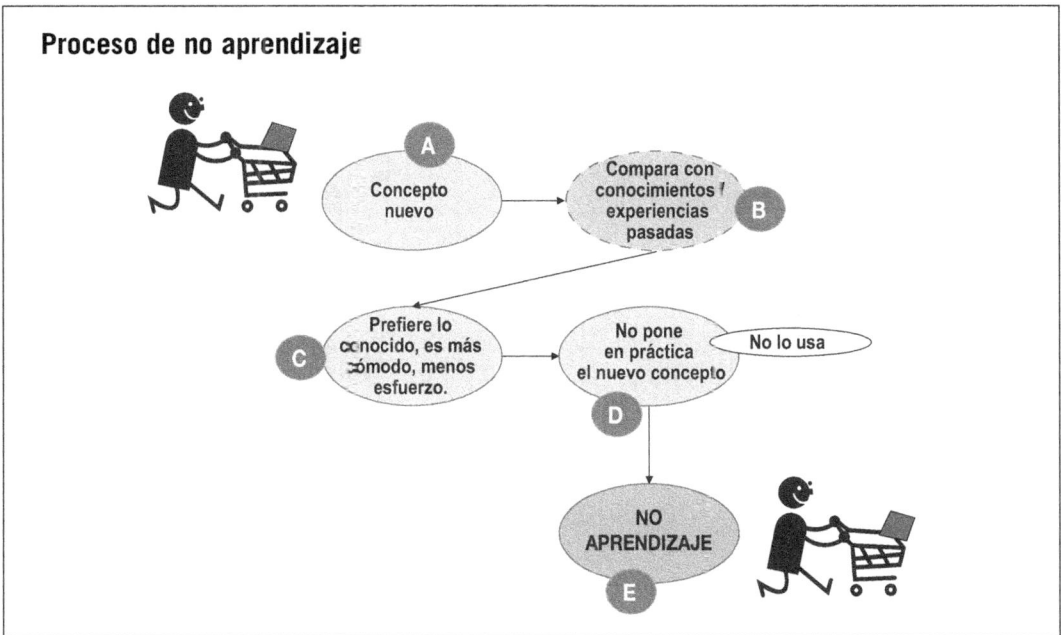

Proceso de no aprendizaje

Sobre la base de lo que puede observarse en el gráfico precedente, imaginemos que una persona transita los pasos mencionados.

A. En una actividad de formación o en un libro se enfrenta a un concepto nuevo.

B. A continuación, y como es frecuente, la persona que recibe la formación (lee un libro, etc.) compara los nuevos conceptos con conocimientos que ya posee, con experiencias pasadas, etc.

C. En este paso la persona toma una decisión: prefiere lo conocido (con anterioridad a tomar contacto con el nuevo concepto), por la razón que fuere: es más cómodo, requiere menos esfuerzo, el individuo tiene una resistencia natural al cambio, etc.

   Muchas personas prefieren no cambiar porque aplicar lo ya conocido es más fácil; prefieren la rutina ya incorporada, tienen "miedo" a equivocarse si cambian, etc.

   En otros casos, el proceso de aprendizaje no se verifica porque se contrapone con *creencias*. La persona "cree" que algo es mejor, sin fundamento profesional o técnico alguno que lo sustente. Lamentablemente, las creencias no permiten el aprendizaje, operan como una barrera invisible que no se puede traspasar con una explicación, por más detallada que sea, sobre el nuevo conocimiento.

D. La consecuencia de la instancia C es que la persona no utiliza los nuevos conceptos; por lo tanto, estos no se ponen en práctica.

E. No se produce el aprendizaje

El esquema definido como "no aprendizaje" es, como se dijo, frecuente. En la mayoría de los casos, esto sucede porque los participantes se manejan sobre la base de creencias. Es decir, por ejemplo, creen que algo es bueno *porque es el método de trabajo que utiliza la empresa XX y esta es una multinacional reconocida,* o creen que algo es bueno *porque su mejor amigo está muy contento con el método YY,* o por cualquier otra razón, sin analizar ni verificar los fundamentos de estas consideraciones.

La función de Formación en las organizaciones y su relación con la estrategia organizacional

La mayoría de los autores consultados coinciden en relacionar la formación con las tareas. Postura con la cual concuerdo. Sin embargo, cuando algo es cierto, pero solo parcialmente cierto, es al mismo tiempo falso. Esta expresión puede sonar muy dura en un principio, pero es la verdad.

¿Por qué afirmar que es parcialmente cierto y por ende no cierto o falso? En una encuesta formulada a 90 empresas, el 97% reconoció que tiene sus descriptivos de puestos "totalmente desactualizados" o "parcialmente desactualizados"; por lo tanto, la comparación de las capacidades de los colaboradores con lo requerido por los descriptivos de puestos respectivos no es confiable. Si a ello le sumamos que usualmente, además de desactualizados, los descriptivos de puestos no reflejan aquello que cada persona debe realizar para que en conjunto sea factible alcanzar la estrategia organizacional, la situación se complejiza aún más.

El relevamiento de las necesidades de capacitación a través de encuestas formuladas a los jefes es una buena idea, pero incompleta para sus fines. Es decir, frente al supuesto de que todos los jefes estuviesen absolutamente compenetrados con la estrategia organizacional y, al mismo tiempo, tuvieran en claro las capacidades necesarias para alcanzarla, en ese caso, la mera consulta a los jefes sería el camino más adecuado. No obstante, con frecuencia esta situación descrita no representa la realidad, por lo tanto se deberá contar con soluciones alternativas.

En resumen, consultar a los jefes puede ser un camino a seguir pero, antes de ello, el responsable de la confección del plan de formación debería asegurarse de conocer bien la estrategia organizacional para confeccionar un plan de formación acorde a las necesidades actuales y futuras de la empresa.

Cómo llevar la estrategia a los planes de formación

La primera pregunta a formularse debería ser si los subsistemas de Recursos Humanos reflejan la estrategia. Parece algo de sentido común, así lo indican las buenas prácticas; sin embargo, a diario es posible encontrar empresas, aun grandes y –supuestamente– con un buen management, donde esto no se verifica. Por lo tanto, el primer aspecto a analizar y, llegado el caso, resolver, será la relación estrecha entre todos los subsistemas de Recursos Humanos con la misión, visión y planes estratégicos de la organización.

© GRANICA

Los subsistemas de Recursos Humanos en función de la estrategia

MISIÓN

VISIÓN

PLANES ESTRATÉGICOS

Atracción, selección e incorporación

Análisis y descripción de puestos

Desarrollo y planes de sucesión

DIRECCIÓN ESTRATÉGICA DE RECURSOS HUMANOS

Remuneraciones y beneficios

Formac

Formación

Evaluación de desempeño

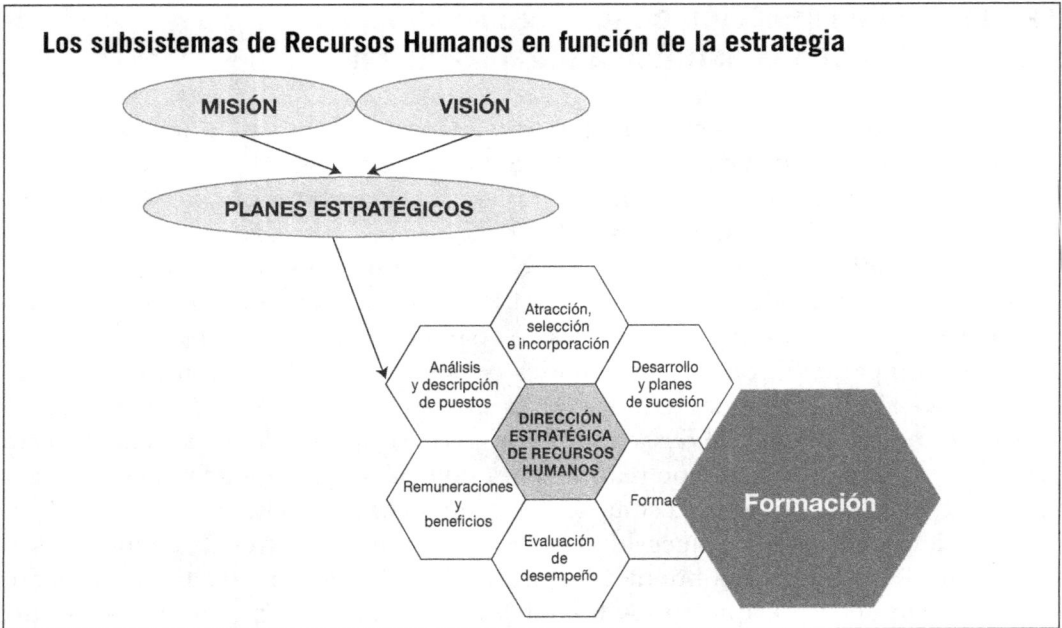

Si esta relación es la adecuada, la estrategia se vería reflejada en los descriptivos de todos los puestos de la organización. Aquello que cada persona debe realizar para que en conjunto sea factible alcanzar la estrategia organizacional. No es un concepto de interés solo para los niveles gerenciales.

Con los descriptivos reflejando en todos los niveles de la organización lo necesario para alcanzar la estrategia, se puede realizar lo que los especialistas denominamos "la adecuación persona-puesto", es decir, evaluar si las capacidades de los distintos ocupantes de los puestos de trabajo son las adecuadas para llevar a cabo la tarea de acuerdo a un estándar superior que permita alcanzar la estrategia.

Con este esquema, muy simple por cierto, una vez que se midieron las capacidades (conocimientos y competencias) y se determinaron las brechas, se estaría en condiciones de realizar un plan de formación *de acuerdo a la estrategia* o *en función de la estrategia*.

Como surge del gráfico de la página siguiente, si los subsistemas de Recursos Humanos han sido diseñados sobre la base de la estrategia, surgirán de las mediciones habituales como, por ejemplo, la evaluación de desempeño, las brechas entre lo requerido y las capacidades de las personas (brechas en conocimientos y competencias), y a partir de esa información será posible diseñar los planes de formación adecuados.

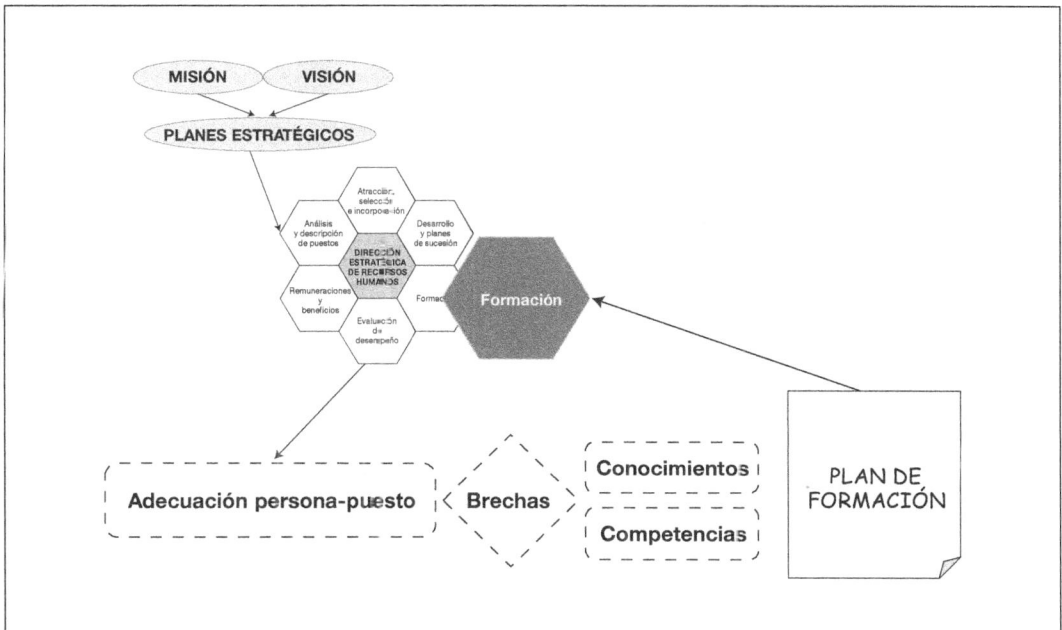

Las organizaciones realizan –también– mediciones sobre la adecuación persona-puesto. Es importante señalar que existen métodos específicos para medir conocimientos, competencias y valores. De esta instancia, también, surgen necesidades para incluir en los planes de formación.

Las guías y formularios utilizados para la detección de necesidades de formación pueden ser gran utilidad. No obstante, es muy importante enfatizar la importancia de considerar la estrategia organizacional.

En síntesis, el Director de Recursos Humanos y el número 1 de la organización, CEO, Director General o Gerente General, en conjunto, deberán someter los planes de formación a un profundo análisis dado que –con frecuencia– no reflejan las necesidades estratégicas. La pregunta a formularse debería ser, frente a cada ítem que conforme el plan de formación, con cuál aspecto de la estrategia se relaciona.

Otra forma para relacionar la estrategia con los planes de formación

Si una organización, como se comentara, no posee los descriptivos de puestos actualizados o, aun estando al día, estos no reflejan la estrategia –lo que también es muy frecuente–, una forma de relacionar la estrategia con los planes de formación sería la siguiente.

Los subsistemas de Recursos Humanos en función de la estrategia

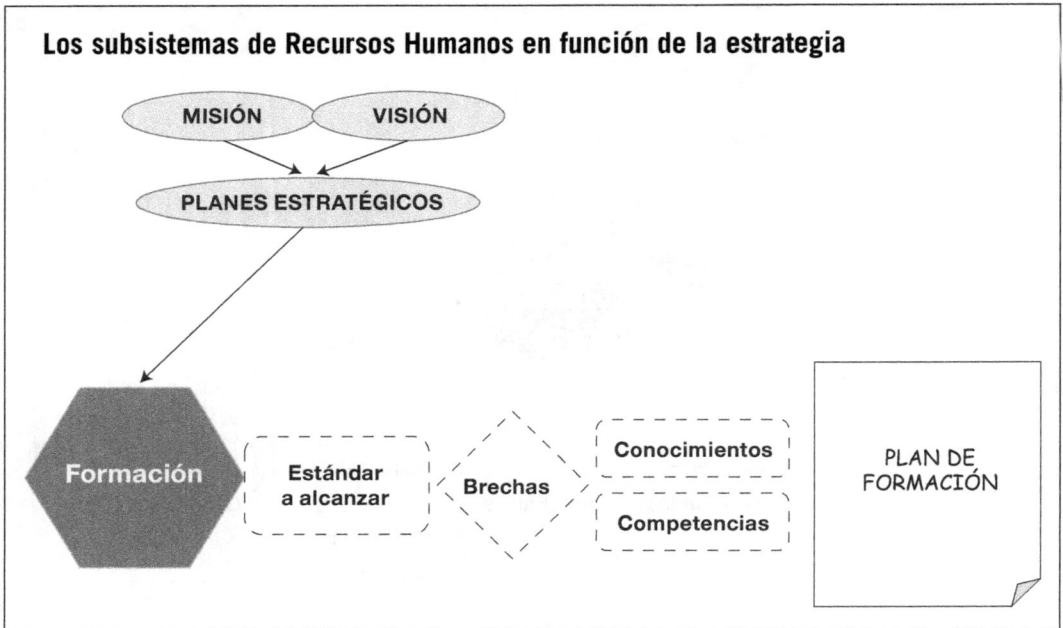

A partir de la estrategia, se deben definir ciertos estándares o parámetros que se desean alcanzar en conocimientos o en competencias. Una vez definidos, será posible medir brechas y confeccionar un plan de acción.

Como ya se ha manifestado, los presupuestos para formación son siempre escasos, aun en las organizaciones que invierten en el área. Por lo tanto, esta inversión debe ser dirigida "a algo" específicamente, y ese algo deben ser los planes estratégicos a los cuales se quiere llegar, la visión que se desea alcanzar.

Plan de formación. Variantes

Un *plan de formación* comprende las actividades formativas que constituyen un plan orgánico con fines y propósitos específicos.

Los planes de formación también pueden ser implementados "en cascada". Esta expresión implica que el programa se realiza *de arriba abajo* en el organigrama de la organización. En muchos asuntos organizacionales, en especial en la disciplina que nos ocupa, esto es de suma relevancia.

Si, por ejemplo, se está impartiendo un programa de formación sobre retroalimentación, este deberá comenzar por el número 1 de la organización y continuar hacia abajo en la estructura, con los distintos niveles gerenciales.

Según numerosas experiencias, en especial en programas para jefes, cuando el número 1 se sienta con sus colaboradores y participa activamente de las diferentes actividades que conforman el programa se obtienen muchos beneficios. Además de facilitar el aprendizaje del tema en cuestión, se incrementa el compromiso, la participación, motiva a los jefes, etc.

Modelo de formación / Modelo organizacional de formación

La mayoría de las organizaciones, en especial las que poseen un alto número de colaboradores, confeccionan planes anuales de formación. Usualmente, las acciones formativas son buenas *per se.* Sin embargo, la formación en el ámbito de una organización plantea un desafío complejo. Por ello, creemos firmemente que todas las organizaciones, aun las pequeñas o aquellas que por cualquier motivo no poseen muchos recursos para sus planes de formación, pero que pueden y desean invertir en esa área, en todos los casos, deberían enfocar las actividades como parte de un *modelo estratégico.*

Un modelo de formación forma parte y, al mismo tiempo, se basa en los objetivos a alcanzar, que, en el caso de las organizaciones, usualmente se expresan a través de la *misión, visión, valores y planes estratégicos.* Así como en nuestra vida cotidiana, cuando se realiza una inversión hogareña, en cualquier rubro, se deben priorizar las necesidades y la decisión final se toma en función de los objetivos que se desea alcanzar (por ejemplo, un plan de viaje), del mismo modo se debe trabajar en el ámbito organizacional.

Un modelo organizacional de formación implica un conjunto de pasos y actividades estructuradas que permiten asegurar que las actividades a impartirse se relacionen con los planes estratégicos de la organización. En él se pueden identificar las siguientes etapas:

1. *Etapa de detección de necesidades.* La detección de necesidades es una etapa del modelo organizacional de formación, e implica que los requerimientos de formación deberán ser determinados en función de la visión que la organización desea alcanzar, y su estrategia. En función de ambos elementos se analizará la adecuación persona-puesto de los colaboradores para luego determinar prioridades en lo que respecta a las necesidades de formación, tanto en conocimientos como en competencias.

2. *Etapa de diseño.* El diseño es una etapa del modelo organizacional de formación, e implica: a) definición de objetivos; b) definición de un método –el

© GRANICA

sugerido es *Codesarrollo*–; c) selección de instructores, idealmente internos; d) confección de un plan detallado (fechas, lugares, recursos necesarios, participantes a cada actividad, etc.).

3. *Etapa de implementación.* Consiste en acciones que se llevan a cabo de manera planeada y organizada con el propósito de poner en funcionamiento el modelo de formación en el marco de la organización o institución. Es una de las etapas del *modelo de formación.*

4. *Etapa de evaluación de resultados.* Es una de las etapas del modelo organizacional de formación, e implica: a) definir los criterios a utilizar; b) medir con base en los criterios e indicadores definidos previamente, y c) interpretar los resultados obtenidos.

5. *Auditoría.* La *auditoría del modelo de formación* podrá llevarse a cabo considerando cada una de las diferentes etapas de este modelo: 1) detección de necesidades; 2) diseño; 3) implementación; 4) evaluación de resultados.
   En relación con las etapas 3 y 4, se deberá controlar especialmente los criterios utilizados para la medición de resultados.
   En grandes organizaciones es de gran importancia la auditoría de la formación para unificar criterios organizacionales y, además, asegurarse que la inversión aplicada en este aspecto está destinada a alcanzar la estrategia organizacional.

Formación y su relación con otros subsistemas de Recursos Humanos

Los distintos aspectos relacionados con Formación tienen a su vez relación con otros subsistemas de Recursos Humanos:

- *Análisis y descripción de puestos.* Se sugiere, una vez que se ha descrito el puesto, la evaluación de las capacidades de su ocupante, es decir, la adecuación persona-puesto. Si de esta evaluación surgiera alguna brecha, para lograr una mejora se deberá iniciar diferentes acciones, tanto si se trata de conocimientos como de competencias.

- *Atracción, selección e incorporación.* Si bien las buenas prácticas y el sentido común indican que se debe contratar a personas que cubran lo requerido por el puesto respectivo, en ocasiones las incorporaciones de colaboradores incluyen períodos de capacitación específica para lograr una adecuada relación entre la persona y la posición a ocupar.

Formación y su relación con otros subsistemas de Recursos Humanos

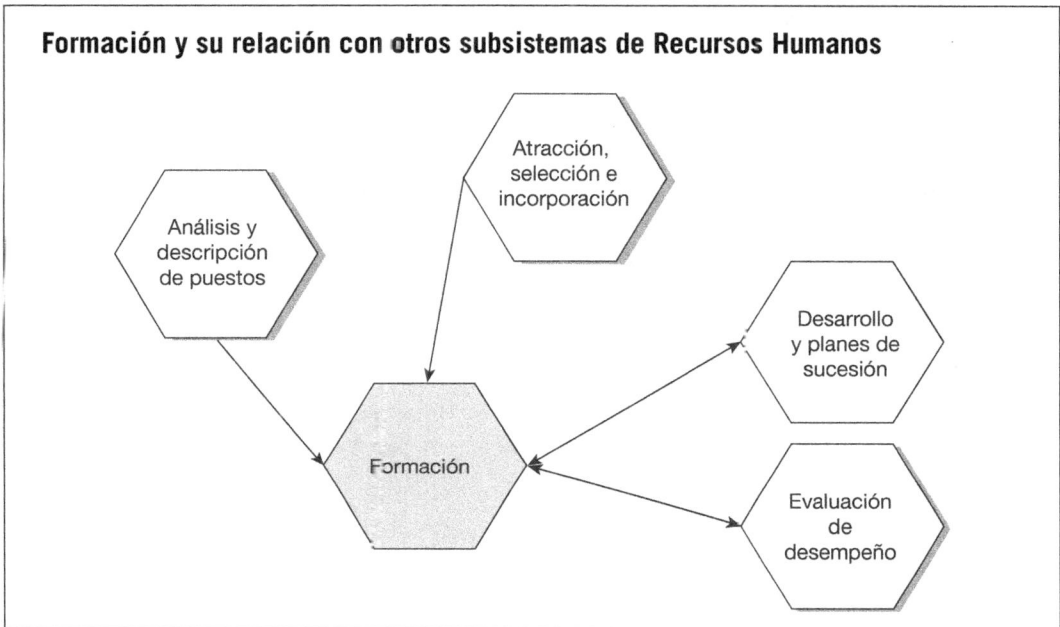

- *Evaluación de desempeño.* Uno de los propósitos de la evaluación de desempeño es detectar necesidades de capacitación. Igualmente sucede con otras evaluaciones específicas de competencias, como las de 360 grados (o 180°).

- *Desarrollo y planes de sucesión.* Entre todos los programas internos para el desarrollo de personas que ya forman parte de la organización, tanto en conocimientos como en competencias, estos que mencionamos tienen un rol significativo.

Otros aspectos directamente ligados con un manejo estratégico de los recursos humanos, como la motivación del personal o acciones para modificar la cultura organizacional, están directamente relacionados, también, con formación, entrenamiento y desarrollo de competencias.

Formación dentro del área de Recursos Humanos

Como se desprende de párrafos anteriores, la función del subsistema de Formación, como la de cualquier otro subsistema de Recursos Humanos, debe estar alineada con la estrategia de la organización. Por lo tanto, los planes de capacitación deben

© GRANICA

estar diseñados con esta orientación. Dentro de este amplio enunciado es posible encontrar desde actividades para formar a personas en ciertos conocimientos básicos, hasta sofisticadas acciones para realizar un ajuste cultural, cuando esto sea necesario. Las competencias de los integrantes del área de Formación también deben ser variadas, ya que ciertas capacidades –como la adaptabilidad al cambio o la capacidad para comprender a los demás– serán tan importantes como conocer sobre principios de educación.

La función de Formación enfrenta grandes desafíos:

- Promover la generación de conocimiento y ponerlo a disposición de todos los actores de la organización.

- Innovar en materia de formación. Las viejas recetas pueden ser válidas en algunos casos, pero siempre se deberá ser permeable a las nuevas tendencias en la materia.

- Desarrollar competencias que faciliten el trabajo así como el aprendizaje en entornos virtuales.

Cada vez más la tecnología estará a disposición de las actividades de formación, pero de nada servirá dicho avance tecnológico si no está respaldado por un enfoque innovador y acorde a las necesidades futuras de la función de Formación.

Para responder a estos desafíos, se deberá estar en condiciones de preparar a las personas para:

- Aprender en la acción.

- Predisponerse para la autoinstrucción y el autodesarrollo.

- Conducirse efectivamente en contextos de cambio continuo.

- Acceder a información a través de redes informáticas.

- Seleccionar la información relevante para la toma de decisiones.

- Comunicarse y trabajar productivamente en entornos virtuales.

- Conducirse en entornos multidisciplinarios y multiculturales.

- Ejercer influencia independientemente de las jerarquías.

El desafío de promover la generación de conocimientos disponibles para todos exige pensar en la organización como *sujeto de aprendizaje*. Es decir, un sistema capaz de reconocer, incorporar y adaptar la información del contexto que le permita actuar eficazmente y sobrevivir. Si bien esta es una capacidad inherente a las organizaciones (sin ella no podrían responder al medio y sucumbirían), su aplicación se ve generalmente limitada por obstáculos propios de la dinámica organizacional.

Es frecuente observar en las empresas cómo el conocimiento, muchas veces clave para el éxito de la gestión, no circula, se concentra generalmente en la cúspide y se torna inaccesible a quienes lo necesitan para operar. En tales casos, la principal contribución de los especialistas en capacitación consiste en generar sistemas que permitan la fluida circulación, aplicación y revisión del conocimiento con el objeto de mejorarlo permanentemente.

Evaluación de resultados. Criterios e indicadores de gestión con mirada estratégica

La medición de resultados en formación es un aspecto interesante, y todos los que posean una amplia experiencia tendrán muchas anécdotas al respecto, algunas, por decirlo de algún modo, hasta divertidas; por ejemplo, evaluaciones de actividades de formación donde el foco está puesto en la comida ofrecida y aspectos relacionados. Sin embargo, la formación organizacional es un tema muy serio y como tal será abordado. No interesa la anécdota, lo importante es el resultado.

Considerar lo relevante

Todos los aspectos de una actividad de formación son relevantes, desde el lugar y la luz del ambiente, hasta el refrigerio ofrecido. Si el área de Recursos Humanos contrata un lugar para las actividades –por ejemplo, un hotel 5 estrellas– y el servicio no es el esperado, deberá contar con algún indicador para poder actuar en consecuencia: desde elevar una queja hasta decidir no realizar otras actividades en el mismo ámbito.

Ahora bien, este no puede ser el único indicador, ni el más importante. Por lo tanto, si bien las encuestas de satisfacción de los participantes en relación con estos aspectos deben ser consideradas, no puede ser el único criterio a utilizar para evaluar la formación.

Un comentario análogo debe hacerse con relación al instructor o responsable de la actividad formativa. Todos hemos conocido instructores que entretienen y divierten a los asistentes sin dejarles ningún contenido y, desde ya, sin lograr alcanzar los objetivos propuestos por la actividad de formación. Sin embargo, en estos casos, las encuestas de satisfacción suelen dar resultados muy positivos.

Una correcta evaluación de resultados implica, primero, la elección de los criterios de medición según el objetivo que se desee alcanzar con la actividad. Estos

© GRANICA

criterios debe definirlos el área de Recursos Humanos como responsable de la ejecución del plan de formación.

Fijación de criterios
para la evaluación de resultados

Una completa medición de resultados, para las actividades de formación, se podría realizar utilizando los criterios que se detallan a continuación.

1. *Participantes.* La opinión de los participantes es sumamente interesante y pertinente. Sin embargo, a estos debe solicitárseles su evaluación solo sobre aquellos elementos sobre los cuales puedan emitir juicio genuino.
   La opinión de los participantes podría ser solicitada al final de la actividad y, adicionalmente, a "x" días o meses de su realización. En esta segunda instancia, por ejemplo, los participantes podrían evaluar la aplicabilidad en sus puestos de trabajo de lo visto en la actividad .

2. *Instructor.* La opinión del instructor es sumamente relevante y rara vez le es solicitada. Al igual que en el punto anterior, podría obtenerse en dos instancias: al final de la actividad, para algunos ítems, y otra opinión a "x" días o meses, sobre otros aspectos
   Un instructor está en condiciones de evaluar a los participantes desde muchas perspectivas. El instructor, según la participación del grupo en general, las preguntas que realicen, la resolución de ejercicios prácticos, etc., podrá también evaluar el grado de comprensión sobre la temática, el compromiso con la actividad, valores personales, etcétera.
   En resumen, inmediatamente después de la actividad un instructor podría evaluar a los participantes en los siguientes aspectos:

   – Preparación previa de los participantes. Abierto en otros dos aspectos: a) formación general en relación con la temática –por ejemplo, estudios y experiencia–, y b) preparación específica –por ejemplo, si el participante preparó los ejercicios o realizó las lecturas previas sugeridas, que muchas veces son indicadas para ser efectuadas antes de asistir a una actividad.

   – Participación durante la actividad, preguntas formuladas y su pertinencia, aportes realizados, compenetración en la resolución de casos y ejercicios prácticos, y calidad del material producido, distracción personal, distracción personal involucrando a sus compañeros, etc. Es frecuente que los asistentes lleven su ordenador portátil a las actividades formativas. En ese caso, se podrá considerar cuál fue el uso que se le dio, como apoyo al aprendizaje u otro diferente. Este comentario también vale para el uso de teléfonos móviles durante las actividades.

– Resultados obtenidos, desde la performance obtenida en un examen (si la actividad así lo propone) hasta la seriedad con que la persona se autoevaluó o cómo confeccionó su plan de acción, en un Codesarrollo. En este último caso, la pertinencia de las actividades elegidas, el compromiso al elaborarlo, la factibilidad de llevarlo a cabo, etc.

En una instancia posterior ("x" días o meses después de impartirse la actividad), un instructor podría emitir opinión comparativa entre diferentes grupos de participantes y, a la luz de los puntos anteriores, realizar sugerencias para modificar contenidos, llevar a cabo acciones complementarias, etc. Ejemplos de otros factores que pueden ser considerados por un instructor al momento de la evaluación:

– En una actividad para el desarrollo de competencias en la cual los participantes, en su mayoría, no conocen los comportamientos requeridos por su puesto, el instructor podrá sugerir a Recursos Humanos mayor difusión del documento interno donde se los consigna (diccionario de comportamientos).

– Si en una actividad para el desarrollo de competencias, en el momento de confeccionar los planes de acción el instructor detecta que los participantes, en su mayoría, no conocen las guías de desarrollo que la empresa tiene en la intranet, podrá sugerir a Recursos Humanos mayor difusión de ese material.

– En actividades sobre conocimientos, si el instructor detecta que la mayoría de los participantes no usan un determinado conocimiento en su actividad diaria, podrá informar de ello al área de Recursos Humanos.

– En cualquier tipo de actividad, con una consigna previa sobre lecturas, resolución de un caso, etc., si el instructor detecta que la mayoría de los participantes no están informados de la consigna a realizar podrá sugerir a Recursos Humanos mayor difusión de este requisito previo, con varios días de anticipación, y, además, asegurarse de que los participantes hayan comprendido adecuadamente las indicaciones.

– En un caso similar al anterior, si el instructor percibe que los participantes, en conocimiento de la consigna, no la llevaron a cabo, podrá informar de ello a Recursos Humanos.

© GRANICA

– Si los participantes no asisten a la actividad o lo hacen de manera parcial bajo excusas, reales o no, el instructor debe informar sobre los hechos (ausencias y justificaciones expuestas; por ejemplo: *tener mucho trabajo, su jefe le pidió algo extra y no pudo asistir,* etc.; las causas referidas pueden ser diversas y el instructor no suele tener información para determinar su legitimidad).

3. *Informe del instructor.* Informe conceptual sobre la actividad, la pertinencia de la temática impartida para ese grupo en particular, etc. Es decir, una evaluación sobre aspectos relevantes relacionados con las actividades formativas a su cargo.

4. *Experto interno observador.* En las actividades formativas podría incluirse una mirada experta que emita juicio sobre los contenidos, su pertinencia en ese momento, la calidad, etc. No será necesario que el experto participe de la actividad en su totalidad, podría presenciar solo una parte de ella, el necesario para formarse una idea que le permita emitir opinión.

   Si la organización imparte varias actividades de la misma temática o diferentes, pero interrelacionadas, el experto interno, en su rol de observador, podría emitir un informe relacionando todo lo actuado con una actividad o un grupo de ellas, según corresponda. Para explicar mejor la idea del experto como observador de una actividad formativa, proponemos al lector dos ejemplos:

   a) *Actividad formativa:* Codesarrollo para el desarrollo de la competencia *Orientación al cliente.*
   Instructor: consultor externo.
   Experto interno observador: gerente de Ventas.

   b) *Actividad formativa:* Codesarrollo para jefes sobre temas inherentes a su rol (*Rol del jefe*).
   Instructor: el jefe directo de los participantes o un consultor externo.
   Experto interno observador: responsable de Recursos Humanos.

5. *Jefe.* Como se ha manifestado en muchas ocasiones, asignamos un rol preponderante al jefe directo. Por lo tanto, se puede enviar una encuesta a los jefes directos de los participantes para que estos brinden su opinión sobre el cambio de comportamientos o el grado de aprendizaje de ciertos conocimientos con base en su utilización en el puesto de trabajo, según corresponda.

   La opinión de los jefes también podría ser solicitada en dos momentos. Al finalizar las actividades y a "x" meses de su conclusión, para conocer los resultados o cambios del colaborador en su desempeño y en relación con su puesto de trabajo.

Como se verá en los capítulos siguientes, uno de los pasos del Codesarrollo es el seguimiento. Este aspecto, también, podría formar parte de los criterios a evaluar e, igualmente, se relaciona con los jefes directos.

6. *Recursos Humanos / Responsable del área de Formación.* El responsable de la coordinación del plan de formación deberá emitir un informe que reúna las opiniones de todos los anteriores en un solo documento con su propia valoración de todo lo actuado.

El responsable de Formación podrá enriquecer las evaluaciones descritas en los puntos anteriores con su propia opinión. Para ello el área de Formación podría determinar criterios de control para aplicar en las distintas actividades formativas, y podría incluso determinar indicadores según la temática, el tipo de actividad y, desde ya, separando conocimientos de competencias. En este caso, la opinión de Recursos Humanos sería un criterio adicional a todos los mencionados anteriormente.

El informe final del responsable de Formación (o del área de Recursos Humanos) podría constar de los siguientes ítems.

a) Participantes. Si se eligieron dos momentos para formular las encuestas, esto debe explicitarse.

b) Instructor. Si se eligieron dos momentos para formular las encuestas, esto debe explicitarse.

c) Experto interno observador.

d) Jefes directos de los participantes. Si se eligieron dos momentos para formular las encuestas, esto debe explicitarse.

e) Formación (cuando se han fijado indicadores específicos).

f) Conclusión del responsable de Formación.

En resumen, si la formación es una inversión de relevancia dentro de la organización, no solo por el dinero invertido en ella sino, en especial, por la repercusión estratégica de un plan adecuado, deberá ser el responsable de la función quien emita un informe final, que como se anticipara, no puede circunscribirse a las percepciones de los participantes sobre aspectos que, muchas veces, no están en condiciones de evaluar.

Una vez que se hayan definido los criterios, con anterioridad a la impartición, junto con los respectivos cuestionarios, al final y después de ella, según corresponda, se realizará la medición definida.

© GRANICA

Si los objetivos definidos son de tipo estratégico y de este modo se eligen los criterios de medición, fácilmente se puede deducir que se tendrá también en cuenta si, por ejemplo, los medios audiovisuales funcionaron o no; desde ya, esto debe ser evaluado, pero –además y con mayor peso– se medirá si los objetivos fueron alcanzados, es decir, si los participantes adquirieron el conocimiento o desarrollaron la competencia, según el tipo de actividad.

Definir los indicadores a utilizar

Una vez que se han definido los criterios a utilizar para evaluar los resultados, será posible definir los indicadores que se emplearán. En algunos casos podrán ser porcentajes (lo esperado será entre "x %" e "y %"); en otros casos serán indicadores de tipo cualitativo o comportamientos.

Para cada uno de los diferentes criterios mencionados más arriba y en función de la elección realizada, deberán fijarse los indicadores a utilizar.

Como en cualquier utilización de indicadores, la recomendación será un número limitado de ítems. Cuando el número de indicadores por criterio es muy elevado, se dispersa la atención y el resultado en cuanto a medición suele no ser el esperado.

Por último, en relación con los indicadores, el responsable de Formación podrá definir cuáles usar con su cliente interno o responsable del área que ha manifestado la necesidad formativa. Retomando un ejemplo ya dado, en un taller de Codesarrollo sobre la competencia *Orientación al cliente*, el gerente de Ventas, en su rol de experto, podrá suministrar su opinión sobre algunos aspectos que él quisiera evaluar en cuanto a los resultados de las actividades formativas relacionadas con su área.

Del autor al lector

La experiencia, producto de conocer muchas organizaciones de –a su vez– diversos países, nos enseña que las empresas usualmente no miden adecuadamente las acciones de formación. Creo que en este punto los responsables del área y los número 1 de las organizaciones tienen un reto que asumir: utilizar criterios de evaluación de resultados de tipo estratégico, medir "lo que se debe medir", no lo superficial o accesorio. La formación es una inversión y, por lo tanto, debe ser medida y evaluada como cualquier otra que la organización realice.

Codesarrollo. Un método de aprendizaje de la Metodología Martha Alles

Formación y Gestión por competencias

El desarrollo de competencias es un factor clave para cualquier modelo de competencias. No tiene sentido implementarlo si *a posteriori* no se toman medidas para achicar las brechas entre los perfiles por competencias requeridos para los diferentes puestos y las personas que los ocupan. Por lo tanto, así como se puede decir que Gestión por competencias es un modelo de management que permite alinear a las personas con los objetivos organizacionales, se puede asegurar también que el desarrollo de competencias es el propósito fundamental de su puesta en marcha, ya que es la única vía posible para lograr un cambio de cultura o para alcanzar un objetivo estratégico.

Muy pocos autores tratan en profundidad el desarrollo de competencias. Spencer[36], cuyo trabajo sobre el desarrollo de competencias fue analizado al inicio de este capítulo, dice que el entrenamiento puede tener diferentes vertientes. Por ejemplo, para el entrenamiento en disertaciones carismáticas propone la *teoría de aprendizaje social*.

Esta teoría sostiene que las personas aprenden habilidades interpersonales mediante un "modelo de conducta": observando e imitando a otras personas que demuestran una conducta eficaz en una situación determinada. Los métodos de modelos de conducta muestran a los participantes muchos ejemplos en vivo, filmados o grabados, de una persona que utiliza las competencias específicas en una situación real. Los participantes deben imitar el modelo.

Si una organización ha implantado un sistema de Gestión de recursos humanos por competencias, será sobre estas que se centrarán los mayores esfuerzos de capacitación y entrenamiento, de modo que la nómina en su conjunto logre el perfil requerido.

¿Cómo entrenar por competencias? ¿Cómo desarrollar competencias? La Gestión por competencias se relaciona con todos los procesos o funciones, y a su vez estos se vinculan entre sí. Ejemplos de interacción de distintos procesos de Recursos Humanos con la capacitación y entrenamiento por competencias:

1. De la aplicación de un esquema de evaluación de desempeño por competencias (Capítulo 6) se desprende que una persona o un grupo debe mejorar ciertas competencias.

---

36 Spencer, obra citada, Capítulo 21.

© GRANICA

2. La empresa decide entrenar a determinado colectivo –por ejemplo, los comerciales de segundo nivel de la red de sucursales– en ciertas competencias.

3. A los primeros, segundos y terceros niveles, la organización desea entrenarlos en *Liderazgo* y *Trabajo en equipo*.

4. Se requiere entrenar a toda la empresa en *Orientación al cliente interno y externo*.

5. Reforzar las habilidades comerciales y de atención al público de todos los que de un modo u otro tienen relación con clientes.

Para estos casos y otros similares se debe primero definir las competencias y su alcance, y a partir de allí preparar las actividades de desarrollo más adecuadas.

¿Cómo iniciar la formación en un modelo de Gestión por competencias?

En todos los casos, para la formación en competencias se deberán definir las competencias tanto cardinales como específicas, como se vio en el Capítulo 2.

1. Definir competencias y sus grados para luego asignarlos a los respectivos puestos de trabajo (Capítulo 3).

2. A partir de los descriptivos de puestos por competencias será factible medir el grado de desarrollo de competencias y hacer un inventario de competencias del personal.

3. De la comparación de ambos pasos (1 y 2) surgirán las necesidades de desarrollo de competencias.

Para la metodología de Martha Alles International el desarrollo de competencias fuera del trabajo se realiza a través del Codesarrollo.

Expondré a continuación unas pocas palabras de la presentación de la obra *Codesarrollo. Una nueva forma de aprendizaje*[37]. Allí se observa que el talento es escaso y debe desarrollarse –una temática clave del siglo XXI–. Para accionar sobre el talento, este debe dividirse en los elementos que lo componen; por lo tanto, para el desarrollo de talentos debe trabajarse en una doble vía: sobre las competencias y sobre los conocimientos.

---

37   Alles, Martha. *Codesarrollo. Una nueva forma de aprendizaje*. Ediciones Granica, Buenos Aires, 2009.

El método que hemos denominado *Codesarrollo* es aplicable a ambos aspectos, conocimientos y competencias. La experiencia ha demostrado que es un método de aprendizaje eficaz y efectivo tanto para la adquisición de conocimientos como para el desarrollo de competencias.

En la mencionada presentación de la obra también se menciona que *Codesarrollo* es un método de aprendizaje que ha surgido del *Centro de Investigaciones sobre Nuevas Aplicaciones* de nuestra firma, Martha Alles International, que lo ha lanzado al mercado hace unos años, con notable suceso y experiencias altamente positivas. Sin embargo, es muy importante destacar que Codesarrollo es un nuevo método de aprendizaje basado en teorías preexistentes sobre las cuales se añadió un aporte diferenciador. Al inicio de este capítulo se ha expuesto una síntesis completa de la bibliografía de otros autores sobre el tema.

Codesarrollo es un método para el desarrollo de personas, aplicable tanto a competencias como a conocimientos, que implica acciones concretas que de manera conjunta realiza el sujeto que asiste a una actividad de formación guiado por un instructor para el desarrollo de sus competencias y/o conocimientos. El Codesarrollo implica un ciclo: 1) taller de Codesarrollo; 2) seguimiento; 3) segundo taller de Codesarrollo. La idea se expresa en la figura siguiente.

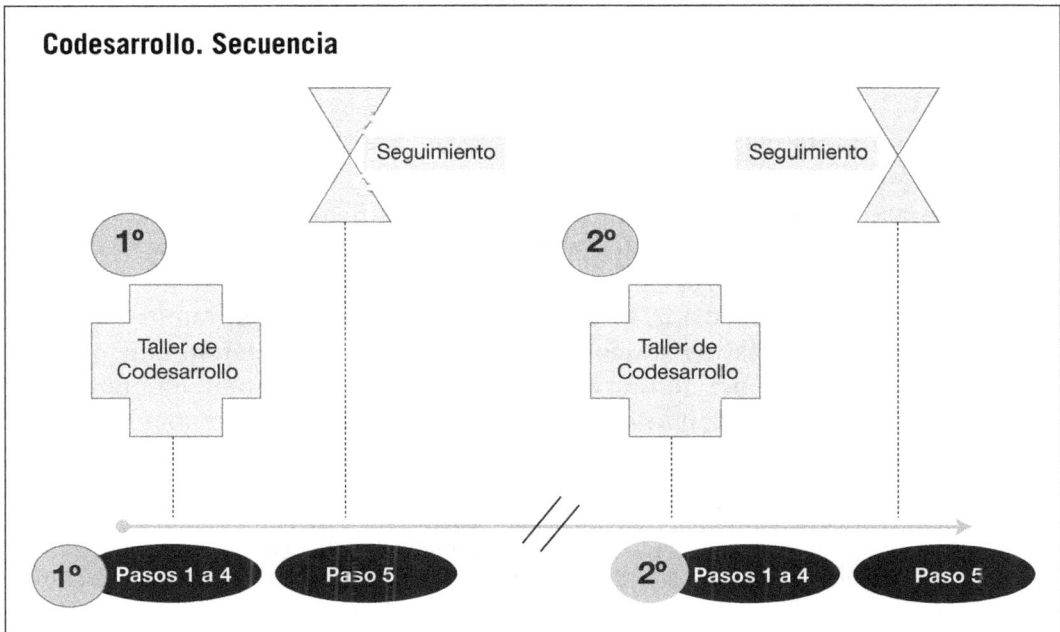

Codesarrollo. Secuencia

Seguimiento

Seguimiento

1º

2º

Taller de Codesarrollo

Taller de Codesarrollo

1º Pasos 1 a 4

Paso 5

2º Pasos 1 a 4

Paso 5

En el gráfico precedente se muestra –sobre un eje de tiempo– la realización de un taller de Codesarrollo (pasos 1 al 4). El aprendizaje continúa a través del seguimiento (paso 5), para luego realizarse un segundo taller de Codesarrollo y un nuevo seguimiento.

Acerca del concepto *Codesarrollo*

Primero es importante ver el significado del término "desarrollo". Según el *Diccionario de la Real Academia Española*[38], en su segunda acepción (figurado), *desarrollar* significa: "acrecentar, dar incremento a cosas del orden físico, intelectual o moral", y *desarrollo*: "acción y efecto de desarrollar o desarrollarse".

Según el *Diccionario del Español Actual*[39], en su primera acepción *desarrollar* significa: "dar mayor magnitud o relevancia a algo", y en la séptima acepción: "crecer hasta alcanzar el grado de madurez o perfección". Esta última es, sin lugar a dudas, la definición que mejor se aplica a la expresión "desarrollo de competencias".

Por lo tanto, podríamos definir *desarrollo de competencias* como "las acciones tendientes a alcanzar el grado de madurez o perfección deseado en función del puesto de trabajo que la persona ocupa en el presente o se prevé que ocupará en el futuro".

Antepuesto a un sustantivo o adjetivo, el prefijo "co" significa, según el *Diccionario del Español Actual*[40]: *que es conjuntamente con otro(s)* lo que el término principal indica.

"Co" es un prefijo latino que significa[41] *unión o compañía*. Ejemplos: coligarse, coadyuvar, coautor.

En síntesis, el Codesarrollo son las acciones que de manera conjunta realiza el sujeto que asiste a una actividad de formación guiado por su instructor para el desarrollo de sus competencias.

Para no confundir al lector, esta es la denominación que en nuestra metodología les damos a los clásicos "cursos de capacitación", entendiendo que, para ser efectivos, estos deben tener algún "agregado", ya que de la manera en que se conciben habitualmente brindan información pero no desarrollan competencias. Las

---

38   *Diccionario de la Lengua Española*. Real Academia Española, www.rae.es.
39   Seco Reymundo, Manuel; Andrés Puente, Olimpia; Ramos González, Gabino. *Diccionario del Español Actual*. Aguilar, Grupo Santillana de Ediciones, Madrid, 1999 y nueva edición revisada 2011.
40   Seco Reymundo, Manuel; Andrés Puente, Olimpia; Ramos González, Gabino. Obra citada.
41   Seco, Manuel. *Diccionario de dudas*. Espasa, Madrid, 1998.

actividades, aun bajo la estructura de un seminario, curso o taller, deben permitir *poner en juego la competencia,* ofreciendo, además, un espacio de reflexión sobre lo actuado.

En síntesis, para que se verifique el desarrollo de una competencia se deben dar las siguientes condiciones:

1. Reconocimiento de la necesidad de desarrollo; por ejemplo, después de una evaluación de desempeño, luego de una evaluación de competencias a través de un *assessment* u otras herramientas recomendadas.

2. Tomar conocimiento sobre el tema; puede ser a través de un curso o de una lectura específica sobre la competencia.

3. Poner en juego la competencia a desarrollar.

4. Observar y reflexionar al respecto.

Estos cuatro elementos conforman un *círculo virtuoso de crecimiento.* Este esquema deberá verificarse en la actividad. Si se estuviese trabajando, por ejemplo, en el desarrollo de la competencia *Capacidad de planificación*, no bastará con que se explique a los participantes los diferentes métodos y sistemas informáticos para planificar de la mejor manera. Desde ya, que conozcan estos elementos será muy importante, pero la clave para que desarrollen la competencia es *que la pongan en juego.*

Si la capacitación no hace que la competencia a desarrollar se ponga en juego y que el participante realice una reflexión sobre la situación, no se verificará la modificación de comportamientos. Y justamente de eso se trata: cuando se habla de capacitación o formación en competencias el objetivo buscado es el cambio de comportamientos.

Por esta razón y no otra es que para nosotros formación en competencias es *Codesarrollo*; es decir, mediante una actividad determinada se logra (o al menos se busca lograr) que el participante modifique comportamientos, pero no solo el día de la capacitación, sino también luego, en su vida diaria.

Capacitación y codesarrollo. Diferencias. Distintos tipos de Codesarrollo

Los términos *capacitación* y *Codesarrollo* tienen puntos en común y diferencias. Para clarificar esta cuestión se sugiere ver las dos tablas de la página siguiente.

© GRANICA

Diferencias entre Codesarrollo y capacitación en relación con Gestión por competencias	
CODESARROLLO	**CAPACITACIÓN**
El Codesarrollo de competencias se diseña a medida del modelo de la organización.	En el caso de competencias, usualmente no se diseña a medida, sino que versa sobre la temática de manera más general.
Un taller de Codesarrollo combina teoría y práctica en relación con un diseño específico a medida del modelo organizacional.	Combina teoría y práctica. Esta última, si bien permite realizar ejercitación, no está en relación con la organización en cuestión.
Pone en juego la competencia según la definición dada en el modelo de la organización.	La parte práctica pone en juego la competencia (en algunos casos) pero no en función del modelo organizacional.
El participante se autoevalúa y determina por sí mismo el grado de desarrollo de la competencia sobre la cual se realiza el Codesarrollo.	Rara vez se realiza una autoevaluación y en el caso de realizarse, no es en relación con el modelo organizacional.
El participante confecciona con ayuda del instructor un plan de acción para su autodesarrollo.	
Una vez finalizado el taller de Codesarrollo se realiza el paso denominado "seguimiento".	
Un tiempo después, se realiza un segundo taller de Codesarrollo, sobre una temática similar.	

Diferencias entre Codesarrollo y capacitación en relación con conocimientos	
CODESARROLLO	**CAPACITACIÓN**
El Codesarrollo aplicado a conocimientos puede ser diseñado a medida o no. Cuando una organización ha implementado un modelo de conocimientos, será conveniente un diseño a medida.	Usualmente, no se diseña a medida, sino que versa sobre la temática de manera general.
Un taller de Codesarrollo combina teoría y práctica. Si se trabaja sobre un modelo de conocimientos, será en función de él.	Combina teoría y práctica.
Pone en uso el conocimiento según la definición dada en el modelo de la organización (cuando corresponda).	
El participante se autoevalúa y determina por sí mismo el grado de desarrollo del conocimiento sobre el cual se realiza el Codesarrollo.	Rara vez se realiza una autoevaluación.
El participante confecciona con ayuda del instructor un plan de acción para su autodesarrollo.	
Una vez finalizado el taller de Codesarrollo se realiza el paso denominado "seguimiento".	
Un tiempo después, se realiza un segundo taller de Codesarrollo, sobre una temática similar.	

El Codesarrollo puede ser de diferentes tipos. Por ejemplo:

Según su temática:

- Codesarrollo sobre conocimientos.
- Codesarrollo sobre competencias.

Según los participantes:

- Codesarrollo abierto.
- Codesarrollo interno.

Según su diseño:

- A medida.
- Contenidos de tipo estándar.

Las ideas expresadas se exponen en la figura siguiente.

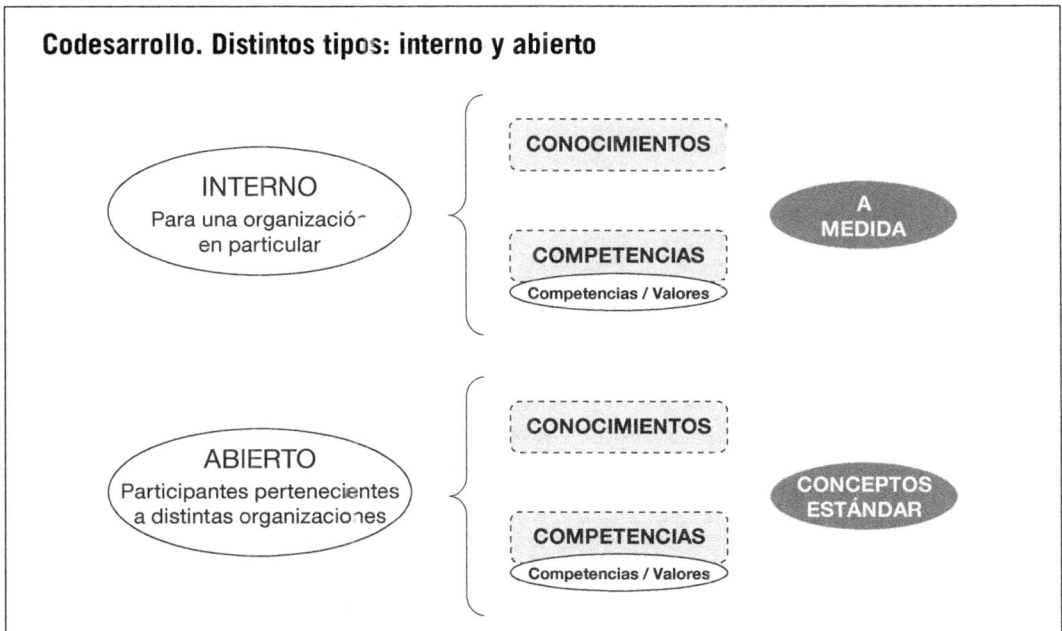

Codesarrollo. Distintos tipos: interno y abierto

INTERNO
Para una organización en particular

- CONOCIMIENTOS
- COMPETENCIAS
  Competencias / Valores

A MEDIDA

ABIERTO
Participantes pertenecientes a distintas organizaciones

- CONOCIMIENTOS
- COMPETENCIAS
  Competencias / Valores

CONCEPTOS ESTÁNDAR

© GRANICA

Taller de Codesarrollo

El término *taller* hace referencia a una actividad de formación estructurada durante la cual se intercalan exposiciones teóricas con ejercitación práctica, siendo esta última la predominante.

El taller de Codesarrollo es una actividad estructurada donde el participante realiza acciones concretas de manera conjunta con su instructor para el desarrollo de sus competencias y/o conocimientos.

Un taller de Codesarrollo consta de los siguientes pasos: 1) presentar el tema; 2) poner en juego una competencia o en práctica un conocimiento; 3) reflexión y autoevaluación; 4) plan de acción. El paso 5 (seguimiento) se realiza con posterioridad al taller de Codesarrollo. La idea se expresa en la figura al pie.

Un taller de Codesarrollo puede ser diseñado para el aprendizaje de un conocimiento o para el desarrollo de una competencia.

En cualquiera de los dos casos, es fundamental contar con un diseño adecuado que, según nuestra sugerencia, debe ser elaborado por un experto. En el caso de conocimientos, por un experto de la materia en cuestión; en el caso de competencias, por un experto en competencias.

En ambos casos, además, la persona que lleve a cabo el diseño debe ser experto en el método de *Codesarrollo*.

Las ideas expresadas se exponen en las dos figuras de la página siguiente.

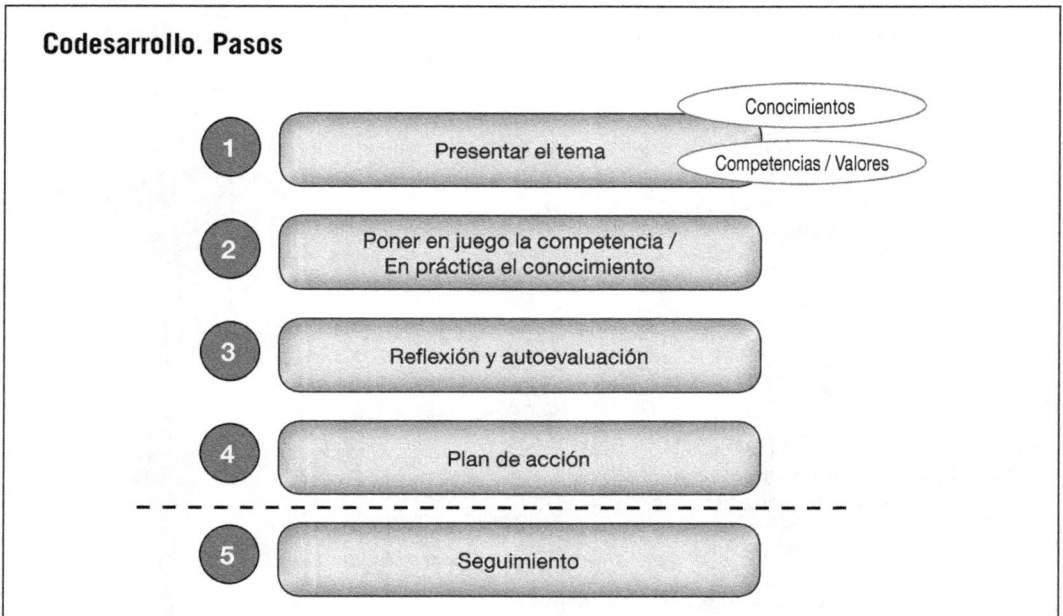

Codesarrollo. Pasos

1. Presentar el tema — Conocimientos / Competencias / Valores
2. Poner en juego la competencia / En práctica el conocimiento
3. Reflexión y autoevaluación
4. Plan de acción
5. Seguimiento

Taller de Codesarrollo. Conocimientos y competencias

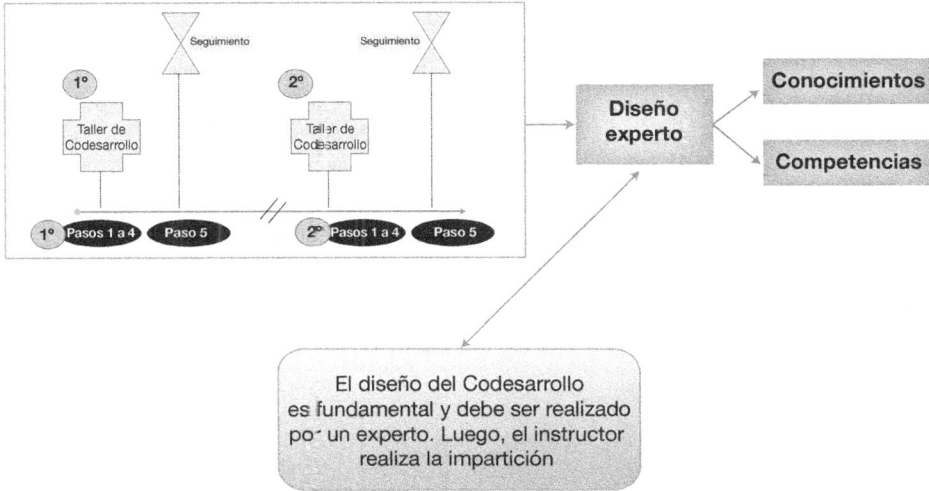

Seguimiento

Seguimiento

1°

2°

Taller de Codesarrollo

Taller de Codesarrollo

1° Pasos 1 a 4   Paso 5

2° Pasos 1 a 4   Paso 5

Diseño experto

Conocimientos

Competencias

El diseño del Codesarrollo
es fundamental y debe ser realizado
por un experto. Luego, el instructor
realiza la impartición

Taller de Codesarrollo. La importancia del diseño

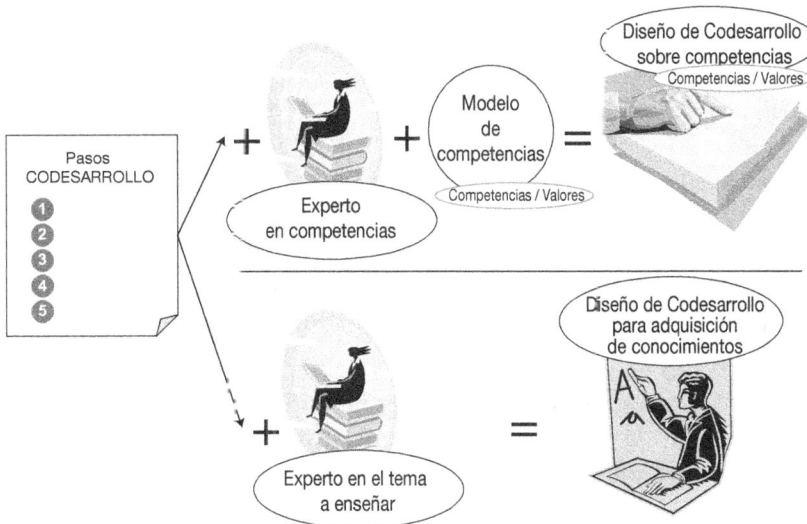

Pasos
CODESARROLLO

1
2
3
4
5

Experto
en competencias

Modelo
de
competencias

Competencias / Valores

Diseño de Codesarrollo
sobre competencias

Competencias / Valores

Experto en el tema
a enseñar

Diseño de Codesarrollo
para adquisición
de conocimientos

A

El seguimiento en el método Codesarrollo

¿Quién puede hacer el seguimiento? Si las personas participantes del método codesarrollo están al mismo tiempo en un proceso de *entrenamiento experto, mentoring* o *tutoría*, los responsables de dicho proceso pueden realizar el seguimiento respecto del avance o progreso que realiza cada involucrado en materia de desarrollo de competencias. Otra posibilidad es que el mismo instructor del taller de Codesarrollo realice un seguimiento. Para ello deberá reunirse con los participantes de la actividad, y evaluar la situación de cada uno de ellos.

Para un más adecuado diseño de actividades de Codesarrollo sugerimos trabajar con las "guías de desarrollo"[42] de la organización. De ese modo el responsable del diseño contará con material de apoyo y, además, podrá asegurarse de no asignar carga teórica en demasía y poner realmente en juego la competencia, para lograr su desarrollo.

Autodesarrollo

El autodesarrollo es el método más eficaz para el desarrollo de competencias, y también su grado de eficacia puede ser muy alto para incorporar ciertos tipos de conocimientos. A su vez el autodesarrollo puede ser dentro y fuera del trabajo.

Como ya se expresara, el autodesarrollo es el método más recientemente incorporado a las buenas prácticas de aprendizaje organizacional, y es utilizado en el ámbito organizacional desde hace aproximadamente veinte años.

Se entiende por autodesarrollo la modalidad de desarrollo basada en las acciones que realiza una persona, por su propia iniciativa, para mejorar.

El autodesarrollo puede ser:

1. Autodesarrollo dentro del trabajo. Acciones que realiza una persona, por su propia iniciativa, para mejorar dentro del ámbito laboral y en relación con su puesto de trabajo. Para este tipo de autodesarrollo la organización puede ofrecer a sus colaboradores las *guías de desarrollo dentro del trabajo*.

2. Autodesarrollo fuera del trabajo. Acciones que realiza una persona, por su propia iniciativa, para mejorar fuera del ámbito laboral y sin relación alguna ni con su puesto de trabajo ni con actividades laborales. Para este tipo de autodesarrollo la organización puede ofrecer a sus colaboradores las *guías de desarrollo fuera del trabajo*

---

42 Se hará referencia a este tema en párrafos siguientes dentro de este mismo capítulo.

Guías de desarrollo o guías para el autodesarrollo

Las *guías para el desarrollo* son documentos en los cuales se describen posibles acciones o caminos que se sugiere seguir con el propósito de mejorar. Por ejemplo: mejorar o incorporar comportamientos vinculados con una competencia que se desee desarrollar, o sumar nuevos conocimientos o incrementar los que ya se posee, en una determinada disciplina o campo profesional.

Las guías de desarrollo pueden ser diseñadas para su utilización en dos ámbitos diferenciados:

* Dentro del trabajo.

* Fuera del trabajo.

A su vez, pueden ser elaboradas tanto para el desarrollo de competencias como para la adquisición de conocimientos, siendo las primeras las de uso más frecuente.

Guías de desarrollo dentro del trabajo

Como se mencionara, las guías para el autodesarrollo son documentos internos organizacionales en los cuales se describen acciones que se sugiere incorporar en

Guías de desarrollo dentro del trabajo

Cómo desarrollar la competencia *Negociación* en mi puesto de trabajo
Continuación

7 Establezca
En función de la diferenciación que haya realizado en el punto 6 establezca sus prioridades.

8 Prepárese
para negociar, dedíquele a esta actividad el tiempo necesario. Hacerlo le permitirá contar con mayores herramientas cuando deba exponer y defender sus argumentos frente a la contraparte.

9 Busque
información que sustente sus puntos de vista y posiciones: busque en Internet, analice estadísticas, asista a bibliotecas, investigaciones de mercado, etc.

10 Desarrolle
métodos para compilar información, ya que podría volver a utilizarlos en el futuro.

11 Conozca
Antes de asistir a una negociación preocúpese por conocer en profundidad cuáles son las características de los integrantes de la contraparte.

12 Investigue
acerca de los comportamientos pasados de la contraparte en situaciones de negociación a fin de prever sus posibles acciones.

Para cada una de las competencias del modelo se exponen consejos para aplicar en la actividad cotidiana, que ayudan a alcanzar comportamientos más altos en relación con la competencia a desarrollar.

© GRANICA

la actividad cotidiana, a fin de mejorar o incorporar comportamientos vinculados con la competencia a desarrollar o incrementar/mejorar conocimientos, según corresponda.

En la figura de la página anterior se muestra una página de una *guía de desarrollo dentro del trabajo*.

El ejemplo expuesto corresponde a una guía para el desarrollo de competencias. Las guías pueden ser diseñadas, además, para mejorar o adquirir conocimientos.

Guías de desarrollo fuera del trabajo

Las guías, como ya se mencionara, son documentos internos organizacionales en los cuales se describen actividades que permiten desarrollar las competencias del modelo organizacional en ámbitos no relacionados con el entorno laboral, poniendo en juego la competencia o ayudando a incrementar/mejorar conocimientos, según corresponda.

En la figura al pie se muestra una página de una *guía de desarrollo fuera del trabajo*.

El ejemplo expuesto corresponde a una guía para el desarrollo de competencias. Las guías pueden ser diseñadas, además, para incrementar o adquirir conocimientos.

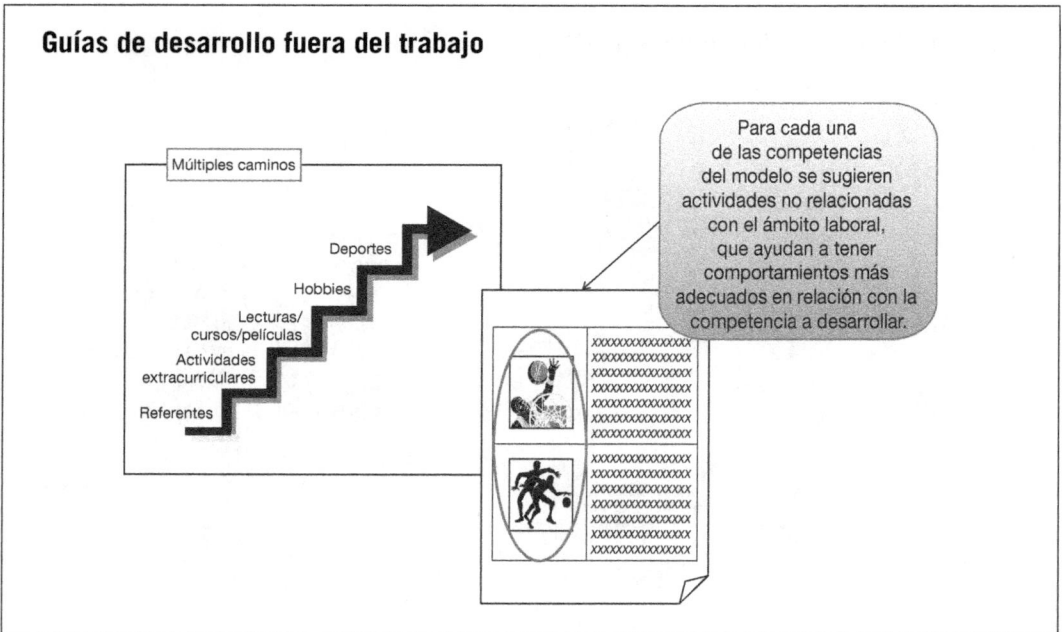

Guías de desarrollo fuera del trabajo

Múltiples caminos

Deportes

Hobbies

Lecturas/ cursos/películas

Actividades extracurriculares

Referentes

Para cada una de las competencias del modelo se sugieren actividades no relacionadas con el ámbito laboral, que ayudan a tener comportamientos más adecuados en relación con la competencia a desarrollar.

Para completar la idea expuesta acerca del autodesarrollo y el rol que sobre este método de desarrollo debe asumir el área de Recursos Humanos y la organización en su conjunto, se debe tener en cuenta que, en todos los casos, el autodesarrollo es dirigido por la organización. Es decir, la organización ofrecerá guías en relación con su modelo de competencias, que, como se viera en el Capítulo 2, siempre debe estar diseñado en función de la visión y la estrategia organizacionales.

El concepto *autodesarrollo dirigido* implica que la organización ofrece a su personal una serie de "ideas" para el autodesarrollo de competencias y/o conocimientos. Usualmente el desarrollo autodirigido se realiza a través de las guías de desarrollo que se difunden en la intranet de la organización. Adicionalmente, y si la organización cuenta con aplicaciones internas de Social Media, podrá utilizar las tecnologías sociales para el autodesarrollo. Esta temática ha sido tratada en la obra *Social Media y Recursos Humanos*.

Método *12 pasos para el autodesarrollo*

Como se expresara, el autodesarrollo consiste en acciones que realiza una persona, por su propia iniciativa, para mejorar. Sin embargo, en muchas ocasiones, una persona, estando convencida y deseosa de llevar a cabo su autodesarrollo, no sabe cómo llevarlo a la práctica. Por esta razón, las organizaciones ofrecen a sus integrantes las guías de desarrollo, ya mencionadas en la sección anterior.

La modalidad que hemos denominado *Método 12 pasos*© –y que forma parte de la Metodología Martha Alles– está pensada y diseñada para el autodesarrollo de diferentes tipos de capacidades. Por su naturaleza, se trata de un método de aprendizaje que permite desarrollar tanto competencias como conocimientos.

Método 12 pasos. En qué consiste

El *Método 12 pasos* permite desarrollar tanto un conocimiento como una competencia, y podría aplicarse dentro o fuera del trabajo –y, en ciertos casos, de manera combinada; es decir, tanto en el *ámbito laboral como fuera de él*.

Para el desarrollo de un conocimiento y/o de una competencia, siempre es mejor dividir la acción a realizar en partes, en unidades de menor dimensión. Usualmente, dichas partes tienen una secuencia lógica.

Según lo expuesto, en el *Método 12 pasos* la o las capacidades se dividen en sus partes componentes, las cuales derivarán en pasos para la acción. A su vez, cada paso se abre en partes de menor tamaño, para facilitar el desarrollo llevándolo a

© GRANICA

Para desarrollar una capacidad, primero, abrirla en partes

CAPACIDAD

CAPACIDAD

CAPACIDAD

Capacidad/des: conocimientos, competencias, experiencia

acciones concretas. De este modo, la persona que esté utilizando el *Método 12 pasos* irá logrando progresos permanentes y graduales en cada paso, ya que en cada instancia dispone de la opción de autoevaluarse y, adicionalmente, preguntarse sobre cómo está haciendo las cosas.

¿Por qué este método se llama "12 pasos" o ha sido diseñado en 12 pasos?

Esta denominación, así como su diseño, tiene antecedentes, y una explicación. Por un lado, las personas, la mayoría de nosotros, nos proponemos metas con formato anual del estilo "el año próximo haré tal cosa". Adicionalmente, en el mundo de las organizaciones, usualmente se llevan a cabo las evaluaciones de desempeño una vez al año y las sugerencias de desarrollo y formación, en consecuencia, también se relacionan con un período de tiempo similar.

Por lo antedicho, se presenta el método vinculándolo a la idea de las agendas y los planes anuales: cada persona podrá planear sus 12 pasos en el dispositivo que desee, ya sea en papel, en una tableta o teléfono inteligente o, también, a partir de un libro-cuaderno. La idea se expresa en la figura de la página siguiente.

Relacionar 12 pasos con 12 meses es una idea, un concepto que se desea transmitir, pero la actividad no tiene que realizarse estrictamente en esos tiempos.

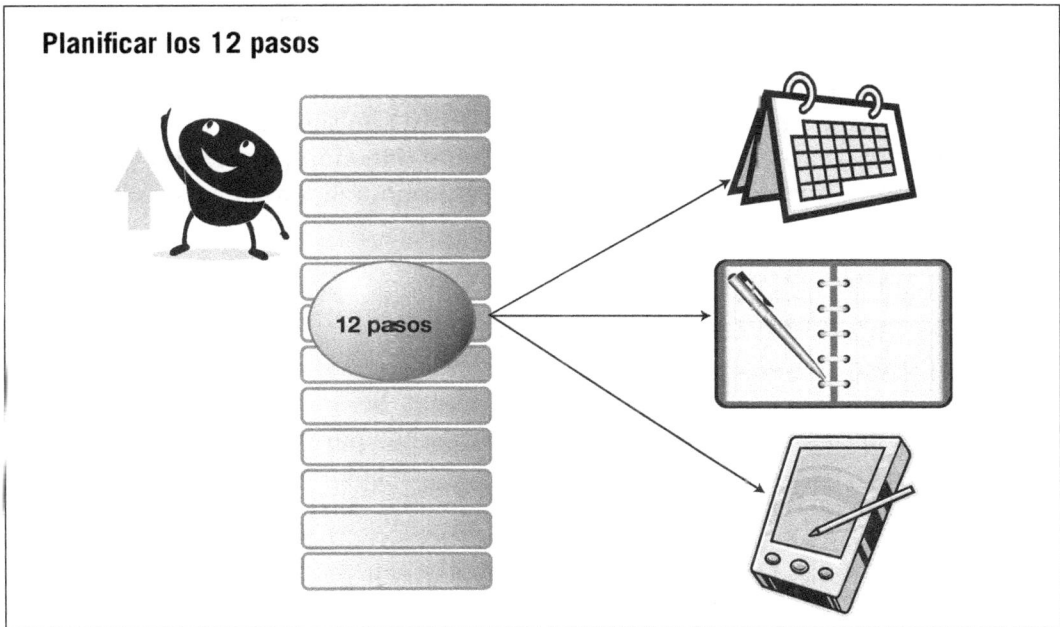

Planificar los 12 pasos

12 pasos

Una persona podrá elegir llevar a cabo los 12 pasos en un período más breve, por ejemplo, un paso cada 15 días, o como surge del concepto original (agenda anual: hacer cada paso en un mes), o realizar su autodesarrollo más despacio, por ejemplo, haciendo un paso cada dos meses. El resultado a alcanzar en cualquiera de los ejemplos será el mismo: el autodesarrollo de la capacidad elegida.

Los pasos siempre siguen un orden o secuencia. En cambio el ritmo del desarrollo y el tiempo involucrado lo administra cada uno.

Aplicación práctica del Método 12 pasos

Como se comentara, se han publicado varios libros basados en el *Método 12 pasos*[43], todos ellos con un formato de *diario* o *libro-cuaderno*[44], que permiten mejorar diferentes capacidades.

---

43 Libros donde se aplica el *Método 12 pasos* publicados por la autora con Ediciones Granica: *12 pasos para ser un buen jefe*, *Cómo delegar efectivamente en 12 pasos*, *Cómo transformarse en un jefe entrenador en 12 pasos* y *12 pasos para conciliar vida profesional y personal*. En cada uno de ellos se proponen *12 pasos* para alcanzar un nivel superior en una temática específica. En todos los casos se le plantea al lector acción y reflexión, a través de su propia autoevaluación. Se incluyen, además, formularios de apoyo para implementar los principales aspectos en relación con la temática del libro en cuestión.

44 El formato conceptual de *diario* o *libro-cuaderno* es utilizado en el diseño de estas publicaciones para que el desarrollo de los diversos temas (cada uno de los pasos consta de cinco ideas/suge-

También se ha utilizado el *Método 12 pasos* para la confección de manuales internos, programas de *entrenamiento experto* y de *jefe entrenador*.

En cualquiera de sus opciones, el *Método 12 pasos* propone a la persona asumir la acción, tomar la responsabilidad de actuar, lo que no significa que deba dedicar mucho tiempo: son breves momentos de acción y reflexión para lograr *paso a paso* pequeños logros, que serán aplicados en la vida cotidiana, tendiendo a ser mejores cada día.

Medir las capacidades de los participantes como un paso previo a la formación

La medición de las capacidades de los participantes parece un paso necesario e indiscutible; sin embargo, su aplicación no se verifica en la mayoría de los casos. Esta medición debe relacionarse, a su vez, con aquello que la organización necesita, con lo que las personas requieren en materia de capacidades para un desempeño exitoso en sus puestos actuales o futuros. En estos conceptos simples radica el éxito de todos los programas y planes de formación.

Se deberá tener en cuenta:

1. La brecha entre lo requerido y las capacidades que el colaborador posee, tanto en conocimientos como en competencias.

2. Qué esfuerzo el colaborador está dispuesto a hacer para cerrar esas brechas.

3. Ambos aspectos relacionados con la estrategia organizacional.

Adicionalmente, deberá tenerse en cuenta que las palabras "lo requerido" hacen referencia a lo que se necesita para desempeñarse en el puesto actual y/o, según corresponda, en un puesto al cual se espera llegar, por ejemplo, en un plan de carrera, o lo requerido por un plan de sucesión. En estos dos últimos ejemplos, el término *requerido* se relaciona con los diferentes programas de desarrollo de personas dentro de la organización, que se verán en el Capítulo 7.

Para la medición de distintos aspectos relacionados con las capacidades de un colaborador existen herramientas específicas que permiten medir conocimientos, experiencia, competencias y valores. Todos estos aspectos son factibles de ser

---

rencias, una autoevaluación, un *check-list* y bibliografía sugerida) se acompañe con espacios en blanco en los que el lector pueda registrar sus experiencias, un plan de acción para mejorar, reflexiones y cualquier otro aspecto que quiera considerar en relación con el paso en cuestión.

medidos, para lo cual deben utilizarse los métodos apropiados. A continuación se incluye una breve enumeración de los métodos fiables para evaluar los distintos aspectos mencionados.

Herramientas más frecuentes utilizadas para la medición de capacidades (conocimientos y competencias)

Es de vital importancia contar con herramientas fiables y conocidas por los distintos responsables de la organización para la medición de las capacidades. Los especialistas de Recursos Humanos, así como los jefes directos de cada uno de los colaboradores, deben poder medir capacidades, pero no sobre la base de opiniones o percepciones personales, sino mediante una herramienta concreta.

Para la medición de competencias y conocimientos las herramientas de utilización frecuente son diversas, y tienen diferentes orientaciones y fines:

- *Herramientas que permiten una evaluación combinada de conocimientos y competencias*:
  - *La evaluación de desempeño*. En ocasión de la evaluación anual de desempeño –en nuestra metodología la combinamos con la fijación de objetivos y se denomina *Evaluación vertical*–, es altamente recomendable incluir una instancia de evaluación de competencias, con tres miradas: la del propio individuo (autoevaluación), la del jefe, y la del jefe del jefe.
  - *Evaluación de 360°*. A través de una consulta a distintos niveles de la organización –y, en ocasiones, a personas externas, como clientes o proveedores– se aportan distintas miradas sobre el evaluado. Se incluye la propia del individuo (autoevaluación), y la de sus superiores, pares y subordinados.
  - *Evaluación de 180°*. Es una versión reducida de la anterior, que se aplica en aquellos casos en que no se desea que los subordinados participen de la evaluación o en organizaciones donde no existe un nivel superior (por ejemplo, firmas profesionales o empresas con varios socios). A través de una consulta a distintos niveles de la organización –y, en ocasiones, a personas externas a la misma, como clientes o proveedores– se aportan distintas miradas sobre el evaluado.
  - *Fichas de evaluación*. Es un documento estructurado que permite tanto medir competencias y valores, como conocimientos, con un diseño particular en cada caso. Existe una versión más breve, que se denomina *Ficha de evaluación reducida*. Se menciona nuevamente en párrafos siguientes.

© GRANICA

- *Herramienta para medir conocimientos:*

  - *Evaluación por un experto.* Para medir conocimientos se puede recurrir a un experto interno o externo, quien aplicará diferentes métodos para llevar adelante la evaluación; por ejemplo: examen por escrito, resolución de un caso práctico, o una entrevista profunda donde se formulan preguntas de tipo técnico (a modo de examen oral).

- *Métodos que solo miden competencias (también utilizados para medir valores):*

  - *Assessment Center Method (ACM).* Evaluaciones específicas para medir competencias, que se realizan en diferentes momentos, para conocer, por ejemplo, el grado de desarrollo de competencias de las personas en el momento de implementar Gestión por competencias, o en otras instancias de la administración del modelo, cuando, por ejemplo, se desee evaluar competencias ya sea para tomar acciones de desarrollo o bien para la elección de personas con vistas a integrarlas en planes de sucesión o de carrera.

  - *Entrevista por incidentes críticos (BEI: siglas que corresponden a la expresión inglesa* behavioral event interview*).* Se trata de un tipo especial de entrevista donde se exploran, como su nombre lo indica, los incidentes críticos, tanto positivos como negativos, de una persona, conjuntamente con sus competencias.

  - *Las* Fichas de evaluación *en la Metodología Martha Alles.* Las *Fichas de evaluación,* en todos los casos, son diseñadas a medida de cada organización, no existen en versión estándar y su utilización más frecuente es para evaluar competencias. Sin embargo, cuando se cuenta con un *Modelo de conocimientos,* pueden medir, con un diseño especial, también conocimientos. Del mismo modo, pueden medir valores si la organización cuenta con un *Modelo de valores.*

En numerosas ocasiones se nos pregunta sobre la factibilidad de medir conceptos tales como competencias y valores. La experiencia profesional nos indica que esto es factible, solo es necesario contar con las herramientas adecuadas.

Obras de Martha Alles relacionadas con este capítulo

El tema de desarrollo de personas y formación se ha tratado en varias de mis obras: *Desarrollo del talento humano. Basado en competencias; Codesarrollo. Una nueva forma de aprendizaje; Construyendo talento.*

Social Media y Recursos Humanos abarca la temática de las nuevas generaciones, y considera, entre otros aspectos, su desarrollo en el ámbito profesional. También, la obra expone la temática de formación y desarrollo utilizando las nuevas tecnologías sociales

La temática de desarrollo también es mencionada en *Comportamiento organizacional* y *5 pasos para transformar una oficina de personal en un área de Recursos Humanos*.

Para los interesados en conocer más sobre las competencias *Entrenador, Conducción de personas (Delegación), Empowerment, Liderazgo para el cambio, Liderazgo ejecutivo*, entre otras, puede remitirse a los siguientes libros: *Diccionario de competencias. La trilogía. Tomo I; Diccionario de comportamientos. La trilogía. Tomo II*, y *Diccionario de preguntas. La trilogía. Tomo III*.

Para temas de liderazgo, en todos los niveles, existe una colección específica: *Rol del jefe; 12 pasos para ser un buen jefe; 12 pasos para transformarse en un jefe entrenador; 12 pasos para delegar efectivamente; Conciliar vida profesional y personal. Dos miradas, organizacional e individual; 12 pasos para conciliar vida profesional y personal. Desde la mirada individual*. En relación con estos temas y de la colección Bolsillo, *Cómo llevarme bien con mi jefe*.

Por último, y como una síntesis de toda la obra de mi autoría, son de vital importancia el *Diccionario de términos de Recursos Humanos* y *Las 50 herramientas de Recursos Humanos que todo profesional debe conocer*.

Síntesis del capítulo

- Formación es uno de los subsistemas de Recursos Humanos, siendo esta una disciplina dentro de las Ciencias de la Administración.

- La formación es la acción de educar y/o instruir a una persona con el propósito de perfeccionar sus facultades intelectuales a través de la explicación de conceptos, ejercicios, ejemplos, etc. Incluye conceptos tales como Codesarrollo y capacitación.

- Métodos para el desarrollo de personas dentro del trabajo. Hace referencia al conjunto de buenas prácticas para el desarrollo de personas, aplicadas simultáneamente con la ejecución de las tareas diarias del colaborador. Por ejemplo, cuando el propio jefe desempeña el rol de entrenador de sus colaboradores. Estos métodos los agruparemos bajo la denominación *Programa Jefe entrenador*. Es la modalidad más antigua para el desarrollo de personas, ya que tiene un paralelo en la formación dada por un maestro a su pupilo, por ejemplo, en artes y oficios desde la Antigüedad hasta nuestros días.

- Métodos para el desarrollo de personas fuera del trabajo. Tratados en esta obra, son los más difundidos bajo el formato de cursos de capacitación. Si bien existen hace más tiempo, han ganado protagonismo y un fuerte impulso a partir de la segunda mitad del siglo XX. Nuestra propuesta entre estos métodos se denomina *Codesarrollo*.

© GRANICA

- Método basado en el autodesarrollo, dentro y fuera del trabajo. El autodesarrollo es el método más recientemente incorporado a las buenas prácticas de aprendizaje organizacional; su utilización comienza a difundirse en los últimos veinte años.

- El proceso de aprendizaje experimental de David Kolb puede ser descrito considerando cuatro partes del ciclo, que representan diferentes modos de aprendizaje: experiencia concreta, observación reflexiva, conceptualización abstracta y experimentación activa. En este modelo, la experiencia concreta y la conceptualización abstracta, así como la experimentación activa y la observación reflexiva, representan, en ambos casos, dos dimensiones distintas, cada una de las cuales son el opuesto de la otra.

- Aprendizaje. Proceso mediante el cual se adquieren (nuevos) conocimientos. Se denomina *espiral creciente* al proceso mediante el cual una persona adquiere y/o perfecciona de manera progresiva sus competencias y conocimientos para tener éxito en su puesto de trabajo. En la Metodología Martha Alles significa adquirir y/o perfeccionar de manera progresiva las competencias y conocimientos que las personas poseen para alcanzar el éxito en sus puestos de trabajo, o un desempeño superior. Sin olvidar que "adquirir y/o perfeccionar de manera progresiva las competencias y/o los conocimientos" implica tener una organización orientada al aprendizaje: una organización que aprende. La *espiral creciente* se verifica tanto en el desarrollo de una competencia como en el aprendizaje de un conocimiento.

- Aprendizaje inteligente. Tiene lugar cuando una persona, luego de tomar contacto con un nuevo conocimiento, lo compara con lo conocido, lo incorpora, lo pone en práctica, y allí se produce el aprendizaje.

- Plan de formación: actividades formativas que conforman un plan orgánico con fines y propósitos específicos.

- Las buenas prácticas indican que la formación debe relacionarse con base en la adecuación persona-puesto; es decir, se deben determinar las brechas en función del puesto, ya sea actual o futuro, y la persona que trabaja en él (o se prevé que lo hará). Las brechas deben diferenciar entre conocimientos y competencias, dado que las acciones a encarar serán distintas en cada uno de estos aspectos.

- Un concepto para no olvidar. Las organizaciones están compuestas por personas adultas, por lo tanto, responsables de sus actos. Desde esta perspectiva deben diseñarse las actividades formativas.

- Las capacidades deben ser medidas como un paso previo a la formación. Herramientas sugeridas para medir conocimientos y competencias: Evaluación de desempeño, Evaluación de 360°, Evaluación de 180°, Fichas de evaluación. Para evaluar solo conocimientos: la evaluación por un experto. Para medir solo competencias: Assessment Center Method (ACM).

Para cada uno de los capítulos de esta obra hemos preparado casos prácticos y/o ejercicios orientados a lograr una mejor comprensión de los temas tratados en cada uno de ellos. El lector podrá encontrarlos en *Dirección estratégica de Recursos Humanos. CASOS.*

PARA TODOS LOS LECTORES

Se encuentra disponible en formato digital un Anexo donde se ha realizado un análisis detallado de libros y subsistemas que complementa las temáticas abordadas en esta obra.

PARA PROFESORES

Para cada uno de los capítulos de esta obra hemos preparado:

☞ Material de apoyo para el dictado de clases.

Los profesores que hayan adoptado esta obra para sus cursos tanto de grado como de posgrado podrán solicitar de manera gratuita:

Dirección estratégica de Recursos Humanos. CLASES

Únicamente disponibles en formato digital:
www.marthaalles.com

o bien escribiendo a:
profesores@marthaalles.com

© GRANICA

© GRANICA

Capítulo **6**

Evaluación
de desempeño

En este capítulo usted verá los siguientes temas:

- ¿Por qué evaluar el desempeño? Beneficios y problemas más comunes
- La evaluación de desempeño se relaciona con otros subsistemas
- Pasos de una evaluación de desempeño
- Pasos de la reunión de retroalimentación
- Evaluar desempeño en Gestión por competencias
- *360° feedback* o evaluación de 360 grados
- Evaluación de desempeño en un esquema sencillo o para una empresa pequeña
- La relación de las evaluaciones de desempeño con las remuneraciones
- El rol de Recursos Humanos en la evaluación de desempeño
- Cómo relacionar la estrategia de los negocios con el desempeño
- Las evaluaciones de desempeño y las carreras de las personas

¿Por qué evaluar el desempeño?
Beneficios y problemas más comunes

La evaluación de desempeño de las personas ha sido uno de los primeros temas que fueron tratados por diversos autores dentro de las temáticas de Recursos Humanos y, sin embargo, sigue aún preocupando. Las razones son diversas, desde metodologías de evaluación que hoy se consideran obsoletas hasta –más frecuentemente– un cierto descreimiento por parte de los evaluadores respecto de la fiabilidad de los métodos utilizados, producto, en casi todos los casos, de un deficiente entrenamiento. Dado este escenario, los gerentes y jefes que deben evaluar a sus colaboradores recelan acerca de cómo otros evalúan a sus subordinados, y no son objetivos ellos mismos. Los juicios previos, que deben ser dejados de lado, no lo son por la falta de un conocimiento acabado sobre cómo evaluar a las personas. El resultado: sistemas que solo son burocráticos y no se convierten en herramientas de gestión organizacional. La solución a esta problemática se alcanza mediante un diseño adecuado de la herramienta de evaluación, considerando la cultura y las reales necesidades de cada organización. La evaluación debe estar alineada con los objetivos organizacionales, y luego de asegurarse que la herramienta es la adecuada comenzará el entrenamiento al cliente interno, que debe ser de carácter continuo. El área de Recursos Humanos será –fundamentalmente– un asesor de sus clientes internos.

El análisis del desempeño o de la gestión de una persona es un instrumento para gerenciar, dirigir y supervisar personal. Entre sus objetivos podemos señalar el desarrollo personal y profesional de colaboradores, la mejora permanente de resultados de la organización y el aprovechamiento adecuado de los recursos humanos.

Por otra parte, tiende un puente entre el responsable y sus colaboradores de mutua comprensión y adecuado diálogo en cuanto a lo que se espera de cada uno y la forma en que se satisfacen las expectativas y se mejoran los resultados.

Habitualmente se cree que las evaluaciones de desempeño se realizan para decidir si se aumentan los salarios o no, o a quiénes hay que despedir. Esto puede ser cierto en ocasiones, pero el significado de las evaluaciones de desempeño es mucho más rico y tiene otras implicaciones en la relación jefe-colaborador y en la relación perdurable entre la empresa y los empleados.

En forma sintética, las evaluaciones de desempeño son útiles y necesarias para:

* Tomar decisiones sobre promociones y remuneración.

* Reunir y revisar las evaluaciones de los jefes y subordinados sobre el comportamiento del empleado en relación con el trabajo. Recordemos a Edgar

Schein[1] cuando explica que un trabajador "necesita saber cómo está realizando su trabajo", el grado de satisfacción que sus empleadores tienen en relación con la tarea realizada.

- La mayoría de las personas necesitan y esperan esa retroalimentación; a partir de conocer cómo hacen la tarea, pueden saber si deben modificar su comportamiento.

La evaluación de desempeño se relaciona con otros subsistemas

La evaluación de desempeño es una herramienta fundamental entre las buenas prácticas de Recursos Humanos y se relaciona con otros subsistemas. En primer lugar con las descripciones de puestos, ya que no es posible evaluar el desempeño de un colaborador si primero no se definieron las características del puesto que ocupa (Capítulo 3), se le comunicaron al colaborador los alcances del mismo y, como se verá más adelante en este mismo capítulo, se definieron los objetivos a alcanzar en el año.

Relación entre subsistemas

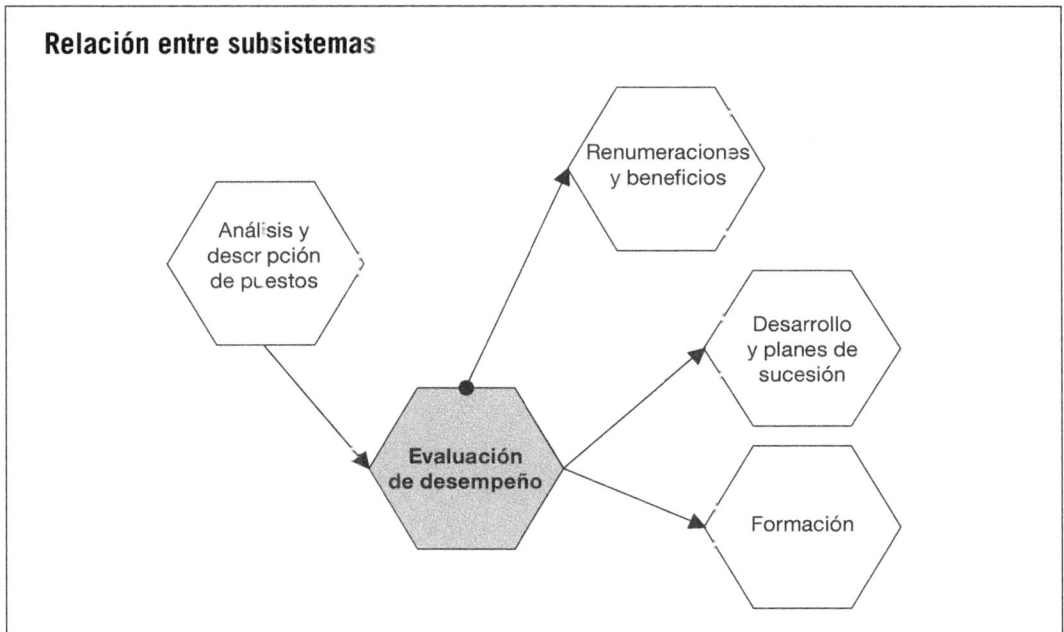

---

1   Ver Capítulo 7.

© GRANICA

Los resultados de la evaluación de desempeño se relacionan con otros subsistemas: *Remuneraciones y beneficios*, como se verá al final de este capítulo, y dos subsistemas vinculados con el desarrollo de personas: *Desarrollo y planes de sucesión* (Capítulo 7) y *Formación* (Capítulo 5).

Analicemos el cuadro. Una evaluación de desempeño debe realizarse siempre con relación al descriptivo del puesto. Solo se podrá decir que una persona se desempeña bien o mal en relación con lo que se espera de ella en el puesto.

Confrontando el descriptivo de un puesto con el perfil de la persona que lo ocupa se establece una relación entre ambos, la adecuación persona-puesto.

A partir de allí será posible evaluar el desempeño, el potencial, y definir cuáles son las estrategias de formación necesarias para una más correcta adecuación persona-puesto.

Como se ve, se puede utilizar la evaluación de desempeño para mucho más que determinar salarios. Mejora por igual los resultados de la empresa y la actuación futura de las personas. Una correcta metodología de evaluación de desempeño es beneficiosa para ambas partes (ver gráfico en página siguiente).

La herramienta sugerida para evaluar el desempeño es la *Evaluación vertical*[2].

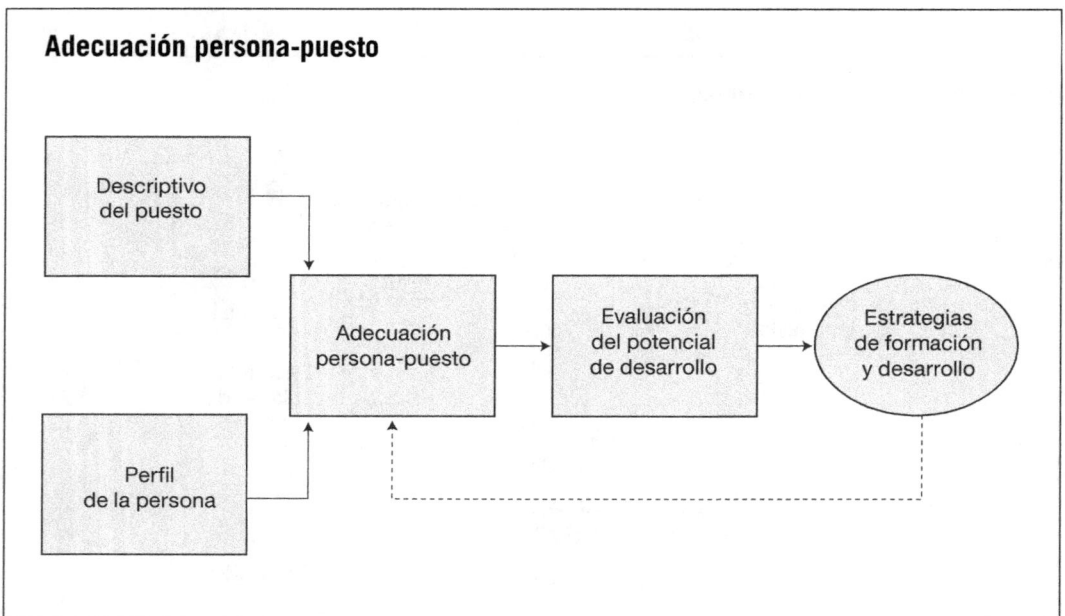

Adecuación persona-puesto

- Descriptivo del puesto
- Perfil de la persona
- Adecuación persona-puesto
- Evaluación del potencial de desarrollo
- Estrategias de formación y desarrollo

---

2   **Evaluación vertical (del desempeño).** Medición del desempeño realizada por el jefe o superior, que se complementa con la autoevaluación del propio colaborador y la revisión del nivel superior al jefe directo ("jefe del jefe").

La evaluación de desempeño

Puede ser usada para mucho más que para determinar salarios.

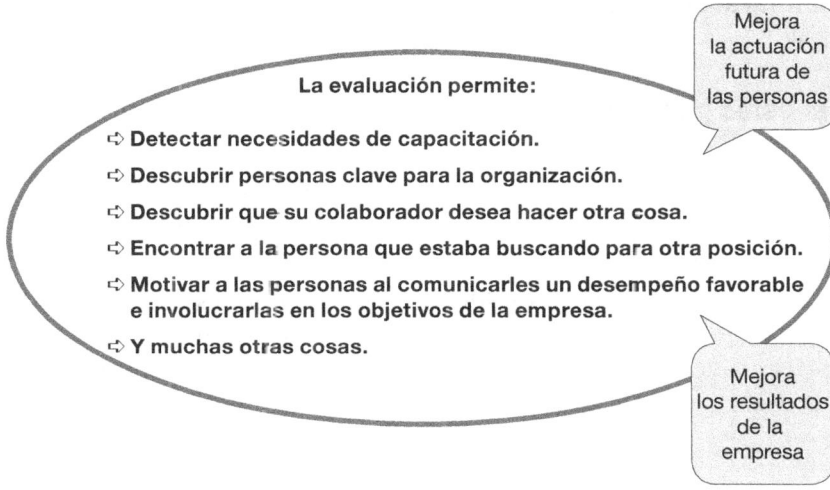

La evaluación permite:

⇨ **Detectar necesidades de capacitación.**

⇨ **Descubrir personas clave para la organización.**

⇨ **Descubrir que su colaborador desea hacer otra cosa.**

⇨ **Encontrar a la persona que estaba buscando para otra posición.**

⇨ **Motivar a las personas al comunicarles un desempeño favorable e involucrarlas en los objetivos de la empresa.**

⇨ **Y muchas otras cosas.**

Mejora la actuación futura de las personas

Mejora los resultados de la empresa

Como se comentó al inicio del capítulo, la preocupación por la evaluación del desempeño de las personas no es nueva; por el contrario, es de los primeros temas que se abordaron desde la perspectiva de Recursos Humanos. En la actualidad, más que un derecho del empleador la evaluación de desempeño es considerada un beneficio para el empleado: que sus jefes le digan cómo está haciendo su trabajo.

Los problemas más comunes en la evaluación de desempeño

Los distintos métodos para evaluar el desempeño presentan algunos errores o problemas frecuentes en su puesta en marcha, desde métodos anárquicos, donde cada gerente o jefe aplica su propio criterio, hasta herramientas bien diseñadas que no son bien implementadas, por ejemplo, al dar una retroalimentación inadecuada. Los problemas más comunes son:

- carencia de normas;
- criterios subjetivos o poco realistas;
- falta de acuerdo entre el evaluado y el evaluador;

- errores del evaluador;

- mala retroalimentación;

- comunicaciones negativas.

Para evitar estos problemas

- Utilizar una adecuada herramienta de evaluación, que constará de un formulario y un instructivo. En la actualidad los formularios se administran a través de desarrollos informáticos.

- Entrenar a los evaluadores. Muchas organizaciones se limitan a entregar el formulario y el instructivo, pero eso no basta. La mejor herramienta puede fracasar si los evaluadores no reciben una correcta y profunda capacitación sobre cómo utilizarla.

El entrenamiento de evaluadores

Debe realizarse cuando se modifica una herramienta o se implementa una nueva, y también cuando nuevos evaluadores se incorporan a la tarea, por ejemplo al promover a una persona, al incorporar un nuevo gerente o supervisor, etc.

- Los jefes son los que realizan la evaluación de su equipo; si bien el área de Recursos Humanos puede ejercer una cierta supervisión, no es la responsable de las evaluaciones.

- Los evaluadores deben estar familiarizados con las técnicas que utilizarán y, además, evaluar en forma justa y objetiva. El éxito del programa depende de ellos.

Pasos de una evaluación de desempeño

En grandes trazos los pasos son:

- Definir el puesto (Capítulo 3). Como se dijo al inicio del capítulo, la evaluación de desempeño se relaciona con otros subsistemas, en primer lugar con el de *Análisis y descripción de puestos*. El primer paso es la definición del modelo de competencias (Capítulo 2), para luego describir los puestos de la organización. Una sugerencia al respecto: asegurarse que el supervisor y el subordinado estén de acuerdo en las responsabilidades y los criterios de desempeño del puesto. Como ya se dijo, una evaluación solo puede realizarse en relación con el puesto; es necesario que el evaluador y el evaluado comprendan su contenido.

- Evaluar el desempeño en función del puesto: para ello se sugiere fijar criterios objetivos de evaluación con una escala que sea previamente conocida por el empleado.

- Retroalimentación: comentar el desempeño y los progresos del colaborador.

El análisis de la gestión o el desempeño de una persona tiene a su vez tres momentos diferentes:

1. Una etapa inicial de fijación de objetivos, en la que se establecen los objetivos principales del puesto y los prioritarios para el año. Esta etapa inicial debe materializarse en una reunión donde estos objetivos se establezcan.

2. Etapas intermedias o de evaluación del progreso. Antes de llegar al período final de evaluación –generalmente un año– es aconsejable establecer con cierta periodicidad –por ejemplo cada tres meses, cada cuatro o cada seis– una reunión de progreso, donde se realice un balance de lo actuado en ese ejercicio en curso y el avance en la consecución de objetivos.

3. Al final del período, reunión final de evaluación de los resultados. Si por alguna circunstancia una persona tuvo dos dependencias –por ejemplo, un consultor que en el año lleva dos grandes proyectos reportando a dos jefes diferentes–, será evaluada por los dos jefes; si el empleado es transferido durante el año de área, de plaza o ciudad, deberá segmentarse el período y será igualmente evaluado por los diferentes jefes.

Como se muestra en el gráfico de la página siguiente, en base a la *descripción del puesto* y de las *conductas observadas (comportamientos)* es factible realizar la *evaluación de desempeño*, proceso en el cual son muy importantes la comunicación y el registro no solo de la evaluación en sí –habitualmente se utiliza un formulario–, sino también del *resultado de la reunión de retroalimentación*.

Secuencia de una evaluación de desempeño

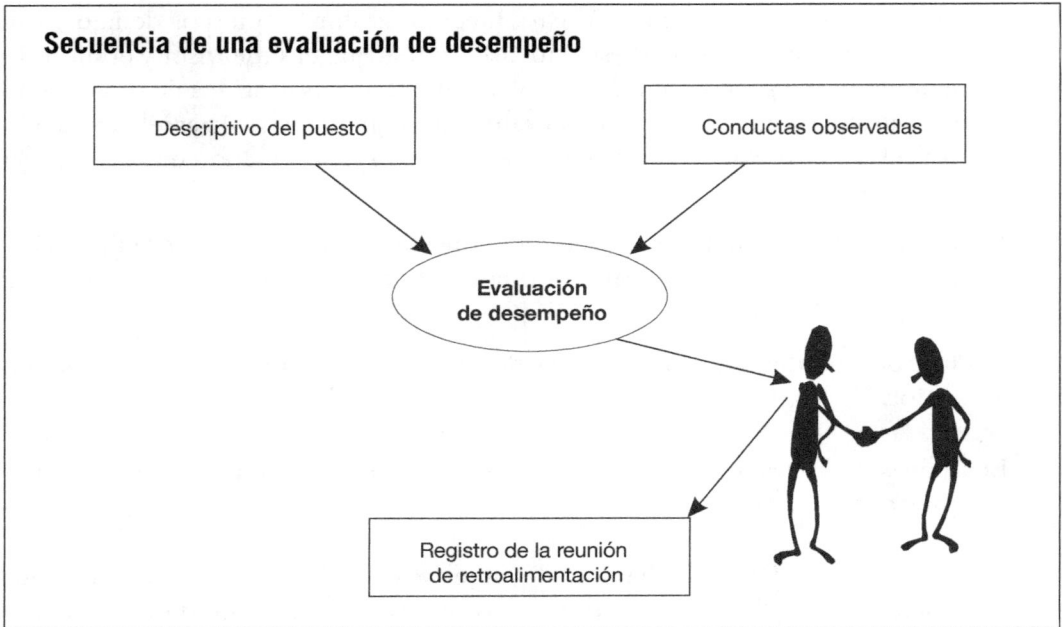

Pasos de la reunión de retroalimentación

La reunión de retroalimentación, como toda reunión, debe ser planificada adecuadamente, en especial si se debe comunicar un desempeño no favorable o se prevé que la persona podría no estar de acuerdo con el resultado de la evaluación.

Antes de la reunión de retroalimentación se sugiere tener muy en claro los conceptos a tratar, y llevar un registro de los comportamientos positivos y negativos para facilitar el diálogo. En la reunión, finalmente, se deberá explicar con fundamentos los motivos por los cuales el empleado fue evaluado de una manera determinada.

Algunos consejos para el momento de la reunión:

- Saludo cálido para distender la entrevista.

- Realizar un resumen de la evaluación para asegurarse de que el colaborador comprende la forma en que fue evaluado.

- Tratar primero los puntos fuertes y a continuación los débiles.

- Darle al empleado la oportunidad de expresar sus sentimientos.

- Si corresponde, modificaciones en la compensación: anunciar el nuevo salario y la fecha en que será efectivo.

- Excepto en caso de que el desempeño del evaluado sea en forma global por debajo de lo esperado, cerrar la reunión con una frase positiva.

Cuando las evaluaciones de desempeño no son satisfactorias

Cuando el resultado no es favorable y el evaluado fue un buen colaborador durante mucho tiempo, con evaluaciones positivas anteriores, o en el caso de personas que están pasando un mal momento personal; en suma, para situaciones especiales, se puede implementar un programa especial de *mejora del rendimiento*.

Para lograrlo, tienen que comprender el propósito del programa en primer lugar el jefe del empleado en cuestión, y en segundo lugar el colaborador mismo. Luego, el programa debe tener un plazo definido, por ejemplo seis meses.

Un plan de mejora del rendimiento debe incluir:

- instrucciones y orientaciones verbales;
- comentarios y sugerencias frecuentes;
- conversaciones formales e informales;
- reportes de evaluación del rendimiento;
- entrenamiento;
- advertencias verbales y por escrito.

Para una correcta implementación, debe prepararse un plan de acción con fecha de inicio, fechas de revisiones parciales y firmas de la persona involucrada, su supervisor inmediato y el responsable del área.

¿Cómo confeccionar un plan de acción?

- Analizar el tipo de problemas y las posibles causas que hayan dado origen a la situación.
- Pensar medidas realistas que podrían ayudar a rectificar el problema.
- Posibles ideas:
  - ¿Necesita entrenamiento? ¿En qué?
  - ¿Necesita repasar la descripción del puesto?
  - ¿Tiene dudas sobre las políticas o los procedimientos?

© GRANICA

Si una empresa cuenta con programas de *mentoring*, la persona que desempeñe la función de mentor podrá ser la indicada para aconsejar a quien está transitando por un programa de mejora del rendimiento.

¿Qué sucede si el colaborador no mejora su rendimiento de acuerdo con lo esperado?

Posibles instancias:

- Realineamiento de carrera, ofreciéndole otra posición acorde con su nuevo estándar de rendimiento.

- Reingreso al programa de mejora del rendimiento con nuevos plazos y objetivos.

- Desvinculación.

Evaluar desempeño en Gestión por competencias

Nos hemos referido a los modelos de competencias en el Capítulo 2. En este capítulo se hará referencia a la evaluación de desempeño dentro de dicho modelo.

Un esquema global por competencias

Las evaluaciones siempre deben hacerse en función de cómo se ha definido el puesto. Si la compañía trabaja con un modelo de competencias, evaluará en función de las mismas.

Las competencias se fijan para la empresa en su conjunto, y luego por área y nivel de posición. En función de ellas se evaluará a la persona involucrada. Para trabajar con un modelo de competencias es imprescindible que se realice una apertura de las competencias en grados o niveles, como se explicó en el Capítulo 2.

La evaluación de desempeño tomará en cuenta las competencias relacionadas con la posición evaluada, y en el grado en que son requeridas por el puesto.

Para realizar el gráfico siguiente se consideraron cuatro competencias que hemos denominado 1, 2, 3 y 4, con diferentes grados de cumplimiento en relación con lo requerido por el perfil.

Cuando una empresa cuenta con definiciones de competencias asignadas, a su vez, a los puestos, se podrá realizar la *evaluación de desempeño por competencias*. No alcanza con utilizar el término, se debe contar con un diccionario de competencias y un diccionario de comportamientos, que, como ya se explicó, en nuestra metodología son dos documentos diferentes.

Evaluación de desempeño por competencias

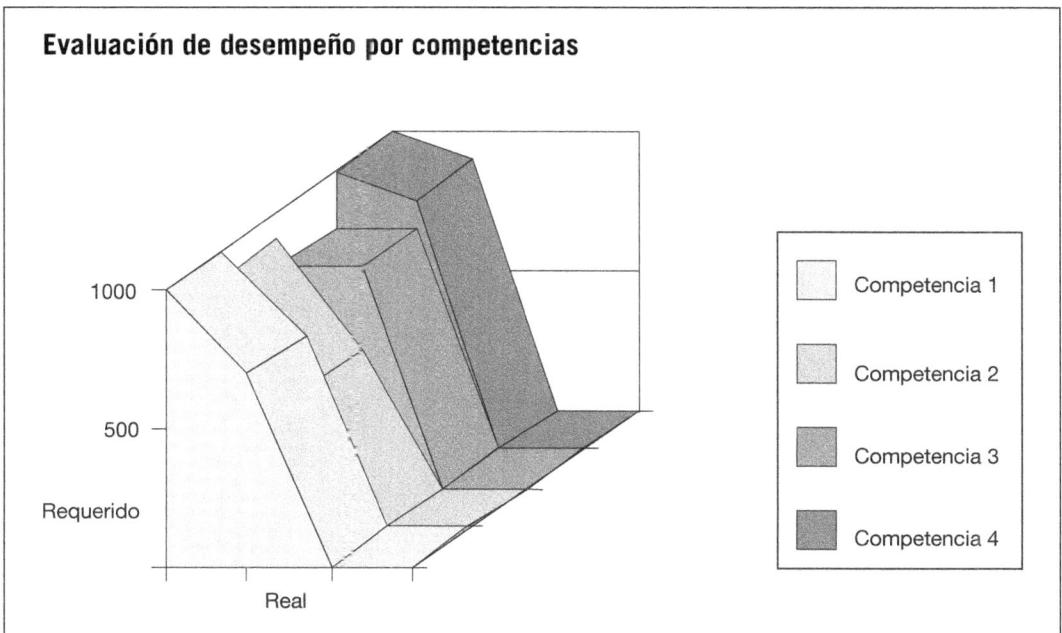

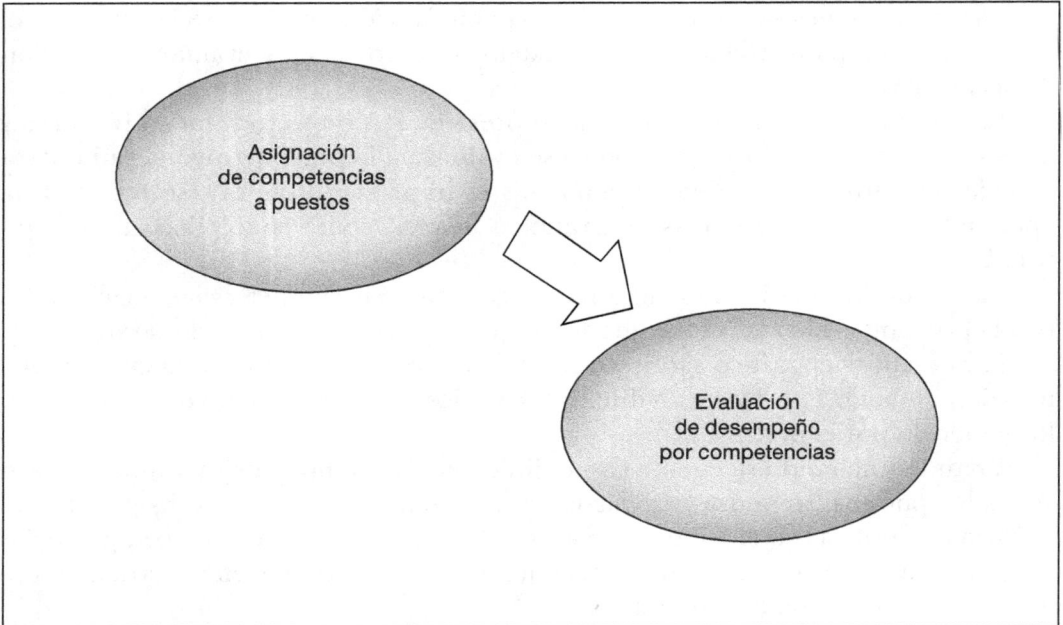

Análisis del rendimiento

En párrafos anteriores nos referimos a la necesidad de fijar los objetivos al inicio del período de evaluación. El análisis del rendimiento se realizará en base a esos objetivos. A su vez, estos objetivos podrán ser ponderados utilizando una escala de 1 a 10 o de 1 a 100.

Los objetivos serán evaluados en relación con el grado de consecución; por ejemplo, en una escala de 1 a 5:

1. Supera ampliamente el objetivo.

2. Supera el objetivo.

3. Alcanzó el objetivo.

4. Estuvo cerca de alcanzar el objetivo.

5. No alcanzó el objetivo.

Objetivos de gestión	Ponderación	Nivel de consecución (1 a 5)	Comentarios
1.			
2.			
3.			
4.			
5.			
6.			
7.			
8.			
9.			
10.			
	100%		

Análisis del desempeño

Para el análisis de desempeño se usarán las competencias en relación con el nivel requerido para la posición. También podría utilizarse una escala de 1 a 5; a modo de ejemplo:

1. Excelente.
2. Muy bueno.
3. Normal (se entiende como normal el desempeño esperado para la posición).
4. Necesidad de desarrollo.
5. Necesidad de mejora urgente.

Se sugiere adicionar la autoevaluación de la persona involucrada, con la misma escala. Suponiendo 10 competencias para un determinado puesto:

© GRANICA

Competencias y comportamiento esperado	Nivel según el evaluado (1 a 5)	Nivel según el evaluador (1 a 5)	Comentarios
Orientación a resultados Se preocupa por el cumplimiento de objetivos y consecución de resultados. Utiliza criterios de negocio en los casos en que hay que tomar decisiones sobre alternativas distintas.			
Colaboración Trabaja con grupos multidisciplinarios, con compañeros de trabajo muy distintos: expectativas positivas respecto de los demás, comprensión interpersonal.			
Orientación al cliente Se preocupa por sincronizar las necesidades de los clientes con las propias, de forma que se genere una relación de colaboración permanente. Busca constantemente nuevas formas de mejorar la relación con los clientes.			
Liderazgo Transmite la visión del negocio, desarrolla la cooperación y el trabajo en equipo, llevando al grupo de trabajo a la consecución de los objetivos, actuando como ejemplo o modelo a seguir por los demás.			
Delegación Delega responsabilidades en sus subordinados, instruyéndolos, desarrollándolos y perfeccionándolos, asegurando el control adecuado que regule la eficacia de las personas.			
Comunicación Transmite oportunamente la información necesaria a las personas de su área de influencia de forma clara, adecuada y asequible.			
Flexibilidad Se adapta con facilidad a los cambios, trabajando con efectividad frente a situaciones variables y diferentes.			
Trabajo en equipo Da prioridad al éxito del equipo frente al éxito personal. Su visión del equipo incluye, además de sus jefes, pares y colaboradores, a sus clientes y proveedores internos como socios.			
Decisión Toma decisiones consistentes, viables y ponderadas entre diferentes opciones, asumiendo plenamente las consecuencias.			
Organización Planifica y coordina su propio trabajo o el de su unidad, asignando bien las prioridades, utilizando los recursos y el tiempo con eficacia.			

Recomendaciones

En base a los objetivos para el nuevo ejercicio y al desempeño evaluado es factible recomendar acciones específicas para cada colaborador, por ejemplo capacitación o entrenamiento, participación en determinados proyectos de la compañía, asignaciones especiales, etc. Las mencionadas acciones deben ser acordadas con el colaborador.

	Debe mejorar	Acción propuesta	Fechas o plazos
1.			
2.			
3.			
4.			
5.			

Evaluación final

Cada evaluación debe tener una nota final, es decir, una única calificación; según el esquema propuesto, se sugiere una puntuación de 1 a 5:

1. *Excepcional*: para aquellos que demuestren logros extraordinarios en *todas* las manifestaciones de su trabajo. Desempeño raramente igualado por otras personas que ocupan puestos de comparable ámbito de actuación y responsabilidad.

2. *Destacado*: cuando los resultados superan lo esperado. Refleja un nivel de consecución y desempeño muy alto. La persona demuestra de forma regular logros significativos. Como evaluación global, este nivel de desempeño se aplica a aquellos que están entre los mejores.

3. *Bueno*: se entiende como el esperado para la posición. Este nivel debe ser aplicado a aquellos cuyo desempeño cumple claramente las exigencias principales del puesto. Refleja un desempeño riguroso, el habitual de aquellas personas que tienen conocimientos, formación y experiencia apropiados para el puesto. Las personas en este nivel llevan a cabo su tarea regularmente de forma profesional y eficaz.

4. *Necesita mejorar*: este nivel refleja un desempeño que no cumple con lo esperado para el puesto en las principales áreas de trabajo. La persona

demuestra capacidad para lograr la mayoría de las tareas, pero necesita mayor desarrollo.

5. *Resultados inferiores a los esperados*: se aplica para aquellos cuyo desempeño en términos de calidad, cantidad y cumplimiento de objetivos está claramente por debajo de las exigencias básicas de su puesto de trabajo. Si el individuo va a permanecer en la posición, su desempeño debería mejorar significativamente dentro de un período determinado.

Firmas

1. Del evaluador.

2. Del jefe directo del evaluador.

3. Del evaluado. Su firma no indica necesariamente acuerdo de su parte.

Firma del evaluador	Comentarios
Firma del evaluador	Comentarios
Firma del evaluador	Comentarios

Un comentario sobre la nota final

Una pregunta que todo aquel que diseñe una herramienta de evaluación se formulará es cómo combinar los objetivos y las competencias en la nota final. Los escenarios posibles son:

- Asignar la nota final solo en función del cumplimiento de objetivos; y en relación con las competencias confeccionar un plan de desarrollo.

- Establecer una relación porcentual entre ambas variables; por ejemplo, 70% en relación con el cumplimiento de objetivos y 30% en relación con competencias.

En cualquiera de las opciones que se elija lo más importante será que se conozca de antemano cómo se asignará la nota final, y que el procedimiento de cálculo sea claro.

Un comentario sobre competencias

Trabajar bajo un modelo de competencias tiene una serie de ventajas. Entre ellas, objetiviza los procedimientos a través de evaluar por un lado las metas y su grado de cumplimiento, y las competencias y su grado de desarrollo.

Las competencias necesarias, como se vio en el Capítulo 2, son fijadas para la empresa, prescindiendo de las personas que circunstancialmente ocupan los puestos, y por ello la evaluación de desempeño por competencias garantiza un proceso objetivo.

A continuación brindaremos un ejemplo de cómo evaluar una competencia. Hemos elegido *Colaboración* (ver gráfico al pie).

Para establecer un exitoso modelo de competencias es imprescindible la definición, juntamente con el modelo, de ejemplos de comportamientos, para una mejor evaluación de los mismos. En todos los casos deben incluirse, además, ejemplos de comportamientos que permitan identificar la competencia "no desarrollada". En la obra *Diccionario de comportamientos. La trilogía. Tomo II* se presentan 1.500 ejemplos de comportamientos para las 60 competencias comprendidas en el libro *Diccionario de competencias. La trilogía. Tomo I*; se incluyen para cada una de ellas ejemplos de comportamientos que evidencian, además, la competencia no desarrollada.

Evaluación de desempeño por competencias: *Colaboración*

Diccionario de comportamientos

Comportamientos observados (brindar ejemplos)

Situaciones reales de la persona evaluada donde se evidencien comportamientos en relación con la competencia.

Se evalúan comportamientos

El lector encontrará un caso práctico en *Dirección estratégica de Recursos Humanos. Casos.*

© GRANICA

360° feedback o evaluación de 360 grados

La evaluación de 360° es una herramienta para el desarrollo de los recursos humanos. Si bien es una evaluación conocida, su utilización no se ha generalizado. Su puesta en práctica implica un fuerte compromiso tanto de la empresa como del personal que la integra, reconociendo el verdadero valor de las personas como principal componente del capital humano en las organizaciones.

A través de la aplicación de la evaluación de 360° una organización le está proporcionando a su personal una formidable herramienta de autodesarrollo.

La implementación eficaz de la evaluación de 360° requiere de varios años de aplicación sistemática para brindar a la empresa y sus integrantes el máximo resultado posible.

El proceso no concluye cuando se presentan los resultados de una evaluación de 360°, ni después de su lectura y análisis. La persona debe comprender el alcance y aceptar los resultados de la evaluación recibida. A continuación, realizar un trabajo personal de reflexión, para luego encarar acciones concretas destinadas a mejorar aquello que así lo requiera. Para la empresa y para el individuo no presupone ningún logro si no se acompaña de un plan concreto de desarrollo de las competencias.

¿Cuál es el *feedback* habitual en cualquier evaluación de desempeño? La relación del evaluado con su jefe directo.

Evaluación de desempeño: el evaluado y su jefe directo

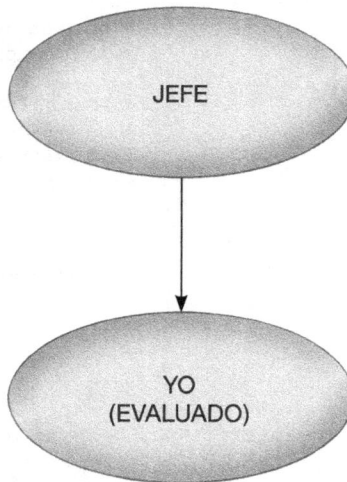

¿Qué es una evaluación de 360°?

Se trata de un esquema sofisticado que permite que un colaborador sea evaluado por todo su entorno: jefes, pares y subordinados. Puede incluir a otras personas, como proveedores o clientes.

Las evaluaciones jefe-empleado pueden ser incompletas, ya que toman en consideración una sola fuente. Las fuentes múltiples pueden proveer un marco más rico, completo y relevante del desempeño de una persona. Por añadidura, pueden crear un clima de mayor colaboración en el trabajo. Los empleados asumen más y mejor sus conductas y cómo impactan en los demás. Si esto sucede, es factible prever un incremento en la productividad.

Tomaremos como referencia la obra de Edwards y Ewen[3], que presenta este modelo de evaluación del personal. Los beneficios de este esquema son múltiples, pero el más significativo es que la evaluación no queda sujeta al único juicio del jefe directo.

La evaluación de 360 grados o *360° feedback* es la forma más novedosa de desarrollar la valoración del desempeño, ya que dirige a las personas hacia la satisfacción de las necesidades y expectativas, no solo de su jefe, sino de todos aquellos que reciben sus servicios internos y externos.

El concepto de evaluación de 360° es claro y sencillo: consiste en que un grupo de personas valoren a otra por medio de una serie de ítems o factores predefinidos. Estos factores son comportamientos observables en el desarrollo diario de su práctica profesional.

El proceso a seguir en una evaluación de 360° es el siguiente:

- *Definición de los factores de comportamiento críticos de la organización.* Usualmente los comportamientos a evaluar son los mismos que los de la evaluación de desempeño. Si se desea realizar una evaluación de 360 grados por competencias, en todos los casos los comportamientos a evaluar deben ser los que integran el modelo de competencias de la organización.

- *Diseño de la herramienta* que será soporte del proceso, es decir el cuestionario de evaluación de 360°.

- *Elección de las personas* que van a intervenir como evaluadores: superior, pares, colaboradores, clientes internos de otras áreas, clientes y proveedores

---

3   Edwards, Mark R. & Ewen, Ann J. *360° Feedback*. Amacom, American Management Association, New York, 1996.

© GRANICA

externos. Estos últimos pueden o no incluirse. Es importante recalcar que estas evaluaciones son *anónimas*.

- *Lanzamiento del proceso* de evaluación con los interesados y evaluadores.

- *Recolección y procesamiento de los datos* de las diferentes evaluaciones, que en todos los casos debe realizar un consultor externo para preservar la confidencialidad de la información.

- *Comunicación a los interesados* de los resultados de la evaluación de 360°.

La herramienta evaluación de 360° consiste en un cuestionario de carácter anónimo en el que el evaluador podría realizar, por ejemplo, dos apreciaciones:

1. Evaluar el comportamiento del evaluado en distintos aspectos en condiciones normales de trabajo, es decir, en su día a día.

2. La segunda valoración podría realizarla, también, sobre los mismos factores, pero bajo condiciones especiales como estrés, plazos cortos, tareas de alta complejidad, etcétera.

Veamos en un gráfico quiénes intervienen en una evaluación de 360°.

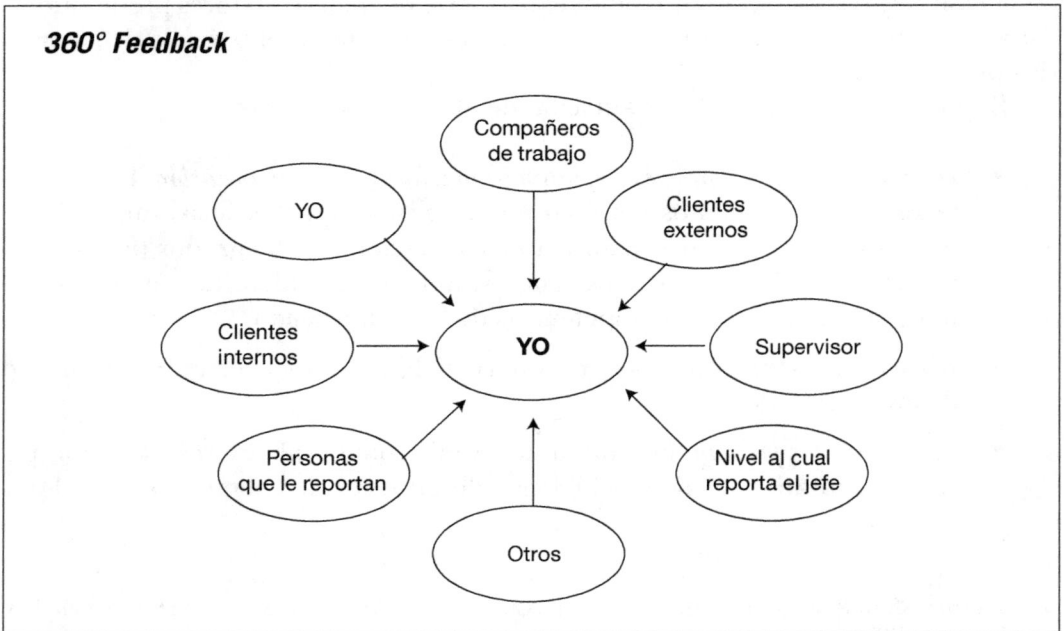

360° Feedback

Como surge claramente del gráfico, una persona, a la que hemos llamado "YO", es evaluada por:

- Él mismo (autoevaluación).

- Clientes internos.

- Personas que le reportan.

- Clientes externos.

- Compañeros de trabajo, pares de su posición.

- Su supervisor.

- El jefe de su jefe, es decir el nivel al cual reporta su superior inmediato.

- Otras personas, como proveedores.

Para que el método no se torne burocrático, se eligen pocos evaluadores por categoría, y no todos los involucrados en cada nivel. El evaluado también se evalúa a sí mismo.

Ventajas y desventajas

Si se parte de que la evaluación de 360 grados es una herramienta de desarrollo de competencias, sus beneficios son múltiples. En primera instancia, una persona puede verse a través de la mirada de los otros. Esta evaluación será una fuente verdadera de mejora si se entienden adecuadamente sus beneficios. Muchas personas no aceptan el resultado obtenido, y en esos casos todo es tiempo perdido. Por ello este tipo de herramientas no son aplicables a todas las organizaciones.

Las evaluaciones de 360 grados permiten agrupar las miradas en pequeños colectivos (por ejemplo, los subordinados, los pares, etc.). Esto permite, a su vez, analizar más profundamente la mirada de los otros sobre el evaluado. Para que estas miradas puedan graficarse por separado, se debe contar con un mínimo de tres evaluadores por segmento; por ejemplo, tres pares, tres subordinados. Si el número de integrantes de alguno de estos grupos fuera inferior a tres, igualmente podría confeccionarse la evaluación de 360 grados, pero no la gráfica correspondiente al nivel.

Por último, el verdadero beneficio vendrá después de la evaluación de 360 grados, con el plan de desarrollo que se elabore. Como ya se ha visto en el Capítulo 5, la Metodología de Martha Alles propone tres vías para el desarrollo de competencias: autodesarrollo, entrenamiento experto y Codesarrollo.

© GRANICA

La evaluación de 180 grados

La evaluación de 360 grados se utiliza, en ocasiones, en una versión reducida que se denomina de *180 grados*. En estos casos no se trata de una versión depreciada de la primera; por el contrario, puede responder a ciertas necesidades o circunstancias de una organización determinada.

Se recomienda la aplicación de la evaluación de 180 grados como un paso previo a la de 360 grados. El primer año de su implantación se sugiere aplicar la evaluación involucrando a jefes y pares sin incluir a subordinados o supervisados, para en el segundo año completar "el círculo", es decir, incorporar a los supervisados en la siguiente aplicación de la herramienta.

Asimismo, en una organización se aplica la evaluación de 180 grados cuando una persona no posee otras que le reportan. En estos casos, la organización aplica de manera general la evaluación de 360 grados y, en algunos casos en particular, por ausencia de un nivel de reporte, utiliza la evaluación de 180 grados.

En ambos casos descritos el esquema es el que se muestra en el gráfico al pie.

En otros casos puede ser necesaria la utilización de la evaluación de 180 grados. Por ejemplo, para el número 1 de la organización en el caso de que esa persona sea, a su vez, el dueño (en caso contrario reportaría a un directorio u otro organismo

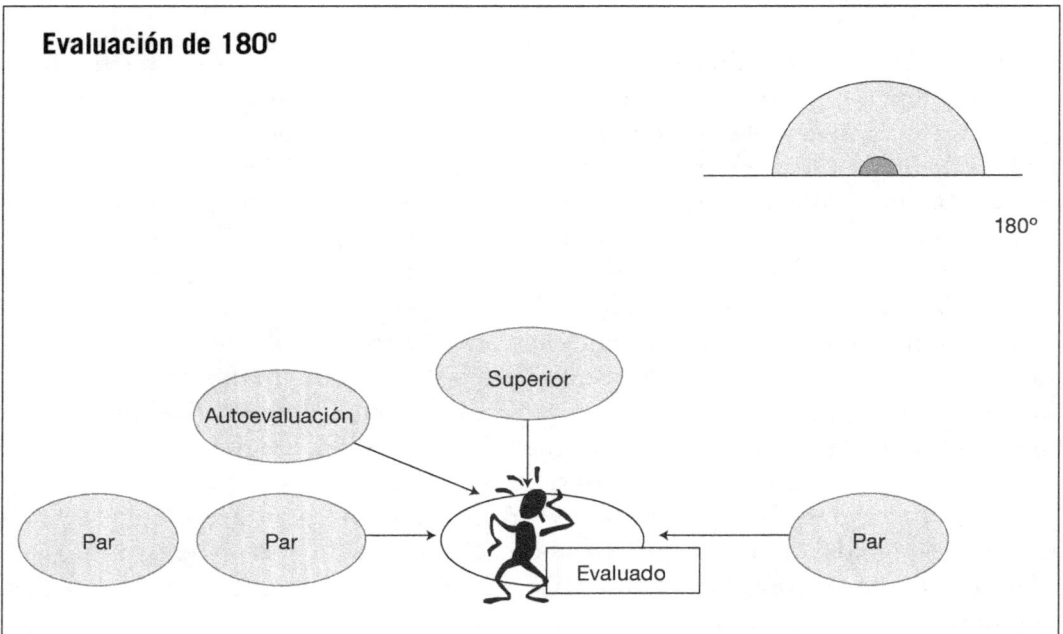

Evaluación de 180°

180°

Autoevaluación

Superior

Par

Par

Par

Evaluado

Evaluación de 180°

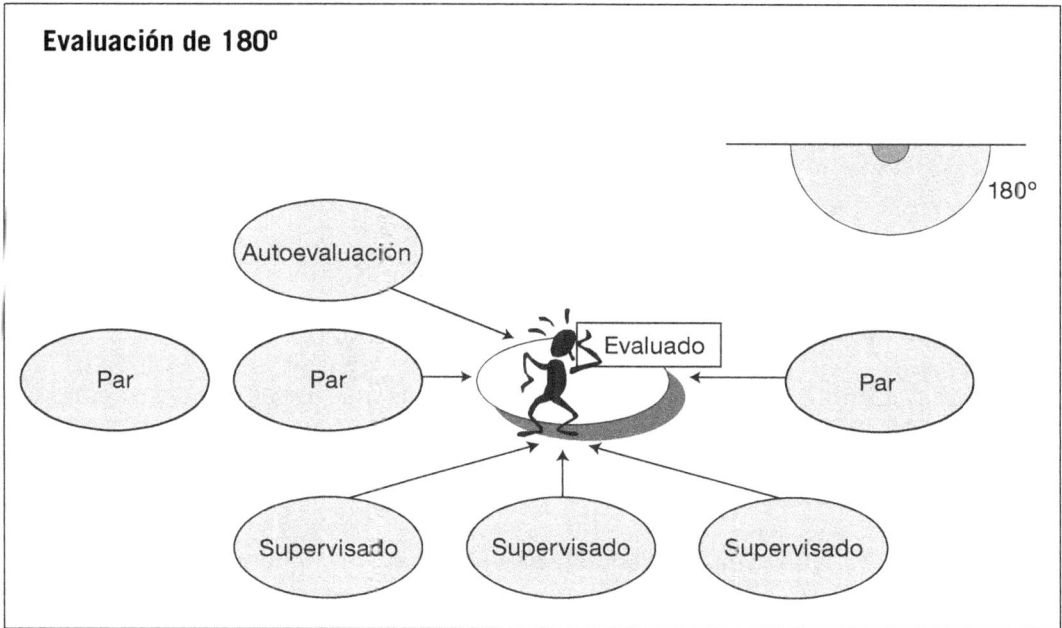

superior). Asimismo, puede darse la situación de una sociedad de personas, como los grandes estudios de profesionales, donde los "pares" de una persona son sus socios. Igualmente en una empresa con varios dueños o socios. En estos casos, el esquema de la evaluación de 180 grados sería el que se observa en el gráfico precedente.

En cualquiera de los casos mencionados, las restantes características de la evaluación de 360 grados no varían.

¿Quiénes participan como evaluadores?

- *Clientes*: este proceso da la chance a clientes internos y externos de tener voz y voto en el proceso de evaluación.

- *Colaboradores* (de todos los niveles): desde varias miradas, autoevaluándose y, participando como evaluadores de otros, tanto jefes, como pares o subordinados, según corresponda.

- *Miembros del equipo*: es muy importante, ya que este tipo de evaluación permite identificar realmente a los equipos y mejorar su rendimiento.

- *Jefes*: el proceso amplía la mirada del jefe y le permite disminuir el tiempo que utilizaba en las evaluaciones individuales. A su vez, permite a los líderes tener

© GRANICA

mayor información sobre la organización y comprender mejor sus fortalezas y debilidades, conocer detalles y recibir sugerencias de otros participantes. Cada gerente puede darle, a su vez, la utilización que considere más efectiva.

- *Organización*: las empresas se vuelven más "creíbles" al implementar estos procesos; la información les marca fortalezas y debilidades, y les permite conocer discrepancias en las relaciones y determinar necesidades de formación y desarrollo.

Diagrama del proceso de evaluación de 360°

Los detalles administrativos de un proceso de evaluación de 360° son fundamentales para garantizar la confidencialidad del mismo y para que esto sea percibido por los participantes.

Algunas sugerencias:

- Recursos Humanos revisa y define el diseño con el consultor externo y se hace cargo de la distribución de la cantidad necesaria de formularios, en el caso de entregarlos en papel / claves, en el caso de un sistema informático,

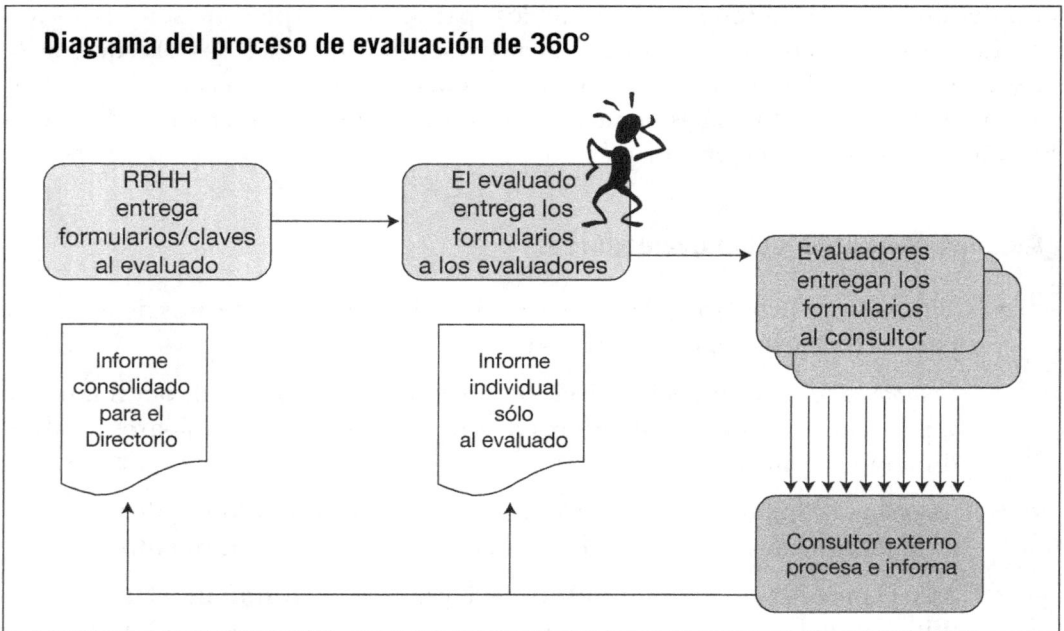

Diagrama del proceso de evaluación de 360°

- RRHH entrega formularios/claves al evaluado
- El evaluado entrega los formularios a los evaluadores
- Evaluadores entregan los formularios al consultor
- Consultor externo procesa e informa
- Informe consolidado para el Directorio
- Informe individual sólo al evaluado

es decir claves de acceso para evaluar a una persona en particular a través de un software según el número de evaluados y de evaluadores. Se sugiere indicar el nombre de cada evaluado en dichos formularios.

- Recursos Humanos entrega a cada evaluado su lote de formularios/claves respectivos.

- El evaluado entrega los formularios/claves a los evaluadores que seleccionó. Una variante es poner la relación del evaluador con el evaluado, por ejemplo: supervisado, cliente, etc.

- Los evaluadores completan sus respectivos formularios y los entregan al consultor externo.

- Los formularios no son remitidos a la empresa y son archivados por el consultor externo, al igual que los materiales de trabajo utilizados (planillas de cálculo y procesamiento). En el caso de un software, este pertenece al consultor.

- El consultor externo procesa las evaluaciones y elabora un solo informe de 360° que le entrega al evaluado en la reunión de devolución o *feedback*. Si se presenta una situación especial, se remite el informe en sobre cerrado con una inscripción de *privado y confidencial* y una firma a modo de cierre inviolable.

- El consultor externo presenta a la empresa un informe consolidado respecto del grado de desarrollo de las competencias del colectivo evaluado.

La devolución al participante o *feedback* a los evaluados

Nos hemos referido a la importancia de la reunión de retroalimentación, y más allá de las herramientas utilizadas, a la comunicación como clave de cualquier proceso.

Del autor al lector

Una adecuada comunicación en una reunión grupal, bajo un esquema de *workshop*, puede incitar a cada participante a compartir la información con los otros. En una media jornada los participantes serán capaces de comprender sus *feedback*, crear planes de acción y compartir con otros en el *workshop*.

El esquema persona-persona puede ser muy productivo y focalizado, y efectivo para mejorar el desempeño individual.

A su vez, la estructura persona-persona es necesaria para quienes atraviesan situaciones complejas y para ejecutivos con posiciones estratégicas dentro de la organización.

© GRANICA

Estos conceptos son básicos y universales, aplicables también a la evaluación de 360°. Enviar al participante los resultados por escrito no es una buena idea. Una completa evaluación acompañada por una guía de comprensión sobre *360° feedback* puede ser muy útil, pero no suficiente. No reemplaza una reunión explicativa.

Estos métodos de evaluación deben verse y analizarse desde una óptica integral y no separados de la organización. Continuando con los autores que hemos tomado como referencia[4], ellos presentan un gráfico, que podemos ver al pie de esta página, para mostrar las relaciones del método de 360° con la estrategia de la organización.

¿Cómo se integra la evaluación de 360° con la estrategia general de Recursos Humanos?

Los cambios en las compañías suelen ser graduales. Si una empresa no ha implementado evaluaciones de desempeño, no puede comenzar a hacerlo con evaluaciones de 360°, o mejor dicho, no es lo más aconsejable. La organización debe estar madura para aplicar esta herramienta.

Integración de 360° a la estrategia de Recursos Humanos

- Cultura del cambio
- Selección y planes de sucesión
- Liderazgo, entrenamiento, desarrollo
- 360° Feedback alineado con la estrategia y la cultura
- Performance gerencial y pago
- Calidad y servicio al cliente
- Trabajo en equipo y performance

Fuente: Edwards y Ewen, obra citada

---

4   Edwards y Ewen, obra citada.

360° Feedback

Compañeros de trabajo

YO

Clientes externos

Clientes internos

YO

Supervisor

Personas que le reportan

Nivel al cual reporta el jefe

Competencias evaluadas

Otros

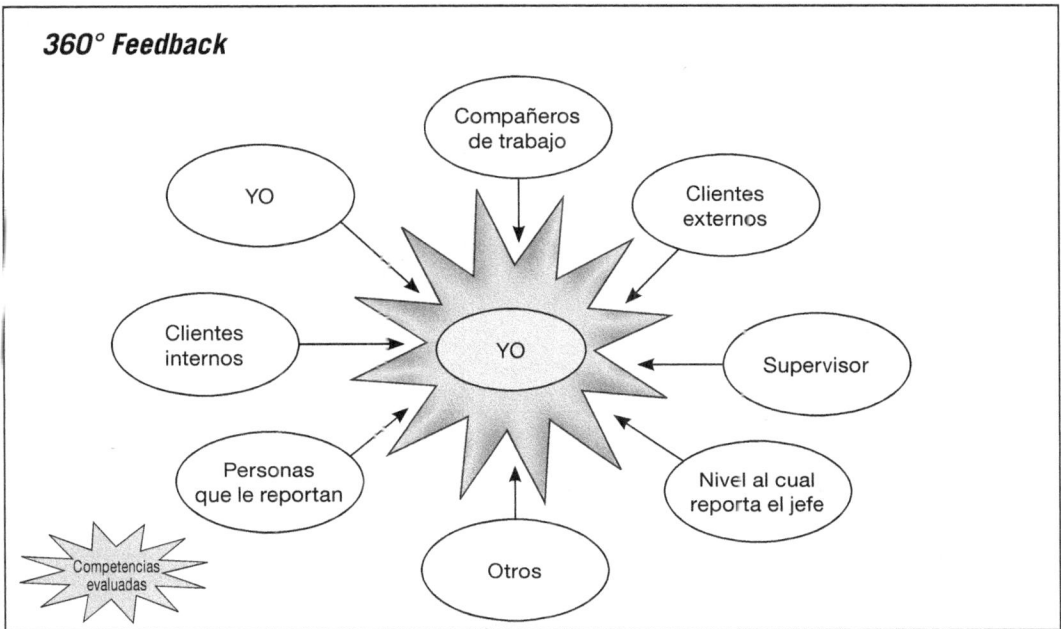

Habitualmente, al trabajar con este método la información se procesa fuera de la compañía, lo que incrementa el costo, por lo que son las grandes empresas las que usualmente lo implementan. No obstante, las buenas ideas no requieren necesariamente de una empresa de gran tamaño y pueden implementarse en menor escala.

Usualmente, las compañías que utilizan *360° feedback* lo hacen en combinación con un esquema de Gestión por competencias.

Evaluación de desempeño en un esquema sencillo o para una empresa pequeña

Nos hemos referido a esquemas de evaluación de desempeño que pueden parecer complicados o poco aplicables a empresas pequeñas. Sin embargo, los criterios pueden ser los mismos aunque sea más sencillo el esquema de aplicación para adaptarlo a empresas con pocos empleados. No es necesario ser menos profundo o profesional. Algunas ideas:

- *Criterio de revisión de desempeño.* El enfoque más simple es revisar el trabajo del empleado basándose en calidad y cantidad, en relación con los requisitos del puesto.

© GRANICA

- *Calificaciones de desempeño.* Debe calificarse el desempeño del empleado de una manera consistente.

A modo de ejemplo incluimos un sistema de calificación con aumentos sugeridos de sueldo, pero ya se ha mencionado que las evaluaciones no tienen esta única finalidad.

Descripción	Aumento sugerido
Resultados inferiores a los esperados. Este nivel se aplica para aquellos cuyo trabajo en términos de calidad, cantidad y cumplimiento de objetivos está claramente por debajo de las exigencias básicas de su puesto de trabajo.	0%
Necesita mejorar. Este nivel refleja un desempeño que no cumple completamente las necesidades del puesto en las principales áreas de trabajo. La persona demuestra capacidad para hacer la mayoría de las tareas pero necesita mayor desarrollo y mejora.	0-3%
Bueno. Se entiende como el esperado para la posición. Este nivel debe ser aplicado a aquellos cuyo desempeño cumple claramente las exigencias principales del puesto. Refleja un desempeño riguroso, el habitual de quienes tienen conocimientos, formación y experiencia apropiados para el puesto. Las personas en este nivel llevan a cabo su tarea regularmente de forma profesional y eficaz.	4-7%
Destacado. Los resultados superan lo esperado. Refleja un nivel de consecución y desempeño que supera lo razonable en las diferentes manifestaciones de su trabajo. La persona demuestra de forma regular logros significativos. Como evaluación global, este nivel de desempeño se aplica a aquellos que están entre los mejores.	8-10%
Excepcional (puede significar promoción). Para aquellos que demuestren logros extraordinarios en todas las manifestaciones de su trabajo. Desempeño raramente igualado por otras personas que ocupan puestos de comparable ámbito de actuación y responsabilidad.	+10%

Del autor al lector

Consejos sobre evaluaciones de desempeño:

- *Comunicación.* Es muy importante que el empleado comprenda la forma en que se califica su desempeño. Primero resuma el desempeño total, y luego explique qué significa la calificación. A menos que el desempeño del empleado sea netamente insatisfactorio, felicítelo por sus puntos fuertes y trate de cerrar la revisión con una actitud positiva. Sugiera aquello que debe modificar y qué espera de él en el futuro.
- *Salario.* Nunca mencione un cambio de remuneración hasta el final de la revisión de desempeño.
- *Sea sencillo durante la retroalimentación.* Algunos supervisores abordan estas situaciones con un cierto grado de histrionismo o utilizando un lenguaje complejo. No es conducente.
- *Comentarios negativos.* Cuando tenga que informarle a un empleado que su evaluación de desempeño ha sido insatisfactoria, hable clara y concisamente. No dé mensajes ambiguos, solo confunden y no atenúan por ello lo desagradable de la situación.
- *Resultados positivos.* Hasta los mejores empleados poseen algunas fallas. Trate de mantener la retroalimentación en perspectiva.

Debido a que las revisiones de desempeño pueden tener consecuencias emocionales, especialmente para el empleado, es conveniente realizar una revisión con una agenda en mente. El planeamiento es muy importante para objetivizar el proceso y manejar las emociones.

Es muy importante transmitir el mensaje deseado, prescindiendo de la eventual reacción del empleado.

Del autor al lector

Preguntas y respuestas sobre las revisiones:

- *Mi mejor empleado no está satisfecho con su evaluación respecto del salario. ¿Qué debo hacer?* No modifique su decisión a menos que sienta que la evaluación de desempeño no ha sido adecuada.

- *Las evaluaciones de desempeño, ¿deben ser escritas?* Sí. Todo lo que se manifiesta por escrito no deja dudas.

- *¿Cuáles son los peores errores que cometen los jefes con las evaluaciones de desempeño?* El error más común y más serio que los jefes cometen es exagerar la retroalimentación de un empleado que se encuentra debajo del nivel requerido. Otro error común es la tendencia a no remunerar a los mejores empleados como se lo merecen.

- *¿Cómo informo sobre una evaluación que ha sido realmente negativa?* Realice un resumen del desempeño para asegurarse de que el empleado reciba un informe completo de su evaluación. Enfóquese en situaciones concretas y ejemplos.

- *¿Cómo evito que los empleados compartan sus evaluaciones de desempeño o sus niveles de salario con los demás?* La verdad es que no puede. Aunque solicite que la evaluación y el salario se mantengan confidenciales, algunas personas, en especial los empleados jóvenes, compartirán esta información de todos modos.

- *Mi empresa se encuentra con problemas económicos y no estamos en condiciones de aumentar sueldos. ¿Debo retrasar las evaluaciones de desempeño?* Es esencial realizarlas a pesar de no estar en condiciones de aumentar los salarios. Explique la situación a sus empleados enfocando el futuro positivamente para que permanezcan en sus empleos.

- *¿Todos los empleados deben recibir su evaluación de desempeño al mismo tiempo?* En lo posible, sí. Las compañías suelen entrar en un pequeño caos en época de revisiones de desempeño, porque se desatienden las tareas habituales. Asúmalo. Es el costo de una compañía organizada. Los beneficios de las evaluaciones son para todos: para los colaboradores y para la empresa.

Recuerde que para retener al personal clave y saber cuándo hay que desvincular al mal empleado, las mejores herramientas de que dispone son la evaluación y retroalimentación de desempeño.

© GRANICA

La importancia de la capacitación a jefes de todos los niveles

La capacitación a los jefes, en su rol de evaluadores de sus colaboradores, marca la diferencia entre la implantación de un sistema de evaluación de desempeño exitoso y de uno que no lo es. Este comentario se relaciona con las evaluaciones de desempeño mencionadas al inicio de este capítulo, la evaluación vertical, donde el jefe evalúa el desempeño de su colaborador y, *a posteriori*, la evaluación es revisada por un superior, y las evaluaciones de 360 grados (o 180 grados). En todos los casos, la totalidad de los evaluadores deberán recibir capacitación, no solo sobre de qué manera deben llenar los formularios sino, muy especialmente, sobre cómo observar comportamientos.

Un complemento muy importante de las actividades de capacitación es la elaboración de instructivos prácticos y sencillos de leer sobre cómo se evalúa el desempeño. Los instructivos pueden ser emitidos de maneras diferentes, algunas de las más usuales son las versiones en papel y las que se diseñan para ser enviadas por e-mail. Estas últimas, además, pueden ser incluidas en la intranet de la organización.

En nuestra opinión, los instructivos no reemplazan las actividades de formación en materia de evaluación de desempeño. Del mismo modo, la capacitación a los evaluadores no es una actividad que se hace una sola vez: de manera periódica deben realizarse nuevas reuniones para actualizar y/o reforzar el entrenamiento a los jefes.

La relación de las evaluaciones de desempeño con las remuneraciones

Al inicio de este capítulo se mencionó la relación entre la evaluación de desempeño y otros subsistemas de Recursos Humanos. Retomaremos aquí el tema, una vez que se ha explicado cómo se evalúa el desempeño en sus dos grandes variables: objetivos y competencias.

Es importante diferenciar estas variables ya que cada una de ellas debe tener una conexión distinta con los subsistemas; al menos esa es la sugerencia más frecuente que la firma Martha Alles International hace a sus clientes, aunque no es la única alternativa posible.

La fijación de objetivos, tal cual fue explicada, es el camino más simple para relacionar los resultados de la evaluación de desempeño con los aspectos remunerativos, ya sean los importes fijos mensuales o quincenales, según las costumbres de cada país, o los valores variables.

Cómo se relaciona la evaluación de desempeño
con los diferentes subsistemas de Recursos Humanos

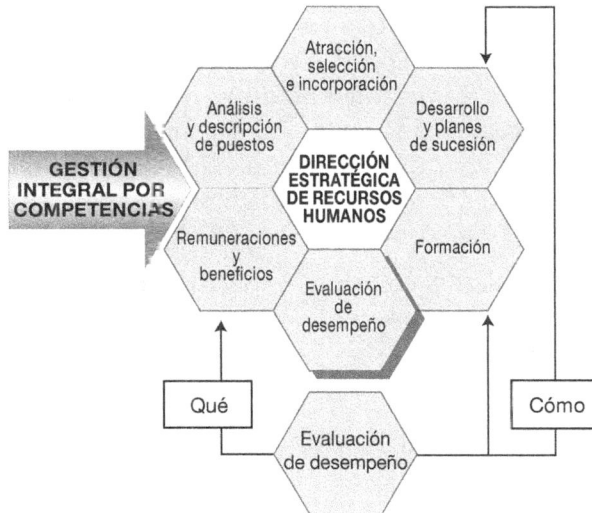

Atracción,
selección
e incorporación

Análisis
y descripción
de puestos

Desarrollo
y planes
de sucesión

**GESTIÓN
INTEGRAL POR
COMPETENCIAS**

**DIRECCIÓN
ESTRATÉGICA
DE RECURSOS
HUMANOS**

Remuneraciones
y
beneficios

Formación

Evaluación
de
desempeño

Qué

Cómo

Evaluación
de desempeño

En el gráfico precedente hemos denominado "qué" a esta parte de la evaluación: aquello que se debe alcanzar. Si estos objetivos se han alcanzado (o superado), ese resultado puede relacionarse con:

- Remuneraciones variables (por ejemplo, a través de un *bonus* anual).

- Un incremento de la remuneración que el colaborador recibe de manera mensual o quincenal, según corresponda.

Hemos denominado "cómo" a la parte de la evaluación relacionada con las competencias. En nuestra opinión, lo adecuado es relacionar el resultado de la evaluación de competencias con las acciones de desarrollo, en función de las brechas detectadas.

En ocasiones se combina el "qué" y el "cómo" con aspectos remunerativos. De elegirse ese camino habrá que tener en cuenta la cultura de la organización. En el Capítulo 8 se explica el tema. Otra forma es definir una proporción entre el peso del "qué" y del "cómo", a modo de fórmula para llegar a la "evaluación final" ya explicada.

El rol de Recursos Humanos
en la evaluación de desempeño

En muchas organizaciones, tanto Recursos Humanos como las otras áreas piensan que las evaluaciones de desempeño son herramientas que otorgan un cierto poder, ya que permiten tomar decisiones sobre el futuro de las personas. Esto es, desde ya, un grave error. Si bien Recursos Humanos tiene un papel preponderante en estos temas, lo ejerce desde un lugar muy diferente:

- Es un asesor (*staff*) que tiene una tarea técnica a su cargo.

- Diseña la herramienta o contrata al consultor que lo hace y conduce la relación con este consultor proveedor.

- Ayuda a su implementación y cumplimiento, con su función de entrenamiento de los futuros evaluadores.

- Vela por la objetividad del sistema.

- Administra la herramienta.

Por ello, no debe olvidarse:

- Los verdaderos evaluadores y actores de este proceso son el jefe y el jefe del jefe, y los distintos evaluadores participantes de una evaluación de 360°.

Las evaluaciones de desempeño tienen relación con las carreras de las personas, ya que uno de los derivados de estas evaluaciones son las acciones de promoción y desarrollo de los evaluados. Como vimos en el punto anterior, Recursos Humanos es un asesor o *staff* que ayuda al cumplimiento de las políticas de la organización e implementa los resultados de las evaluaciones, las decisiones de promoción, etc., y vela por la objetividad del sistema.

- Los evaluados y sus respectivos jefes tienen un rol activo en el desarrollo de carreras.

- Para cada uno de los evaluados surgen planes de acción que pueden implicar tareas de capacitación, entrenamiento, transferencias, promociones, etc.

La importancia de la primera asignación

Nos hemos referido en capítulos anteriores a la importancia de una buena inducción para la mejor retención de empleados. En esta misma línea de preocupación –la retención de candidatos–, una correcta primera asignación será un ancla para las personas dentro de la organización, y su importancia se acentúa cuando las personas incorporadas trabajan por primera vez y no tienen un marco de referencia previo.

Cómo relacionar la estrategia con el desempeño

Mucho se habla acerca de la necesidad de alinear la estrategia de los negocios con las prácticas de Recursos Humanos. Cuando nos referimos a estrategia de negocios lo hacemos en un sentido amplio, ya que las herramientas de Recursos Humanos aplican a todo tipo de organizaciones, considerando que todas ellas –de un modo u otro– definen su estrategia.

Los distintos subsistemas de Recursos Humanos repercuten de alguna manera en la estrategia: ayudan a llevarla adelante o ayudan a "malograrla" cuando el personal no está alineado con los objetivos organizacionales. En este sentido, la evaluación de desempeño es determinante, partiendo del concepto básico de que los objetivos los alcanzan las personas que integran la organización.

Gestión por competencias es un medio para tener éxito

Como se ha visto en el Capítulo 2, la definición de competencias se relaciona con la mejor manera de lograr los objetivos de la organización. Los diferentes subsistemas de la empresa, diseñados a su vez en función de esas competencias, serán el vehículo para alcanzar esas metas.

Por lo tanto, la Gestión de Recursos Humanos por competencias no es ni más ni menos que el medio para tener éxito y alcanzar los objetivos organizacionales. Las competencias –a su vez– son aquellos comportamientos que nos permitirán alcanzar los resultados buscados.

Los enfoques para relacionar desempeño con estrategia son varios. Por un lado, el management de la organización fija los objetivos organizacionales, que caen en cascada hacia toda la organización. Cuando a cada empleado se le fijan sus objetivos, estos son parte de esa "cascada de objetivos organizacionales".

© GRANICA

Gestión por competencias agrega valor a la estrategia

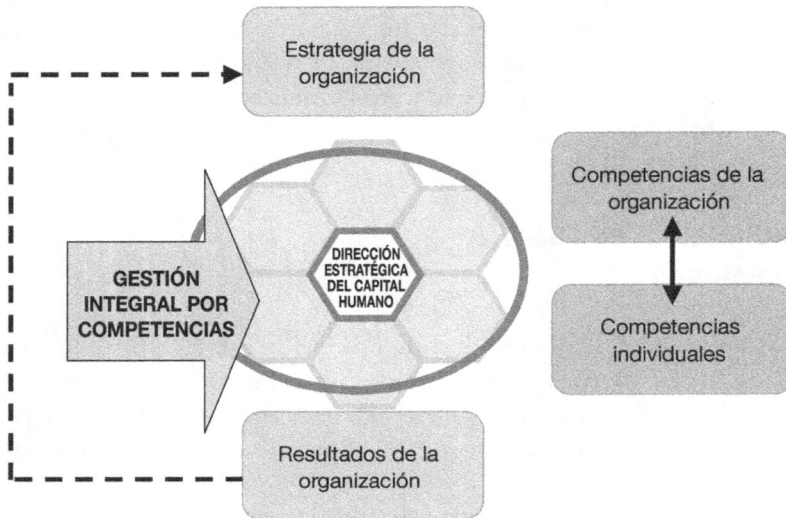

Estrategia de la organización

Competencias de la organización

GESTIÓN INTEGRAL POR COMPETENCIAS

DIRECCIÓN ESTRATÉGICA DEL CAPITAL HUMANO

Competencias individuales

Resultados de la organización

Desde la perspectiva del empleado, esta fijación de objetivos le permite formar parte de la empresa, lo ayuda a vincular su quehacer diario con los objetivos y resultados de la organización. En este sentido plantea Mathis[5] la evaluación de desempeño, relacionando la estrategia global de los negocios con los objetivos individuales del empleado.

El concepto parece muy sencillo, pero seguramente la mayoría de los empleados no lo comparte. ¿Por qué? Porque no se les ha dicho "para qué sirve" lo que cada uno de ellos hace y de qué modo se relaciona con la estrategia. Si una organización le dice a cada uno de sus empleados de qué modo contribuye a lograr sus objetivos, no solo logrará que la persona realice mejor su tarea, sino que también, indirectamente, logrará que se sienta mejor. En relación con los objetivos, podemos decir que una organización tiene un objetivo general, que habitualmente traduce en metas anuales, que, a su vez, se fraccionan en objetivos individuales. De nuevo el concepto es muy simple, solo hay que ponerlo en práctica.

¿Qué es *performance management*? Si se coincide en que la función básica del trabajo de una persona es producir resultados, no importa cuál sea su posición o puesto, siempre cabrá esperar que un empleado produzca algún tipo de aporte.

---

5   Mathis, Robert L. & Jackson, John H. *Human Resource Management.* South-Western College Publishing, Cincinnati, 2000.

Esto es lo que se espera de él. Para que estos resultados se concreten la persona debe conocer "qué se espera" y a su vez, recibir retroalimentación acerca de su trabajo, es decir, que alguien le diga cómo lo está haciendo y, si lo hace bien, ser recompensado por ello. *Performance management* es un proceso para definir e implementar la *performance* (el desempeño) deseada para cada uno de los integrantes de la organización, y medir y evaluar el desempeño, tanto en forma individual como grupal y, en consecuencia, de toda la empresa.

El concepto de *performance management* relaciona la evaluación de desempeño con el subsistema de *Remuneraciones*.

No se puede pensar en los recursos humanos alineados a la estrategia de los negocios sin contar con el apoyo de una buena herramienta para la evaluación del desempeño y, desde ya, con una correcta interacción con los distintos subsistemas de Recursos Humanos, ya que la evaluación de desempeño tiene una directa articulación con el subsistema de *Remuneraciones*, ya mencionado, y con otros subsistemas igualmente importantes: *Desarrollo y planes de sucesión* y, *Formación*.

Relación entre la estrategia y el desempeño

Una organización tiene objetivos y planes anuales, quinquenales o de cualquier otra duración. Si se relacionan estos objetivos con los puestos de trabajo y estos tienen –a su vez– objetivos específicos, tendremos la piedra fundamental de un sistema de evaluación de desempeño.

En primera instancia se define la estrategia organizacional, y a partir de esta un desempeño esperado global para toda la empresa. De allí surgirán los objetivos de la organización, los cuales bajarán en cascada a todos los integrantes de la empresa, y así se determinarán los objetivos individuales.

Con objetivos individuales (resultados) y con un descriptivo de puestos que incluya qué hace falta para lograrlos (competencias) se tendrá entre las manos una herramienta para medir el desempeño y aportar a los resultados globales esperados.

Para dar y recibir retroalimentación una organización puede utilizar diferentes herramientas, ya sea midiendo el desempeño individual que por sumatoria permitirá evaluar el rendimiento o desempeño de toda la organización, o incorporando otras herramientas, como evaluaciones de 360 grados (o de 180 grados), donde es posible incorporar el *feedback* de personas ajenas a la organización que –también– dirán "cómo se desempeña" el empleado en particular y la empresa en general.

Cuando se evalúa el desempeño o se trabaja con sistemas de *performance management,* se recompensa justamente lo que se está midiendo, el desempeño.

© GRANICA

Relación entre la estrategia y el desempeño

```
              ┌──────────────────────┐
   ┌- - - - ->│      Estrategia       │
   ┊          │   de la organización  │
   ┊          └──────────────────────┘
   ┊
   ┊          ┌──────────────────────┐        ┌──────────────────────┐
   ┊          │      Desempeño        │<─────> │      Objetivos        │
   ┊          │   de la organización  │        │   de la organización  │
   ┊          └──────────────────────┘        └──────────────────────┘
   ┊
   ┊          ┌──────────────────────┐        ┌──────────────────────┐
   ┊          │      Desempeño        │<─────> │      Objetivos        │
   ┊          │     del empleado      │        │      individuales     │
   ┊          └──────────────────────┘        └──────────────────────┘
   ┊
   ┊          ┌──────────────────────┐
   └- - - - ->│      Resultados       │
              │   de la organización  │
              └──────────────────────┘
```

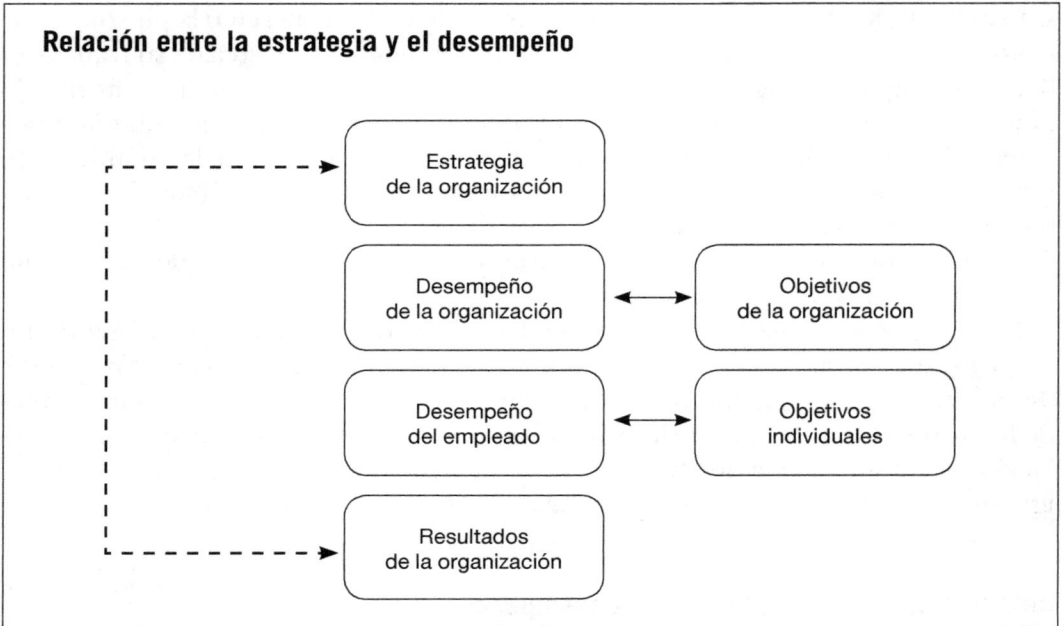

Si una organización está lo suficientemente madura como para poder decir claramente qué quiere hacer y qué espera de sus empleados, tiene más posibilidades de alcanzar las estrategias de negocios que en caso contrario.

Evidentemente, para que estos esquemas funcionen deben apoyarse en el compromiso de todos, directivos y empleados; el propósito debe ser el desarrollo de los colaboradores con una clara fijación de objetivos, seguimiento durante el año junto con comentarios que permitan conocer cómo se está trabajando (retroalimentación), y una evaluación formal una vez al año.

La entrevista de evaluación debe focalizarse en las fortalezas y en las áreas de mejora o desarrollo, sin descuidar los intereses de carrera del evaluado. Pero si esto se hace solo una vez al año, sin una palabra o comentario entre las evaluaciones, el resultado se empobrece. Igualmente, es aconsejable que la organización prevea planes especiales de desarrollo para los empleados con alto potencial. También se proponen planes especiales de recuperación para aquellos buenos empleados que en algún momento de sus carreras presenten un desempeño por debajo de lo esperado o requerido.

Las evaluaciones de desempeño, así como la apertura en grados de las competencias y otras mediciones, deben responder a metas altas pero realistas; deben suponer un desafío que pueda alcanzarse. No hay nada más desmotivante que una meta imposible de alcanzar. A su vez, tampoco produce motivación una meta muy fácil de alcanzar. Por ello, una buena administración de las evaluaciones de desempeño deberá incluir la revisión de las metas, para evitar esos efectos negativos.

Las evaluaciones de desempeño, a través de la fijación de objetivos y competencias, pueden constituir –a su vez– una formidable herramienta, camino o vía para un cambio cultural de la organización. ¿Cómo? A través de la fijación de objetivos y de las competencias y grados requeridos. Según cómo se vayan fijando y modificando, una empresa u organización de cualquier tipo puede lograr un cambio cultural.

En síntesis, la evaluación del desempeño, *performance management*, evaluación del rendimiento o cualquier otra denominación utilizada, es mucho más que una metodología, mucho más que un informe, que un formulario debidamente llenado y entrevistas de retroalimentación. La evaluación de desempeño implica una tarea diaria entre directivos y empleados, entre jefes y supervisados, entrevistas de análisis con retroalimentación y la retroalimentación cotidiana derivada de una buena y fructífera relación laboral.

Evaluar el desempeño no debe verse –desde la perspectiva del empleado– como un momento de "rendir examen" sino como una oportunidad de expresarse y mejorar. La evaluación de desempeño es un beneficio para el empleado. Las organizaciones que logran exitosos modelos en la materia mejoran en todos los aspectos, desde el clima laboral hasta los índices que miden la rotación y calidad de vida del personal. Y, desde ya, también optimizan el logro de los objetivos organizacionales.

Las evaluaciones de desempeño y las carreras de las personas

Las promociones suelen ser una consecuencia de las evaluaciones de desempeño, por lo que hemos incluido esta breve referencia en este capítulo. Las transferencias, en especial, deben ser consensuadas con los empleados, ya que si implican desplazamientos geográficos pueden ocasionar problemas con sus familias.

El contrato psicológico de cada colaborador con la organización no se mantiene estático a lo largo del tiempo; por el contrario, se modifica y debe ser retroalimentado. Una correcta aplicación de las herramientas y políticas de Recursos Humanos lo fortalecerá.

Relación entre las evaluaciones de desempeño y los programas de desarrollo

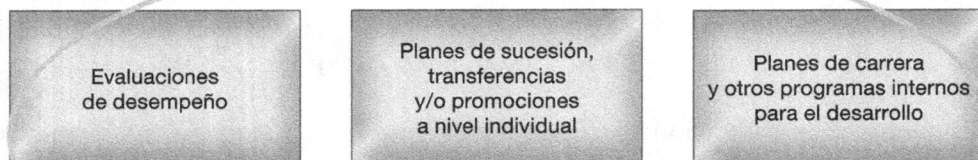

Evaluaciones de desempeño	Planes de sucesión, transferencias y/o promociones a nivel individual	Planes de carrera y otros programas internos para el desarrollo

Obras de Martha Alles relacionadas con este capítulo

La evaluación de desempeño y las evaluaciones de 360 grados (y 180°) se sustentan en las obras *Desempeño por competencias. Evaluación de 360°* –donde el lector encontrará formularios y casos prácticos– y *Diccionario de comportamientos. La trilogía. Tomo II.*

Los aspectos principales en materia de evaluación de desempeño que deben conocer los jefes de todos los niveles están tratados en *Rol del jefe* y *12 pasos para ser un buen jefe.*

Como ya hemos dicho en el Capítulo 2, para las evaluaciones de competencias Martha Alles International ha elaborado una serie de herramientas, especialmente diseñadas para la medición del grado de desarrollo de las competencias en las personas.

- Las *fichas de evaluación* y *fichas de evaluación reducida* permiten medir competencias.

- Las fichas de evaluación pueden ser utilizadas, en su versión reducida, para evaluaciones de 180° o 360°.

Síntesis del capítulo

- El análisis del desempeño o de la gestión de una persona es un instrumento para gerenciar, dirigir y supervisar personal. Entre sus principales objetivos podemos señalar el desarrollo personal y profesional de colaboradores, la mejora permanente de resultados de la organización y el aprovechamiento adecuado de los recursos humanos.

- Por otra parte, tiende un puente entre el jefe y sus colaboradores de mutua comprensión y adecuado diálogo en cuanto a lo que se espera de cada uno, la forma en que se satisfacen las expectativas y cómo hacer para mejorar los resultados.

- El desempeño se evalúa para decidir promociones, remuneración o simplemente para decirles a los empleados cómo están haciendo su tarea. A partir de las evaluaciones, los jefes y sus subordinados pueden reunirse y revisar el comportamiento del empleado en relación con el trabajo, recordando que la mayoría de las personas necesitan y esperan esa retroalimentación.

- Los tres pasos para evaluar el desempeño son: primero, definir el puesto y asegurarse de que el supervisor y el subordinado están de acuerdo respecto de las responsabilidades y los criterios de desempeño del puesto. Segundo, evaluar el desempeño en función del puesto (incluye algún tipo de calificación), y por último, la retroalimentación: comentar con el colaborador los resultados de la evaluación.

- Evaluación de desempeño por competencias: las evaluaciones siempre se realizan en función de cómo se ha definido el puesto. Si la compañía trabaja con un modelo de competencias, evaluará en función de las mismas.

- Las competencias se fijan para la empresa en su conjunto, y luego por área y nivel de posición. En función de ellas y del grado de necesidad fijado para cada puesto se evaluará a la persona involucrada. Habitualmente, las competencias se establecen en base a una escala de puntuación (grados).

- La evaluación de 360°, también conocida como *360° feedback*, es un esquema más sofisticado que permite que la persona sea evaluada por todo su entorno: jefes, pares y subordinados. Puede incluir otras personas, como proveedores o clientes. Cuantos más evaluadores participen, el sistema adquiere mayor objetividad.

- La evaluación de 360° es una valoración del desempeño múltiple, ya que dirige a las personas hacia la satisfacción de las necesidades y expectativas no solo de su jefe, sino de todos aquellos que reciben sus servicios internos y externos.

- El concepto de evaluación de 360° es claro y sencillo: consiste en que un grupo de personas valoren a otra por medio de una serie de ítems o factores

© GRANICA

predefinidos. Estos factores son comportamientos observables en el desarrollo diario de la práctica profesional.

- Las evaluaciones de desempeño tienen relación con las carreras de las personas, ya que uno de sus derivados son las acciones de promoción y desarrollo de los evaluados. El área de Recursos Humanos es un asesor o *staff* que contribuye al cumplimiento de las políticas de la organización e implementa los resultados de las evaluaciones, las decisiones de promoción, etc., y vela por la objetividad del sistema. Para cada uno de los evaluados surgen planes de acción que pueden implicar tareas de capacitación, entrenamiento, transferencias, promociones, etc.

Para cada uno de los capítulos de esta obra hemos preparado casos prácticos y/o ejercicios orientados a lograr una mejor comprensión de los temas tratados en cada uno de ellos. El lector podrá encontrarlos en *Dirección estratégica de Recursos Humanos. CASOS.*

PARA TODOS LOS LECTORES

Se encuentra disponible en formato digital un Anexo donde se ha realizado un análisis detallado de libros y subsistemas que complementa las temáticas abordadas en esta obra.

PARA PROFESORES

Para cada uno de los capítulos de esta obra hemos preparado:

☞ Material de apoyo para el dictado de clases.

Los profesores que hayan adoptado esta obra para sus cursos tanto de grado como de posgrado podrán solicitar de manera gratuita:

Dirección estratégica de Recursos Humanos. CLASES

Únicamente disponibles en formato digital:
www.marthaalles.com

o bien escribiendo a:
profesores@marthaalles.com

Atracción,
selección
e incorporación

Análisis
y descripción
de puestos

Desarrollo
y planes
de sucesión

**DIRECCIÓN
ESTRATÉGICA
DE RECURSOS
HUMANOS**

Remuneraciones
y
beneficios

Formación

Evaluación
de
desempeño

Desarrollo y planes de sucesión
La función de Desarrollo en el área de Recursos Humanos

En este capítulo usted verá los siguientes temas:

- El cuidado del capital intelectual

- Desarrollo del talento dentro de la organización

- Los distintos programas para el desarrollo de personas que ya integran la organización

- Modelo para construir talento organizacional

- Mapa y ruta de talentos

- Promociones internas

- Planes de sucesión

- Diagramas de reemplazo

- Planes de carrera

- Programas de mentoring

- Otros programas organizacionales para el desarrollo de las personas

El cuidado del capital intelectual

Antes de comenzar a tratar los temas específicos relacionados con el desarrollo de personas en el ámbito organizacional se hará referencia a un aspecto que permite poner en contexto los métodos y procedimientos de Recursos Humanos: si se implementan buenas prácticas de Recursos Humanos la organización contará con mayor capital intelectual.

Se considera capital intelectual al conjunto de elementos no materiales que integran el capital de una organización, tales como:

- Activos derivados del mercado. Ejemplos: clientes, marcas, licencias, franquicias, etc.

- Activos relativos a la propiedad intelectual. Ejemplos: conocimientos, fórmulas, patentes, métodos propios de trabajo, secretos de producción, etc.

- Activos en relación con los colaboradores: conocimientos, competencias, etc.

- Activos de infraestructura: métodos y procesos de trabajo, entre otros.

- Cultura organizacional y valores.

El concepto de capital intelectual es tratado por muchos autores; veremos a continuación algunos de los consultados para la realización de esta obra.

Thomas Stewart[1] dice que es difícil encontrar una rama de actividad, una empresa, una organización de cualquier tipo que no se haya vuelto más dependiente que antes de la "información intensiva", del conocimiento como recurso para atraer clientes y de la tecnología informática para su gestión.

Más adelante menciona que las empresas tienen dos tipos de gastos: los derivados de la compra de equipos, maquinarias y otros activos, e inversiones a largo plazo, por ejemplo en investigación, desarrollo y capacitación.

Para Annie Brooking[2] el capital intelectual de una compañía puede dividirse en cuatro categorías:

1. Activos del mercado: los constituyen el potencial derivado de los bienes inmateriales de una organización que guardan relación con el mercado. Por ejemplo: la clientela y su fidelidad, las marcas, los canales de distribución y acuerdos tales como licencias o franquicias.

---

1   Stewart, Thomas A. *Intellectual Capital*. Doubleday, New York, 1997; y *La nueva riqueza de las organizaciones: el capital intelectual*, Ediciones Granica, Buenos Aires, 1998.
2   Brooking, Annie. *El capital intelectual*. Paidós, Buenos Aires, 1997.

2. Activos de propiedad intelectual: incluyen el *know how,* los procesos y métodos de fabricación, fórmulas, patentes, etc.
3. Activos centrados en el individuo: son las cualificaciones que conforman a la persona y determinan que sea lo que es. Desde nuestra perspectiva: los conocimientos, la experiencia y las competencias. No existe ninguna empresa que pueda funcionar, llevar a cabo su cometido, sin contar con personas que posean los conocimientos, experiencia y competencias que sus respectivos puestos de trabajo requieren.
4. Activos de infraestructura: tecnologías, metodologías y procesos que hacen posible el funcionamiento de la organización.

La relación del capital intelectual y los temas de este capítulo se menciona en el punto 3 de la descripción precedente, es decir, los activos centrados en el individuo. A partir de estos activos se desarrollarán e incrementarán los demás componentes del capital intelectual organizacional.

Para Edvinsson y Malone[3] el capital intelectual está integrado por los elementos que se muestran en el gráfico que se expone a continuación.

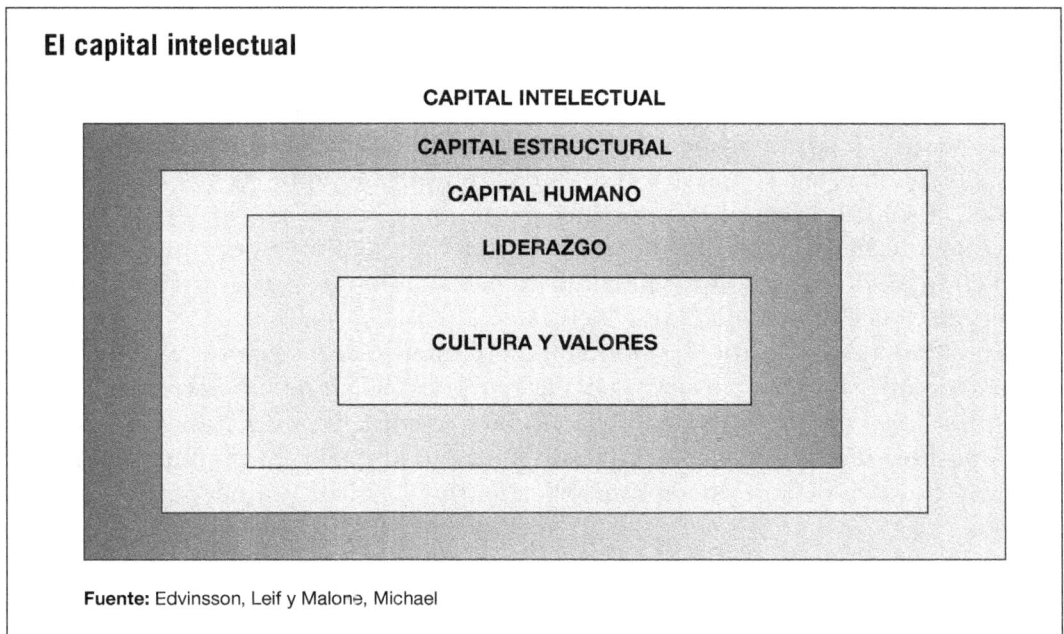

El capital intelectual

CAPITAL INTELECTUAL

CAPITAL ESTRUCTURAL

CAPITAL HUMANO

LIDERAZGO

CULTURA Y VALORES

Fuente: Edvinsson, Leif y Malone, Michael

---

3 Edvinson, Leif y Malone, Michael. *El capital intelectual.* Norma, Bogotá, 1998.

© GRANICA

A su vez, el capital humano lo componen las capacidades individuales, los conocimientos, las competencias y la experiencia de los colaboradores de todos los niveles, y el capital estructural es la infraestructura que incorpora, capacita y sostiene al capital humano. No nos extenderemos más sobre este tema, para concentrarnos en relacionar el capital intelectual con los procesos y procedimientos de Recursos Humanos.

El valor de las compañías puede medirse de acuerdo con diferentes variables; una muy importante es el valor de su personal. Cuidar su desarrollo es enriquecer y aumentar el valor de la compañía. Este concepto ha sido incorporado como un elemento a tener en cuenta en las transacciones de compraventa de empresas.

Para Marina Montironi[4] y Matteo Coppari, el capital humano, el manejo adecuado de los recursos humanos a través del *empowerment* y la valorización de las personas es un factor clave para el éxito.

Desde otra perspectiva, Hargrove[5] hace una reflexión sobre la importancia de agregar valor a través del *coaching* (entrenamiento) de individuos o equipos de trabajo.

El principio básico del entrenamiento para agregar valor a individuos o equipos es pedirles que se pongan en el lugar de los clientes. Deben considerar todo lo que el cliente piensa cuando hace una compra o contrata un servicio; la misma fórmula se aplica no solo a los clientes externos sino también a colegas dentro de la organización. La ecuación del valor añadido nos lleva a preguntar: ¿qué valor tenemos para ofrecer?; en definitiva: ¿qué hacemos para satisfacer una necesidad específica de un cliente? Si ese valor que ofrecemos lleva a satisfacer la necesidad del cliente, ¿qué más pueden hacer nuestra compañía y nuestro equipo? Es crítico ofrecer al cliente "la solución completa" más que pensar en términos de lo que la empresa estrictamente hace. Esta solución puede incluir no solo un nuevo producto, sino también intangibles como los conocimientos del equipo de ventas, responsabilidad en las entregas o flexibilidad en la facturación.

En cuanto al agregado de valor, Hargrove menciona las cuatro "P": definición *personal* de qué significa agregar valor; la *percepción* de los demás acerca de su producto; *performance* (desempeño) en constante mejora; *personas* trabajando en un clima positivo donde cada uno extrae de sí mismo lo mejor. El valor agregado que produce cada empleado puede multiplicarse por diez con un adecuado entrenamiento.

---

4   Montironi, Marina. *Capitale Umano e Imprese di Servizi*. Il Sole 24 Ore Media e Impresa, 1997.
5   Hargrove, Robert. *Masterful Coaching*. Pfeiffer, San Francisco, 1995.

En síntesis

Las políticas de desarrollo de las personas formarán la opinión que sobre la empresa se tenga en el mercado. Esta opinión sobre la organización se denomina *marca empleadora* o *marca del empleador*; nos hemos referido a este tema sobre el final del Capítulo 1. Lograr esta "marca" implica construir una imagen positiva en el mercado, conseguir una reputación como buen empleador tanto para los colaboradores actuales como para los futuros. Implica proponer y llevar a cabo una serie de acciones tendientes a lograr una percepción, por parte del mercado, altamente positiva como ámbito laboral, de manera que las personas deseen trabajar en la organización. Sin embargo, esta imagen positiva no debe basarse solo en consignas publicitarias sino que, por el contrario, debe estar construida sobre la base de acciones concretas en materia de Recursos Humanos. En la actualidad es un concepto muy difundido, conocido también mediante la expresión inglesa *employer branding.*

Si la empresa cuenta con buenos recursos humanos, buenas políticas para su personal, buenas prácticas en materia de desarrollo, el resultado final será un alto capital intelectual.

¿Por qué tratar el capital intelectual en esta obra sobre dirección estratégica de Recursos Humanos? En nuestra opinión, la principal función del área de Recursos Humanos –y del subsistema Desarrollo en particular– es el cuidado del capital intelectual de la compañía.

Esta función se relaciona con la retención e incorporación de candidatos (Capítulo 4), la formación (Capítulo 5) y la evaluación de desempeño (Capítulo 6). En su conjunto, el cuidado del capital intelectual está en relación con cada una de las funciones y procedimientos de Recursos Humanos.

Dave Ulrich[6] señala un concepto interesante: *Convertirse en un socio estratégico. Cuando los profesionales de Recursos Humanos actúan como socios de los negocios cumplen muchas funciones, una de las cuales es convertir la estrategia en acción.*

En el Capítulo 1 se ha hecho referencia al perfil del profesional de Recursos Humanos y su relación tanto con la estrategia organizacional como con el aporte que a través de un manejo experto podrá hacer a la organización. Dicho manejo experto, también, será un factor a considerar como parte del capital intelectual de la empresa.

---

6   Ulrich, Dave. *Recursos Humanos Champions.* Ediciones Granica, Buenos Aires, 1997.

© GRANICA

Desarrollo del talento dentro de la organización

El desarrollo del talento es un tema considerado de relevancia en todos los ámbitos. Por un lado tiene relación directa con la valuación de cada empresa y, desde otro ángulo totalmente diferente, está entre las prioridades de casi todas las personas, a nivel individual. Por lo tanto, abordar desde el área de Recursos Humanos el desarrollo de las personas cubre al mismo tiempo dos de los principales objetivos del área: participar en el logro de los objetivos estratégicos organizacionales y, al mismo tiempo, cubrir las expectativas individuales de colaboradores de todos los niveles.

La visión existente sobre las funciones de formación y desarrollo de personas se ha ido modificando a través del tiempo, desde considerar al área una mera proveedora de opciones de capacitación, hasta considerarla un socio estratégico. Estos nuevos enfoques ya han sido expuestos en el Capítulo 5, donde se ha realizado una introducción conjunta a las temáticas de aprendizaje, desarrollo, formación, todos temas íntimamente ligados a los que se expondrán en este capítulo.

En el tratamiento de los temas del presente capítulo se expondrán programas diversos para el desarrollo de personas, y sobre algunos de ellos se dará una explicación más extensa. Esta circunstancia no marca una preferencia de la autora, sino que responde al hecho de ser estos los programas más difundidos tanto en la práctica como en la bibliografía de Recursos Humanos que mencionaremos a continuación.

Cómo tratan otros autores la temática del desarrollo de personas dentro de la organización

Con el propósito de brindar al lector una síntesis sobre el estado del arte en materia de programas internos para el desarrollo de personas, se expondrá a continuación una breve mención de los principales autores que han tratado la temática.

Libros y tratados sobre Recursos Humanos

Desarrollo de personas es una temática que, en general, solo se encuentra tratada en libros publicados en los últimos años. Su aplicación práctica en el ámbito organizacional es diversa, desde algunas empresas que hacen un tratamiento integral hasta otras que no realizan acción alguna. En la actualidad la temática puede encontrarse en trabajos de diferentes autores. Los libros de tipo general, es decir, los que tratan la cuestión de Recursos Humanos en su conjunto, mencionan algunos de los temas que se tratarán en este capítulo de manera muy sintética, en algunos casos en unos pocos renglones. Veamos algunos de ellos.

Sherman y otros[7], en una sección que denominan *Desarrollo profesional,* tratan de manera resumida, bajo el nombre de *trayectorias de carrera,* el tema que en esta obra denominamos *planes de carrera.* A continuación hacen mención a la *sucesión ejecutiva.*

Gary Dessler[8], bajo el concepto *Administración de carreras* desarrolla varios temas de interés, incluyendo el manejo de promociones y transferencias. Hace una breve mención a la administración de carreras.

Peretti[9], bajo el título *Movilidad y gestión de carrera* se refiere a los pasos para promover personas y evaluar su potencial, que incluye tomar en cuenta la motivación de las personas y sus competencias.

Mathis y otros[10] abordan una serie de temas relacionados. Bajo el título *Desarrollo de Recursos Humanos y carreras* incluye *planes de sucesión* y *desarrollo gerencial.* En la misma sección, se refiere a *planes de carrera, mentoring, coaching para gerentes* y presenta, en materia de opciones de carrera, las *carreras duales: gerencial y técnica.* A esta última la hemos denominado en esta obra *carrera gerencial y especialista.*

Dicen los autores mencionados en el párrafo precedente que *muchas organizaciones tienen "junior boards of directors or management cabinets"* como una suerte de *board* alternativo, *o grupos gerenciales donde cada uno es entrenado realizando al mismo tiempo interesantes asignaciones* tanto para nuevos proyectos como para resolver problemas operativos. Se designa a la persona que se desea desarrollar como asistente de un gerente con un buen desarrollo de las competencias objetivo.

Asimismo y en pocas líneas, mencionan una serie de caminos para el desarrollo de las capacidades dentro del trabajo: *coaching,* rotación de puestos, asistentes de gerencia. Mencionan, además, actividades fuera del trabajo, como cursos, resolución de casos de estudio, *role playing,* juegos de negocios y ejercicios de simulación, entre otros.

Gómez-Mejía y otros[11] tratan la temática de carreras dentro de la organización, de manera resumida. Mencionan, además, los ascensos y la planificación de la sucesión.

---

7 Sherman, Arthur; Bohlander, George; Snell, Scott. *Administración de Recursos Humanos.* Thomson Internacional, México, 1999.

8 Dessler, Gary. *Administración de Personal.* Prentice Hall Hispanoamericana, México, 1994.

9 Peretti, Jean-Marie. *Gestion des ressources humaines.* Librairie Vuibert, Paris, 1998.

10 Mathis, Robert L.; Jackson, John H. *Human Resource Management.* South-Western College Publishing, a division of Thompson Learning; Cincinatti, Ohio; 2000.

11 Gómez-Mejía, Luis R.; Balkin, David B.; Cardy, Robert L. *Gestión de Recursos Humanos.* Prentice Hall, Madrid, 1998.

© GRANICA

Libros específicos sobre Gestión de Recursos Humanos por competencias

A continuación mencionaremos libros sobre Gestión por competencias que tratan cómo la definición de las competencias se relaciona con los distintos subsistemas de Recursos Humanos y abordan algunos temas relacionados con esta obra.

Antonio Carreta[12], en un libro que compendia varios artículos, dedica un capítulo a la *Aplicación de un modelo de competencias en la planificación de los recursos humanos,* tratando tanto los planes de carrera como la sucesión basada en competencias.

Spencer[13] dedica un capítulo a tratar los planes de sucesión, enfocándose fundamentalmente en las competencias requeridas.

La mayoría de estos autores hacen referencia a la necesidad de evaluar a las personas mencionando, al respecto, *Assessment Center Method* (ACM) y, en algunos casos, la evaluación de 360 grados. En ningún caso se menciona una herramienta específica para medir conocimientos o valores. Quizá pueda interpretarse que son evaluados en las evaluaciones de desempeño.

Libros sobre liderazgo y otros temas relacionados

Evans[14] destaca, en un artículo sobre *Desarrollo del liderazgo ejecutivo,* que el único camino sustentable para lograr una ventaja competitiva en el dinámico y complejo entorno actual es hacer foco en la gente que integra la organización, señalando dos realidades vigentes en este momento: que los directorios de las empresas han comenzado a involucrarse en la sucesión de las personas clave, y que el desarrollo de los niveles gerenciales integra una de las cinco principales estrategias organizacionales.

Obras específicas sobre desarrollo de personas

Recién en los últimos años se observan trabajos dedicados exclusivamente a la temática de desarrollo de personas. Usualmente, no se hace una diferencia entre *planes de sucesión* y *diagramas de reemplazo,* como se propone en la obra *Construyendo talento*[15] y explicaremos más adelante en este mismo capítulo. Se los trata de manera con-

---

12 Carretta, Antonio; Dalziel, Murray M.; Mitrani, Alain. *Dalle Risorse Umanealle Competenze.* Franco Angeli Azienda Moderna, Milano, 1992.

13 Spencer, Lyle M.; Spencer, Signe M. *Competence at work, models for superior performance.* John Wiley & Sons, Inc., New York, 1993.

14 Evans, Nancie J. "Executive Leadership Development". Artículo publicado en la obra compilada por Butteriss, Margaret, *Re – Inventing HR*; John Wiley & Sons, Ontario, 1998.

15 Alles, Martha. *Construyendo talento.* Ediciones Granica, Buenos Aires, 2009.

junta. En nuestra opinión, esta diferenciación es necesaria, aunque existen fuertes similitudes entre ambos programas.

Werner y DeSimone[16], en un libro de texto destinado al desarrollo de los recursos humanos, abordan diversas temáticas relacionadas. Al igual que otros autores mencionados en esta sección, ellos ubican los inicios del desarrollo de los recursos humanos en el ámbito de las organizaciones en la década del ochenta –del siglo XX–, con una evolución positiva desde esos días hasta el presente. Desde una perspectiva amplia la obra recorre diferentes temas: la medición de capacidades –en especial competencias–, la formación y el entrenamiento, mentoring y otras buenas prácticas organizacionales relacionadas con el desarrollo de personas.

Rothwell[17] ha destinado una obra a los planes de sucesión. En ella se destaca la importancia de las competencias como motor de un desempeño superior, y se analiza cuáles son las competencias que agregan valor y, además, serán necesarias en el futuro. Según este autor –sobre la base de una encuesta–, en su país, los Estados Unidos, mayoritariamente las organizaciones trabajan sobre la sucesión de los altos ejecutivos; sin embargo los esfuerzos en este sentido benefician a otros niveles de colaboradores.

Al igual que otros autores, Rothwell y otros[18] tratan los temas de sucesión junto con otros aspectos. Señalan la importancia del desarrollo de las capacidades de las personas a través de mentoring y entrenamiento experto, y destacan la utilidad de la autoevaluación y el autodesarrollo. El planeamiento de carrera que plantean desde el título se refiere a cómo planificar el desarrollo de las personas con el propósito de asegurar la sucesión de la estructura gerencial.

Rothwell y otros[19] también mencionan diferentes tipos de mentoring, tales como: *face to face*, electrónico (o a través de la tecnología), grupal, y un mentoring especial para formar a personas en el rol de mentor (*mentoring para mentores*). Si bien no se dice de manera expresa, estas prácticas podrían, además, combinarse. Otro aspecto interesante que plantean es la diferencia entre *mentoring* y *coaching* (entrenamiento experto), dándole al primero de los mencionados un enfoque más a futuro o de largo plazo, al trabajar sobre el potencial de los receptores, y al coaching un foco de corto plazo, centrado en la tarea actual del receptor del programa.

Asimismo, dentro de las organizaciones es factible encontrar la figura del mentoring informal, aquel que se realiza de manera espontánea entre los participantes,

---

16 Werner, Jon M.; DeSimone, Randy L. *Human Resource Development*. Thomson Higher Education; Mason, Ohio, 2006.

17 Rothwell, William J. *Effective Succession Planning*. Amacom, New York, 2005.

18 Rothwell, William J.; Jackson, Robert D.; Knight Shaun C.; Lindholm, John E. *Career Planning and Succession Management*. Praeger Publishers, Westport, 2005.

19 Rothwell, William J.; Jackson, Robert D.; Knight Shaun C.; Lindholm, John E. Obra citada.

© GRANICA

no posee plazos, es voluntario y no tiene soporte o apoyo organizacional. Muchos de nosotros hemos tenido algún mentor en nuestras carreras, aun sin darnos cuenta en el momento pero visto de ese modo a la distancia.

Rothwell[20] hace mención al coaching diciendo que este tiene como foco la tarea, y relaciona la efectividad individual con la performance organizacional. Asimismo, señala que el propósito de los programas de coaching es el desarrollo, y brinda opciones específicas para modificar comportamientos que permitan incrementar la performance organizacional.

En la obra de Cole[21] se da la siguiente definición de *coaching*: entrenamiento gerencial –individual o grupal– caracterizado por un entrenamiento en la tarea (*on the job*), acompañado por una evaluación continua y apoyo y consejo personales. El coaching hace referencia a entrenamientos intensivos para una o varias personas por otra cuyas capacidades son indiscutidas. Cole hace una clasificación interesante de los diversos tipos de coaching, a partir de las características de la/s persona/s que reciben el entrenamiento. En la obra *Construyendo talento* (ya mencionada) hemos denominado a esta práctica organizacional *Entrenamiento experto*.

Por último, en relación con la opinión de otros autores, me parece interesante tomar unas palabras de Michaels y otros[22], quienes al referirse al mentoring comentan que una persona bajo tutoría dijo que *no habría llegado tan lejos y tan rápido si no hubiese sido por la ayuda de su mentor*. Este concepto, en nuestra opinión, aplica a los programas de *Mentoring* y *Jefe entrenador* y, por extensión, también a *Entrenamiento experto*.

Fulmer y Conger[23] se refieren como una necesidad nueva e imperiosa a la sucesión en el management, señalando a partir de un subtítulo de la obra que contar con planes de sucesión dará una ventaja competitiva a la organización. Estos autores relatan la historia de la sucesión gerencial destacando que en la década del sesenta se pensaba en posibles sucesores cuando los directivos tenían una edad tal que los acercaba al retiro; luego se comenzó a pensar en otras eventualidades, como accidentes. Sin embargo, no se pensaba en el desarrollo de las personas, se confeccionaban "listas de candidatos para reemplazos" o "diagramas de flujo (*charts*) de reemplazo".

Si bien hemos encontrado referencias bibliográficas diferentes y variadas, creemos realizar un aporte con el enfoque con el cual se ha presentado el desarrollo de

---

20 Rothwell, obra citada.
21 Cole, Gerald. *Personnel Management*. Letts Educational Aldine Place, London, 1997. Págs. 320-321.
22 Michaels, Ed; Handfield-Jones, Helen; Axelrod, Beth. Obra citada, página 96.
23 Fulmer, Robert M.; Conger, Jay A. *Growing your company's leaders*. Amacom, New York, 2004.

personas dentro de la organización en *Construyendo talento*[24] y ahora, en esta obra: la mirada desde la perspectiva latinoamericana y latina en general, incluyendo España y a las millones de personas que conforman la comunidad latina estadounidense y otros países europeos como, por ejemplo, Italia.

Un último comentario sobre los autores seleccionados

Los trabajos mencionados no representan la totalidad de los disponibles sobre la temática; solo hacemos referencia a los autores más importantes que hemos consultado de manera previa a la confección de esta obra. Elaborar el estado del arte sobre un tema es una tarea que "nunca puede ser completa", se limita a las lenguas que maneje quien lo confeccione y a la limitación física de leer y disponer de obras de tipo bibliográfico.

Los distintos programas para el desarrollo de personas que ya integran la organización

Los programas para el desarrollo proponen, cada uno de ellos, una serie de acciones posibles en materia de desarrollo de personas. De esta gama de opciones, cada organización podrá elegir aquellas que sean de aplicación más inmediata o más acordes a sus objetivos estratégicos, o, en una situación ideal, llevar a la práctica todas ellas de manera armónica y sincronizada.

En el gráfico de la página siguiente se exponen las diferentes opciones para el *desarrollo de personas dentro de la organización,* tratados en profundidad en la obra *Construyendo talento*[25]*,* ya mencionada.

Para una mejor comprensión de la temática se debe tener en cuenta que pueden implantarse todos o algunos de los programas expuestos. Por un lado, hay que considerar que todos ellos pueden ser buenos e interesantes; sin embargo hay que determinar cuáles son los más necesarios y relevantes de acuerdo a la estrategia, la cultura y los valores de la organización. Desde ya, serán útiles en la medida en que se apliquen adecuadamente.

La implementación de un buen programa de Recursos Humanos puede ser una mala idea si no se lo utiliza para lo que fue concebido, o de manera inadecuada. Por lo tanto, se explicará su mejor utilización en cada caso.

---

24 Alles, Martha. *Construyendo talento.* Ediciones Granica, Buenos Aires, 2009.
25 *Ibídem.*

© GRANICA

Los distintos programas internos para el desarrollo del talento dentro de la organización son:

- Planes de sucesión

- Diagramas de reemplazo

- Jefe entrenador

- Personas clave

- Planes de carrera

- Carrera gerencial y especialista

- Plan de jóvenes profesionales (JP)

- Mentoring

- Entrenamiento experto

El orden de presentación de los programas no es casual. Los dos primeros (*Planes de sucesión* y *Diagramas de reemplazo*) son imprescindibles y deberían implementarse de manera inmediata.

A continuación mencionamos *Jefe entrenador*, dada la relevancia que tiene, y cuya aplicación se sugiere para todo tipo de organización. Una empresa será sostenible en el tiempo en la medida en que dedique esfuerzos a desarrollar esta capacidad en los jefes de todos los niveles.

En cuanto a *Personas clave, Planes de carrera, Carrera gerencial y especialista,* si bien no es necesario un cierto orden para su implementación y no hay un único camino a seguir para llevar esa aplicación a cabo, serán los que permitirán tener personas formadas y "listas" para ocupar posiciones de mayor nivel, de acuerdo a las necesidades de la organización.

Mentoring y *Plan de jóvenes profesionales (JP)* se sugiere que sean implementados una vez que se hayan puesto en práctica la mayoría de los programas antes mencionados.

Entrenamiento experto lo hemos dejado para el final, dado que nuestra recomendación más enfática es desarrollar la capacidad de entrenador en los jefes –lo que mencionamos más arriba como *Jefe entrenador*–.

En la obra mencionada, el análisis y presentación de los diversos programas sugeridos se agrupó de una manera diferente, de acuerdo al foco de cada uno de ellos, según se muestra en la figura siguiente.

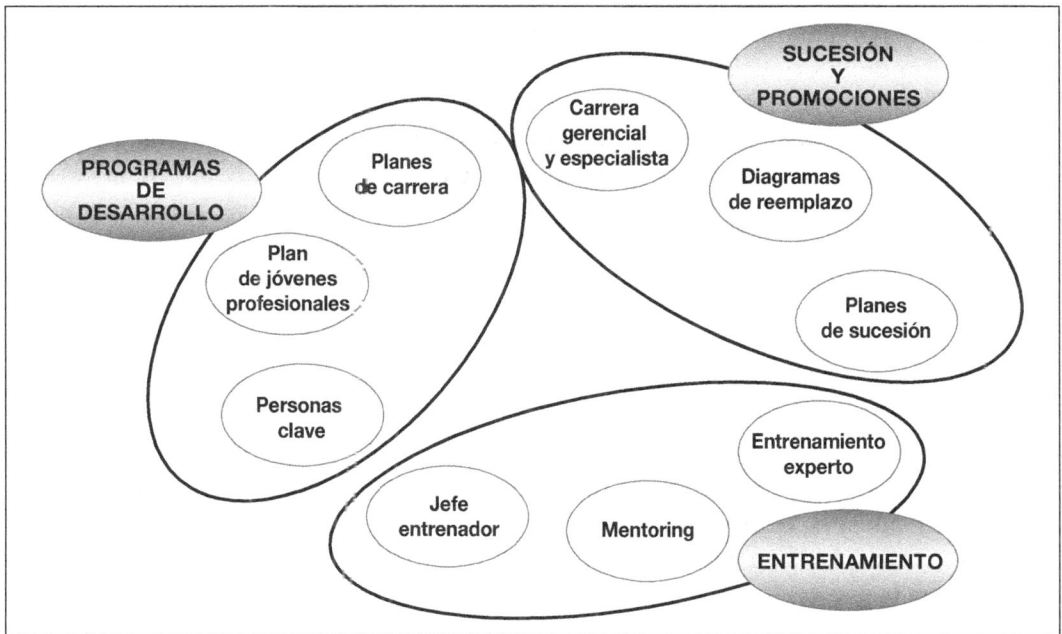

Breves comentarios sobre cada uno de los programas

Sucesión y promociones

En las organizaciones, aun sin contar con programas específicos, se designan personas en reemplazo de otras bajo el término genérico de *promociones*, entendiéndose por promoción la decisión de ascender a una persona a un nivel superior al que poseía.

Las promociones pueden ser planeadas y surgir como consecuencia de los diferentes programas organizacionales, o bien por una decisión tomada en el momento en que la necesidad se presenta.

Dos de los programas más importantes, *Planes de sucesión* y *Diagramas de reemplazo*, serán explicados más adelante, en este mismo capítulo. El tercer programa de este primer grupo es *Carrera gerencial y especialista*.

Las organizaciones, en general, necesitan contar con dos tipos de carrera, la de tipo gerencial y otra, donde el foco no esté dado por el ascenso vertical sino por la profundización en un mismo puesto o especialidad, en el que también es posible el crecimiento (hacer carrera como *especialista*).

Para ello se prepara un documento que describe los dos tipos de carrera, sus distintos niveles o estratos organizacionales, sus relaciones, principales responsabilidades y funciones.

La definición de diferentes tipos de carrera señala a los colaboradores un camino a seguir y permite que una persona vaya recorriéndolo ascendiendo a los niveles de dirección de la organización o bien, según corresponda, señala y destaca la importancia de los especialistas en el ámbito de una organización ofreciéndoles oportunidades de crecimiento a través de la profundización de sus puestos de trabajo.

Los distintos niveles o estratos tanto de la carrera gerencial como de la carrera como especialista se relacionan con la escala de remuneraciones de la organización.

En resumen: *carrera gerencial* es aquella que señala cómo una persona puede recorrer un camino ascendente hacia los máximos niveles de la organización. No necesariamente implica que será el número 1, pero su carrera será en esa dirección. En esta modalidad, una persona joven puede iniciar su *carrera gerencial* sin ser aún gerente, es decir, se prepara para ir creciendo y llegar a ser gerente o director en algún momento.

La *carrera como especialista* resalta la importancia de los especialistas en el ámbito de una organización ofreciéndoles un desafío de carrera a través de la profundización de sus puestos de trabajo. Es de gran utilidad y frecuente aplicación para las diferentes situaciones en las que una persona, por ocupar un determinado puesto o por características propias, hace una carrera profesional sin que ello implique asumir posiciones de tipo jerárquico o gerencial. La carrera como especialista permite profundizar en un determinado tema para, como su nombre lo indica, transformarse en un experto.

Programas de desarrollo

Este grupo de programas incluye aquellos que una organización lleva a cabo con el objetivo principal de formar personas dentro de sus filas para luego, si la situación lo requiere, ofrecerles otra posición, usualmente de un nivel superior.

El más difundido de este grupo de programas es *Planes de carrera,* que se verá más adelante en este mismo capítulo. Otro de los programas, similar en algunos aspectos, es el conocido como *Plan de jóvenes profesionales (JP).* En este caso, implica el diseño de un esquema teórico sobre cuál sería el crecimiento esperado de un JP en un período de tiempo, usualmente uno o dos años. Para ello se definen los diferenciales deseados tanto en conocimientos como en competencias y las acciones concretas a realizar para alcanzarlos, determinando así los pasos a seguir por todos los participantes del programa.

Los planes de JP son una fuente de aprovisionamiento interno de talentos. Desde esta perspectiva, abastecen a la organización de personas formadas para ocupar puestos y asumir nuevas responsabilidades.

Los programas de jóvenes profesionales se dividen, usualmente, en dos partes. Primero, la atracción y selección de profesionales con ciertas características previamente definidas y, en segundo término, el plan de carrera, que incluye el programa de desarrollo de capacidades, también previamente definido. El otro elemento que hay que tener en cuenta es que la atracción, a través de campañas de difusión, se combina con aspectos de carácter institucional, tales como imagen corporativa e imagen de marca.

Los métodos de atracción son muy variados, desde anuncios preparados por publicitarios, en los principales medios de comunicación del país, hasta participación en ferias o programas específicos, tales como días donde la empresa está "abierta" a la visita de los posibles interesados. Antes de iniciar este tipo de programas es muy importante que la organización tenga en claro los objetivos por los que desea llevarlos a cabo.

Por último, dentro de este grupo de programas se puede mencionar el de *Personas clave,* en el cual primero se elige –sobre la base de ciertos parámetros– un grupo de personas consideradas clave o importantes para la organización, a las que luego se les ofrecen oportunidades de formación diferenciales.

En estos programas de personas clave, la selección se realiza sobre la base de criterios concretos y claramente definidos, y luego se considera a los preseleccionados para actividades especiales de formación, participación en proyectos especiales, etc. Asimismo, los participantes serán las primeras personas a ser tenidas

© GRANICA

en cuenta en promociones, planes de sucesión, etc., según sean sus características y condiciones particulares.

La organización define, en una primera instancia, el alcance del programa. Usualmente se lo determina en función del tamaño de la empresa. En una organización de 1.000 personas, un programa de personas clave de 100 podría ser sumamente ambicioso y –quizá– sobredimensionado. Por el contrario, un plan de 100 personas clave, según el tipo de industria, podría ser insuficiente en una organización de 10.000 colaboradores.

Una vez que se definió el alcance, se deberán determinar las pautas para que la persona sea incluida dentro del programa. Muchas organizaciones lo hacen en función de los logros académicos de sus integrantes. Si bien es correcto, esto resulta insuficiente. Por lo tanto, la definición de los parámetros será definitorio en la calidad del programa. Una vez definidos los participantes, se diseñan planes individuales de desarrollo específicos para cada uno.

Entrenamiento

El entrenamiento en sí mismo es un proceso de aprendizaje mediante el cual los participantes adquieren competencias y conocimientos necesarios para alcanzar objetivos definidos. Los programas que se mencionarán a continuación se focalizan en el aprovechamiento de los recursos internos existentes, aprovechar la experiencia de los ejecutivos y jefes con más experiencia y transmitir, además, la cultura organizacional a los más jóvenes.

Nos referiremos más adelante a los tres programas de este grupo: *Mentoring, Entrenamiento experto* y *Jefe entrenador*.

Por último, es importante tener en cuenta que los programas se combinan entre sí. Por ejemplo, *Diagramas de reemplazo* con *Mentoring* –solo por mencionar un ejemplo–. En este caso se le podría asignar un mentor a la persona que ha sido designada para ocupar una posición en un plazo determinado. De este modo, se garantiza un mejor resultado del programa.

Los programas mencionados tienen distinto foco y/o propósito. La idea se expresa en el gráfico de la página siguiente, donde se muestra el foco de los distintos programas:

- Unos más ligados al desarrollo, sobre la izquierda.

- Por otro lado, se pueden observar distintos tipos de carrera y programas orientados al resguardo del capital intelectual (sobre la derecha del gráfico). Estos, si bien también se consideran programas de desarrollo, están vinculados a la gestión.

Foco de los diferentes programas

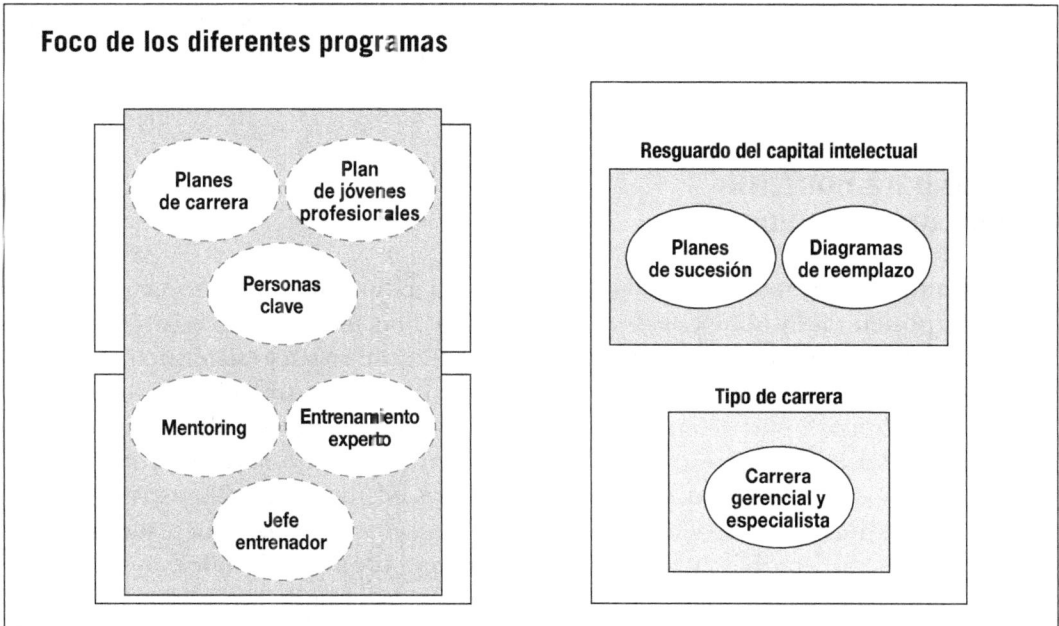

Este cuadro podrá servir de guía a la hora de decidir "por dónde comenzar". Como fácilmente puede deducirse, el cuidado del capital intelectual es una prioridad para cualquier tipo de organización, sea grande o pequeña, de tipo familiar o no, de capitales nacionales o transnacionales.

La Gestión por competencias tiene un rol protagónico en el desarrollo de los recursos humanos, materializado en *Planes de carrera, Planes de sucesión* y los otros programas mencionados. Dicho desarrollo tiene lugar con base en las competencias requeridas por los diferentes puestos y las que poseen los colaboradores que los ocupan o los ocuparán en el futuro.

Los programas también incluyen el desarrollo de conocimientos y asignaciones específicos, según corresponda, en relación con la experiencia. Si bien siempre se trabaja con un enfoque de conjunto, las actividades de desarrollo difieren en los diversos casos. La importancia de manejarlos por separado radica en que tanto la medición de conocimientos, competencias y experiencia, como su aprendizaje o desarrollo, son diferentes, es decir, se realizan utilizando métodos distintos.

Cuando se aplican de manera correcta los subsistemas de Recursos Humanos y, en especial, si se utiliza un modelo de Gestión por competencias, se podrá contar con efectivos programas para el desarrollo de las personas que conforman la organización. Este enfoque es bueno para las personas que así podrán desplegar

© GRANICA

sus capacidades y potencial y, al mismo tiempo, es bueno para las organizaciones al permitirles contar con colaboradores formados para cubrir las distintas necesidades, cuando estas se presenten.

Modelo para construir talento organizacional

Los distintos programas organizacionales en relación con las personas, como los que se exponen en la obra *Construyendo talento*, y más brevemente también en este libro, deben responder a la característica planteada: un modelo sistémico. Las organizaciones poseen una estrategia que deben llevar adelante (misión, visión, valores, planes estratégicos), para lo cual cuentan con sus colaboradores (directivos y restantes niveles). Por lo tanto, no pueden existir programas con objetivos contrapuestos o sin relación entre sí. Todos deben ser diseñados en función de la estrategia. Por lo tanto, cualquier método de trabajo que se desee implantar debe estar siempre directamente conectado con la visión y la estrategia organizacionales.

Un modelo para construir talento organizacional implica, en especial, tomar en cuenta las competencias, pero no será este el único factor a considerar. Desde la adecuación persona-puesto hasta los planes de formación, en todo momento se deberán tener en cuenta las capacidades: conocimientos, experiencia y competencias.

Como ya se ha dicho en otras oportunidades, las competencias son las que marcan el desempeño exitoso o superior; sin embargo, los conocimientos deben estar presentes, así como la experiencia.

Se analizará a continuación el gráfico de la página siguiente. El modelo puede analizarse en distintas direcciones. La secuencia siguiente responde a una cierta lógica, básicamente desde el sentido común y la experiencia práctica; pero no es la única posible.

1. *Medir y evaluar capacidades.* Cuando los subsistemas de Recursos Humanos están implementados, proveen las mediciones suficientes para conocer acerca de las capacidades de los colaboradores. Sin embargo, de ser necesario, se pueden aplicar mediciones específicas tanto para conocimientos como para competencias.

2. *Programas organizacionales que permiten contar con personas preparadas frente a posibles sucesiones y promociones.* Como se ha señalado, se sugiere comenzar por *Diagramas de reemplazo* y *Planes de sucesión*, ya que permiten contar con personas preparadas frente a reemplazos, sucesiones o cualquier otra circunstancia que implique promover a un colaborador a un nivel superior.

Modelo para construir talento organizacional (Gráfico 1)

CONSTRUYENDO
TALENTO

Programas organizacionales
que permiten contar con
personas preparadas frente
a posibles sucesiones y
promociones

Programas
organizacionales para
el desarrollo de personas

Medir y evaluar
capacidades

El rol de los jefes

El rol de los jefes

Planes
individuales para alcanzar
un nivel superior

Planes
individuales para crear
talento

3. *Programas organizacionales para el desarrollo de personas.* Los programas sugeridos son *Planes de carrera, Plan de jóvenes profesionales (JP)* y *Personas clave.*

4. *El rol de los jefes.* Los programas organizacionales mencionados en los dos puntos anteriores son mucho más eficaces cuando se combinan con otros programas, tales como *Jefe entrenador* y *Mentoring.* Los jefes y, en especial, el jefe directo de cada colaborador, tienen un papel preponderante en la ejecución de los distintos programas que las organizaciones implanten para el desarrollo de personas y para contar con personas preparadas frente a eventuales necesidades de sucesión y promociones de diversa índole.

El modelo descrito se aplica a la organización en su conjunto. En ella será factible encontrar personas con diferente grado de adecuación a sus puestos de trabajo, con mayor o menor potencial para asumir nuevas responsabilidades, etc.

Como se expresara en párrafos previos, cuando se ha implantado un modelo de competencias, los nuevos colaboradores poseen al ingreso las capacidades requeridas por sus respectivos puestos de trabajo. La idea se expresa en el gráfico de la página siguiente: todos los integrantes de la organización se ven involucrados de un modo u otro en el modelo. Los nuevos colaboradores ingresan con las competencias, conocimientos y experiencias que sus puestos requieren, y también se les aplica el modelo.

© GRANICA

El modelo se aplica a la organización en su conjunto

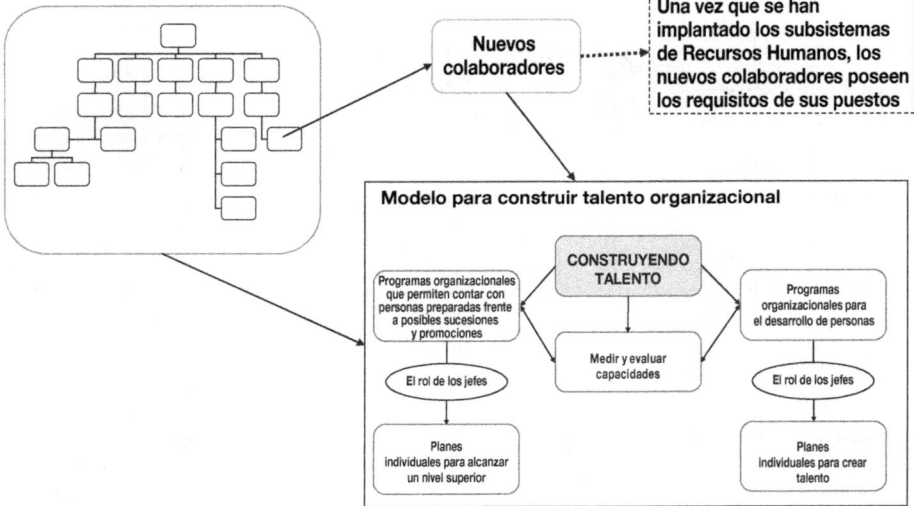

Nuevos colaboradores

Una vez que se han implantado los subsistemas de Recursos Humanos, los nuevos colaboradores poseen los requisitos de sus puestos

Modelo para construir talento organizacional

CONSTRUYENDO TALENTO

Programas organizacionales que permiten contar con personas preparadas frente a posibles sucesiones y promociones

El rol de los jefes

Medir y evaluar capacidades

Programas organizacionales para el desarrollo de personas

El rol de los jefes

Planes individuales para alcanzar un nivel superior

Planes individuales para crear talento

En el gráfico de la página siguiente puede verse una secuencia para el uso del modelo *Construyendo talento*. Los números son indicativos de una secuencia lógica, aunque no es la única posible. Además, también puede observarse que los distintos programas se relacionan entre sí. Por ejemplo, los *programas organizacionales para el desarrollo de personas* "abastecen" de personas formadas y listas para asumir nuevos retos a los *programas organizacionales que permiten contar con personas preparadas frente a posibles sucesiones y promociones*. Por último, las personas que se incorporan a los planes individuales (para alcanzar un nivel superior y para crear talento) están permanentemente relacionadas con los programas respectivos. Las acciones formativas están diseñadas en función de estos programas. De este modo el esquema planteado se transforma en un *modelo para construir talento organizacional*.

Es importante señalar que no es un requisito insalvable la implantación de un modelo de competencias; es decir, se pueden diseñar *Planes de sucesión* y cualquiera de los otros programas relacionados con el desarrollo de personas, sin contar con la definición de competencias, lo que es recomendado pero no excluyente. No obstante este comentario, nuestra sugerencia es tomar en cuenta las competencias en todos los programas, en especial porque aquellos destinados al desarrollo se diseñan de cara al futuro, y un modelo de competencias, bien diseñado, se realiza del mismo modo. Los programas de desarrollo de personas deberían ser el mejor aliado de una organización para alcanzar su visión y planes estratégicos.

Modelo para construir talento organizacional (Gráfico 2)

En los programas de desarrollo, ¿cómo se deben analizar las competencias de las personas?

Cuando dos o más personas pueden ser posibles candidatos o postulantes para una determinada posición, tanto en planes de sucesión como en diagramas de reemplazo o, simplemente, cuando se evalúa a una persona con vistas a una posición distinta de la actual, búsquedas internas, promociones, pases laterales, etc., se deberá realizar una evaluación completa y comparar dicha evaluación con el puesto a ocupar.

Existe un error muy frecuente, que consiste en asumir que, si una persona es buena en su puesto de trabajo, puede ser automáticamente promovida a un puesto superior, ser un eventual reemplazo de su jefe, etc. Esto puede ser así, o no; no hay una regla fija al respecto.

En todos los casos, para una correcta evaluación de la situación se debe comparar la última medición de desempeño de esa persona con lo requerido por el puesto que potencialmente podría ocupar, no por su puesto actual. Para explicar mejor este concepto se expondrá la idea a través de tres gráficos, en las páginas siguientes.

En una organización, de cualquier tipo o tamaño, lo usual es que la evaluación de desempeño de una persona se realice en relación con el puesto que ocupa en ese momento, lo cual es lo correcto.

© GRANICA

Comparación entre puesto actual y evaluación (Gráfico 1)

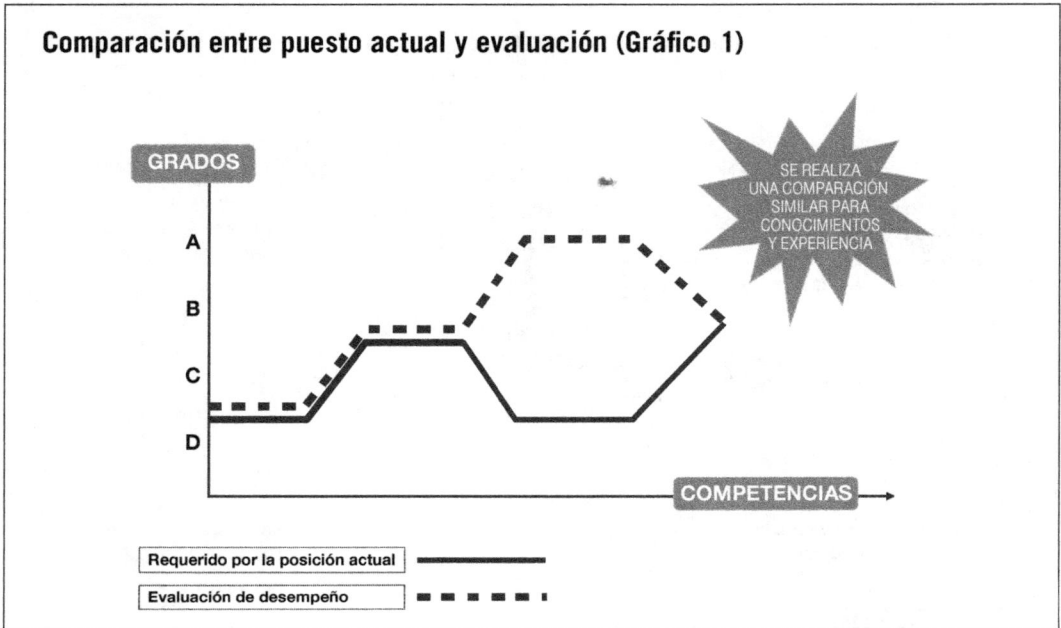

Como puede verse en el gráfico (*Comparación entre puesto actual y evaluación. Gráfico 1,* donde no se han consignado los nombres de las diferentes competencias, dado que solo se desea mostrar la idea de manera conceptual), una persona puede –incluso– superar en materia de competencias lo requerido en el puesto actual, y sin embargo no adecuarse a un nivel superior. Imaginemos el caso de un vendedor que supera lo requerido por el puesto en las competencias *Orientación al cliente, Orientación a los resultados* y *Comunicación,* pero quizá no pueda ser un buen jefe porque no posee, en el grado requerido por el nivel superior, otras competencias, como *Conducción de personas* y *Planeamiento estratégico.*

Si una persona es un participante de, por ejemplo, un plan de sucesiones, o bien se desea considerarla para ocupar una nueva posición –como en el ejemplo anterior, jefe de vendedores (promoción)–, la medición de competencias deberá ser comparada con lo requerido por el futuro puesto. La idea expresada se muestra en el siguiente gráfico (*Comparación entre evaluación y puesto futuro. Gráfico 2*).

En este ejemplo, la persona evaluada posee competencias por sobre lo requerido para su posición actual, y presenta algunas brechas en relación con la futura posición. Es decir que en el momento de la medición tiene solo algunas de las características requeridas para la posición para la cual es considerada.

Rogamos tener en cuenta dos circunstancias. La primera, que para una promoción, un reemplazo o en un plan de sucesión se deben considerar los conocimientos

Comparación entre evaluación y puesto futuro (Gráfico 2)

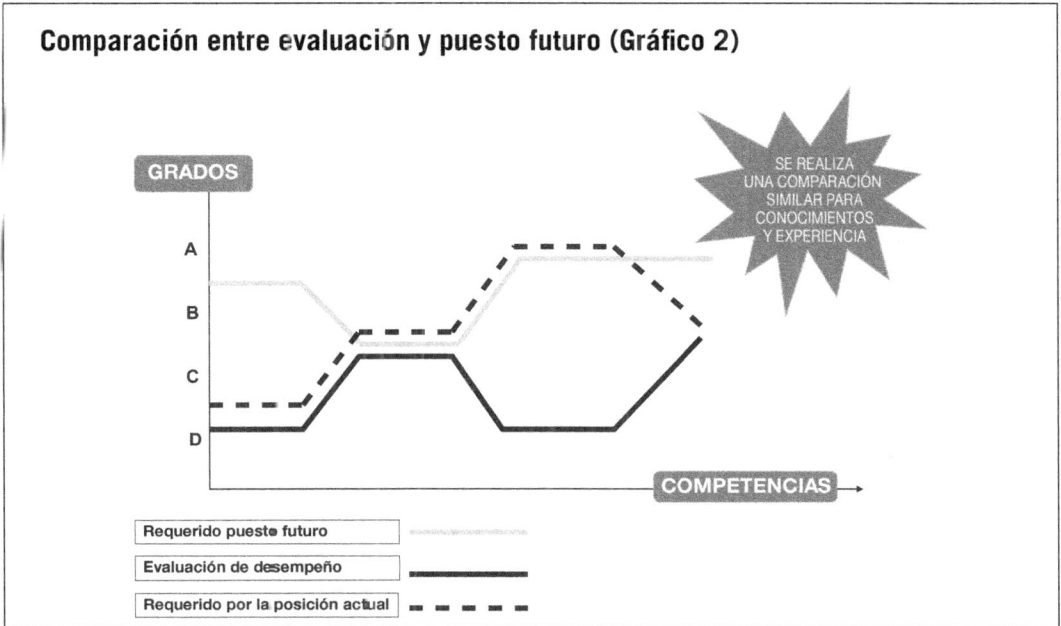

junto con la experiencia y las competencias. En el gráfico solo se muestran estas últimas; el criterio a aplicar para los demás aspectos es similar, es decir, la comparación se realiza del mismo modo.

Si se desea que el evaluado acceda al nuevo puesto, deberá desarrollar aquellas competencias donde se verifica una brecha o *gap* (ver *Comparación entre evaluación y puesto futuro. Brechas. Gráfico 3*). Con ese objetivo se deberá confeccionar un plan individual de desarrollo (ver gráfico en página siguiente).

La pregunta clásica sobre este punto es la siguiente: si se verifica un desempeño alto o por encima de lo requerido para la posición actual, ¿eso significa que la persona puede ser promovida a otro nivel? La respuesta (provisoria) es: depende. La única manera de responder fehacientemente a esta cuestión es por medio de una comparación como la expuesta en estas páginas: entre las competencias actuales de la persona, y las requeridas por la nueva posición.

En ocasiones la evaluación de desempeño no brinda la información requerida, más allá de que se confíe o no en el sistema utilizado. Puede darse el caso –sucede con mucha frecuencia– de que para la nueva posición se requieran competencias diferentes de las necesarias en la posición actual. Si esto fuera así, se deberían aplicar instancias adicionales o complementarias a la evaluación de desempeño, para medir las competencias que la nueva posición requiera.

© GRANICA

Comparación entre evaluación y puesto futuro. Brechas (Gráfico 3)

¿Para implantar el modelo *Construyendo talento* es necesario contar con sistemas de IT (*information technology* o sistemas informáticos)?

Sobre la relación entre los programas que involucran al personal y la tecnología existe una confusión. Lo esencial es el contenido y lo accesorio es la tecnología, no a la inversa. Si una organización cuenta con miles de colaboradores será necesario contar con una plataforma informática para procesar toda la información, entre ella la relacionada con los programas de desarrollo. Lamentablemente, de manera frecuente las grandes organizaciones "compran" un sistema informático que incluye estas aplicaciones y a partir de allí las implementan. Esto es un grave error, ya que se comienza a trabajar sobre la base de la herramienta tecnológica y no del contenido.

La manera correcta de poner en marcha los diferentes programas mencionados, todos o algunos de ellos, será primero definir lo más adecuado para cada organización considerando los diferentes detalles necesarios en cada caso, y luego, según se haya definido el contenido de cada programa, en función de los objetivos y necesidades planteados, diseñar u obtener el soporte informático adecuado. Es importante tener en cuenta que no es necesario adquirir un software sofisticado, ya que el más común de los utilitarios disponibles en todos los ordenadores suele resultar suficiente.

Mapa y ruta de talentos

El concepto "mapa y ruta de talentos" es muy interesante para comprender el alcance del desarrollo de personas dentro de la organización. Dicho concepto hace referencia al proceso interno organizacional, dividido en dos partes, que implican a su vez dos conceptos diferentes entre sí: mapa por un lado y ruta por otro. A continuación sus diferencias e interrelación.

* *Mapa*: registro del inventario de las capacidades de todos los colaboradores de la organización –conocimientos, experiencia y competencias.

* *Ruta*: elección de los programas organizacionales más adecuados según la visión y estrategia, sobre la base de tres ejes, que se definen en la figura siguiente.

Aquí se exponen los programas ya mencionados, que pueden integrar la ruta del talento en el ámbito organizacional.

Según la obra *Construyendo talento,* y como se ha dicho en páginas previas, los diferentes programas se interrelacionan entre sí. Adicionalmente, y como también ya se mencionara, cada uno de los programas tienen distinto foco, propósito o finalidad. Por esta razón, unos pueden transformarse en la "fuente o cantera" de otros.

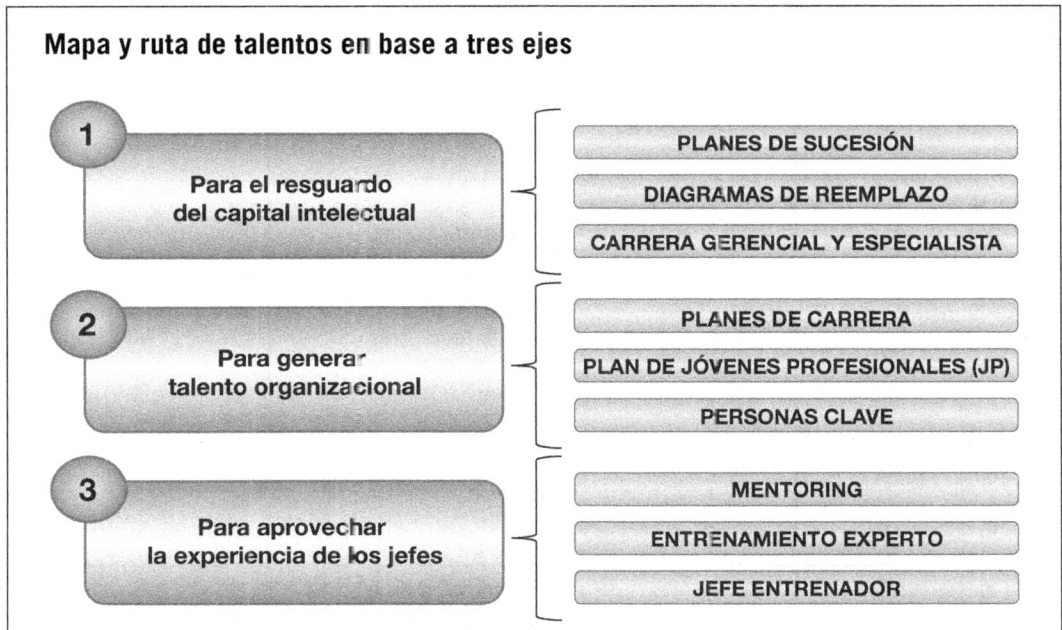

Mapa y ruta de talentos en base a tres ejes

1 Para el resguardo del capital intelectual
- PLANES DE SUCESIÓN
- DIAGRAMAS DE REEMPLAZO
- CARRERA GERENCIAL Y ESPECIALISTA

2 Para generar talento organizacional
- PLANES DE CARRERA
- PLAN DE JÓVENES PROFESIONALES (JP)
- PERSONAS CLAVE

3 Para aprovechar la experiencia de los jefes
- MENTORING
- ENTRENAMIENTO EXPERTO
- JEFE ENTRENADOR

En materia de desarrollo de personas, una de las principales preocupaciones y objetivos organizacionales a alcanzar es contar con reemplazos cuando sea necesario –por ejemplo, cuando un ejecutivo decide dejar la organización o se jubila–. Es decir, tener la posibilidad de cubrir esa posición con una persona de la propia empresa. Para que esto sea posible, usualmente se implementan varios programas, entre los cuales unos potencian a otros. Continuando con el ejemplo, se podrían combinar los programas *Diagramas de reemplazo* con *Mentoring* y/o *Entrenamiento experto* y/o *Jefe entrenador*.

La interacción entre los distintos programas se puede ver en la tabla siguiente.

Programa	Se abastece de	Provee a	Se potencia con
Planes de sucesión	Carrera gerencial Planes de carrera Planes de JP Personas clave		Entrenamiento experto Mentoring Jefe entrenador
Diagramas de reemplazo	Carrera gerencial Planes de carrera Personas clave		Entrenamiento experto Mentoring Jefe entrenador
Carrera gerencial	Planes de carrera Plan de JP Personas clave	Planes de sucesión Diagramas de reemplazo	Mentoring Jefe entrenador

Planes de carrera		Planes de sucesión
		Diagramas
		  de reemplazo
		Carrera gerencial
		Carrera especialista
			Jefe entrenador
			Mentoring
			  (poco frecuente)

Plan de JP		Planes de sucesión Carrera gerencial	Mentoring Jefe entrenador
Personas clave		Planes de sucesión Diagramas de reemplazo Carrera gerencial Carrera especialista	Mentoring Jefe entrenador
Entrenamiento experto		Diferentes programas, según su diseño	
Mentoring		Diferentes programas, según su diseño	
Jefe entrenador		Todos los programas organizacionales	

Para el diseño de cualquiera de los programas mencionados deberán tenerse en cuenta tres elementos: conocimientos, experiencia y competencias. En todos los casos estos aspectos deberán medirse y compararse con los requeridos por el puesto a ocupar. Al momento de tomar la decisión en relación con los programas internos para el desarrollo del talento, habrá que considerar además la motivación y los proyectos personales de las personas involucradas. Una promoción o puesto superior que para muchos puede parecer muy interesante, puede no ser considerado así desde la perspectiva del que debe asumirlo.

Relación entre los distintos programas para el desarrollo del talento en el ámbito de las organizaciones

Como ya se expresara, la puesta en marcha de los distintos programas puede ser combinada. Es posible implementar uno solo, varios o todos. Más allá de la alternativa particular por la que cada empresa decida optar, según sus circunstancias y posibilidades, es importante conocer, en grandes lineamientos, la relación entre todos ellos. Como se mostrara en el gráfico "Mapa y ruta del talento en 3 ejes", expuesto en páginas previas, los programas se han agrupado del siguiente modo:

- *Sucesión y promociones,* donde el principal objetivo es el resguardo del capital intelectual y asegurar la continuidad de la organización. Los programas sugeridos son: *Planes de sucesión, Diagramas de reemplazo* y *Carrera gerencial y especialista.*

- *Programas de desarrollo,* donde el foco es, justamente, el desarrollo de las personas. Los programas sugeridos son: *Planes de carrera, Plan de jóvenes profesionales, Personas clave.*

- *Entrenamiento,* donde el foco también es el desarrollo de personas, pero se actúa fundamentalmente sobre los jefes. Estos programas fortalecen la cultura organizacional, y los sugeridos son: *Mentoring, Entrenamiento experto, Jefe entrenador.*

El resultado esperado de la totalidad de los programas se podría resumir como se observa en el gráfico de la página siguiente.

El gráfico desea expresar que todo el accionar en su conjunto dará como resultado personas formadas, preparadas, "listas" para ocupar otras posiciones cuando sea necesario.

© GRANICA

Resultado esperado: personas formadas para asumir nuevos desafíos

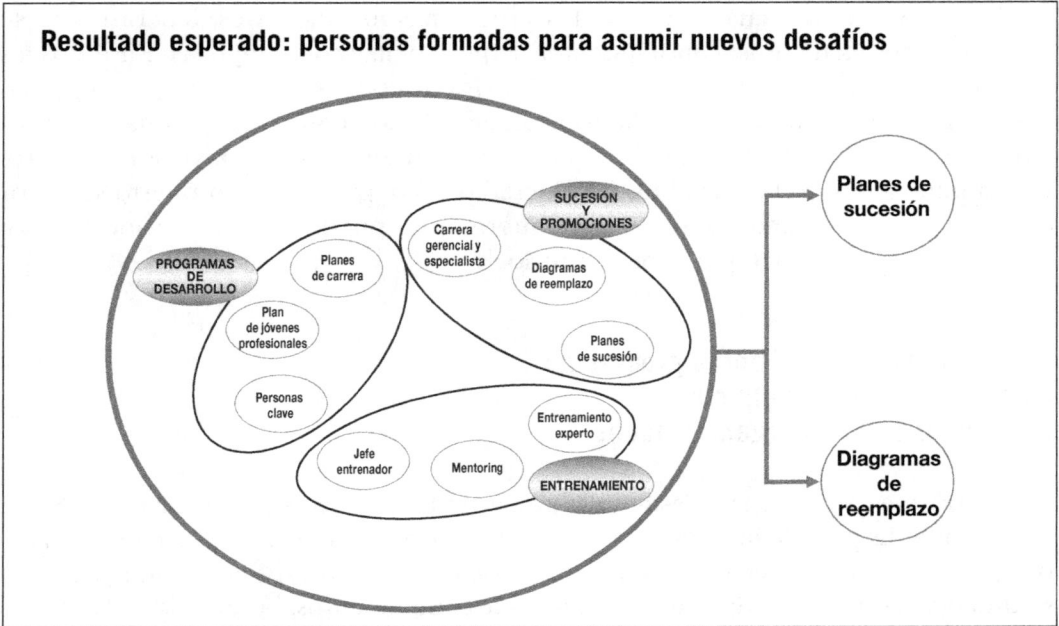

Los programas con foco en desarrollo –*Planes de carrera, Personas clave, Plan de jóvenes profesionales, Mentoring, Entrenamiento experto* y *Jefe entrenador*– solo serán de utilidad en la medida en que provean, cuando sea necesario, personas preparadas para asumir nuevas responsabilidades. Continuando con el análisis del gráfico precedente, *Carrera gerencial y especialista,* desde otro plano, ofrece la misma idea. Las personas se desarrollan de acuerdo a una línea, ya sea gerencial o especialista.

El resultado de los diferentes programas o todos en su conjunto, según corresponda, será el *resguardo del capital intelectual* al preparar a colaboradores para que se encuentren en condiciones de asumir nuevos puestos, a fecha cierta –en los *Diagramas de reemplazo*– o frente a situaciones potenciales –en *Planes de sucesión.*

Herramientas de apoyo a los programas internos para el desarrollo de personas

Además de los nueve programas presentados en la obra *Construyendo talento,* existen otras buenas prácticas, algunas de ellas ampliamente difundidas para el desarrollo de las personas dentro del ámbito de las organizaciones. Entre los más conocidos podemos mencionar los siguientes:

* *Rotación de puestos.* Se trata de asignaciones temporarias de las personas a otros puestos que no son los propios –incluso puede ser de otras áreas–, con el propósito de mejorar las capacidades de los integrantes de la organización. Un gerente comercial puede ser asignado a la fábrica o, inversamente, un jefe de producción pasar al área de ventas.
La rotación de puestos (*job rotation*) puede ser planeada, o no. Ciertas organizaciones preparan verdaderos esquemas de rotación con sus respectivas fechas (planeamiento), para cada empleado. En otras ocasiones se resuelve caso por caso.

* *Asignación a task forces.* Traduciendo la expresión *task forces* como "grupos especiales o equipos especiales". Estas asignaciones pueden ser en reemplazo o en adición a las habituales responsabilidades según la descripción del puesto de la persona participante. Habitualmente se combina con el punto siguiente.

* *Asignación a comités / nuevos proyectos.* Se trata de la asignación de grupos de personas a comités que tienen siempre un propósito específico (por temas o por proyectos son las dos modalidades más frecuentes). Los comités suelen tener como objetivo la solución de problemas, dando lugar generalmente a nuevos proyectos. Puede tratarse también de la asignación de una persona a un nuevo proyecto, en adición o en reemplazo de sus tareas habituales, en forma individual o en grupos de individuos.

* *Asignación como asistente de posiciones de dirección.* Se trata de asignar a una persona como asistente de un ejecutivo de mayor nivel. Implica ocupar una posición *staff* ubicada inmediatamente debajo de la de un gerente relevante dentro de la organización. En este rol, el asistente puede observar el comportamiento del gerente al cual fue asignado, con un propósito de entrenamiento.

* *Paneles de gerentes para entrenamiento.* Es una variante o desprendimiento del punto anterior. Al igual que los comités, se trata de grupos de trabajo con un propósito específico –por ejemplo, el desarrollo de una o varias competencias en particular.

Algunos de los programas mencionados, si bien son potencialmente eficaces, se aplican como complemento y/o herramientas de apoyo, en adición a programas más completos como, por ejemplo, *Planes de sucesión.*

© GRANICA

Grado de eficacia de los métodos de desarrollo dentro del trabajo

El cuadro que se expone a continuación presenta el grado de eficacia de los distintos métodos de desarrollo dentro del trabajo, considerados desde la perspectiva del desarrollo de competencias y conocimientos.

Programa	Aplicable a	Grado de eficacia
De la obra *Construyendo talento*		
Plan de jóvenes profesionales (JP)	Conocimientos	Alto
	Competencias	Alto
Planes de carrera	Conocimientos	Alto
	Competencias	Alto
Personas clave	Conocimientos	Alto
	Competencias	Medio
Planes de sucesión	Conocimientos	Alto
	Competencias	Alto
Diagramas de reemplazo	Conocimientos	Alto
	Competencias	Alto
Carrera gerencial y carrera como especialista	Conocimientos	Alto
	Competencias	Alto
Entrenamiento experto	Conocimientos	Alto
	Competencias	Alto
Jefe entrenador	Conocimientos	Alto
	Competencias	Alto
Mentoring	Conocimientos	Alto
	Competencias	Alto

Programa	Aplicable a	Grado de eficacia
Otros programas complementarios		
Rotación de puestos	Conocimientos	Alto
	Competencias	Medio
Asignación a task forces	Conocimientos	Alto
	Competencias	Alto
Asignación a comités y nuevos proyectos	Conocimientos	Alto
	Competencias	Medio
Asignación como asistente de pos ciones de dirección	Conocimientos	Medio
	Competencias	Alto
Paneles de gerentes para entrenamiento	Conocimientos	Medio
	Competencias	Alto

El grado de eficacia en el desarrollo de competencias y conocimientos se relaciona más con la actitud del individuo que con la técnica utilizada. Es decir que aun el método que –en una primera instancia– parezca menos eficaz, puede constituirse en un recurso de alta eficacia si la persona que lo adopta efectúa al mismo tiempo un proceso de reflexión, y a través de ello logra cambiar comportamientos.

Muchos de los métodos mencionados son utilizados desde hace largo tiempo, por lo que se los considera tradicionales. A algunos se los conoce desde antes que se comenzara a hablar de competencias. En cualquier circunstancia, continúan siendo adecuados. Los responsables de Recursos Humanos deberán analizar en cada caso el más conveniente.

Los principales objetivos –y finalidades– de los programas organizacionales para el desarrollo del talento

Los programas para el desarrollo, como ya se mencionara, tienen claros objetivos desde la perspectiva de la organización: uno de ellos es preservar el capital intelectual y el otro –igualmente importante–, la retención de los mejores integrantes. Desde la perspectiva de los colaboradores, permite el desarrollo y la realización personal. Veamos estos conceptos con mayor detalle.

© GRANICA

Asegurar la continuidad gerencial

Cuando un gerente renuncia o llega a la edad de retiro siempre cabe la posibilidad de contratar a un sucesor en el mercado, y así se hace exitosamente en muchas ocasiones. Sin embargo, las organizaciones que se ocupan de las personas, que han implementado lo que hemos denominado los *subsistemas de Recursos Humanos*, prevén esta situación, trabajan en la formación de gerentes en sus propias filas y, siempre que esto es posible, intentan tener preparado un sucesor o reemplazo para todos los puestos claves.

Posibilitar el desarrollo y la realización del personal

Los programas para el desarrollo de personas se focalizan en la formación y el desarrollo tanto de conocimientos como de competencias, y en la adquisición de experiencia, según lo requerido por los respectivos puestos que las personas ocupan o se prevé que ocuparán en un futuro. Este enfoque considera al mismo tiempo las necesidades de la organización y los colaboradores.

Una puesta en práctica como esta requiere planificación y un cierto grado de inversión, pero en especial demanda la *decisión* de llevarla a cabo. No es posible implantar un modelo como el descrito sin la participación y el compromiso de la máxima conducción.

¿Cuántos empleados, eficaces de acuerdo con las capacidades requeridas por su puesto actual, se han visto abrumados y quizás hasta desanimados y seguramente muy estresados cuando han sido promovidos a un puesto superior para el cual no estaban preparados? Este error es muy frecuente. El ejemplo clásico –y no por ello poco actual– se verifica cuando un buen vendedor se transforma en un mal supervisor de vendedores, o un muy buen operario se convierte en un mal supervisor de turno. En los niveles gerenciales, a veces, no se ve tan rápido la equivocación y los resultados catastróficos se revelan después de unos meses.

Si no existe un plan de desarrollo organizacional, materializado en los programas específicos, que definan cuál es la evolución adecuada de las capacidades, podría ocurrir lo siguiente.

- El colaborador no conocerá cuáles son las capacidades (conocimientos, experiencia y competencias) que necesita desarrollar, reforzar o simplemente mantener.

- Los puestos serán cubiertos por personas que no tienen las capacidades necesarias.

- La organización estará haciendo "un gasto" en formación, y no una inversión.

Retener al personal clave

La existencia de programas internos para el desarrollo puede no constituir un elemento decisivo para que un empleado decida quedarse o irse de la organización.

Desde la mirada del colaborador, cuando la posibilidad de cambiar de organización se presenta, la existencia o no de programas internos para el desarrollo puede ser un elemento importante en la comparación entre las ofertas.

Motivar a los colaboradores

Por último, y como una consecuencia de todo lo expuesto, la aplicación de un modelo como el que se explica en páginas anteriores (*modelo para construir talento organizacional*) logra que los colaboradores se sientan más seguros, considerados dentro de los planes organizacionales; en pocas palabras, que se sientan motivados.

Muchos directivos piensan que la única motivación es el dinero. No niego su valor para todas las personas. Sin embargo, no ofrece un efecto duradero, ya que la motivación basada únicamente en el dinero suele caer frente a otra propuesta basada en una suma mayor.

Una correcta motivación de colaboradores debe contemplar los aspectos remunerativos, cuidando la equidad interna y externa, pero debe ofrecer, al mismo tiempo, programas de desarrollo como los descritos en este capítulo.

Factores claves para el éxito de los programas de desarrollo

En materia de Recursos Humanos los buenos propósitos no alcanzan, sino que deben complementarse con buenos métodos de trabajo. Algunos aspectos a tomar en consideración para el diseño de programas organizacionales relacionados con las personas:

- Apoyo, compromiso y participación de la Dirección General. No alcanza con que el tema se incluya en los planes anuales del área de Recursos Humanos. Es necesario el convencimiento de los principales directivos sobre las bondades de los programas de desarrollo.

- Contar con asesoramiento experto para el diseño de los programas de desarrollo. Las organizaciones, quizás "algo" hayan implementado en el pasado o tengan algunos procedimientos vigentes en la materia; en todos los casos se sugiere recurrir al apoyo de un especialista para que realice el diseño integral en función del momento particular de la organización.

© GRANICA

- Será fundamental que los distintos subsistemas estén adecuadamente interrelacionados. A modo de ejemplo, si son deficientes los métodos de selección, o no es adecuado el sistema para evaluar el desempeño de las personas, o no se cuenta con información acerca del grado de desarrollo de las capacidades (conocimientos y competencias) de las personas, casi con seguridad no se lograrán buenos programas en materia de desarrollo de las personas.

- Se debe conocer el grado de satisfacción con el trabajo (clima laboral) y la confianza que los colaboradores sientan respecto de la conducción de la organización, así como la imagen que perciben del área de Recursos Humanos. Este último punto es de vital importancia; no es posible implementar programas de desarrollo de personas si los colaboradores no confían ni en los directivos ni en los programas organizacionales.

Tener en cuenta los proyectos personales

Muchos directivos tienen tendencia a pensar que todos ven las cosas de acuerdo a su perspectiva, y esto no es así. Es frecuente que un CEO exitoso piense que todos desean realizar una carrera ascendente para llegar a la máxima conducción (o al nivel más alto al que se pueda acceder). Esto puede verificarse en muchas personas, pero no en todas. Muchos colaboradores no desean acceder a puestos de mayor responsabilidad o exigencia, o no quieren tener gente a cargo, u otras variantes similares.

Conocer en profundidad la motivación del otro –en este caso, la de los colaboradores– es fundamental para la implementación de cualquier tipo de programa relacionado con la carrera profesional y el desarrollo de las personas.

Se sugiere al lector interesado en el tema tomar en cuenta las diferentes opciones en materia de encuestas dirigidas a los empleados: las *encuestas de satisfacción personal* (también denominadas *de clima*) y las *encuestas sobre valores y proyectos personales*. Cada una de ellas persigue un propósito específico. Ver Capítulo 1.

Promociones internas

En el ámbito de las organizaciones el término *promoción* implica el conjunto de acciones, planeadas o no, mediante las cuales una persona es ascendida a un nivel superior en la estructura de la organización.

Se realiza una *promoción* cuando se designa a una persona como reemplazo de otra, cuando alguien pasa de un nivel a otro en la carrera gerencial o especialista, etc. Es importante señalar que en cada caso en que se realice una promoción, se debe tener en cuenta la adecuación de la persona al nuevo puesto, y evaluar sus capacidades. Si existen varias personas como posibles ocupantes de una posición, se deben aplicar técnicas cuantitativas para elegir a la más adecuada.

Una promoción, o varias, no constituyen un programa en sí mismo, si bien implican una serie de acciones o pasos previos cuya consecuencia es designar a una persona en otro puesto. Esta designación puede ser el resultado de búsquedas internas (autopostulación o *job posting*) o simplemente de un análisis realizado por el área de Recursos Humanos y/o el jefe directo del involucrado, o el *jefe del jefe*. En estos casos, la evaluación de las personas debería realizarse del mismo modo, es decir, comparando la medición de sus capacidades con lo requerido por la futura posición.

Cuando se utiliza el plural, como en el título de esta sección, *Promociones internas*, se hace referencia al conjunto de acciones mediante las cuales los colaboradores de la organización son elevados a un nivel superior al que poseían. En todos los casos, se sugiere diseñar un procedimiento interno para el tratamiento de este tipo de situaciones, es decir, darle jerarquía y, al mismo tiempo, ofrecer un esquema guía tanto para el área de Recursos Humanos como para los jefes de todos los niveles. Por extensión, la expresión se utiliza también en aquellos casos en que los desplazamientos son laterales o de otro tipo, dentro de la organización.

Si bien se podrían utilizar de manera indistinta los términos "promoción" y "promociones internas", se ha preferido esta última variante para hacer referencia a una práctica organizacional y, de este modo, a través de la adición de la palabra "internas", reforzar la idea de que la promoción en cuestión es de una persona que ya pertenece al ámbito de la organización.

De manera extendida se podría decir que una persona que cambia de empleo y obtiene un puesto en otra entidad de mayor nivel al que tenía ha obtenido una "promoción". Sin embargo, esto no constituye una práctica organizacional, sino un hecho fortuito en el cual una persona, por alguna razón, fue seleccionada para ocupar un determinado puesto.

En todos los casos, las promociones internas deberían realizarse analizando y evaluando los conocimientos, experiencia y competencias de una persona en relación con el puesto a ocupar.

Como puede observarse en la figura superior de la página siguiente, los distintos aspirantes son comparados con los requerimientos de un puesto, considerando conocimientos, competencias y experiencia. Ya se ha hecho referencia a la comparación de las mediciones entre puesto actual y futuro en páginas previas. Aquí se retomará la misma idea con relación a una promoción o traslado de una persona de un puesto a otro, ya sea superior al nivel actual o simplemente diferente al que ocupa en la actualidad.

© GRANICA

Promociones internas. Un puesto y más de un posible aspirante

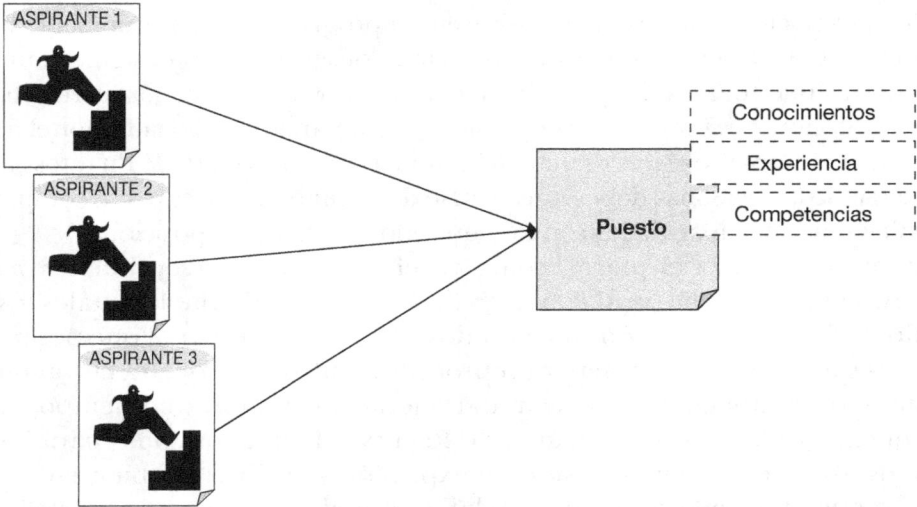

ASPIRANTE 1

ASPIRANTE 2

ASPIRANTE 3

Puesto

Conocimientos

Experiencia

Competencias

Grado de adecuación en el puesto actual y en la futura posición. Gráfico 1

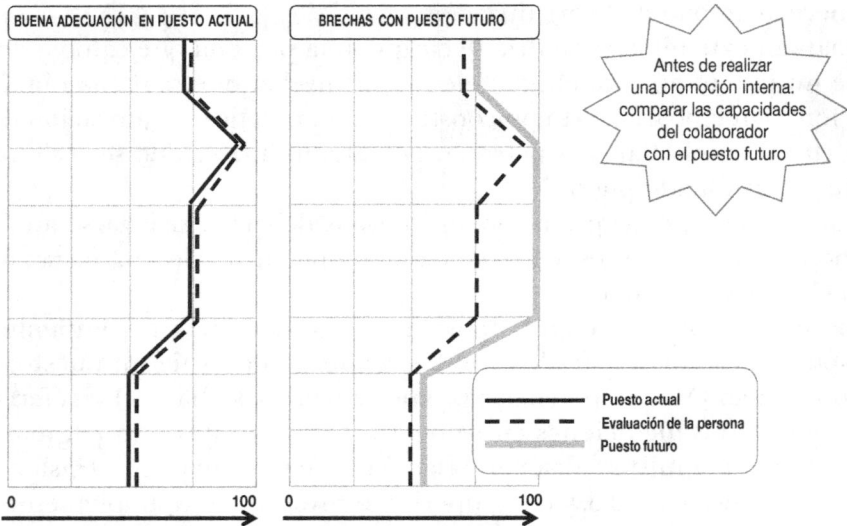

BUENA ADECUACIÓN EN PUESTO ACTUAL

BRECHAS CON PUESTO FUTURO

Antes de realizar
una promoción interna:
comparar las capacidades
del colaborador
con el puesto futuro

Puesto actual
Evaluación de la persona
Puesto futuro

0   100   0   100

La idea se expresa en la figura precedente (*Grado de adecuación en el puesto actual y en la futura posición. Gráfico 1*), donde a la izquierda se expone una adecuación persona-puesto perfecta, es decir, el ocupante del puesto posee las capacidades que la posición requiere. Sobre la derecha de la misma figura se comparan las capacidades de la misma persona en relación con un puesto futuro. Aquí se observan algunas brechas. Se retomará el análisis de esta figura en el punto siguiente, *Planes de sucesión*.

La idea central que se desea enfatizar, ya mencionada, es la importancia de comparar las capacidades de una persona con lo requerido por el puesto a ocupar en el futuro. Si bien la mayoría de los especialistas coinciden al respecto, esto no siempre se verifica en la práctica, con la consiguiente gama de problemas que una promoción mal planteada acarrea tanto a la organización como a la persona involucrada, a su jefe y a sus compañeros de trabajo.

Planes de sucesión

En la obra *Construyendo talento*[26] se presentan tres programas que hemos denominado "programas para el resguardo del capital intelectual", donde el foco central son las sucesiones y los reemplazos, en el ámbito de las organizaciones.

El término *sucesión* puede ser utilizado de manera amplia o bien solo restringida a los puestos ocupados por altos ejecutivos. Puede implicar plazos concretos o no. A su vez, las *promociones* se manejan de manera profesional, analizando adecuadamente la situación y eligiendo a la persona adecuada, como se explicara en el punto anterior, o bien de manera intuitiva y obedeciendo a impulsos del momento. En ambos casos se puede observar la aplicación de buenas prácticas o no, según la circunstancias, aun dentro del ámbito de una misma organización.

Se ha explicado al inicio del capítulo cuál es la importancia del capital intelectual, integrado por una serie de factores que, para simplificar, podríamos agrupar en dos grandes ítems: los bienes de propiedad intelectual registrables y otros que, sin ser registrables, igualmente conforman este valor intangible. Los recursos humanos forman parte del capital intelectual de la organización, cuando existe un conjunto de personas con las capacidades necesarias para utilizar e incrementar los bienes registrables (conocimiento registrable).

Desde esta perspectiva, los programas internos para el desarrollo de personas deberían incluir el concepto *capital intelectual* y estar diseñados para preservar su valor, y acrecentarlo.

---

26 Alles, Martha. *Construyendo talento*. Ediciones Granica, Buenos Aires, 2009.

© GRANICA

Una persona puede tener un desempeño superior en su puesto de trabajo, pero esto no siempre es suficiente para que alcance un buen desempeño en otro nivel o posición. Este comentario tiene la misma validez en relación con la sucesión de un alto ejecutivo o la promoción a secretaria de una telefonista. Es decir, cualquier promoción de tipo vertical u horizontal a un puesto diferente debe ser analizada del mismo modo. Como ya se expresara, en cualquier caso se deberán evaluar las *chances* de éxito de la persona en relación con el puesto a ocupar.

Ruego al lector que analice el gráfico expuesto en la sección anterior, *Promociones internas*, denominado *Grado de adecuación en el puesto actual y en la futura posición. Gráfico 1*, en el que se registraba el caso de una persona que tenía una adecuación al puesto actual adecuada y algunas pocas brechas con relación al puesto futuro.

En dicho gráfico, mediante una escala 0-100, se puede observar, primero, el grado de adecuación de la persona al puesto actual. En ese ejemplo, la adecuación se verifica; es decir, la evaluación de la persona coincide con los requerimientos del puesto que actualmente ocupa. Para establecer la adecuación persona-puesto se deben considerar los conocimientos, experiencia y competencias, junto con cualquier otra característica necesaria para desempeñarse en el puesto. Si, por ejemplo, la posición requiere viajar dos veces por mes y la persona que la ocupa no puede hacerlo, en ese caso la adecuación persona-puesto no se verifica de la manera en que la organización requiere. En la parte derecha del mismo gráfico, se compara la evaluación de la persona en relación con un eventual puesto a ocupar (puesto futuro). En este caso existe una brecha o brechas específicas, según el grado de análisis que se realice.

Para poder determinar si la persona podrá o no ocupar el puesto futuro será necesario complementar este análisis con una evaluación sobre el grado de complejidad que las brechas presentan. En algún caso las mismas podrán "cerrarse" en un breve plazo; en otros, no. Cuando se verifica esta última situación nos encontramos ante lo que Laurence Peter[27] describió como el "Principio de Peter": si se la promoviera, se llevaría a la persona a su nivel de incompetencia.

Si las brechas pueden resolverse en un plazo breve, será posible designar a la persona en el nuevo puesto y brindarle apoyo para que se desempeñe correctamente en él.

En el gráfico siguiente se presenta otro caso, en el que la persona evaluada excede los requerimientos de la posición actual y se adecua correctamente al puesto que se prevé que ocupe en un futuro.

---

27 Peter, Laurence J.; Hull, Raymond. *El principio de Peter.* Biblioteca de la Empresa, Ediciones Orbis, Madrid, 1985.

Grado de adecuación en el puesto actual y en la futura posición. Gráfico 2

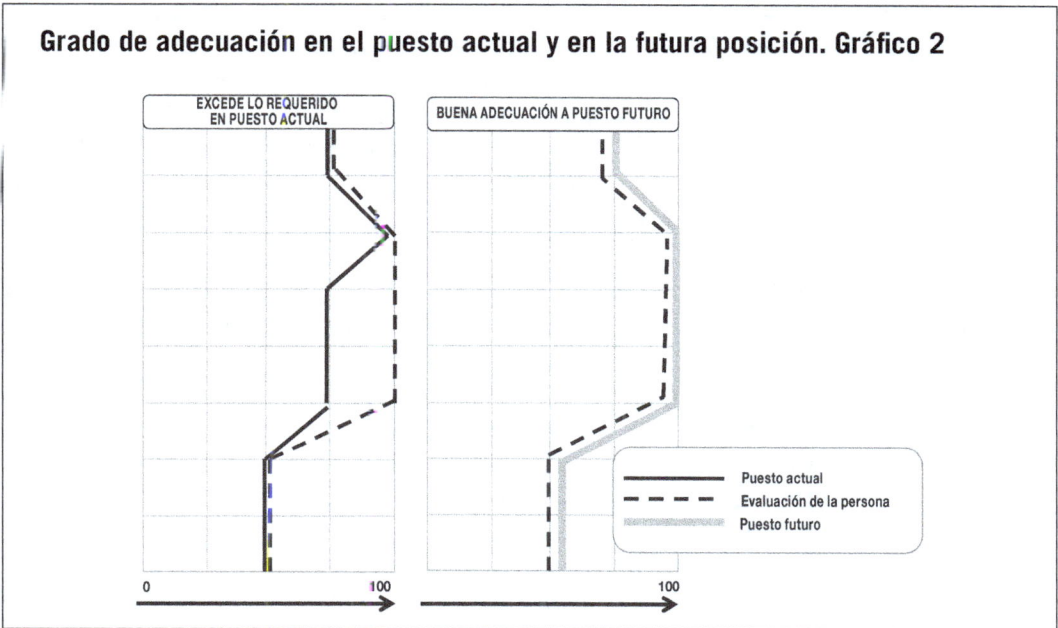

En este ejemplo, la *chance* de un buen desempeño en la futura posición es alta; por lo tanto, se recomienda su designación, ya sea en una promoción interna-temática expuesta con anterioridad en este mismo capítulo– o bien como un posible sucesor en un *Plan de sucesión* o un reemplazo ya elegido como tal en un *Diagrama de reemplazos*.

Las organizaciones, cualesquiera que sean su tamaño y objeto social, requieren tener asegurada su conducción frente a eventualidades diversas, es decir, contar entre sus filas personas formadas para ocupar puestos ejecutivos cuando sea necesario. Para ello la herramienta por excelencia son los *Planes de sucesión*.

Diseñar un plan de sucesión no significa que la persona que ocupa un puesto determinado en ese programa (*Planes de sucesión*) piensa dejarlo en un corto plazo ni que, por designar un posible sucesor, la compañía asume un compromiso con quien fue elegido. No existe promesa de que ocupará el puesto; esto sucedería solo si se dieran ciertas circunstancias.

A través de los *Planes de sucesión* solo se desea prever eventualidades, desde las de tipo trágico (fallecimiento o incapacidad de una persona) hasta las más usuales en la vida de las organizaciones: que un gerente o ejecutivo decida dejar su puesto para trabajar en otra empresa o para establecer su propio negocio, o a fin de dedicarse a otra cosa –por ejemplo, la docencia–, o cualquier otra circunstancia.

La expresión *planes de sucesión* hace referencia a un programa organizacional por el cual se reconocen puestos clave, luego se identifican posibles participantes del programa y se los evalúa para, a continuación, designar posibles sucesores de las personas que ocupan los mencionados puestos clave, sin una fecha cierta de asunción de las nuevas funciones. Para asegurar la eficacia del programa se realiza un seguimiento de los participantes y se les provee asistencia y ayuda para la reducción de brechas entre sus capacidades actuales y las necesarias para asumir el puesto que eventualmente ocuparán.

La organización determina cuáles son los puestos clave de la estructura y para cada uno de ellos designa a un posible sucesor. El foco principal es el desarrollo de las personas para que –cuando resulte necesario– el sucesor esté preparado para asumir la posición.

Previo a la elección de las personas que participarán en este programa se deben medir sus capacidades, y para elegir entre distintas opciones, se habrá de utilizar técnicas cuantitativas. El resultado será la designación de uno o varios sucesores (se sugiere que se consideren varias opciones) para cada puesto definido como clave para la organización (ver gráfico superior en página siguiente).

El primer paso será determinar el alcance del programa, es decir, para qué posiciones se planificará la sucesión.

Planes de sucesión. Cómo elegir a una persona como sucesor

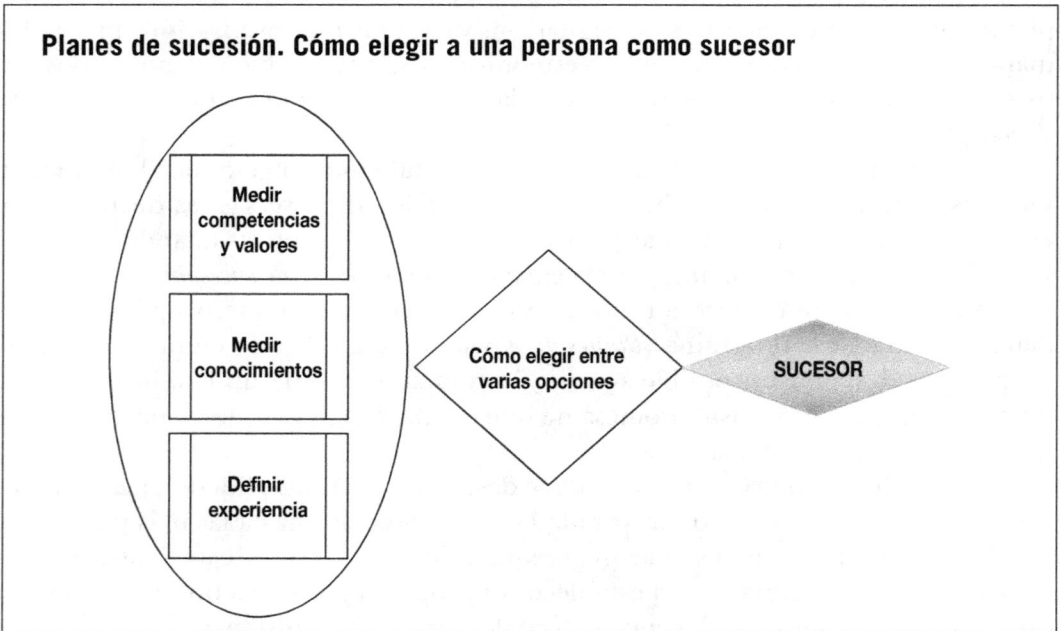

Planes de sucesión. Corte horizontal según la estructura de puestos

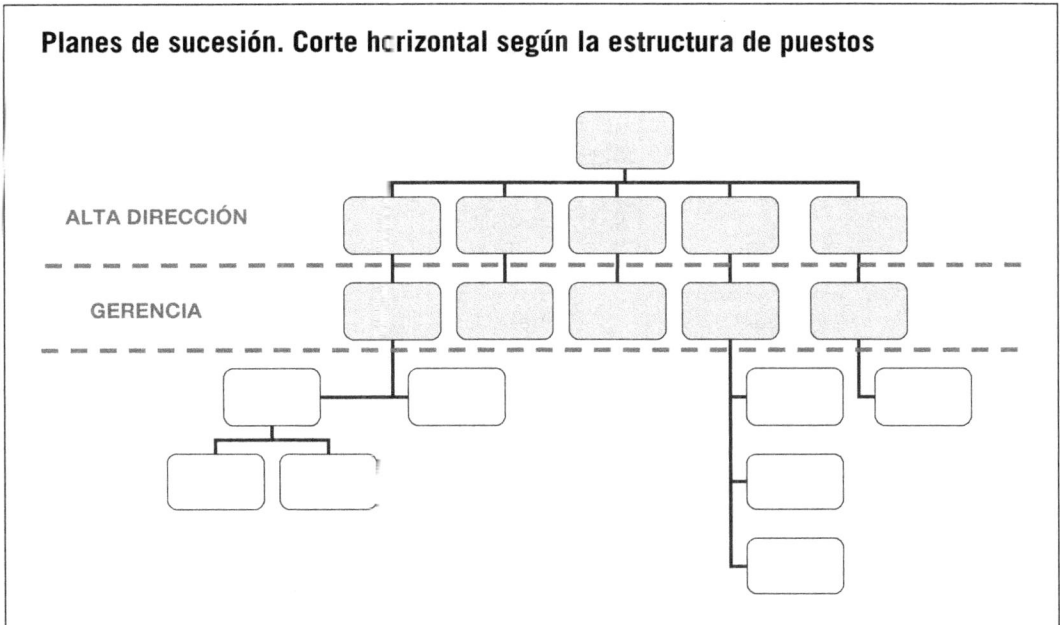

El segundo paso que se sugiere es la explicación, a los distintos posibles involucrados, de los objetivos perseguidos por el programa. Si se comunica debidamente, *todos querrán participar* y será un motivador para la organización en su conjunto.

Si una organización ha definido una estructura de puestos, se podría "dibujar" un corte horizontal, como puede verse en la figura precedente.

En los *Planes de sucesión* se sugiere la designación de más de un sucesor para cada puesto clave. Esto implica, además, que una persona puede ser designado como posible sucesor para más de un puesto. La idea se expone en la figura de la página siguiente.

© GRANICA

Plan de sucesión para un sector o área con dos opciones

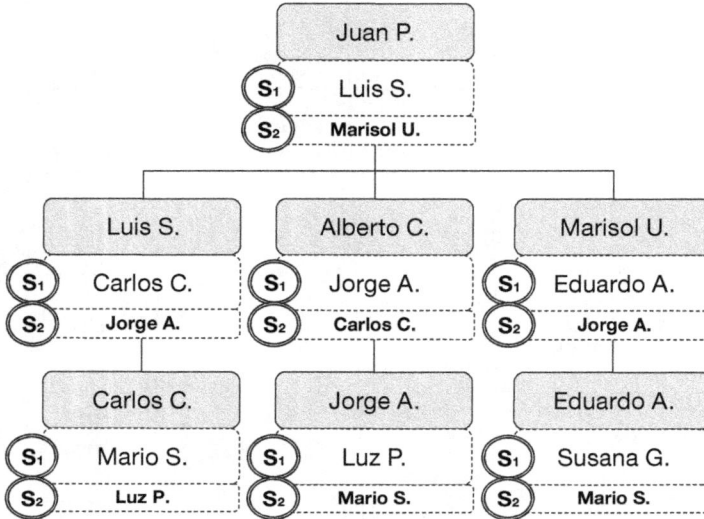

	Juan P.
S₁	Luis S.
S₂	Marisol U.

	Luis S.		Alberto C.		Marisol U.
S₁	Carlos C.	S₁	Jorge A.	S₁	Eduardo A.
S₂	Jorge A.	S₂	Carlos C.	S₂	Jorge A.

	Carlos C.		Jorge A.		Eduardo A.
S₁	Mario S.	S₁	Luz P.	S₁	Susana G.
S₂	Luz P.	S₂	Mario S.	S₂	Mario S.

Los *Planes de sucesión* también pueden diseñarse *interáreas*.

A continuación se verá otro programa con algunas características similares y otras diferentes, que se denomina *Diagramas de reemplazo*. Veamos a continuación las principales diferencias entre *Planes de sucesión* y *Diagramas de reemplazo:*

Si bien ambos programas designan sucesores y reemplazos, entre uno y otro hay diferencias fundamentales.

- En los *Planes de sucesión* no existe una fecha cierta en que el sucesor ocupará el puesto en cuestión, y puede darse o no dicha circunstancia. Asimismo, se pueden designar varios posibles sucesores y estos participar en la sucesión de más de un puesto. Por el contrario, en los *Diagramas de reemplazo* existe una fecha establecida en la cual el ocupante del puesto lo dejará, y se designa un solo reemplazo.

- En los *Planes de sucesión* la organización no asume ningún compromiso específico con los posibles sucesores, solo se les ofrecen actividades de formación y desarrollo para que estén listos el día en que se produzca una vacante (si es que esto sucede). Por el contrario, en los *Diagramas de reemplazo* la organización asume un compromiso mayor con la persona que es designada para ocupar otro puesto en el futuro, en fecha establecida.

- Cuando implementa *Planes de sucesión* la organización espera que sus ocupantes se sientan motivados en el desarrollo de sus capacidades y, desde esa perspectiva, se propone generar compromiso. En los *Diagramas de reemplazo* el colaborador designado asume un compromiso mayor, ya que "acepta" la designación para asumir el nuevo puesto.

Diagramas de reemplazo

Ya se ha mencionado este programa varias veces con anterioridad. Cuando una organización no cuenta con programas de este tipo, comenzar por este en particular suele ser nuestra recomendación más frecuente.

Los *Diagramas de reemplazo* son programas organizacionales mediante los cuales se reconocen puestos clave, luego se identifican posibles participantes del programa y se los evalúa para, a continuación, designar posibles reemplazos (sucesores), pero solo para aquellas personas que ocupando puestos clave tienen una fecha determinada de retiro, usualmente por su edad avanzada. Pero la necesidad de reemplazo puede deberse a otras razones; por ejemplo, traslado del actual ocupante a otro país o su designación en otro cargo. Para asegurar la eficacia del programa se realiza un seguimiento de los participantes y se les provee asistencia y ayuda para la reducción de brechas entre el puesto actual y el que se prevé que ocupen.

En un breve resumen: se analiza la edad de los actuales ocupantes de aquellos puestos clave para los cuales se ha definido la necesidad de contar con *Planes de sucesión*. Si algunos de ellos se encuentran a pocos meses (o años) de la edad de retiro, se diseña un *Diagrama de reemplazos*.

Si bien la persona designada –al igual que en *Planes de sucesión*– es un posible "sucesor", en este caso se dan dos elementos diferenciadores. Uno es el plazo, existe una fecha cierta en la cual se deberá hacer cargo de la nueva posición. Esto implica un límite temporal perentorio para el desarrollo de una competencia o para adquirir un determinado conocimiento. Por otro lado, la organización "asume" un compromiso con el que ha sido designado reemplazante y a quien se le ha comunicado que asumirá el nuevo puesto. En ese caso, salvo que ocurra alguna situación de fuerza mayor, el reemplazante designado será el nuevo ocupante del puesto.

El foco en el desarrollo de las competencias y conocimientos será de importancia capital, la persona designada como *reemplazo* deberá estar preparada para asumir la posición en el plazo previsto.

Diagramas de reemplazo es uno de los programas organizacionales para el desarrollo de personas; en nuestra opinión, el de mayor relevancia, dado que la designación

© GRANICA

de *reemplazos* es un paso imprescindible para el cuidado del capital intelectual y la continuidad organizacional.

A su vez, este tipo de programas es de aplicación en empresas de cualquier tipo, tamaño y origen de capital. Es válido, por ejemplo, para una ONG, una empresa familiar o un organismo del Estado. Toda organización debería preparar *Diagramas de reemplazo* para todos sus puestos clave –usualmente, sus niveles de conducción.

Previo a la designación de las personas como potenciales reemplazos, se deben medir sus capacidades, y si se diese el caso de que fuera factible considerar más de una opción para un mismo cargo, se deberían utilizar, para elegir entre una y otra, técnicas cuantitativas. El resultado dará la designación de un reemplazo para cada puesto definido como clave para la organización.

Para confeccionar los *Diagramas de reemplazo* la organización debe determinar los puestos considerados y las personas que están en situación de integrar el programa.

Al diseñar y aplicar los *Diagramas de reemplazo* se recomienda considerar las siguientes etapas:

1. *Elección y formación.* En una primera instancia se realiza el proceso de elección y designación del potencial reemplazo y, a continuación, se diseña un plan de acción.
    Ejemplo: ante la edad de retiro de 65 años, la designación de reemplazo se realiza cuando el ocupante del puesto cumpla 63, considerando que es posible desarrollar a la persona elegida para ocupar esa posición en un período de aproximadamente dos años al preparar, según se requiera, actividades formativas en conocimientos, experiencia y competencias.

2. *Formalización.* En este período el colaborador designado como reemplazo de otro comienza a trabajar en conjunto con la persona que dejará el puesto. El grado de involucramiento en la etapa de *formalización* dependerá de la complejidad de las nuevas funciones a asumir.

Las ideas expuestas se exponen en la figura siguiente. Si las dos etapas se graficaran en un eje de tiempo, y si, a modo de ejemplo, el período de preparación fuese en total de dos años –es decir, se designa un reemplazo dos años antes del retiro del ocupante actual del puesto–, el plazo podría asignarse del siguiente modo: para la *formación*, un período de 20 meses, y 4 meses para la etapa de *formalización*.

Diagrama de reemplazo. Formalización

ACTUAL		REEMPLAZO
DESCRIPTIVO DEL PUESTO		DESCRIPTIVO DEL PUESTO
Datos básicos		Datos básicos
Organigrama		Organigrama
Síntesis del puesto		Síntesis del puesto
Responsabilidades del puesto		Responsabilidades del puesto
Requisitos del puesto		Requisitos del puesto
COMPETENCIAS		COMPETENCIAS
Cardinales		Cardinales
Específicas		Específicas

FORMACIÓN	FORMALIZACIÓN

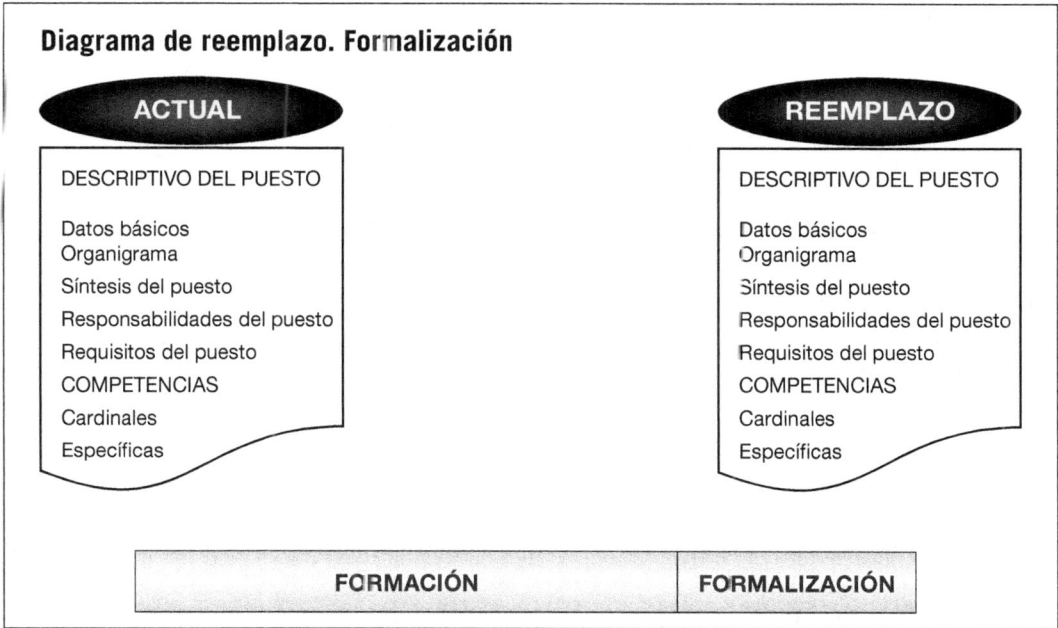

Planes individuales de desarrollo para alcanzar un nivel superior

Los distintos programas para el desarrollo de personas deben materializarse en acciones concretas y planeadas para el desarrollo de las capacidades, habitualmente para un cierto grupo de personas, según los programas internos que la organización haya implementado.

Los distintos programas para el desarrollo de personas se combinan con planes individuales de desarrollo que, en todos los casos, contemplan conocimientos, competencias y experiencia.

Los *planes individuales para alcanzar un nivel superior* tienen relación con los programas *Diagramas de reemplazo, Planes de sucesión* y *Carrera gerencial y especialista*. En la mayoría de los casos el foco está puesto en preparar a una persona para asumir una posición de nivel superior.

Planes de carrera

En la obra *Construyendo talento*[28], como ya se mencionara, se presentan tres programas que hemos denominado "programas para generar talento organizacional", con la idea central que cada uno de ellos provea a la organización la creación de talento en sí mismo. A sus participantes no se les ha asignado aun ni un puesto determinado ni un plazo para alcanzarlo. Responden al concepto que en los primeros años de mi carrera profesional se solía llamar "semillero", al cual le daremos la denominación *cantera de talentos*.

Los tres programas allí descritos se focalizan en la formación de personas a fin de que estén preparadas para asumir nuevas responsabilidades y funciones cuando eso sea necesario.

Para comprender el significado de estos programas se debe tener en cuenta dos elementos igualmente significativos. Por un lado, será necesario contar con un fuerte compromiso de la máxima conducción de la organización, ya que implica que esta asumirá, a su vez, un fuerte compromiso con sus colaboradores al invertir en programas de formación y desarrollo para crear talento interno. Además, y al mismo tiempo, no implica por parte de la organización asumir compromiso alguno con los participantes; es decir, por el mero hecho de formar parte de uno de estos programas no se obtienen beneficios especiales tales como una mejor remuneración, promociones a puestos superiores u otra medida similar. Los beneficios serán obtenidos luego de recorrer un camino.

Los *Planes de carrera*, al igual que el programa denominado *Plan de jóvenes profesionales*, definen esquemas teóricos de crecimiento escalonado: las personas que transitan estos programas van cumpliendo etapas y siguiendo una *ruta* dentro de ellos.

El camino a seguir se relaciona con colectivos o grupos de personas que poseen determinadas características previamente definidas.

A continuación se verá de manera más detallada uno de los programas orientados a crear talento, denominado *Planes de carrera*. Se trata de un programa organizacional para el desarrollo de personas, que establece un esquema teórico sobre cuál sería la carrera posible dentro de un área determinada. En cualquier organización existe algún tipo de carrera, planeada o no, expresada en estos términos o no. Cuando se utiliza la expresión *Planes de carrera* es en referencia a programas organizacionales específicos diseñados a tal efecto. Un ejemplo de carrera puede apreciarse en la figura que se ve al pie de la página siguiente.

---

28 Alles, Martha. *Construyendo talento*. Ediciones Granica, Buenos Aires, 2009.

El propósito es contar con personas preparadas dentro de las propias filas de la organización para ocupar posiciones de mayor nivel en algún momento futuro.

El programa implica el diseño de una carrera estándar (teórica) desde el momento en que la persona ingresa y para ciertos puestos. En este esquema teórico se definen los requisitos para ir pasando de un nivel a otro y, sobre la base de estos requerimientos, se diseñan distintas actividades formativas a fin de lograr que los participantes vayan cubriendo los diferenciales existentes entre los distintos puestos.

Es un programa aplicable en organizaciones con dotaciones numerosas y, dentro de ellas, en áreas con muchos colaboradores. Los requisitos combinan tres aspectos: conocimientos, experiencia (logros alcanzados en el desempeño) y competencias.

Las carreras organizacionales pueden reflejarse en documentos escritos donde se deja constancia sobre cuál sería el camino a seguir para ir *escalando* los distintos puestos. Es decir, qué requisitos se deben cumplir para pasar de un escalón al otro. Estos requisitos no están ligados al mero transcurrir del tiempo, aunque usualmente se hace una referencia al respecto. Sin embargo, estos plazos solo deben considerarse como un dato indicativo.

Como puede apreciarse en la figura siguiente, para pasar de un nivel a otro hace falta adquirir y/o desarrollar conocimientos, competencias y experiencia.

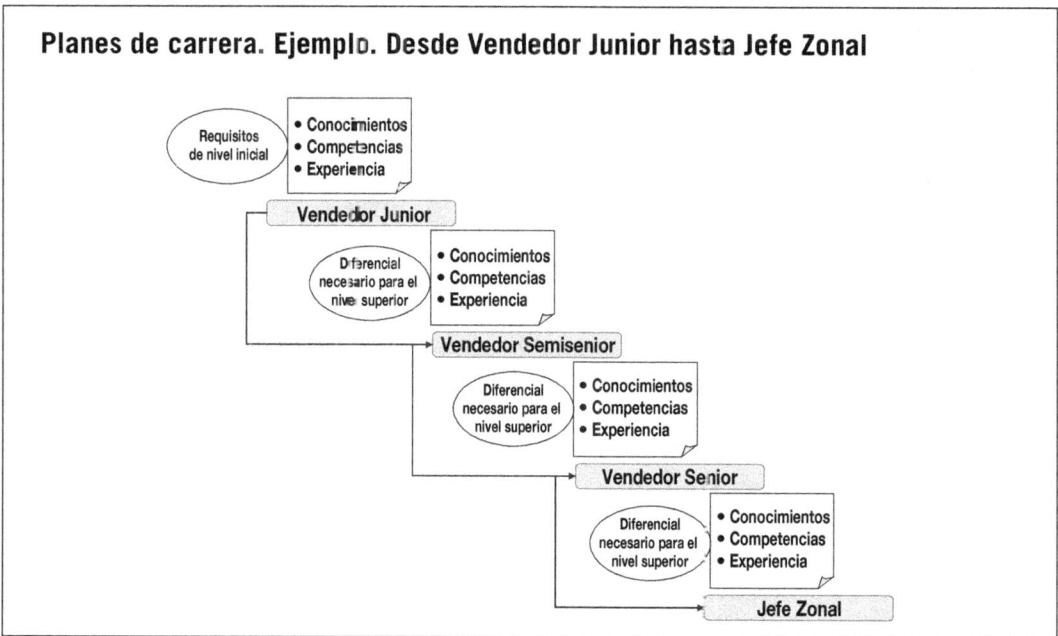

Planes de carrera. Ejemplo. Desde Vendedor Junior hasta Jefe Zonal

- Requisitos de nivel inicial
  - Conocimientos
  - Competencias
  - Experiencia

Vendedor Junior

- Diferencial necesario para el nivel superior
  - Conocimientos
  - Competencias
  - Experiencia

Vendedor Semisenior

- Diferencial necesario para el nivel superior
  - Conocimientos
  - Competencias
  - Experiencia

Vendedor Senior

- Diferencial necesario para el nivel superior
  - Conocimientos
  - Competencias
  - Experiencia

Jefe Zonal

Planes de carrera multiáreas

Los planes de carrera pueden diseñarse para un área de la organización en particular, o para varias. Un diseño *interáreas* implica el diseño de *Planes de carrera* combinando diferentes áreas. No es la versión más usual de este tipo de programas y su diseño debe ser cuidadoso. Son de uso frecuente en algunos tipos de actividades de negocios, como la hotelera.

En todos los casos, el diseño de los programas internos para el desarrollo de personas, como los aquí mencionados, se realiza a medida del tipo de empresa y de su estrategia.

En páginas previas se ha mencionado otro programa, muy difundido en algunos países, el denominado *Plan de jóvenes profesionales (JP)*, conceptualmente muy similar al aquí expuesto, *Planes de carrera*, pero para un colectivo de personas particular, usualmente jóvenes graduados universitarios que ingresan de manera efectiva a la organización, es decir, en relación de dependencia. Dada la característica de estos programas, frecuentemente se les asigna una fuerte relevancia en el desarrollo de competencias gerenciales, de liderazgo, visión estratégica y de conducción en general. Al igual que los *Planes de carrera*, pueden ser diseñados para un área en particular o *interáreas*.

Planes individuales de desarrollo para crear talento

Al igual que se comentara en relación con los programas para el cuidado del capital intelectual, los programas para crear talento también requieren de acciones concretas y planeadas para el desarrollo de las capacidades de un cierto grupo de personas, según los programas internos que la organización haya implementado.

Los distintos programas para el desarrollo de personas se combinan con planes individuales de desarrollo que, en todos los casos, contemplan conocimientos, competencias y experiencia.

Los *planes individuales para crear talento* tienen relación con los programas *Planes de carrera*, *Plan de jóvenes profesionales (JP)* y *Personas clave*. En la mayoría de los casos el foco está puesto en formar personas, crear talento interno, de modo de disponer de personas preparadas para ocupar puestos que queden vacantes, ya sea dentro de la misma área donde cada persona se desempeña o en otras, cuando esto sea necesario. La organización se propone generar nuevos talentos, crear talento organizacional.

Programas de *Mentoring*

Uno de los más difundidos programas para el desarrollo de personas, al menos en la literatura de management, es el *Mentoring*. Se trata de un programa organizacional estructurado, de varios años de duración, mediante el cual un ejecutivo de mayor nivel y experiencia ayuda a otro en su crecimiento. El término "ejecutivo", por extensión, puede aplicarse a diferentes relaciones laborales y profesionales.

En los programas de *Mentoring* participan colaboradores de alto potencial, usualmente ejecutivos jóvenes, quienes son guiados en su desarrollo por ejecutivos de mayor nivel y experiencia. En este programa los participantes –denominados "personas bajo tutoría"– reciben una completa guía para la adquisición de nuevos conocimientos, para conocer cómo moverse dentro de la organización y para desarrollar sus competencias. Un programa de *Mentoring* se extiende en el tiempo y está conformado por distintas etapas. La duración más frecuente oscila entre 3 y 7 años. Los programas de *Mentoring* pueden aplicarse en todo tipo de organización.

Si bien siempre que sea posible no utilizo palabras en otros idiomas, en este caso el nombre del Programa de *Mentoring* incluye palabras en inglés y español de uso frecuente. Además, el concepto *mentoring* se menciona en muchas obras sobre, por ejemplo, Recursos Humanos y desarrollo, en diferentes lenguas.

Mentoring puede definirse como la acción por la cual una persona de mayor experiencia ayuda y aconseja a otros, con menos experiencia, por un período.

La palabra *mentor*, que significa consejero o guía y se utiliza con frecuencia para designar a esa persona de mayor experiencia que lleva a cabo esa función de guía. En inglés y español, el término "mentor" se escribe de la misma manera.

El *mentoring* puede ser incluido dentro de los métodos de trabajo de la organización, en cuyo caso se denomina *Programa de mentoring* –o, por el contrario, como se explicara al inicio del capítulo, puede darse entre dos personas un relación de mentoring informal o desestructurado, sin por ello formar parte de un programa organizacional. En resumen, la idea de adicionar al término *mentoring* la palabra *programa* apunta a darle a este proceso de orientación una jerarquía diferente.

La expresión *mentoring informal* se utiliza cuando una persona asume el rol de mentor de otra y ésta lo acepta con agrado, sin ningún tipo de estructura organizacional ni control por parte de Recursos Humanos u otro directivo o superior. Dentro del concepto de *mentoring informal* podríamos citar aquellos casos donde una persona ayuda a otra en su crecimiento, por iniciativa de ambos participantes. En general, surge como consecuencia de una buena relación entre una persona con

© GRANICA

mayor experiencia que guía a otra de menor experiencia. Puede ser en el ámbito de una organización pero sin el apoyo institucional; es espontáneo, no reglado y puede no tener límite de tiempo, incluso extendiéndose a lo largo de toda la vida laboral de los involucrados.

Otras de las características que definen los Programas de *Mentoring* son:

- El mentor y la persona bajo tutoría siempre pertenecen a la misma organización; puede darse el caso que uno de ellos pertenezca a otra empresa pero que integre el mismo grupo corporativo. Es decir, este rol no puede asumirlo una persona externa a la organización –por ejemplo, un consultor–, como sí puede darse en el *Entrenamiento experto*.

- Se trata de un programa cuyo alcance es de mediano a largo plazo.

- Cubre una serie de objetivos de carácter amplio y variado. Su enfoque es integral, abarca todos los temas relacionados con la carrera de la persona bajo tutoría, contemplando, al mismo tiempo, los objetivos organizacionales.

Los Programas de *Mentoring* pueden ser de diverso tipo:

- *Individual.* Es la modalidad más frecuente y se diseña para ayudar en el crecimiento a determinadas personas (usualmente jóvenes ejecutivos) de manera personalizada.

- *Presencial.* Como su nombre lo indica, en esta modalidad el contacto entre el mentor y la persona bajo tutoría se realiza en reuniones presenciales.

- *A distancia.* Si bien la tecnología permite la aplicación de numerosas buenas prácticas "a distancia", en este caso en particular no se considera adecuada esta modalidad –es decir, que el programa carezca de encuentros presenciales.

- Una mezcla de ambas modalidades (presencial y a distancia) parece ser la opción más adecuada cuando los involucrados trabajan y/o viven en lugares distantes entre sí.

- *Grupal.* La opción grupal es de amplia aplicación, por ejemplo, cuando una organización ha implementado un programa numeroso de jóvenes profesionales u otras situaciones similares. Sin embargo, será ideal que se incluya dentro del diseño alguna instancia individual, es decir, que la persona bajo tutoría tenga la posibilidad de recibir –aunque no sea de manera frecuente– una orientación más personalizada de parte de su mentor.

- *Mixto*. Práctica organizacional que intercala dos variantes: *mentoring* individual y grupal. Este tipo de práctica se utiliza, generalmente, cuando un mentor tiene varios programas individuales a su cargo y combina la realización de reuniones individuales y grupales con las personas bajo tutoría.

Las principales etapas de un Programa de *Mentoring* son:

1. Objetivos.
2. Diseño y planificación del programa de desarrollo. Apoyo de un consultor.
3. Elección de los mentores y las personas bajo tutoría. Armado de los "pares".
4. Reunión inicial del/los mentor/es con el consultor. Participación de los jefes.
5. Medición de competencias (y conocimientos, si corresponde).
6. Comienzo del Programa de *Mentoring*. Reunión inicial.
7. Realización del programa. Reuniones de seguimiento (foco, meseta).
8. Evaluación final.

Las etapas 1 a 5 son previas al inicio del programa y conforman los pasos necesarios para su diseño. De la etapa 6 a la 8 tiene lugar la realización del programa de *mentoring* en sí mismo, y es allí donde se establece la relación entre el mentor y la persona bajo tutoría.

En la figura siguiente se ilustra esta relación. Como puede apreciarse, la etapa más extensa es la denominada "foco", junto con la de "meseta" (etapa 7 y 8). La relación como "colegas" será permanente.

Los participantes de un programa de *mentoring* son el mentor y la persona bajo tutoría. En ocasione puede participar –además– un consultor como consejero de ambos.

La administración y el control del programa de *mentoring* debe ser llevados a cabo por un profesional del área de Recursos Humanos.

© GRANICA

Programa de *Mentoring*. La relación entre el mentor y la persona bajo tutoría

MESETA   COLEGAS

FOCO

INICIO

6 meses   2 a 5 años   6 meses   Sin plazo

Plazos indicativos

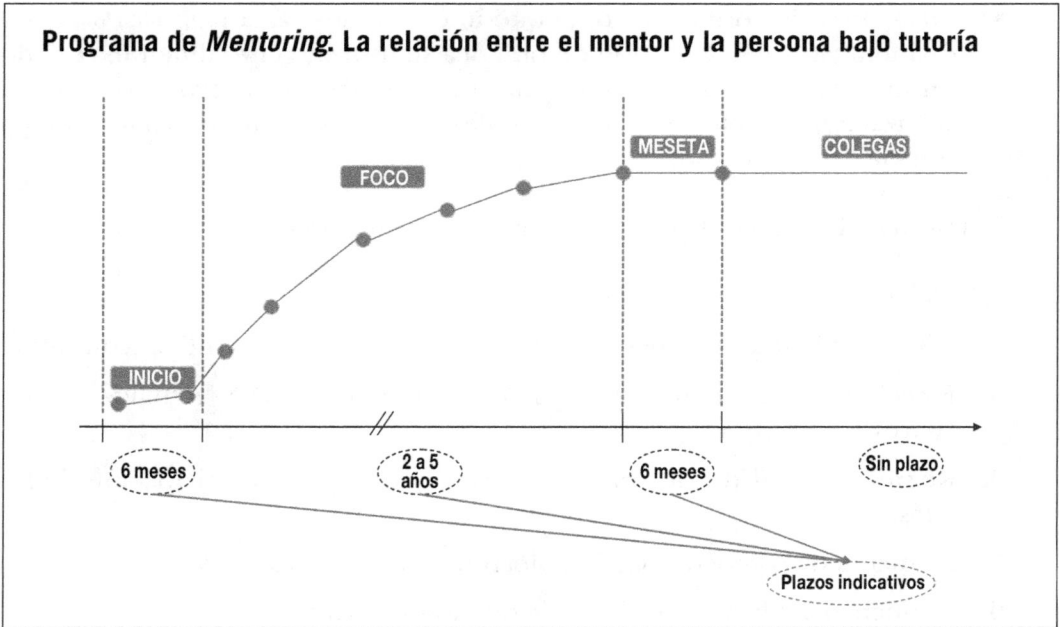

Otros programas organizacionales para el desarrollo de las personas

Si bien ya se han mencionado los distintos programas posibles en páginas previas, solo han descrito con detalle algunos de ellos. Entre los que no han sido tratados en detalle está el programa para jefes denominado *Jefe entrenador,* que es uno de los principales y, usualmente, por donde comienza la puesta en marcha de este tipo de programas.

Los programas para jefes –*Rol del jefe, Jefe entrenador, Delegación*, por nombrar los más conocidos– se llevan a la práctica utilizando el método *Codesarrollo*, que se expuso en el Capítulo 5.

Como ya se mencionara, en la obra *Construyendo talento*[29] se presentan programas para aprovechar la experiencia de los jefes. Mucho se habla, en el momento actual, sobre el concepto de *empresa sostenible o sustentable*. En relación con los recursos humanos, en nuestra opinión, una forma de hacer sostenible o sustentable una organización, respetando su esencia y valores, es trabajar de manera constante sobre los jefes, entendiendo que el término "jefe" es un concepto con el cual se

---

29 Alles, Martha. *Construyendo talento*. Ediciones Granica, Buenos Aires, 2009.

representa a todos los niveles de supervisión, desde el número 1 de la organización (CEO, gerente general o dueño a cargo de la conducción) hasta el colaborador de menor nivel que cuente con otros bajo su mando o supervisión.

Los jefes, así definidos, son los que mantienen una relación diaria y cotidiana con los colaboradores, los que los guían y orientan, y quienes conocen sus problemas y circunstancias, aun algunos de tipo personal.

Si una organización desea comunicar una nueva visión, una estrategia o un cambio de rumbo, los comunicadores por excelencia serán los jefes de todos los niveles.

Si una organización debe afrontar una crisis de cualquier índole –aun un crecimiento que, siendo positivo, implique cambios de fondo–, los jefes serán el apoyo fundamental para lograr un resultado positivo. También serán ellos los actores principales en el desarrollo de sus colaboradores, en relación con todos los temas de esta obra. Los jefes serán los actores principales de un modelo diseñado para *construir talento*.

¿Cómo llevar adelante esta idea? A través de todos los programas que han sido descritos en páginas previas y, fundamentalmente, a partir de uno de ellos en particular, el ya mencionado *Jefe entrenador*. ¿Qué implica este programa? El desarrollo en todos los jefes de la competencia *Entrenador*[30]. Cuando esto se logra, la organización en su conjunto y en el día a día se habrá transformado en una comunidad de aprendizaje. Unos y otros, jefes y colaboradores, aprenderán de los aciertos y errores, de manera conjunta y productiva.

En resumen, en materia de entrenamiento es posible identificar tres opciones: *Entrenamiento experto, Mentoring* y *Jefe entrenador*. Es este último programa el más aconsejable e imprescindible en el contexto actual, incluyendo en este análisis las nuevas generaciones, como se expusiera en otra obra, *Social media y Recursos Humanos*[31].

Como puede apreciarse en el gráfico de la página siguiente, el programa *Entrenamiento experto*, con plazos y objetivos determinados, puede ser de tipo interno o externo. *Mentoring*, en cambio, es un programa organizacional de más largo aliento y objetivos múltiples, y *Jefe entrenador* es de tipo continuo y abarca a todos los jefes de la organización.

---

30 Definición de la competencia *Entrenador*: capacidad para formar a otros tanto en conocimientos como en competencias. Implica un genuino esfuerzo para fomentar el aprendizaje a largo plazo y/o desarrollo de otros, más allá de su responsabilidad específica y cotidiana. El desarrollo a lograr en otros será sobre la base del esfuerzo individual y según el puesto que la otra persona ocupe en la actualidad o se prevé que ocupará en el futuro. Fuente: Alles, Martha. *Diccionario de competencias. La trilogía. Tomo I*. Ediciones Granica, Buenos Aires, 2009.

31 Alles, Martha. *Social media y Recursos Humanos*. Ediciones Granica, Buenos Aires, 2012. Ver especialmente el Capítulo 2, *Un nuevo estilo de liderazgo*.

© GRANICA

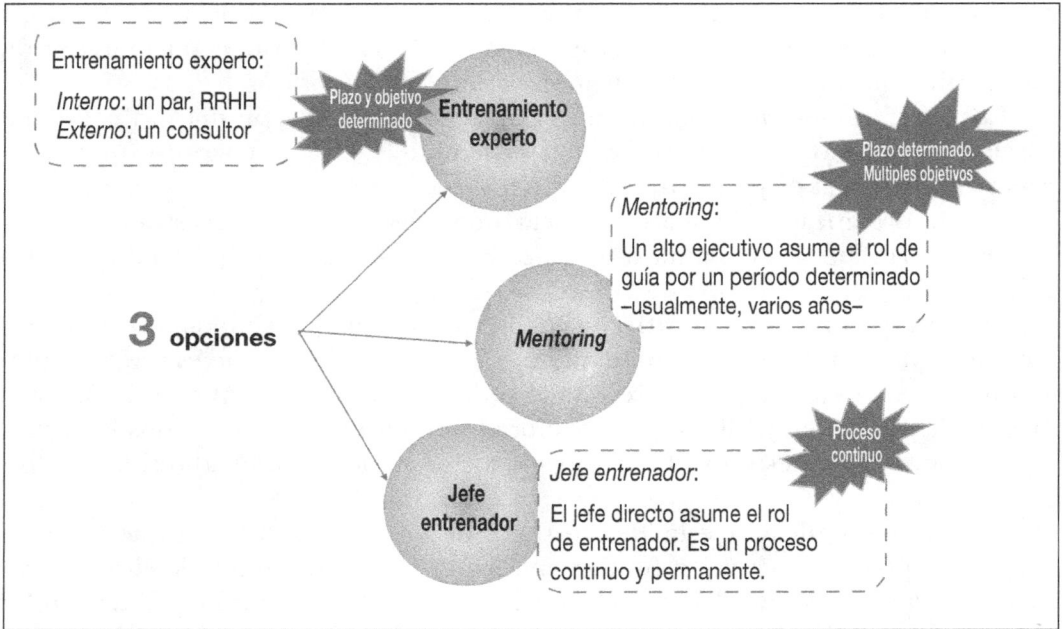

La capacidad para ser mentor, entrenador experto y jefe entrenador es *desarro-llable*. Muchas personas poseen esta capacidad de manera natural, y otros deben *aprenderla*; sin embargo, aun aquellos que *naturalmente son mentores o entrenadores de otros* pueden mejorar o potenciar esta capacidad.

Otro aspecto interesante, que el lector debe tomar en cuenta, es que los tres programas referidos son variantes de un método conocido como *entrenamiento*, o bien han sido diseñados sobre la base de este concepto.

Para reforzar la idea que sostenemos desde hace tiempo en diferentes obras, conferencias, seminarios y otras exposiciones de tipo público, hemos adicionado a *entrenamiento* una palabra, *experto*. Entendemos que para un más eficaz desarrollo de las capacidades de las personas, tanto en conocimientos como en competencias, es necesario el *Entrenamiento experto*.

Entrenamiento experto, como programa organizacional para el aprendizaje, implica que a través de una relación interpersonal, una persona con mayor conocimiento o experiencia en un determinado tema lo transmite a otro. Los objetivos son específicos y el plazo, acotado (usualmente, unos pocos meses).

Cada uno de los participantes del programa cumple un rol: entrenador o aprendiz. Un entrenador podrá tener a su cargo varios aprendices; sin embargo, en todos los casos brindará su entrenamiento de manera personalizada e individualmente.

El entrenador designado puede ser una persona externa o de la misma organización, diferente a su jefe directo, cuando este, por alguna razón, no puede servir de guía y apoyo. Cuando el entrenador es el propio jefe, nos encontramos en una práctica distinta, a la que nos referiremos en el punto siguiente.

Para que el *Entrenamiento experto* sea eficaz, además de lo expuesto debe darse que el entrenador posea la capacidad de transmitir ese conocimiento o competencia. Esto último puede suplirse con formación específica. Sin embargo, si la persona a cargo del entrenamiento no posee el conocimiento o la competencia a desarrollar (como sucede en muchos casos), aunque tenga habilidades de entrenador no podrá ser un *entrenador experto*.

Por último, es importante destacar que todos los programas de desarrollo mencionados implican una forma muy eficaz de motivar a los colaboradores. Un mentor, un entrenador experto, un jefe entrenador que verdaderamente ayude en el crecimiento a un joven ejecutivo formará parte de los mejores recuerdos de este a lo largo de su vida profesional y laboral.

Del mismo modo, brindan alta satisfacción a los que a lo largo de su carrera han colaborado en el desarrollo de otros, aun cuando en algún momento se haya recibido como "pago" alguna ingratitud; incluso en esa circunstancia no deseada, ver el desarrollo de personas a las que en el pasado se ayudó a crecer, da satisfacción. Muchos mentores han reconocido, además, que el contacto frecuente con los receptores del programa de *Mentoring* (usualmente más jóvenes que ellos) les permite estar en una fructífera vinculación con las nuevas generaciones, y esto representa para ellos una fuente de enriquecimiento personal.

Además de los beneficios para mentores, entrenadores y jefes receptores del *Mentoring* (o del entrenamiento), ya mencionados, para la organización en su conjunto también se pueden mencionar una serie de factores sumamente positivos: desde una efectiva comunicación de la historia, cultura, misión y visión de la organización, hasta la retención de colaboradores y la reducción de los costos de selección de nuevos integrantes.

Diferencias y similitudes entre los programas *Mentoring*, *Entrenamiento experto* y *Jefe entrenador*

Usualmente, en el uso cotidiano, se utilizan como sinónimos palabras como *mentor* y *entrenador*. Sin embargo, cuando empleamos estos términos en función de programas organizacionales, si bien pueden compartir aspectos similares registran importantes diferencias.

© GRANICA

Aspectos que los diferencian

Un programa de *Mentoring* tiene como propósito desarrollar a futuros gerentes y directivos, y el mentor no posee una relación directa con el quehacer cotidiano de las personas bajo programa. Los resultados esperados son a mediano y largo plazo.

Los programas de *Entrenamiento experto* tienen un objetivo concreto, usualmente vinculado al desarrollo de una capacidad específica (conocimiento o competencia). Los resultados esperados son de corto plazo. El entrenador puede ser un integrante de la misma organización, o un consultor externo.

El rol de entrenador que asume un jefe (bajo el programa *Jefe entrenador*) se desarrolla al mismo tiempo que se llevan a cabo las tareas habituales que cada uno debe realizar, permitiendo una mejor consecución de los objetivos organizacionales.

Aspectos similares

Los tres programas desarrollan las capacidades del colaborador y ayudan a su crecimiento en el ámbito organizacional y personal.

Características distintivas de cada uno

Comprender las diferencias y las bondades de cada uno de estos programas permitirá la correcta elección del que resulte más adecuado en cada caso.

Nuestra sugerencia, como ya se expresara, pensando en el mediano y largo plazo y en el crecimiento sostenido de las organizaciones, es el desarrollo de la competencia *Entrenador* en todos los jefes. De este modo la organización en su conjunto se transformará en una organización "que aprende", no en un momento en particular, sino en el día a día y a lo largo de toda su existencia.

Mentoring	Entrenamiento experto	Jefe entrenador
El mentor es un directivo de la organización, de mayor nivel que la persona bajo tutoría, con larga experiencia y conocimiento respecto de la organización y del puesto de trabajo del colaborador al que debe ayudar en su desarrollo. Su papel consiste en guiar, mostrando, explicando, indicando lo que se debe hacer y lo que debe evitarse. El principio de este aprendizaje consiste en seguir el modelo que el mentor representa en ese ámbito.	El entrenador será, en todos los casos, un experto en el tema específico objeto del entrenamiento. Puede ser una persona de la misma organización o de fuera de ella. Del mismo modo, puede ser de un nivel superior o no. El plazo en el que se llevará a cabo al programa debe ser definido, y usualmente se trata de unos pocos meses.	Un programa de *Jefe entrenador*, si bien tiene similitudes con los programas de *Mentoring* y *Entrenamiento experto*, posee a su vez grandes diferencias con ambos. El jefe directo de los colaboradores, en contacto cotidiano con ellos, los guía en el desarrollo de sus capacidades (conocimientos y competencias) para el mejor desempeño de sus funciones y tareas.

Los jefes en general –y me incluyo–, generalmente hemos sido designados para ejercer este rol sin ninguna preparación previa; por ello nuestra recomendación es comenzar a trabajar con los jefes partiendo de explicar a cada uno en qué consiste ser jefe. A esta temática la hemos denominado *Rol del jefe*.

Planes para jefes como una vía para transferir y transmitir cultura

Estos planes consisten en acciones programadas para el desarrollo de las capacidades de un cierto grupo de personas, según los programas internos que la organización haya implementado. Se sugiere ver más arriba, en este mismo capítulo, *Mapa y ruta de talentos*.

Los distintos programas para el desarrollo de personas se combinan con planes individuales de desarrollo que, en todos los casos, contemplan conocimientos, competencias y experiencia.

Los *planes individuales como una vía para transferir y transmitir cultura* tienen relación con los programas *Mentoring, Entrenamiento experto* y *Jefe entrenador*. En la mayoría de los casos el foco está en aprovechar la experiencia de los jefes para transferir cultura organizacional. Si bien tanto la cultura como la experiencia siempre están presentes, a través de estos programas se persigue un aprovechamiento productivo de ambas, con un enfoque *ganar-ganar*, es decir, que sea bueno tanto para los involucrados como para la organización en su conjunto.

Obras de Martha Alles relacionadas con este capítulo

Las temáticas de desarrollo de personas y formación se han tratado en varias de mis obras: *Desarrollo del talento Humano. Basado en competencias; Codesarrollo. Una nueva forma de aprendizaje; Construyendo talento*.

En *Social media y Recursos Humanos* se trata la temática de las nuevas generaciones, y entre otros aspectos, su desarrollo en el ámbito profesional. También, la obra expone la temática de formación y desarrollo utilizando las nuevas tecnologías sociales.

La cuestión de desarrollo también es mencionada en *Comportamiento organizacional, 5 pasos para transformar una oficina de personal en un área de Recursos Humanos*.

Los interesados en conocer más sobre las competencias *Entrenador, Conducción de personas (Delegación), Empowerment, Liderazgo para el cambio, Liderazgo ejecutivo*, entre otras, pueden remitirse a los siguientes libros: *Diccionario de competencias. La trilogía. Tomo I; Diccionario de comportamientos. La trilogía. Tomo II*, y *Diccionario de preguntas. La trilogía. Tomo III*.

© GRANICA

Para temas relativos a liderazgo, referidos a la formación de jefes de todos los niveles, existe una colección específica integrada por los siguientes títulos: *Rol del jefe; 12 pasos para ser un buen jefe; 12 pasos para transformarse en un jefe entrenador; 12 pasos para delegar efectivamente; Conciliar vida profesional y personal. Dos miradas, organizacional e individual; 12 pasos para conciliar vida profesional y personal. Desde la mirada individual.*

En relación con estos temas, también puede consultarse la obra *Cómo llevarme bien con mi jefe,* de la colección Bolsillo.

Por último, y como una síntesis de toda la obra, son de vital importancia los siguientes títulos: *Diccionario de términos de Recursos Humanos,* y *Las 50 herramientas de Recursos Humanos que todo profesional debe conocer.*

Síntesis del capítulo

- Las buenas prácticas de Recursos Humanos comienzan por implementación de los subsistemas de RRHH: *Análisis y descripción de puestos; Atracción, selección e incorporación de personas; Evaluación de desempeño; Remuneraciones y beneficios; Desarrollo y planes de sucesión; Formación.* Las buenas prácticas señalan una serie de programas organizacionales para el desarrollo de personas que integran la organización.

- Las organizaciones de todo tamaño necesitan un modelo sistémico para el desarrollo de personas, como el *Modelo para construir talento organizacional.*

- En los programas de desarrollo, en las promociones y otras situaciones análogas, existe un error frecuente: si una persona es buena en su puesto de trabajo, se piensa que puede ser promovida a un puesto superior, ser automáticamente un reemplazo de su jefe, etc. Esto puede ser así, o no. No hay una regla fija al respecto. Para una correcta evaluación, se debe comparar la última medición de desempeño de la persona que se desea designar para otro puesto, con lo requerido por dicha posición, no con su puesto actual.

- Si una organización cuenta con miles de colaboradores será necesario contar con una plataforma informática para procesar toda la información, incluyendo la relacionada con los programas de desarrollo. Sin embargo, lo esencial es el contenido y lo accesorio es la tecnología, no a la inversa.

- Los distintos programas se relacionan entre sí. Unos abastecen de personas formadas a otros programas que las necesitan preparadas para ocupar puestos en un futuro, y otros diferentes potencian a los primeros y segundos.

- Los *Planes de sucesión* constituyen uno de los programas organizacionales para el desarrollo de personas. Mediante ellos: 1) se reconocen puestos clave; 2) luego se identifican posibles participantes del programa y se los evalúa; 3) a continuación se designan posibles sucesores de otras personas que ocupan los mencionados puestos claves, sin una fecha cierta de asunción de las nuevas funciones. En los *Planes de sucesión* es posible designar a más de un posible sucesor para cada puesto clave. En estos casos se determina, además, cuál de ellos es, en principio, la primera opción.

- Los *Planes de sucesión* tienen una cierta similitud con los *Diagramas de reemplazo*. La diferencia más significativa es que en los *Planes de sucesión* no se definen plazos para la asunción del nuevo puesto.

- Los *Diagramas de reemplazo* son uno de los programas organizacionales para el desarrollo de personas –y el de mayor relevancia–. Sería, además, aquel por el cual comenzar, en el caso de no tener aun programas internos de esta índole. Implica: 1) reconocer los puestos clave; 2) identificar posibles participantes del programa y evaluarlos; 3) designar posibles reemplazos (sucesores) pero solo para aquellas personas que ocupando puestos claves tienen una fecha cierta de retiro (usualmente por la edad del ocupante del puesto, aunque puede darse por otras razones, por ejemplo, el traslado programado a otro país).

- Para todos los participantes de los diferentes programas de desarrollo de personas se confeccionan planes de formación que coordina el área de Recursos Humanos. Estos planes incluyen actividades sobre conocimientos, competencias y experiencia. En el caso de los *Diagramas de reemplazo*, en los meses previos a asumir las nuevas funciones (etapa de *formalización*) el designado reemplazo comenzará a interiorizarse sobre el nuevo puesto.

- Los *Planes de carrera* implican el diseño de un esquema teórico sobre cuál sería la carrera dentro de un área determinada para una persona que ingresa a ella, usualmente desde la posición inicial. Con este fin se definen los requisitos para ir pasando de un nivel a otro, que conformarán los pasos a seguir por todos los participantes del programa. Los *Planes de carrera* pueden diseñarse *interáreas*. Es decir, la carrera se realiza recorriendo diversas áreas de la organización con un diseño estándar de carrera perfectamente definido.

- Los *Planes de carrera* hacen referencia a un tipo particular de programa de desarrollo de personas y se sugiere para colectivos numerosos dentro de una misma especialidad, donde muchas personas ocupan puestos similares, y lo más frecuente es la incorporación de personas con poca o ninguna experiencia.

- *Mentoring* es un programa organizacional estructurado, de varios años de duración, mediante el cual un ejecutivo de mayor nivel y experiencia ayuda

© GRANICA

a otro en su crecimiento. Los actores de este programa son el mentor y la persona bajo tutoría.

- Mentor: consejero o guía; persona de mayor experiencia que ayuda y aconseja a otros, con menos experiencia, por un período de tiempo. Persona bajo tutoría: individuo que participa de un programa de *Mentoring.*

- Un mentor debería ser una persona no relacionada con el día a día de la persona bajo tutoría, e, idealmente, ubicada fuera de la línea de mando, a fin de no estar involucrado directamente con las responsabilidades y tareas específicas del puesto de trabajo del participante del programa.

Para cada uno de los capítulos de esta obra hemos preparado casos prácticos y/o ejercicios orientados a lograr una mejor comprensión de los temas tratados en cada uno de ellos. El lector podrá encontrarlos en **Dirección estratégica de Recursos Humanos. CASOS.**

PARA TODOS LOS LECTORES

Se encuentra disponible en formato digital un Anexo donde se ha realizado un análisis detallado de libros y subsistemas que complementa las temáticas abordadas en esta obra.

PARA PROFESORES

Para cada uno de los capítulos de esta obra hemos preparado:

☞ Material de apoyo para el dictado de clases.

Los profesores que hayan adoptado esta obra para sus cursos tanto de grado como de posgrado podrán solicitar de manera gratuita:

Dirección estratégica de Recursos Humanos. CLASES

Únicamente disponibles en formato digital:
www.marthaalles.com

o bien escribiendo a:
profesores@marthaalles.com

Capítulo 8

Remuneraciones y beneficios

En este capítulo usted verá los siguientes temas:

- Administración de las remuneraciones y funciones del área
- Remuneraciones dentro de un modelo de Gestión por competencias
- Las distintas fuentes para conocer el mercado de remuneraciones
- Cómo compensar los puestos profesionales y gerenciales
- Remuneraciones variables
- ¿Qué es la puntuación de puestos?
- Algunos conceptos básicos sobre remuneraciones
- ¿Cuándo se incrementan los salarios?
- Tendencias en remuneraciones y beneficios
- Remuneraciones y la evaluación de desempeño

Administración de las remuneraciones y funciones del área

Basar la dirección estratégica de los recursos humanos solo en los aspectos económicos es un grave error, igual que desatenderlos. Con frecuencia, los programas de retención de empleados basados solo en la remuneración son de muy corto alcance.

Una visión adecuada de la relación empleador-empleado se nutre de una serie de circunstancias que van mucho más allá del monto que se percibe como salario. Sin embargo, las personas otorgan al dinero otros significados más allá del específicamente material; por ejemplo, como referencia de medición: si una persona recibe un salario más alto que otra, cabría suponer que es más valorada.

En resumen, la dirección estratégica de los recursos humanos es sistémica y requiere un diseño adecuado y armónico de todos sus subsistemas.

La remuneración debe estar intrincadamente relacionada con el personal y su rendimiento y con la visión y los valores empresariales que respaldan su rendimiento. Dos de los factores más importantes que influyen sobre el rendimiento y los resultados son el clima de la organización –sus valores y cultura– y sus prácticas de gestión, que incluyen la remuneración. Estos y otros conceptos son vertidos por Flannery y otros[1]. Estos autores describen el rol que las remuneraciones tienen en el presente y el que tendrán en el futuro, cuando por un lado faltará el trabajo para todos y por otro los perfiles serán más exigentes y difíciles de cubrir a todos los niveles.

Por lo tanto, remunerar adecuadamente debe ser un tema de preocupación de todos los directivos, entendiendo por remunerar adecuadamente a políticas uniformes, sin pagos discrecionales, que permitan a la empresa tener un adecuado margen de ganancias junto con un adecuado clima interno.

Para Renckly[2] la responsabilidad primaria de la "función Compensaciones" es el estudio y análisis de salarios, sus revisiones y comparación estadística con el mercado. Esto es asegurarse el pago equitativo dentro de la compañía manteniéndola competitiva en reclutamiento, contratación y retención del personal capacitado.

Si la compañía tiene un programa formal de remuneraciones esa área tendrá además las siguientes responsabilidades: analizar y evaluar los puestos, sus obligaciones, requerimientos y responsabilidades así como escribir y mantener

---

1　Flannery, Thomas; Hofrichter, David y Platten, Paul. *Personas, desempeño y pago.* Paidós, Buenos Aires, 1997.
2　Renckly, Richard G. *Human Resources.* Barron's, New York, 1997.

actualizadas las descripciones de puestos para todos los distintos puestos de la organización.

Es muy importante recalcar un concepto que se verá con frecuencia al hablar de remuneraciones: por un lado el pago equitativo y por otro mantener la compañía competitiva.

Si partiéramos del supuesto que para ser competitivos en materia de remuneraciones se decidiera pagar salarios por sobre el mercado, más allá de lo que la lógica nos indica como razonable, no se cumplirían los dos conceptos, ya que se pondrá a la empresa en riesgo de dejar de ser competitiva comercialmente. En efecto, al pagar sueldos excesivos, la ecuación de costos la obligaría a tener precios no competitivos que la dejarían fuera del mercado, lo que eventualmente podría hacerla quebrar. Desde ya, planteé una situación un tanto exagerada. No obstante, la gestión de Recursos Humanos se ve muchas veces enfrentada a situaciones difíciles que pueden hacer peligrar el negocio.

Para llevar a cabo las tareas en relación con las remuneraciones es necesario contar con herramientas tales como:

1. un programa para la liquidación de jornales y salarios;

2. un sistema de valuación de puestos;

3. ordenadores y el software necesario;

4. encuestas de mercado.

¿Qué es una política de remuneraciones? La síntesis de tres dificultades y un objetivo, según los autores Cristian Bourreau y Gerad Mignotte[3]:

- *Una dificultad económica: el mercado de trabajo.*

- *Una dificultad de gestión: la evaluación de los puestos.*

- *Una dificultad de gestión individual: apreciación del óptimo rendimiento.*

- *El objetivo se enuncia muy simplemente. Se trata de atraer, retener y motivar a los asalariados que la empresa necesita.*

Por un lado se mencionan como una herramienta necesaria para el adecuado manejo de las remuneraciones las encuestas de mercado y se menciona como una

---

3   Weiss, Dimitri y colaboradores. *La función de los Recursos Humanos*, tomo II. CND Ciencias de la Dirección, Madrid, 1993, capítulo "Política de remuneración".

© GRANICA

dificultad económica el mercado de trabajo. ¿Por qué? La referencia al mercado de salarios y al mercado de trabajo es ineludible. En países con alta demanda de trabajadores y, también, con alto desempleo. En este último caso, no obstante la aparente alta disponibilidad de mano de obra, que puede desprenderse de una mirada fría sobre un índice, esto puede tener una diferente incidencia sobre las remuneraciones.

Dividiremos en forma arbitraria el mercado en dos niveles a los únicos efectos de explicar la idea antedicha.

- Personal de base (sin calificación específica): este personal puede, eventualmente, estar desocupado. Por lo tanto sería más fácil para la empresa fijar unilateralmente el salario a abonar. En este supuesto hay que tener en cuenta que si el personal ha pasado un largo período de desempleo será altamente probable que necesite un fuerte entrenamiento antes de ponerlo operativo para la tarea.

- Personal profesional altamente calificado: este personal seguramente estará empleado; eventualmente, buscará un mejor trabajo.

Por lo tanto no es cierto que frente a un contexto de alto desempleo las empresas "puedan pagar cualquier salario" o pagar salarios bajos. El problema es más complejo.

Función del área de Remuneraciones

En base a lo explicado en el punto anterior, la función del área de Remuneraciones o la función de un área de Recursos Humanos con relación a las remuneraciones del personal son el estudio y análisis de:

- salarios;
- revisiones de salarios y políticas de beneficios;
- información estadística.

Debe asegurarse el pago equitativo dentro de la organización manteniéndola competitiva con relación al mercado (en reclutamiento, contratación y retención del personal calificado).

Política retributiva

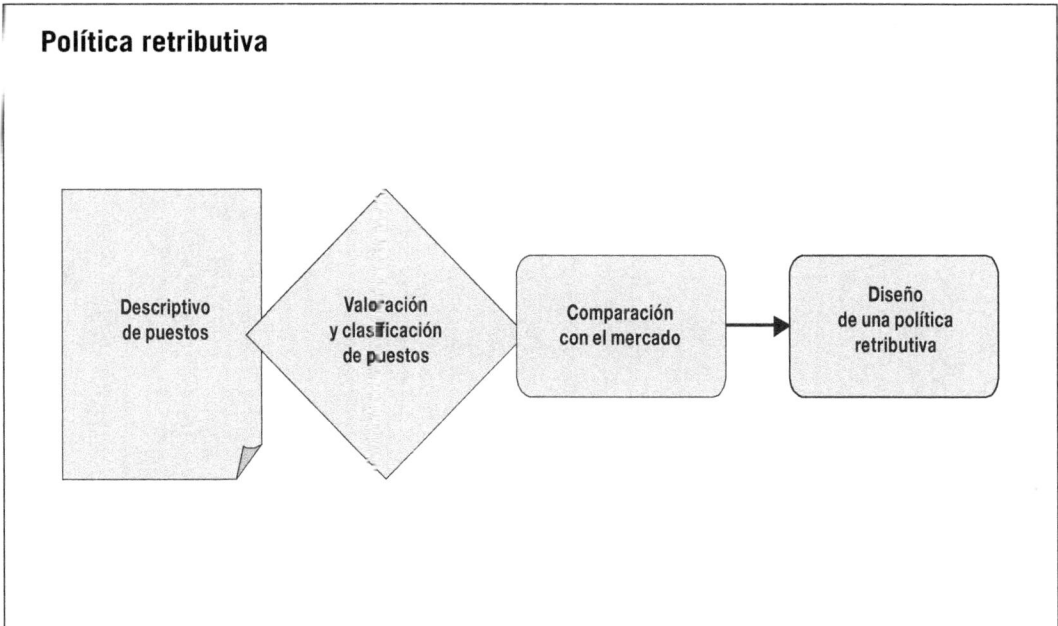

La política retributiva debe ser objetiva, por ello las distintas herramientas que maneje el área deben coadyuvar a implementar criterios cuantificables que garanticen la equidad de las remuneraciones. Como hemos visto en el Capítulo 3, la descripción de puestos es la base de una política de retribuciones. A partir de los descriptivos de puestos es posible puntuar y valorar cada posición.

La política retributiva debe asegurar la equidad interna por medio de fijar las remuneraciones en función de los descriptivos de puestos, que para ello deben ser valuados y clasificados. Una vez que se asegure la equidad interna será necesario establecer una comparación con el mercado. Con estos elementos es factible fijar una política de compensaciones adecuada a la organización (ver gráfico más arriba).

La función de Remuneraciones se relaciona con todas las funciones de Recursos Humanos pero tiene una directa vinculación con dos de ellas: la *Descripción de puestos* y la *Evaluación de desempeño* (ver gráficos en la pagina siguiente).

© GRANICA

Relación con otras funciones de Recursos Humanos

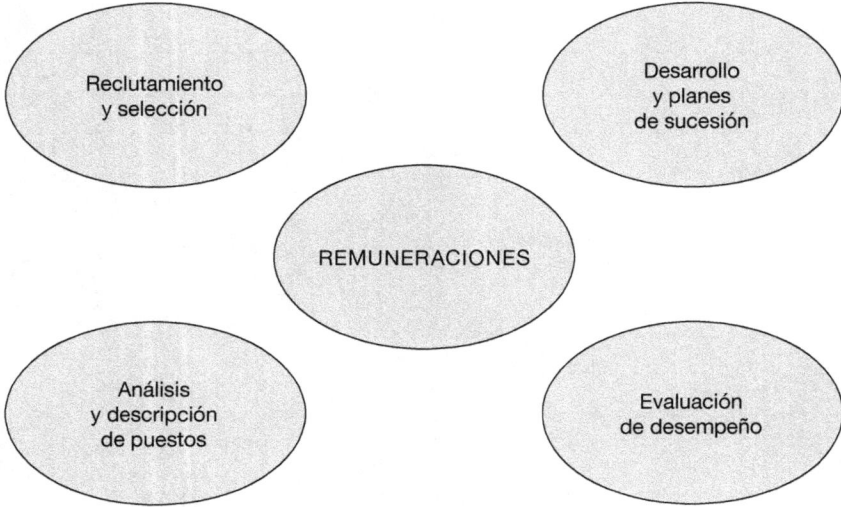

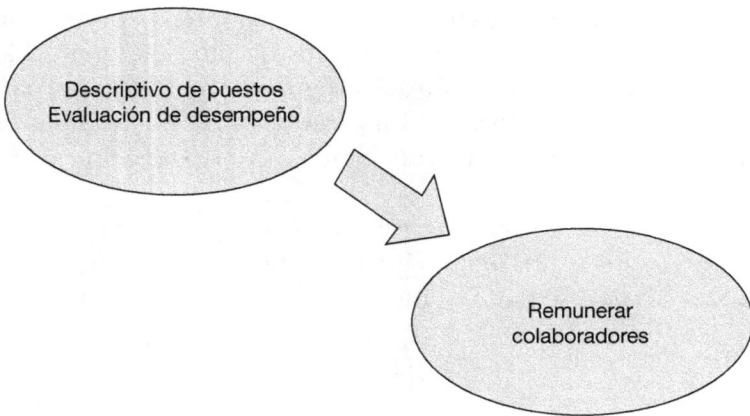

Reclutamiento
y selección

Desarrollo
y planes
de sucesión

REMUNERACIONES

Análisis
y descripción
de puestos

Evaluación
de desempeño

Relación con otras funciones de Recursos Humanos

Descriptivo de puestos
Evaluación de desempeño

Remunerar
colaboradores

La remuneración dentro de su contexto

Mercado externo

Organización   Individuo

Mercado externo   Cultura
                               y valores
                               de la empresa   Mercado externo

Desempeño

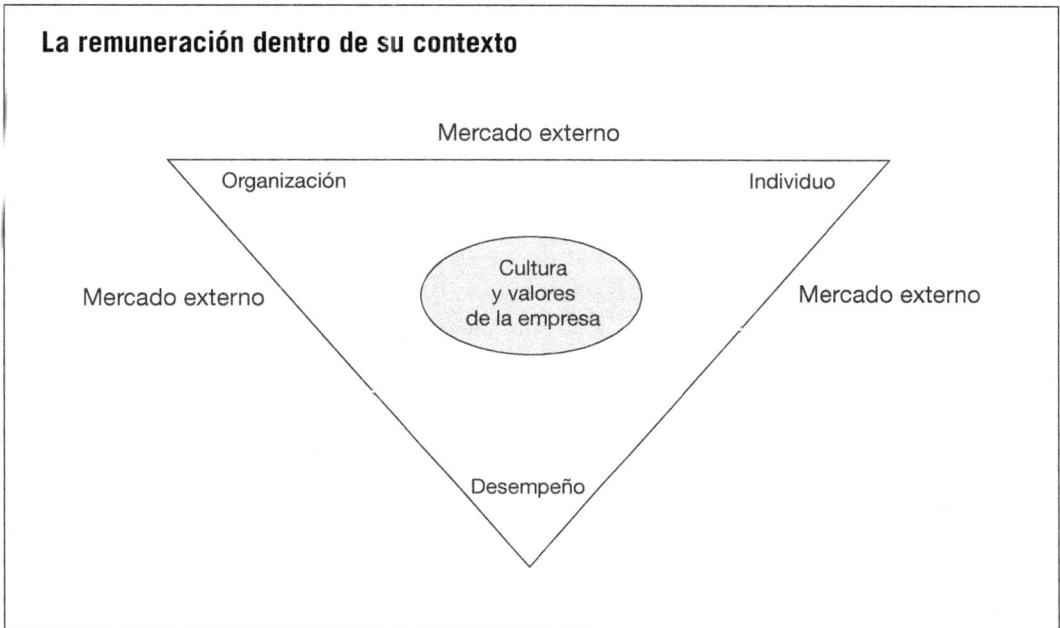

La remuneración debe estar además en estrecha relación con el contexto externo y con la situación de la empresa, sus objetivos a corto y mediano plazo y la cultura de la misma.

El análisis del esquema de remuneraciones de una compañía tiene dos momentos claves en su comparación con el mercado externo: cuando debe buscar un nuevo colaborador en el mercado y cuando realiza encuestas de remuneraciones. Lo aconsejable es realizar estas últimas con alguna periodicidad para no sorprenderse cuando ocurre el primero de los momentos clave mencionados.

A su vez, dentro del marco de la organización la remuneración de un individuo estará en relación con su propio desempeño, pero siempre dentro del marco de la misma organización. Es decir que si una persona ha tenido un desempeño muy bueno, su remuneración estará igualmente sujeta al resultado final de la empresa. Muchas compañías no otorgan beneficios extras como *bonus* o no consideran eventuales aumentos a la nómina si no han tenido ganancias en el ejercicio.

© GRANICA

¿Cómo implementar un esquema de remuneraciones?

Cuando una organización no tiene un esquema de remuneraciones es posible que tampoco tenga implementados otros procesos relativos al área. Los pasos a seguir son:

1. Realizar un análisis y descripción de puestos de la empresa o del sector que se quiere analizar, e implementar un esquema de remuneraciones. Muchas veces las compañías inician estas tareas con algún sector para luego implementarlas en toda la organización.

2. Evaluar los puestos en grado de importancia para la organización. Es muy importante no guiarse por los nombres de los puestos. Por el contrario, se deben considerar las responsabilidades de cada uno; si este aspecto queda claro desde el inicio, será más sencillo el paso 4.

3. Clasificación de puestos para permitir la comparación entre las distintas áreas y funciones,

4. Estudiar valores y escalas de salarios. La comparación con el mercado permite al mismo tiempo cubrir dos objetivos: la comparación en sí misma y evaluar la lógica de la evaluación y clasificación que se hizo internamente de los puestos.

5. Establecer un rango por cada puesto. Este es el resultado final del trabajo.

En la obra *5 pasos para transformar una oficina de personal en un área de Recursos Humanos* se presenta un ágil y sencillo esquema para la fijación de remuneraciones en organizaciones medianas y pequeñas (ver gráfico en página siguiente).

Del autor al lector

Muchas compañías recurren a asesores externos para implementar nuevos esquemas de remuneración por dos razones igualmente importantes: el consultor –en general– cuenta con experiencia y está actualizado respecto de las últimas tendencias. La segunda razón es objetivizar los procedimientos dando –además– una imagen de imparcialidad al proceso.
Proceder de este modo evita los "ruidos" que ocasionará un nuevo sistema de remuneraciones.

Cinco pasos para determinar remuneraciones

I	Análisis y descripción de puestos
III	Clasificación de puestos
II	Evaluación de puestos
IV	Valores y escalas de salarios
V	Rango para cada puesto

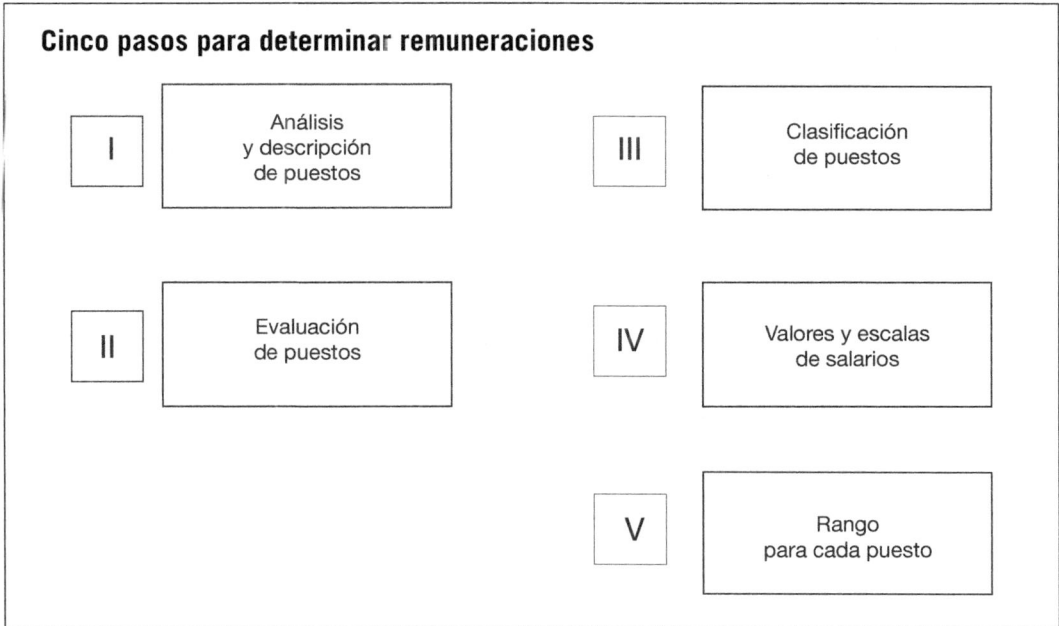

Al final del capítulo incluimos un listado de preguntas para responder por el responsable de Recursos Humanos antes de implementar o modificar la política retributiva ("Lista de verificación de planeamiento de remuneraciones").

Remuneraciones dentro de un modelo de Gestión por competencias

Si una empresa ha implementado un modelo de competencias (Capítulo 2) al ser sistémico, de un modo u otro, se relaciona con las remuneraciones.

Para aplicar *remuneraciones por competencias* –práctica muy controvertida para muchos especialistas y colegas– deben implementarse primero los otros procesos del modelo de competencias: descripción de puestos, selección, evaluación de desempeño, desarrollo de carreras y planes de sucesión, etc., y por último, remunerar por competencias.

Si se evalúa por competencias y a partir de estas evaluaciones se toman decisiones sobre el personal, tales como promociones y modificaciones salariales, o a partir de las evaluaciones se determinan remuneraciones variables, de este modo –indirecto– se estará remunerando por competencias.

© GRANICA

Un esquema global de Gestión por competencias

De todos modos y además de lo antedicho, si se evalúa por competencias es factible remunerar por competencias. En ese caso la remuneración en base a competencias focaliza las características individuales, competencias por debajo o por encima de lo que corresponde a esa posición.

Para Spencer[4] la remuneración basada en las competencias significa que esa persona debe ser recompensada por el desarrollo de las habilidades interpersonales y de influencia mediante la provisión de *bonus* de "remuneración por habilidad" por el desarrollo y la demostración de estas competencias.

Muchas empresas que aplican modelos de competencias no implementan el módulo de remuneraciones. Esta es la sugerencia más habitual que doy a nuestros clientes.

Explicaremos más adelante, dentro del punto "Remuneraciones variables", un cálculo teórico de compensaciones por competencias.

Como vimos en el Capítulo 4, el salario es un componente más del perfil. El mercado, por otra parte, ofrece mejores oportunidades y mejores salarios a los buenos empleados.

---

4   Spencer, Lyle M. & Spencer, Signe M. *Competence at work, models for superior performance.* John Wiley & Sons, Inc., New York, 1993, capítulo 18.

Del autor al lector

Para los interesados, será aconsejable implementar remuneración por competencias después de varios ejercicios de evaluación de desempeño por competencias. Una vez que se conozca en profundidad cómo observar comportamientos, requisito necesario para evaluar adecuadamente.

Adicionalmente, las personas que se necesitan para cubrir los puestos que la empresa requiere no necesariamente se encuentran entre los desempleados. Por el contrario, los perfiles más requeridos se encuentran entre aquellos que tienen trabajo y que –además– son "tentados" con nuevas oportunidades con frecuencia.

Como una contrapartida a esta necesidad de pagar buenos salarios y "salarios de mercado", las empresas deben fijar los precios de sus productos y/o servicios en un contexto cada vez más competitivo.

En teoría, el mercado laboral se maneja con las leyes de la oferta y la demanda como cualquier otro mercado. El asalariado se supone que es una persona que puede trasladarse de una empresa a otra para mejorar su situación laboral. La empresa, se supone también, tiene libertad para contratar, aumentar salarios y despedir personal. Como se sabe, si bien se habla de mercado laboral, ni la oferta ni la demanda se mueven de este modo. Ni unos ni otros, asalariados y empresa, se mueven aplicando en su totalidad las reglas del mercado.

No obstante, aun con limitaciones, las leyes de mercado operan también sobre el mercado laboral.

Las distintas fuentes para conocer el mercado de remuneraciones

Las fuentes de información sobre el mercado de salarios pueden ser varias y de diferente alcance.

- *Encuestas salariales.* Las más usuales se venden preelaboradas. Las encuestas salariales presentan distintos niveles de salarios de diferentes compañías dentro de una misma categoría de especialidad. No obstante, se debe tener en cuenta que ciertos puestos de la organización son *commodities* dentro del mercado laboral porque quienes los ocupan pueden desempeñarse en cualquier tipo de industria. Debe tenerse en cuenta esto para no equivocarse al leer este tipo de informes.

© GRANICA

Del autor al lector

Por ejemplo: una empresa se desenvuelve en un sector donde los salarios están deprimidos porque el mismo está en crisis. Usted está preocupado por los salarios de su personal y realiza una encuesta entre empresas de su mismo rubro. Es lo más correcto. Pero debe tener en cuenta que los especialistas en informática y su contador pueden encontrar trabajo en una empresa de otra actividad, porque su especialidad no se relaciona en forma directa con la industria. Usted quizá no pueda hacer nada al respecto, es cierto, pero debe saberlo.

- *Firmas similares.* Una de las mejores formas de determinar los niveles salariales es establecerlos de acuerdo con los salarios que se ofrecen en organizaciones similares dentro de la misma región geográfica.

- *Candidatos para un puesto.* Otro modo de expandir su conocimiento salarial es en los momentos en que se encaran búsquedas y se entrevistan varios candidatos para un puesto.

Factores para considerar al evaluar remuneraciones. Los factores que debe considerar cuando establece los niveles de remuneración son:

1. las capacidades requeridas para la posición;

2. la experiencia requerida para la posición;

3. escasez o abundancia de candidatos apropiados;

4. remuneraciones para posiciones similares dentro de la compañía;

5. condiciones laborales especiales;

6. otros conceptos que integran la remuneración, como ser distintos incentivos o remuneraciones variables;

7. beneficios no monetarios.

Cómo establecer niveles de remuneración

Las empresas evolucionan y cambian con el tiempo, por lo tanto las políticas sobre remuneraciones, así como sobre otros temas de Recursos Humanos, pueden ser modificados.

Remuneraciones. Valores de mercado

Rango superior

4to cuartil

3er cuartil

2do cuartil

1er cuartil

Rango inferior

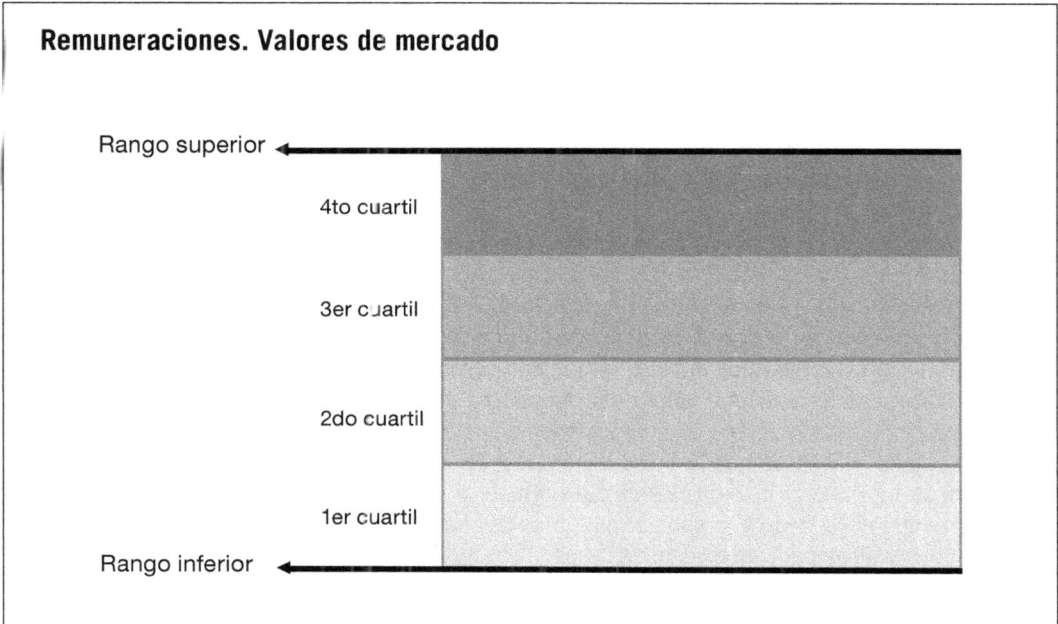

El mercado de remuneraciones puede segmentarse de acuerdo al gráfico precedente.

Las organizaciones que definan posicionarse en el primer cuartil, por ejemplo, deberán estar muy seguras sobre cómo motivar al personal con elementos diferentes a la remuneración o bien asumir el riesgo de alta rotación. Esto a su vez se relaciona con el grado de entrenamiento del personal, ya que si éste es muy alto, complejo o difícil de obtener, el riesgo será mayor. Hay compañías, como las cadenas de comidas rápidas, que tienen asumida una alta rotación de personal en el segmento de personas que atienden los locales. En este caso la alta rotación no refleja un problema sino una característica asumida.

Más allá de estos posicionamientos las compañías deben afrontar diferentes dificultades, una de ellas, remunerar según cada puesto.

Ciertos métodos permiten puntuar los diferentes puestos de una organización. También, otros más sofisticados realizan la puntuación de los puestos dentro de una compañía y luego los relacionan con la puntuación de otras, lo cual permite una rápida comparación de salarios dentro de todas empresas que compartan dicho método.

© GRANICA

Del autor al lector

¿Qué debe hacer una compañía cuando un ejecutivo senior, una persona clave dentro de esa empresa, es "tentada" por otra que ofrece pagarle un salario más alto o un paquete[5] de compensaciones anuales más elevado? En mi opinión, nada, solo dejarlo ir. Pero no siempre es así.

Es frecuente que las compañías negocien y retengan al empleado que recibe una oferta de trabajo.

¿Por qué digo que no es aconsejable negociar? Por varios motivos. El empleado especulador "usa" estas situaciones para obtener un beneficio personal, un aumento o ascenso rápido, por un camino poco ético. El empleado sorprendido por la situación, que no actuó especulativamente, pensará: *Ahora que tengo una oferta de otra empresa se acuerdan de aumentarme el sueldo...* Los otros empleados de la empresa quedarán dolidos y, téngalo en cuenta, nada le asegura que la persona en cuestión no lo vuelva a hacer. Conocemos casos en que se ha negociado varias veces para retener a esa persona clave, resintiendo –inevitablemente– al resto de la organización. Unos con sentimientos negativos hacia la persona "retenida" y otros pensando en hacer ellos lo mismo en la primera oportunidad que se les presente. Usted podrá decirme que los negocios mandan y que en ocasiones es lo que debe hacerse, y quizá tenga razón. Pero si eso es así deberá asumirse el problema y de alguna manera hacer saber a la empresa que esa no es una política sino una verdadera excepción. En resumen, no es una buena política de Recursos Humanos.

Cómo compensar los puestos profesionales y gerenciales

Según Flannery y otros[6], *para aprovechar al máximo su valor, las estrategias de compensación no monetaria, como los otros programas en efectivo, se deberían compatibilizar con las metas y estrategias empresariales y con las culturas laborales de la organización. El primer paso en esa compatibilización es comprender de qué manera han evolucionado los beneficios, como otros aspectos de la organización.*

En general es complejo remunerar niveles gerenciales. Las organizaciones que desean retener a su personal se preocupan por implantar métodos de remuneración adecuados, pero, por ejemplo, la comparación con el mercado puede no ser

---

5   En el lenguaje común se utiliza el término "paquete de remuneración" para referirse a la sumatoria de compensaciones anuales monetarias y no monetarias que componen la remuneración de un individuo.

6   Flannery, Thomas; Hofrichter, David y Platten, Paul, obra citada.

sencilla, ya que, en ocasiones, las políticas de remuneraciones (y, en especial, de beneficios) que adoptan las empresas no son transparentes. Aun cuando se utilicen encuestas para realizar las comparaciones pertinentes, los resultados que se obtengan no serán suficientemente confiables.

Remuneraciones variables

Las remuneraciones variables son de diferente tipo. En ocasiones pueden representar un porcentaje muy alto de la remuneración y en otras solo un complemento. Algunas de las más comunes.

- Salarios a destajo: son aquellos donde se remunera por cantidad producida de "algo"; se utilizan generalmente para áreas de producción pero por extensión puede aplicarse a otras tareas similares, como *data entry*.

- Comisiones: son porcentajes sobre ventas, o sobre cobranzas, o sobre ambos conceptos. Se aplica a vendedores y cobradores.

- *Bonus* o incentivos a corto plazo. Su método de cálculo es –usualmente– una fórmula que mezcla desempeño con resultados propios y de la compañía. Habitualmente suele expresarse en meses de salario, por ejemplo entre uno y tres salarios anuales si se cumplen determinadas variables.

- Salarios con una parte a riesgo: una parte del salario no está fija (8% a 15% según las organizaciones consultadas) y solo se abona si la compañía alcanza ciertos objetivos.

- Participación en las utilidades: como su nombre lo indica, se asocia al colaborador con los resultados de la compañía.

- Incentivos a largo plazo: valores u opciones de valores (*stock options*). Es común en EEUU y no es aceptado por todas las legislaciones. Se deberá analizar si las leyes del país lo permiten.

Los sistemas de retribución de una compañía deben estar en correlación con sus planes de negocio, y en todos los casos se debe tener en cuenta que las remuneraciones variables deben motivar al personal, por lo cual su cálculo debe responder a una fórmula clara y conocida por los colaboradores. Si por algún motivo se dudara al respecto, la remuneración variable, en lugar de ser un elemento para crear compromiso y retener a los empleados, se transformará en una fuente de problemas, llegando a ocasionar desde desmotivación hasta conflictos legales y/o gremiales.

© GRANICA

Una vez que se conozcan todas las posibles variantes de remuneraciones variables y su respectivo marco legal, será posible diseñar diferentes planes de incentivos:

- Para gerentes.

- Para vendedores.

- Para cobradores.

- Para otras profesiones.

- Para toda la organización.

- Etc.

La remuneración variable ¿se debe aplicar a toda la nómina?

Se pueden adoptar diferentes criterios según los tipos de variable que se desee implementar:

- A toda la nómina: por ejemplo reparto de utilidades, *stock options*.

- A grupos específicos: comisiones a vendedores, comisiones a cobradores, salarios a destajo en producción.

Es fundamental tener en cuenta que el criterio de aplicación debe ser uniforme: a todos los vendedores o a todos los cobradores, o si desea hacer un corte vertical, a una unidad de negocios en particular.

Es muy perjudicial para una empresa la aplicación discrecional de remuneraciones variables. Debe quedar claramente establecido para todos, los que las reciben y los que no, cuál es el criterio de aplicación.

Cuando se aplica remuneración variable en base a resultados hay que ser muy cuidadosos en la implementación. Primero, si la compañía no remuneraba de esa forma y ahora desea hacerlo, deberá preguntarse: ¿deseamos incrementar nuestras remuneraciones al personal? La mayoría de las legislaciones no permiten reducir salarios, y aunque esto legalmente se resuelva, será altamente desmotivante para el personal pasar de un esquema fijo a uno variable si pierde o se disminuye el ingreso fijo. Muchas veces los empresarios esperan encontrar soluciones mágicas en estos esquemas, y no es posible.

Incentivos variables

Corte vertical

Corte horizontal

Aplicar incentivos variables a la fuerza de ventas

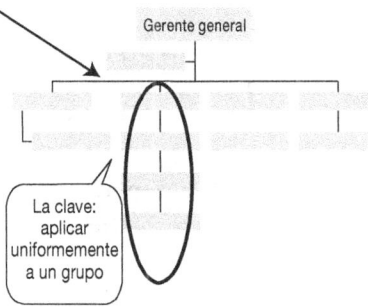

Gerente general

La clave: aplicar uniformemente a un grupo

Nivel gerencial

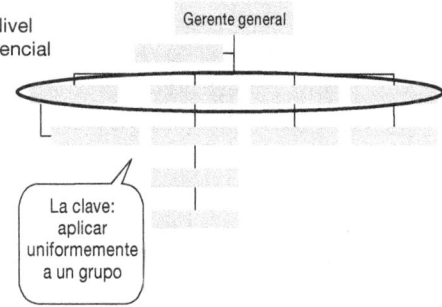

Gerente general

La clave: aplicar uniformemente a un grupo

Remuneración variable en base a los resultados

VARIABLE
Resutados

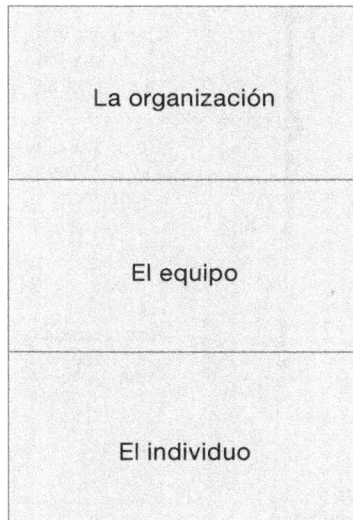

La organización

El equipo

El individuo

© GRANICA

La remuneración variable en base a resultados puede implementarse por área o a toda la nómina. Dentro de un área deberán tenerse en cuenta los resultados de la organización, del equipo y del individuo en particular.

La remuneración variable en un modelo de competencias

Se parte habitualmente de una parte fija con relación al puesto ocupado y a partir de ello, como imaginarios "ladrillos" de un juego infantil, se van adicionando valores en función de las competencias –según lo establezca cada compañía– hasta llegar a un teórico cien por ciento del puesto. A esto se lo puede denominar *competencias aportadas por el individuo al puesto*: pensamiento estratégico, creatividad, etc. Es hasta aquí lo que el mercado determina para esa posición. Deberá establecerse si el individuo las posee efectivamente.

A partir de allí, y sobre ese cien por ciento teórico, se suman las competencias demostradas por el individuo por sobre el estándar del puesto. En adelante se remunera por cada competencia demostrada adicional.

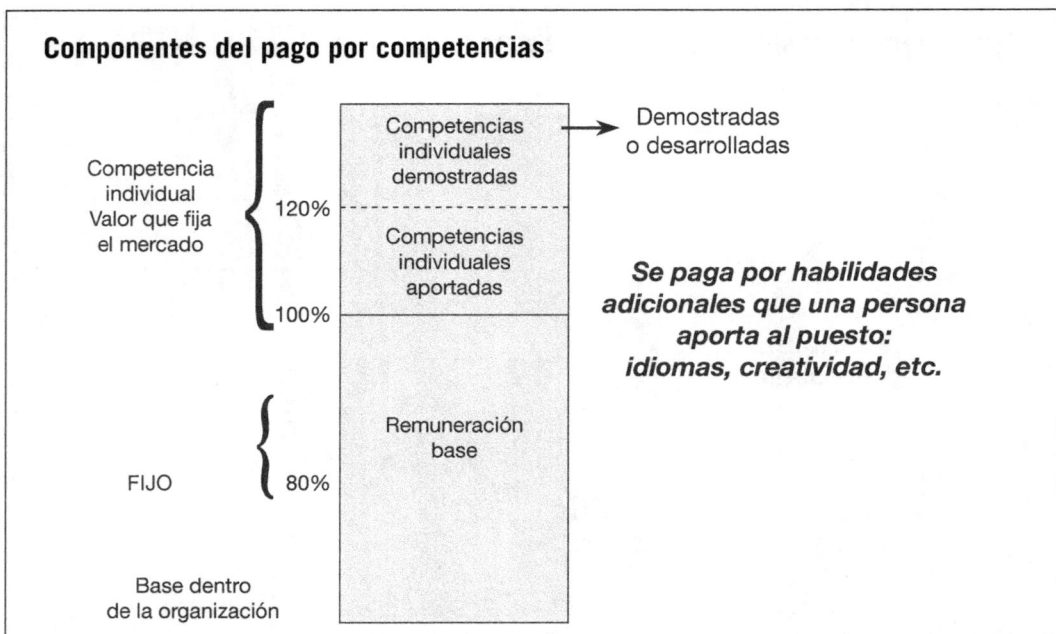

Componentes del pago por competencias

Competencia individual
Valor que fija el mercado

120%

Competencias individuales demostradas → Demostradas o desarrolladas

Competencias individuales aportadas

100%

Se paga por habilidades adicionales que una persona aporta al puesto: idiomas, creatividad, etc.

Remuneración base

FIJO   80%

Base dentro de la organización

Remuneración basada en competencias, desempeño en equipo y en la organización

Presupuesto			Desempeño Bonus
Variable (a riesgo) 33%	20%	Equipo	50%: desempeño en equipo (productividad y calidad)
	20%	Colaborador	50%: competencias individuales (autonomía, trabajo en grupo, etc.)
FIJO 67%	80%	Remuneración base	

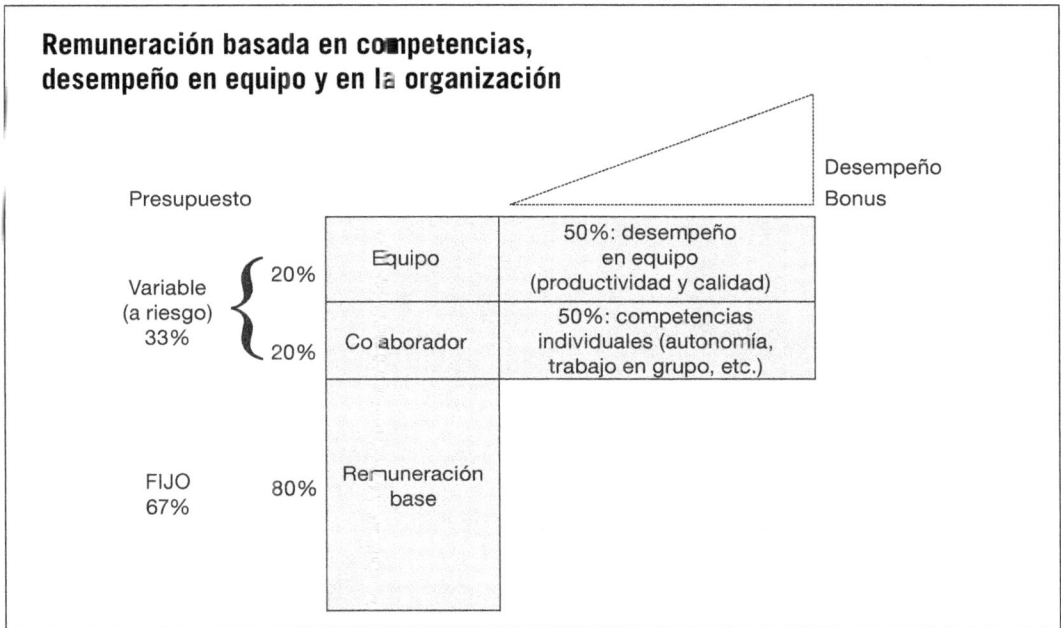

En este segundo cuadro se muestra un esquema de remuneración por competencias en relación con el individuo y con su grupo de pertenencia.

El 100% corresponde en un 80% a su remuneración base y el 20% restante deriva de sus competencias individuales. Por sobre ese 100% recibe un 20% adicional por las competencias demostradas por el equipo de trabajo. Visto desde otro punto de vista percibe el 67% fijo y el 33% variable.

Los porcentajes expuestos son a modo de ejemplo.

¿Qué es la puntuación de puestos?

Es una técnica cuantitativa de valuación, a través de la cual se asigna un cierto puntaje a determinados factores definidos previamente. De este modo, es posible llegar a un valor numérico total por cada puesto.

Este sistema tiene varios beneficios. El primero de ellos es que permite equiparar los distintos puestos de una empresa, por ejemplo qué relación tiene el jefe de Costos con el jefe de Mantenimiento, en base a elementos numéricos concretos evitando la subjetividad. Esto tiende a lograr la *equidad interna*. El segundo beneficio importante es que permite la comparación entre aquellas compañías que implementen un sistema similar para lograr la *equidad externa*.

© GRANICA

Agrupar puestos similares en grados de remuneración

Si se aplicó el método de valuación de puestos será posible armar grupos de puestos por niveles de remuneración.

Para empresas con mucho personal este tipo de métodos facilita el análisis y la comparación de salarios.

Algunos conceptos básicos sobre remuneraciones

Si bien puede ser un tema muy claro para muchas personas, otras tienen confusión al respecto; por eso nos parece importante hacer una breve síntesis en relación con algunos conceptos referidos a la liquidación de salarios.

Los conceptos y porcentajes aplicados pueden variar de país en país, e incluso pueden hacerlo sus nombres. La mencionada variabilidad también puede encontrarse dentro de un mismo país, en diferentes regiones, estados o ciudades.

Se puede hacer la siguiente agrupación, a grandes trazos, de conceptos relacionados con la temática de remuneraciones:

Salario bruto o nominal

Es el valor que figura en el recibo de sueldo y del cual se descuentan o deducen aquellos conceptos de los cuales se hace cargo el trabajador.

Usualmente es este el valor que se utiliza en una negociación de salario en el caso de una incorporación, y el que las empresas comunican a sus empleados cuando se otorgan aumentos de salarios.

Salario neto o de bolsillo

Es el valor neto que recibe el empleado, una vez deducidos los conceptos a

---

Recibo de sueldo

SALARIO BRUTO	1.000
Deducciones	
(Se detallan los conceptos)	
Total de deducciones	(170)
SALARIO NETO	830

su cargo. Se debe tener en cuenta que las personas que buscan empleo, y aun aquellos que pertenecen a la organización, muchas veces piensan en su salario considerando el "neto", es decir, aquello que verdaderamente perciben en cada ocasión. Si bien algunas de las deducciones pueden ser recuperadas por el empleado en un futuro, como los aportes en materia de jubilación o pensión, muchas personas solo toman en cuenta aquello que perciben en el momento.

Por lo tanto, este comentario lo realizamos para señalar la necesidad de aclarar, por ejemplo, en una oferta de empleo o en cualquier otra circunstancia, si el valor que se menciona es en calidad de salario bruto o neto.

Costo final para el empleador

Sobre el salario bruto o nominal pueden existir cargos adicionales, denominados, en general, impuestos sobre la mano de obra u otras cargas sociales a cargo del empleador.

Los especialistas en Recursos Humanos, o de cualquier otra área, necesitan incluir en informes de toda índole valores de salarios. A veces se debe considerar el costo total de un empleado en valores anuales y/o mensuales, y en algunas ocasiones en valores diarios u horarios. Para cualquiera de estos cálculos

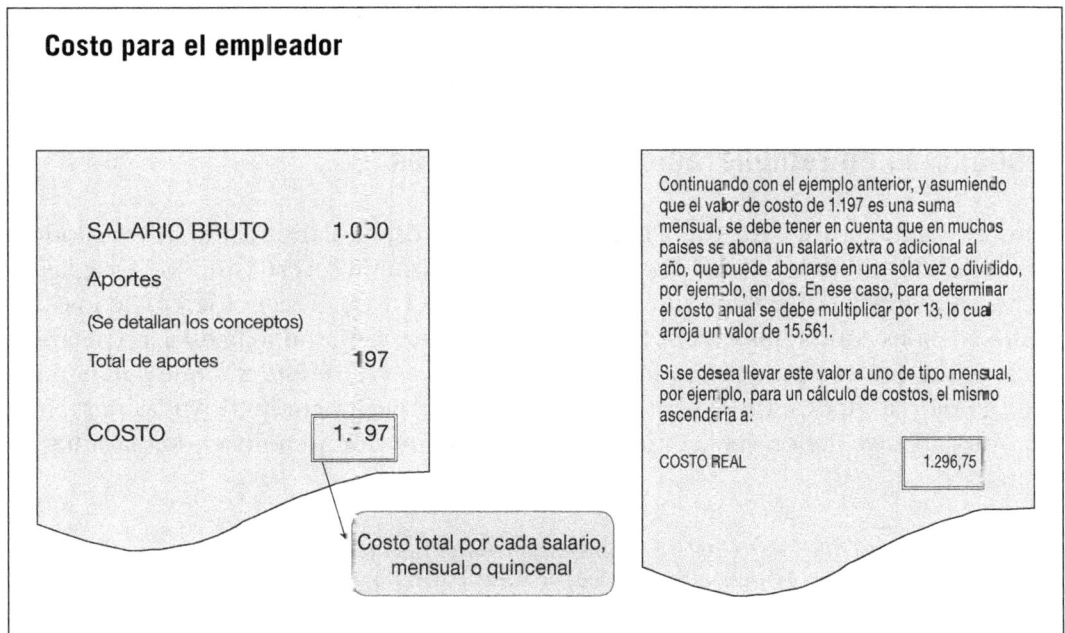

Costo para el empleador

SALARIO BRUTO	1.000
Aportes	
(Se detallan los conceptos)	
Total de aportes	197
COSTO	1.197

Costo total por cada salario, mensual o quincenal

Continuando con el ejemplo anterior, y asumiendo que el valor de costo de 1.197 es una suma mensual, se debe tener en cuenta que en muchos países se abona un salario extra o adicional al año, que puede abonarse en una sola vez o dividido, por ejemplo, en dos. En ese caso, para determinar el costo anual se debe multiplicar por 13, lo cual arroja un valor de 15.561.

Si se desea llevar este valor a uno de tipo mensual, por ejemplo, para un cálculo de costos, el mismo ascendería a:

COSTO REAL	1.296,75

© GRANICA

primero se debe anualizar el costo total para luego calcular el ratio o valor correspondiente.

Para un cálculo más fino deberían considerarse los tiempos no trabajados derivados de períodos vacacionales, licencias por enfermedad u otros conceptos que correspondan al caso en cuestión.

¿Cuándo se incrementan los salarios?

En períodos de alta inflación se producen desequilibrios en las remuneraciones, distorsionando cualquier sistema que se implemente.

En períodos de estabilidad las remuneraciones son susceptibles de modificaciones en cuatro situaciones diferentes.

- Aumentos generales a toda la nómina: esto se aplica cuando se desea hacer una corrección general de salarios.

- Aumentos individuales dentro del rango del puesto. De acuerdo con la evaluación de desempeño y dentro del rango de la posición.

- Cambio de puesto: promoción.

- Antigüedad: si bien no son recomendables estos sistemas, muchos regímenes incrementan las remuneraciones por este concepto.

Tendencias en remuneraciones y beneficios

Autores como Handy[7], Rifkin[8] y Del Río[9], entre otros, han anunciado de un modo u otro desde el "fin del trabajo", los más rotundos, hasta un severo cambio de reglas de juego en materia del trabajo humano, producto del avance tecnológico, de los contextos sociales complejos y otros factores convergentes. Más allá de esto, respecto de lo cual, aunque con matices, todos concuerdan, hay otro fenómeno que conjuga ese cambio de realidades. En el contexto actual globalizado y competitivo las personas, los trabajadores, deben verse expuestos a esa enorme competencia que, para hacer-

---

7   Handy, Charles. *El futuro del trabajo humano.* Ariel, Barcelona, 1986.
8   Rifkin, Jeremy. *El fin del trabajo.* Paidós, Estado y Sociedad, Buenos Aires, 1996.
9   Del Río, Enrique; Jover, Daniel y Riesco, Lola. *Formación y Empleo. Estrategias posibles.* Paidós, Barcelona, 1991.

la más efectiva, se ha traducido en remuneración variable. Para unos puede ser un fuerte incentivo al incremento de su productividad y para otros, un factor negativo.

Por estos motivos cada día más compañías aplican compensaciones variables en diferentes formas y se prevé una fuerte tendencia a las compensaciones variables no solo de los niveles ejecutivos sino −en ocasiones− para toda la nómina.

Distintos tipos de beneficios

Un primer punto que hay que diferenciar son los beneficios de tipo social que están implementados a partir de una ley. Por ejemplo, en la Argentina, los asalariados perciben trece salarios al año. El salario número trece se abona en dos veces en los meses de junio y diciembre. Este es un claro ejemplo de beneficio social aplicable a todos los trabajadores en relación de dependencia y no es un beneficio en el sentido estricto de la acepción con que lo enfocaremos al estudiar las remuneraciones. Por ello hay que diferenciar los beneficios sociales de los que adicionalmente otorga la empresa.

Un ejemplo: si a una persona le corresponden 14 días de vacaciones anuales y la empresa tiene establecido que a esa posición se le otorgan 21 días, será un beneficio la semana extra.

Por lo tanto hay que tener esto en cuenta cuando se analizan los beneficios a otorgar más allá de los beneficios establecidos por la ley y/o el convenio colectivo pertinente.

Opciones de remuneración e incentivos

Hoy en día, muchas compañías ofrecen un paquete de incentivos a todos sus empleados. Y otras a colaboradores directamente relacionados con el negocio.

Ya nos hemos referido a este punto al tratar las remuneraciones variables.

Beneficios legales y usuales

Incluimos a continuación un listado de aspectos que se consideran beneficios al personal. En algunos casos están previstos en la legislación y en otros, los usos y costumbres los han hecho populares.

La clasificación establecida: *se ofrece usualmente, se ofrece comúnmente* o *rara vez se ofrece*, puede variar de país en país. Hemos reflejado la situación general.

© GRANICA

Beneficio	Se ofrece usualmente	Se ofrece comúnmente	Es raro que se ofrezca
1. Licencia paga	X		
2. Vacaciones pagas	X		
3. Cobertura médica	X		
4. Licencia por funeral		X	
5. Licencia por tareas judiciales		X	
6. Licencia por enfermedad		X	
7. Seguro de vida		X	
8. Plan de retiro		X	
9. Asistencia educacional			X
10. Licencia (corta) por discapacidad		X	
11. Licencia (larga) por discapacidad			X
12. Cobertura dental			X
13. Programas de apoyo			X
14. Beneficios familiares			X
15. Licencia por razones personales			X
16. Licencia por maternidad		X	

Del autor al lector

Este es un listado de las condiciones más usuales en materia de personal. Le sugiero que usted confirme cuáles son las obligatorias por ley en su país. Por lo tanto, si son obligatorias, debe aplicarlas.

Como un segundo paso, averigüe cuáles son las más usadas, más allá de lo estrictamente legal, para el tipo de personal que usted tiene, en su ámbito geográfico, porque esto puede variar según las diferentes zonas aun dentro de un mismo país y según el tipo de empresa, y aunque no sea obligatorio, también aplíquelas, si no quiere que la competencia "le robe" a su personal.

Y por último, averigüe cuáles son las menos usadas para evaluar su aplicación.

Pago por beneficios e incentivos financieros.
El dinero como motivación

Balloy[10] trata este tema extensamente y ubica sus orígenes hace más de un siglo en Francia, por obra de visionarios que intentaron instaurar la colaboración entre patrones y asalariados y suprimir de este modo los conflictos salariales. En los Estados Unidos, según este autor, se implementaron a principios del siglo XX.

Ya en el siglo XXI, con un occidente fuertemente capitalista y un oriente que lo imita, el incentivo monetario es muy importante pero no el único a ser valorado por los individuos que trabajan. En ocasiones el orgullo de pertenecer a una determinada firma, las posibilidades de formación y crecimiento, la calidad de vida y para muchos el poder armonizar otros intereses son fuertes fuentes de incentivo para los individuos. Por lo tanto una compañía debe cuidar y atender especialmente a estos aspectos sin descuidar las restantes políticas y procesos de recursos humanos. Una buena política de remuneraciones e incentivos en conjunción con adecuadas políticas de desarrollo y cuidado del personal se corresponde con los ideales de los trabajadores. Pensar solamente en incentivos financieros puede ser insuficiente.

Las compañías que más pagan atraen más fácilmente a los buenos candidatos pero luego deben cuidar otros aspectos para retenerlos. Una remuneración sobre el promedio no compensa, por ejemplo la falta de reconocimiento de un superior o un clima de enojo o desagradable.

Por otra parte, una compañía que no pague la remuneración básica que necesita un trabajador[11] para su satisfacción tendrá altos índices de rotación o bien deberá recurrir a muchos incentivos extras para retenerlo.

Las empresas que más pagan no son necesariamente las más competitivas, y muchas veces las compañías "pagan un sobreprecio" cuando son conscientes de tener un mal clima interno que por algún motivo no pueden mejorar.

---

10 Weiss, Dimitri y colaboradores, obra citada.
11 Véase Capítulo 3, "Necesidades de un trabajador".

© GRANICA

Del autor al lector

Consejos sobre remuneración

- *Por encima del promedio.* La situación ideal es cuando una empresa puede remunerar por sobre el promedio, es decir, ubicarse en el tercer cuartil.

- *Remunerar persona o puesto.* Si la remuneración prevista para el puesto difiere de la que la persona pretende y el mercado indica como la adecuada, se deberá rever el esquema de salarios en general. Es un toque de atención sobre la escala de salarios.

- *Revisiones anuales.* Realizar una revisión una vez por año. Si no lo hace, puede correr riesgos de perder personal clave o de tener dentro de su estructura malos empleados.

- *La remuneración es un tema al cual le debe prestar atención.* Considere con sumo cuidado la remuneración antes de actuar.

- *La remuneración y la retención del personal clave.* Aumentar el sueldo de alguien es una inversión inteligente. Formar gente de manera indiscriminada es antieconómico, muy desgastante y es malo para toda la organización. Pero, ¡cuidado! No puede ser rehén de un colaborador. Por lo tanto, no desatienda la remuneración del personal clave, no piense cosas tales como: *Hace tantos años que trabajamos juntos con Juan, somos como hermanos, cómo se va a ir, no, no se iría por una oferta tentadora...* Si piensa así sobre Juan y no le aumenta el salario, es la situación justa para que otra empresa le "robe" a ese empleado. En el otro extremo de cosas, no se deje extorsionar por su mejor gerente. Todas las personas son reemplazables.

Remuneraciones y la evaluación de desempeño

La sugerencia más frecuente de nuestra firma en relación con la definición de remuneraciones, es vincularlas (en especial cuando se trata de compensaciones variables a través de *bonus* anuales) con el cumplimiento de objetivos (véase Capítulo 6).

Sin embargo, en ocasiones y situaciones especiales se utiliza como referencia una combinación entre el cumplimiento de objetivos y el desarrollo de competencias. Lo usual es fijar una fórmula con un determinado coeficiente para cada variable a considerar.

La nota final

Nota final

1- Excepcional
2- Destacado
3- Bueno
4- Necesita mejorar
5- Resultados inferiores a lo esperado
Describir brevemente las razones por las que se ha valorado
globalmente a la persona en la escala

¿Cuánto inciden los objetivos?

¿Cuánto inciden las competencias?

La relación de las evaluaciones de desempeño con las remuneraciones. Sugerencias

En el Capítulo 6 ya se hizo mención de la relación entre la evaluación de desempeño y otros subsistemas de Recursos Humanos; se hace referencia al tema nuevamente en relación con la temática de este capítulo (remuneraciones y beneficios). Es importante recordar cómo se evalúa el desempeño, considerando objetivos y competencias.

La relación con los otros subsistemas debe ser diferente en cada caso, al menos esa es la sugerencia más frecuente que la firma Martha Alles International hace a sus clientes, aunque no es la única alternativa posible.

La fijación de objetivos, tal cual fue explicada, es el camino más simple para relacionar los resultados de la evaluación de desempeño con los temas remunerativos, ya sea en referencia a los importes fijos mensuales o quincenales, según las costumbres de cada país, o los valores variables de la remuneración.

En el gráfico que se expone a continuación (que ya vimos en el Capítulo 6) hemos denominado "qué" a la evaluación de los objetivos, aquello que se debe alcanzar. Si las metas se han alcanzado (o superado) pueden relacionarse con:

**Cómo se relaciona la evaluación de desempeño
con los diferentes subsistemas de Recursos Humanos**

- Remuneraciones variables (por ejemplo, a través de un *bonus* anual).

- Un incremento de la remuneración que el colaborador recibe de manera mensual o quincenal, según corresponda.

Hemos denominado "cómo" a la parte de la evaluación relacionada con las competencias. En nuestra opinión, lo adecuado es relacionar el resultado de la evaluación de las competencias con las acciones de desarrollo en función de las brechas detectadas.

En ocasiones se combina el "qué" y el "cómo" con aspectos remunerativos. De elegirse ese camino habrá que tener en cuenta la cultura de la organización. En este mismo capítulo se ha explicado al respecto.

Otra forma de definir una proporción entre el peso del "qué" y del "cómo" a modo de fórmula para llegar a la evaluación final es explicada en el Capítulo 6.

Obra de Martha Alles relacionadas con este capítulo

Algunos aspectos en relación con la temática de remuneraciones están tratados en profundidad en *5 pasos para transformar una oficina de personal en un área de Recursos Humanos.*

Síntesis del capítulo

- La función del área de Remuneraciones o la función de un área de Recursos Humanos con relación a las remuneraciones del personal incluye el estudio y análisis de salarios, revisiones de salarios y políticas de beneficios más allá de lo que fijen las leyes vigentes en cada país y el manejo de información estadística para la comparación con el mercado. Asegurándose, de ese modo, el pago equitativo dentro de la compañía, manteniéndola competitiva con relación al mercado laboral.

- La política de remuneraciones es la síntesis de tres situaciones: una, la económica, en relación con el mercado de trabajo; otra, de gestión interna, la evaluación de puestos, y una tercera, de gestión individual, la apreciación del rendimiento individual; y un objetivo: atraer, retener y motivar a los empleados que necesita la organización.

- Encuestas salariales. Las más usuales se venden preelaboradas. Las encuestas salariales presentan distintos niveles de salarios de diferentes compañías dentro de una misma categoría de especialidad. Pero se debe tener en cuenta que ciertos puestos de una organización son *commodities* dentro del mercado laboral, porque quienes los ocupan pueden desempeñarse en cualquier tipo de industria.

- Las remuneraciones pueden ser de monto fijo o variables en base a alguna fórmula de cálculo. Existen distintos tipos de remuneraciones variables:
  - salarios a destajo;
  - comisiones;
  - *bonus* o incentivos a corto plazo;
  - salarios con una parte a riesgo;
  - participación en las utilidades;
  - incentivos a largo plazo (*stock options*).

- La remuneración por competencias o dentro de un modelo de Gestión por competencias es aquella determinada en base a características individuales, habilidades o competencias por debajo o por encima de lo que corresponde a la posición. Su aplicación no es compartida por muchos especialistas, ya que si bien en un plano teórico la metodología es de fácil comprensión no es sencillo llevarla a una implementación práctica.

- En países con moneda estable, donde las remuneraciones no deben actualizarse por el mero hecho de compensar una desvalorización monetaria,

© GRANICA

las mismas son susceptibles de ser modificadas frente a determinadas circunstancias.

Las remuneraciones usualmente se modifican en las siguientes cuatro situaciones:

– aumentos generales a toda la nómina (esta opción se utiliza, por ejemplo, en países con inflación para realizar una corrección global a toda la nómina);

– aumentos individuales dentro del rango del puesto;

– cambio de puesto: promoción;

– antigüedad.

• La puntuación de puestos es una técnica cuantitativa de valuación, a través de la cual se asigna un cierto puntaje a determinados factores definidos previamente. De este modo, es posible llegar a un valor numérico total por cada puesto.

Si se aplicó el método de valuación de puestos es posible preparar luego grupos de puestos por niveles de remuneración.

• Tendencia en remuneraciones: cada día más compañías aplican compensaciones variables. Se prevé una fuerte tendencia a las compensaciones variables no solo de los niveles ejecutivos sino –en ocasiones– de toda la nómina.

• Algunos conceptos básicos sobre remuneraciones:

Salario bruto o nominal en el recibo de sueldo. Es el que figura en el recibo de sueldo, del cual se deducen algunos conceptos a cargo del trabajador.

Salario neto o de bolsillo: es el valor neto que recibe el empleado (neto de deducciones a cargo del empleado).

Coste final para el empleador: sobre el salario bruto o nominal pueden existir cargos adicionales (impuestos sobre la mano de obra u otras cargas sociales a cargo del empleador).

Para cada uno de los capítulos de esta obra hemos preparado casos prácticos y/o ejercicios orientados a lograr una mejor comprensión de los temas tratados en cada uno de ellos. El lector podrá encontrarlos en *Dirección estratégica de Recursos Humanos. CASOS.*

PARA TODOS LOS LECTORES

Se encuentra disponible en formato digital un Anexo donde se ha realizado un análisis detallado de libros y subsistemas que complementa las temáticas abordadas en esta obra.

PARA PROFESORES

Para cada uno de los capítulos de esta obra hemos preparado:

☞ Material de apoyo para el dictado de clases.

Los profesores que hayan adoptado esta obra para sus cursos tanto de grado como de posgrado podrán solicitar de manera gratuita:

Dirección estratégica de Recursos Humanos. CLASES

Únicamente disponibles en formato digital:
www.marthaalles.com

o bien escribiendo a:
profesores@marthaalles.com

© GRANICA

LISTA DE VERIFICACIÓN DE PLANEAMIENTO DE REMUNERACIONES

	Sí	No	Acción posible
1. ¿La dirección apoya activamente el programa?			
2. ¿Todos los jefes y ejecutivos comprenden los procedimientos a seguir y sus propósitos?			
3. ¿La dirección comprende los objetivos del programa dentro del contexto de los objetivos de negocio de la compañía y las condiciones financieras?			
4. ¿Los supervisores comprenden la función que tendrán en la reunión de verificación de información?			
5. ¿La dirección y los jefes comprenden claramente que son responsables de las decisiones salariales en sus departamentos dentro de la estructura del programa de remuneraciones?			
6. ¿Se ha informado a los miembros del sindicato sobre los objetivos y los procedimientos a seguir a medida que el programa se desarrolla?			
7. ¿El sindicato accedió, o al menos no se negó, a cooperar en el desarrollo del programa?			
8. ¿El establecimiento de un programa de remuneraciones se considera como un sistema laboral, o, si ya se tiene uno, se pueden considerar cambios?			
9. ¿Los jefes comprenden que después de la instalación del programa de remuneraciones el administrador revisará su desempeño para llevar a cabo las políticas establecidas?			
10. ¿Se dispone de información adecuada sobre los programas de remuneraciones de las firmas cercanas y competidores?			
11. ¿Es posible que los niveles salariales actuales contribuyan a la excesiva rotación de personal, moral baja o poca productividad?			
12. ¿Todos los empleados comprenden las implicancias y requisitos de los siguientes procedimientos?: • Análisis del puesto. • Preparación de las descripciones de puestos. • Establecer los niveles de compensación. • Utilización de incentivos monetarios. • Mantener el programa. • Análisis y evaluación de desempeño.			
13. ¿Se sabe qué sistema se utilizará para compensar al personal de ventas?			
14. ¿Se planea una revisión de los salarios de los ejecutivos?			
15. ¿Se ha presentado el programa a los empleados?			
16. ¿Se pueden resumir los datos en forma de gráficos y tablas para realizar una compensación?			
17. ¿Se dispone de evaluaciones de desempeño objetivas para todos los niveles?			

Bibliografía

Libros de Martha Alles sobre Recursos Humanos, management y liderazgo

5 pasos para transformar una oficina de personal en un área de Recursos Humanos. Ediciones Granica, Buenos Aires, 2005.

Codesarrollo: una nueva forma de aprendizaje. Ediciones Granica, Buenos Aires, 2009.

Cómo delegar efectivamente en 12 pasos. Ediciones Granica, Buenos Aires, 2010.

Cómo transformarse en un jefe entrenador en 12 pasos. Ediciones Granica, Buenos Aires, 2010.

Comportamiento organizacional. Ediciones Granica, Buenos Aires, 2007.

Conciliar vida profesional y personal. Dos miradas: organizacional e individual. Ediciones Granica, Buenos Aires, 2010.

Construyendo talento. Ediciones Granica, Buenos Aires, 2009.

Desarrollo del talento humano. Basado en competencias. Nueva edición. Ediciones Granica, Buenos Aires, 2008.

Desempeño por competencias. Evaluación de 360°. Nueva edición. Ediciones Granica, Buenos Aires, 2008.

Diccionario de competencias. La trilogía. Tomo I. Ediciones Granica, Buenos Aires, 2009.

Diccionario de comportamientos. La trilogía. Tomo II. Ediciones Granica, Buenos Aires, 2009.

Diccionario de preguntas. La trilogía. Tomo III. Ediciones Granica, Buenos Aires, 2010.

Diccionario de términos de Recursos Humanos. Ediciones Granica, Buenos Aires, 2011.

Dirección estratégica de Recursos Humanos. Casos. Nueva edición. Ediciones Granica, Buenos Aires, 2015 (en preparación).

12 pasos para conciliar vida profesional y personal. Desde la mirada individual. Ediciones Granica, Buenos Aires, 2013.

12 pasos para ser un buen jefe. Ediciones Granica, Buenos Aires, 2014. Título anterior de esta obra: *Cómo ser un buen jefe en 12 pasos* (2008).

© GRANICA

Elija al mejor. Ediciones Granica, Buenos Aires, 2003.

Incidencia de las competencias en la empleabilidad de profesionales. Empleabilidad y Competencias. EAE –Editorial Académica Española; Saarbrücken, Alemania, 2011

Las 50 herramientas de Recursos Humanos que todo profesional debe conocer. Ediciones Granica, Buenos Aires, 2011.

Rol del jefe. Ediciones Granica, Buenos Aires, 2008.

Selección por competencias. Ediciones Granica, Buenos Aires, 2005.

Social media y Recursos Humanos. Ediciones Granica, Buenos Aires, 2012.

La Marca Recursos Humanos. Ediciones Granica, Buenos Aires, 2014.

Bibliografía consultada

Bacal, Robert. *Performance Management.* McGraw-Hill, New York, 1999.

Baker, Ann C.; Jensen, Patricia J.; Kolb, David A. *Conversational Learning. An Experiential Approach to Knowledge Creation.* Quorum Books, Westport, 2002.

Becker, Brian E.; Huselid, Mark A.; Ulrich, Dave. *El cuadro de mando de Recursos Humanos.* Gestión 2000, Barcelona, 2002.

Bell, Chip R. *Managers as mentors.* Berrett-Koehler Publishers, San Francisco, 1998.

Blake, Oscar J., *La capacitación*, Ediciones Macchi, Buenos Aires, Argentina, 1997.

Blanchard, Ken; Carlos, John P.; Randolph, Alan. *El empowerment.* Deusto, Bilbao, 1996.

Boccalari, R.; Caroni, L.; Oggioni, E.; Piccolo, A.; Rullani, E.; Vergeat, M. *Competenze. Leva di eccellenza delle persone e delle organizzazioni.* Franco Angeli, Milano, 2004.

Bonani, Gian Paolo. *La sfida del capitale intellettuale. Principi e strumenti di knowledge Management per organizzazioni intelligenti.* Franco Angeli, Milano, 2002.

Boulding, Kenneth E. *Las tres caras del poder.* Paidós, Barcelona, 1993.

Boyatzis, Richard E.; Cowen, Scott S.; Kolb, David A. *Innovation in Professional Education.* Jossey-Bass Publishers, San Francisco, 1995.

Bracchi, Giampio y Campodall'Orto, Sergio, *Progettare el telelavoro*, Franco Angeli, Milano, 1997.

Brooking, Annie. *El capital intelectual.* Paidós, Buenos Aires, 1997.

Butteriss, Margaret. *Re-Inventing HR.* John Wiley & Sons, Ontario, 1998.

Carbó Ponce, Esteve. *Manual de psicología aplicada a la empresa.* Ediciones Granica, Barcelona, 2000.

Caretta, Antonio; Dalziel, Murray M. y Mitrani, Alain. *Dalle Risorse Umanalle Competenze.* Franco Angeli Azienda Moderna, Milano, 1992.

Carew, Jack. *The mentor.* Donald I. Fine Books, New York, 1998.

Carretta, Antonio; Dalziel, Murray M.; Mitrani, Alain. *Dalle Risorse Umane alle Competenze*. Franco Angeli Azienda Moderna, Milano, 1992.

Colardyn, Danielle. *La gestion des compétences. Perspectives internationales*. Presses Universitaires de France, Paris, 1996.

Cole, Gerald. *Organisational Behaviour*. DP Publications, London, 1995.

Cole, Gerald. *Personnel Management*. Letts Educational Aldine Place, London, 1997.

Cooper, Dominic y Roberson, Ivan T., *The Psychology of Personnel Selection, a Quality Approach*. Routledge, Series Editor: Clive Fletcher, London, 1995.

Corominas, Joan. *Breve diccionario etimológico de la lengua castellana*. Gredos, Madrid, 1998.

De Ansorena Cao, Alvaro, *15 Pasos para la selección de personal con éxito*. Paidós Empresa, Barcelona, 1996.

Deprose, Donna. *The Team Coach*. Amacon, American Management Association, New York, 1995.

Dessler, Gary. *Administración de Personal*. Prentice Hall Hispanoamericana, México, 1994.

Diccionario de la Lengua Española. Real Academia Española (www.rae.es).

Drucker, Peter F. *Las nuevas realidades*. Editorial Sudamericana, Buenos Aires, 1995.

Edvinsson, Leif; Malone, Michael. *Intellectual Capital*. Harper Business, New York, 1997. En castellano: *El capital intelectual*, Editorial Norma, Bogotá, 1998.

Evans, Nancie J. *Executive Leadership Development*. Artículo publicado en la obra compilada por Butteriss, Margaret, *Re- Inventing HR*. John Wiley & Sons, Ontario, 1998.

Evans, Norman. *Experiential learning around the world. Employability and the Global Economy*. Jessica Kingsley Publishers, London, 2000.

Ferrater Mora, José. *Diccionario de Filosofía*. Ariel Filosofía, Barcelona, 1999.

Fitz-enz, Jac, *Cómo medir la gestión de Recursos Humanos*. Ediciones Deusto, Bilbao, 1999.

Flannery, Thomas; Hofrichter, David y Platten, Paul. *Personas, desempeño y pago*. Paidós, Buenos Aires, 1997.

Gautier, Bénédicte; Vervisch, Marie-Odile. *Coaching directivo para el desarrollo profesional de personas y equipos*. Oberon, Madrid, 2001.

Gil Aluja, Jaime. *La gestión interactiva de los Recursos Humanos en la incertidumbre*. Editorial Centro de Estudios Ramón Aredes, Madrid, 1996.

Goleman, Daniel. *La inteligencia emocional*. Javier Vergara Editor, Buenos Aires, 1996.

Gómez-Mejía, Luis R.; Balkin, David B.; Cardy, Robert L. *Gestión de Recursos Humanos*. Prentice Hall, Madrid, 1998.

Gore, Ernesto. *La educación en la empresa*. Ediciones Granica, Buenos Aires, 1996.

Gratton, Lynda. *Estrategias de capital humano*. Prentice Hall, Pearson Educación, Madrid.

Hargrove, Robert. *Masterful Coaching*, Pfeiffer, San Francisco, Estados Unidos, 1995.

Harrison, Michael I.; Shiron, Arie. *Organizational diagnosis and assessment*. Sage Publications, Thousand Oaks (California), 1999.

Hax, Arnoldo; Majluf, Nicolás. *Estrategias para el liderazgo competitivo. De la visión a los resultados.* Ediciones Granica, Buenos Aires, 1997.

Heene, Aimé; Sanchez, Ron (editores). *Competence Based. Strategic Management.* John Wiley & Sons, London, 1997.

Jaques, Elliott y Cason, Kathryn, *Human Capability.* Cason Hall & Co. Publishers Ltda., Falls Church, 1994.

Jaques, Elliott. *La organización requerida.* Ediciones Granica, Buenos Aires, 2000.

Jolis, Nadine. *Compétences et Compétitivité.* Les éditions d'organisation, Paris, 1998.

Kaplan, Robert S.; Norton, David P. *Cuadro de Mando Integral (The Balanced Scorecard).* Gestión 2000, Barcelona, 1997.

Kaplan, Robert S.; Norton, David P. *Mapas estratégicos.* Gestión 2000, Barcelona, 2004.

Kelly, Charles M. *The interrelationship of ethics and power in today's organizations.* Organizational Dynamics, 1987, 16, Summer, 5:18.

Kets de Vries, Manfred F.R.; Florent-Treacy, Elizabeth. *Los nuevos líderes globales.* Norma, Bogotá, 1999.

Kolb, David A. *Experience as the source of learning and development.* Prentice Hall, New Jersey, 1984.

Krannich, Ronald L. y Krannich, Caryl Rae, *Dynamite Salary Negotiations.* Impact Publications, Manassas Park, 1998.

Lawson, Karen. *The trainer's Handbook.* Pfeiffer, San Francisco, 2006.

Levy-Leboyer, Claude. *La gestion des compétences.* Les éditions d'organisation, Paris, 1992. En castellano: *Gestión de las competencias.* Gestión 2000, Barcelona, 1997.

Lucia, Anntoinette; Lepsinger, Richard. *The art and science of Competency models.* Jossey-Bass / Pfeiffer, San Francisco, 1999.

Majchrzak, Ann; Wang, Qianwei. "Romper la mentalidad funcional en las organizaciones orientadas a los procesos". En: David Ulrich (Comp.), *Evaluación de resultados,* Ediciones Granica, Barcelona, 2000.

Malone, Thomas W. *The Future of Work.* Harvard Business School Press, Boston, 2004.

Maslow, Abraham H. *El management según Maslow.* Paidós Empresa, Barcelona, 2005.

Mathis, Robert L.; Jackson, John H. *Human Resource Management.* South-Western College Publishing, a division of Thompson Learning, Cincinatti, Ohio, 2000.

McClelland, David C. *Intelligence is not the best predictor of job performance.* Current Directions in Psychological Science, 1993, 2(1), 5:6.

McClelland, David C. *How motives, skills, and values determine what people do?* American Psychologist, 1985, 40(7), 812:25.

McClelland, David C. *Human Motivation.* Cambridge University Press, Cambridge, England, 1999. (Obra original de 1987.)

McClelland, David C. *Identifying competencies with Behavioral-event interviews.* Psychological Science, 1998, 9(5), 331:9.

McClelland, David C. *Motivational factors in health and disease.* American Psychologist, 1989, 44(4), 675:83.

McClelland, David C. *The knowledge – testing – educational complex strikes back.* American Psychologist, 1994, 49(1), 66:9.

McClelland, David C. y Watson, Robert Jr. *Power motivation and risk-taking behavior.* Journal of Personality, 1973.

McClelland, David C. *How motives, skills, and values determine what pleople do?* American Psychologist, 1985.

McClelland, David C.; Boyatzis, Richard E. *Opportunities for counselors from the Competency Assessment Movement.* The Personnel and Guidance Journal, 1980, Jan, 368:72.

McClelland, David C.; Burnham, David H. *Power is the great motivator.* Harvard Business Review, 1976, March-April, 100-110 (Reimp. 1995, Jan-Feb, 126:39).

McClelland, David C.; Franz, Carol E. *Motivational and other sources of work accomplishments in mid-life: a longitudinal study.* Journal of Personality, 1992, 60(4), 679:707.

McClelland, David C.; Koestner, Richard; Weinberger, Joel. *How do self-attributed and implicit motives differ?* Psychological Review, 1989, 96(4), 690:702.

McClelland, David C.; Teague, Gregory. *Predicting risk preferences among power-related tasks.* Journal of Personality, 1975, 43, 266:85.

McClelland, David C.; Watson, Robert Jr. *Power motivation and risk-taking behavior.* Journal of Personality, 1973, 41(1) 121:39.

McLagan, Patricia. *Competencies.* Training & Development, 1997, May 40:7.

Michaels, Ed; Handfield-Jones, Helen; Axelrod, Beth. *The war for talent.* Harvard Business School Press, Boston, 2001.

Milkovich, George T.; Boudreau, John W. *Dirección y Administración de Recursos Humanos.* Addison-Wesley Iberoamericana, México, 1994.

Mintzberg, Henry; Ahlstrand, Bruce; Joseph, Lampel. *Safari a la estrategia.* Ediciones Granica, Buenos Aires, 2008.

Montironi, Marina. *Capitale Umano e Imprese di Servizi.* Il Sole 24 Ore Media e Impresa, Milano, 1997.

Nicholson, Nigel, "El análisis de la personalidad puede ser un arma poderosa". *Financial Times. El Cronista Management* N° 28, junio de 1996.

Okumbe, Joshua Abong'o. *Human Resources Management an Educational Perspective.* Educational development and Research Bureau, Nairobi, Kenya, 2001.

Ordóñez Ordóñez, Miguel. *La nueva gestión de los recursos humanos.* Gestión 2000, Barcelona, 1995.

Orpen, Christopher. *Patterned behavior description interviews versus unstructured interviews: A comparative validity study.* Journal of Applied Psychology, 70(4), 774:6.

Orr, John M.; Sackett, Paul R.; Mercer, Michael. *The role of prescribed and nonprescribed behaviors in estimating the dollar value of performance.* Journal of Applied Psychology, 1989, 74(1), 34:40.

Ortiz Chaparro, Francisco. *El teletrabajo, una nueva sociedad laboral en la era de la tecnología.* McGraw-Hill, Madrid, 1996.

© GRANICA

Pain, Abraham. *Cómo evaluar las acciones de capacitación.* Ediciones Granica, Barcelona, 1993.

Pain, Abraham. *Cómo realizar un proyecto de capacitación.* Ediciones Granica, Barcelona, 1989.

Pascale, Richard Tanner; Millermann, Mark; Gioja, Linda. "Cambiar la forma en que cambiamos". En: David Ulrich (Comp.), *Evaluación de resultados,* Ediciones Granica, Barcelona, 2000.

Pell, Arthur R. *¡Administre su personal fácil!* Prentice Hall Hispanoamericana, México, 1996.

Peretti, Jean-Marie. *Gestion des ressources humaines.* Librairie Vuibert, Paris, 1998.

Peter, Laurence J. *Por qué las cosas salen mal o retorno al Principio de Peter.* Plaza & Janes Editores, Barcelona, 1985.

Peter, Laurence J.; Hull, Raymond. *El principio de Peter.* Biblioteca de la Empresa, Ediciones Orbis, Madrid, 1985.

Prieto, José M. Prólogo a la edición en español del libro *Gestión de las competencias,* de Claude Levy-Leboyer, Ediciones Gestión 2000, Barcelona, 1997.

Probst, Gilbert; Raub, Steffen; Romhardt, Kai. *Administre el conocimiento.* Pearson Educación, México, 2001.

Realin, Joseph A. *From generic to organic competencies.* Human Resource Planning, 24:33, 1996, Spring, 24:33.

Renckly, Richard G. *Human Resources.* Barron's Educational Series, New York, 1997.

Rifkin, Jeremy. *El fin del trabajo.* Paidós Estado y Sociedad. Buenos Aires, 1996.

Rothwell, William J. *Effective Succession Planning.* Amacom, New York, 2005.

Rothwell, William J.; Jackson, Robert D.; Knight Shaun C.; Lindholm John E. *Career Planning and Succession Management.* Praeger Publishers, Westport, 2005.

Scajola, Silvano. *Il telelavoro, istruzioni per l'uso.* Edizioni Lavoro, Roma, 1998.

Schein, Edgar H. *Organizational culture and Leadership.* Jossey-Bass Publishers, San Francisco, 1992.

Schein, Edgar H. *Psicología de la Organización.* Prentice Hall Hispanoamericana, México, 1982.

Seco Reymundo, Manuel; Andrés Puente, Olimpia; Ramos González, Gabino. *Diccionario del Español Actual.* Aguilar - Grupo Santillana de Ediciones, Madrid, 1999 y nueva edición revisada 2011.

Seco, Manuel. *Diccionario de dudas de la Real Academia Española.* Espasa Plus, Madrid, 1998.

Senge, Peter (*et al.*). *La Danza del Cambio.* Norma, Bogotá, 2000.

Senge, Peter M. *La quinta disciplina.* Ediciones Granica, Buenos Aires, 2012.

Senge, Peter y otros. *La quinta disciplina en la práctica.* Ediciones Granica, Buenos Aires, 2005.

Shaw, Lisa. *Telecommute.* John Wiley & Sons, New York, 1996.

Sherman, Arthur; Bohlander, George; Snell, Scott. *Administración de Recursos Humanos.* Thomson Internacional, México, 1999.

Silberman, Mel. *Active Training. A Handbook of Techniques, Designs, Case Examples, and Tips.* Pfeiffer, John Wiley & Sons, San Francisco, 2006.

Simon, Mary B. *Negotiate Your Job Offer.* John Wiley & Sons, Inc., New York, Estados Unidos, 1998.

Sirkin, Harold; Stalk, George (hijo). 'Arregle el proceso, no el problema". En: David Ulrich (Comp.), *Evaluación de resultados,* Ediciones Granica, Barcelona, 2000.

Sorman, Guy. *La singularidad francesa.* Editorial Andrés Bello, Santiago de Chile, 1996.

Spangler, William D. *Validity of questionnaire and TAT Measures of need for achievement: two Meta-Analyses.* Psychological Bulletin, 1992, 112(1), 140:54.

Sparrow, John. *Knowledge in organizations.* Sage Publications, London, 1998.

Spencer, Lyle M.; Spencer, Signe M. *Competence at work, models for superior performance.* John Wiley & Sons, Inc., New York, 1993.

Stewart, Thomas A. *Intellectual Capital.* Doubleday, New York, 1997. En castellano: *La nueva riqueza de las organizaciones: el capital intelectual.* Ediciones Granica, Buenos Aires, 1998.

Tissen, René; Andriessen, Daniel; Lekanne Deprez, Frank. *El valor del conocimiento. Para aumentar el rendimiento en las empresas.* Prentice Hall, Madrid, 2000.

Ulrich, Dave. *Recursos Humanos Champions.* Ediciones Granica, Buenos Aires, 1997.

Ulrich, Dave; Becker, Brian E.; Huselid, Mark A. *The HR Scorecard. Linking People, Strategy, and Performance.* Harvard Business School Press, Boston, 2001.

Ulrich, Dave; Brockbank, Wayne. *The HR Value proposition.* Harvard Business School Press, Boston, 2005.

Ulrich, Dave. *Evaluación de resultados.* Ediciones Granica, Barcelona, 2000.

Verna, Michele Angelo. *Fare la differenza con le risorse umane.* Franco Angeli, Milano, 2006.

Vican, Pierre. *Le guide du télétravail.* Manitoba, Paris, 1998.

Weiss, Dimitri y colaboradores. *La función de los Recursos Humanos.* CDN Ciencias de la Dirección, Madrid, 1992, tomo I.

Weiss, Dimitri y colaboradores. Tratado *La función de los Recursos Humanos.* CDN Ciencias de la Dirección, Madrid, 1993, tomo II.

Werner, Jon M.; DeSimone, Randy L. *Human Resource Development.* Thomson Higher Education, Mason, Ohio, 2006.

Wilson, Terry. *Manual del Empowerment.* Gestión 2000, Barcelona, 2000.

Winter, David. *The contributions of David McClelland to personality assessment.* Journal of Personality Assessment, 1998, 71(2), 129:45.

Anexo a la bibliografía

Instituciones que han estudiado la temática de competencias

El tema de competencias es abordado desde diferentes perspectivas; una de ellas, la de mayor difusión, es la impulsada desde la OIT para el desarrollo de habilidades y oficios. Numerosos organismos nacionales e internacionales y organizaciones del tercer sector estudian y trabajan sobre las competencias laborales; solo por citar algunos:

© GRANICA

Organización Internacional del Trabajo. Cinterfor - Centro Interamericano de Investigación y Documentación sobre Formación Profesional.

Conocer, miembro de Cinterfor (México).

SENA - Servicio Nacional de Aprendizaje (Colombia).

Instituto de Empleo. Servicio Público de Empleo Estatal. Ministerio de Trabajo y Asuntos Sociales (España).

Consejo Federal de Cultura y Educación (Argentina).

National Qualifications Authority of Ireland (Reino Unido).

Australian Qualification Framework (Australia).

Compétences Québec (Canadá).

OECD (Organisation for Economic Co-operation and Development; OECD por su nombre en español). Países miembros de OECD: Alemania, Australia, Austria, Bélgica, Canadá, Corea, Dinamarca, España, Estados Unidos, Finlandia, Francia, Grecia, Hungría, Islandia, Irlanda, Italia, Japón, Luxemburgo, México, Noruega, Nueva Zelanda, Países Bajos, Polonia, Portugal, República de Eslovaquia, República Checa, Rumania, Suecia, Suiza y Turquía.

General National Vocational Qualifications (Reino Unido).

National Council for Vocational Qualifications (NCVQ). Inglaterra, Gales e Irlanda del Norte.

Consejo Australiano de Sindicatos (ACTU).

Organización de Estados Iberoamericanos para la Educación, la Ciencia y la Cultura.

Unas palabras sobre la autora

Martha Alicia Alles es Doctora por la Universidad de Buenos Aires, área Administración. Su tesis doctoral se presentó bajo el título *La incidencia de las competencias en la empleabilidad de profesionales*. Su primer título de grado es Contadora Pública Nacional (UBA). Posee una amplia experiencia como docente universitaria, en diversos posgrados tanto de la Argentina como del exterior.

Con más de cuarenta títulos publicados hasta el presente, es la autora argentina que ha escrito la mayor cantidad de obras sobre su especialidad. Cuenta con colecciones de libros de texto sobre Recursos Humanos, Liderazgo y Management personal, que se comercializan en toda Hispanoamérica.

De su colección sobre **Recursos Humanos** ha publicado:
* Temas generales de Recursos Humanos y Comportamiento Organizacional:
  - *Dirección Estratégica de Recursos Humanos. Gestión por competencias* (nueva edición revisada, 2015).
  - *Dirección Estratégica de Recursos Humanos. Gestión por competencias. Casos* (nueva edición revisada, 2015). (En preparación.)
  - *5 pasos para transformar una oficina de personal en un área de Recursos Humanos* (2005).
  - *Comportamiento organizacional* (2007).
* Específicos sobre modelos de competencias:
  - *Gestión por competencias. El diccionario* (2002, y 2ª edición revisada, 2005).
  - *Diccionario de comportamientos. Gestión por competencias* (2004).
  - *Diccionario de preguntas. Gestión por competencias* (2005).
* Nuevas obras preparadas sobre la base de un enfoque diferente de la metodología de Gestión por competencias:
  - *Diccionario de competencias. La trilogía. Tomo 1* (2009).
  - *Diccionario de comportamientos. La trilogía. Tomo 2* (2009).
  - *Diccionario de preguntas. La trilogía. Tomo 3* (2010).

© GRANICA

- Sobre selección:
  - *Empleo: el proceso de selección* (1998, y nueva edición revisada, 2001).
  - *Empleo: discriminación, teletrabajo y otras temáticas* (1999).
  - *Elija al mejor. Cómo entrevistar por competencias* (1999, y nueva edición revisada y ampliada, 2005).
  - *Selección por competencias* (2006).
- Sobre desempeño:
  - *Desempeño por competencias. Evaluación de 360°* (2004, y nueva edición revisada y ampliada, 2008).
- Sobre desarrollo de personas:
  - *Desarrollo del talento humano. Basado en competencias* (2005, y nueva edición revisada y ampliada, 2008).
  - *Codesarrollo. Una nueva forma de aprendizaje* (2009).
  - *Construyendo talento* (2009).
- Sobre Recursos Humanos, liderazgo y management:
  - *Diccionario de términos de Recursos Humanos* (2011).
  - *Las 50 herramientas de Recursos Humanos que todo profesional debe conocer* (2012).
  - *Social media y Recursos Humanos* (2012).
  - *La Marca Recursos Humanos* (2014).

De los siguientes títulos están disponibles solo en Internet (**www.xcompetencias.com**), para profesores, una edición de *Casos* y otra edición de *Clases: Comportamiento organizacional, Codesarrollo, Construyendo talento, Dirección estratégica de Recursos Humanos* (nueva edición 2015), *Desempeño por competencias, Desarrollo del talento humano. Selección por competencias, La trilogía (Diccionario de competencias. La trilogía. Tomo 1; Diccionario de comportamientos. La trilogía. Tomo 2 y Diccionario de preguntas. La Trilogía. Tomo 3), 200 modelos de currículum y Mitos y verdades en la búsqueda laboral.*

- De la serie **Liderazgo** podemos mencionar:
  - *Rol del jefe* (2008).
  - *12 pasos para ser un buen jefe en* (2008).
  - *Conciliar vida profesional y personal* (2010).
  - *Cómo transformarse en jefe entrenador en 12 pasos* (2010).
  - *Cómo delegar efectivamente en 12 pasos* (2010).
  - *12 pasos para conciliar vida profesional y personal* (2013).
- Su colección de libros destinados al **Management Personal** está compuesta por:
  - *Las puertas del trabajo* (1995).
  - *Mitos y verdades en la búsqueda laboral* (1997, y nueva edición revisada y ampliada, 2008).
  - *200 modelos de currículum* (1997, y nueva edición revisada y ampliada, 2008).

- — *Su primer currículum* (1997).
- — *Cómo manejar su carrera* (1998).
- — *La entrevista laboral* (1999).
- — *Mujeres, trabajo y autoempleo* (2000).
- • En la colección de **Bolsillo** se publicaron:
  - — *La entrevista exitosa* (2005 y 2009).
  - — *La mujer y el trabajo* (2005).
  - — *Mi carrera* (2005 y 2009).
  - — *Autoempleo* (2005).
  - — *Mi búsqueda laboral* (2009).
  - — *Mi currículum* (2009).
  - — *Cómo llevarme bien con mi jefe y con mis compañeros de trabajo* (2009).
  - — *Cómo buscar trabajo a través de Internet* (2009).

Martha Alles es habitual colaboradora en revistas y periódicos de negocios, programas radiales y televisivos de la Argentina y de otros países hispanoparlantes, y conferencista invitada por diferentes organizaciones empresariales y educativas, tanto locales como internacionales. En los últimos dos años ha dictado conferencias y seminarios en Bolivia, Colombia, Costa Rica, Chile, Ecuador, El Salvador, Estados Unidos, Guatemala, México, Nicaragua, Panamá, Paraguay, Perú, República Dominicana, Uruguay, Venezuela, entre otros, además de numerosos seminarios en su país, Argentina.

Es consultora internacional en Gestión por competencias y presidenta de Martha Alles International, firma regional que opera en toda Latinoamérica y USA, lo que le permite unir sus amplios conocimientos técnicos con su práctica profesional diaria. Cuenta con una experiencia profesional de más de veinticinco años en su especialidad.

Es casada, tiene tres hijos, dos nietas y un nieto.

Martha Alles SA
Talcahuano 833 (Talcahuano Plaza), piso 2
Buenos Aires, Argentina
Teléfono: (54-11) 4815 4852
Twitter: marthaalles

© GRANICA

Libros de Martha Alles de la serie Recursos Humanos, publicados por Ediciones Granica

Guía de lecturas: secuencia sugerida

- Comportamiento organizacional

- 5 pasos para transformar una oficina de personal en un área de Recursos Humanos

- Dirección estratégica de Recursos Humanos. Gestión por competencias.
- Dirección estratégica de Recursos Humanos. Gestión por competencias. CASOS

Trilogía:

- Diccionario de competencias. Tomo 1
- Diccionario de comportamientos. Tomo 2
- Diccionario de preguntas. Tomo 3

Libros complementarios de la **Serie Management Personal**

- Mitos y verdades en la búsqueda laboral
- 200 modelos de currículum

- Selección por competencias
- Elija al mejor. Cómo entrevistar por competencias

- Desempeño por competencias. Evaluación 360º

- Desarrollo del talento humano. Basado en competencias

- Construyendo talento
- Codesarrollo: una nueva forma de aprendizaje

Libros de Martha Alles publicados por Ediciones Granica relacionados con ambas series:

Recursos Humanos y Liderazgo

- Diccionario de términos de Recursos Humanos
- Las 50 herramientas de Recursos Humanos que todo profesional debe conocer
- Social media y Recursos Humanos
- La Marca Recursos Humanos

Libros de Martha Alles de la serie Liderazgo publicados por Ediciones Granica

Guía de lecturas: secuencia sugerida

- Rol del jefe. Cómo ser un buen jefe

- 12 pasos para ser un buen jefe

- Cómo llevarme bien con mi jefe y con mis compañeros de trabajo. (Serie Bolsillo)

- Conciliar vida profesional y personal

- Cómo transformarse en un jefe entrenador en 12 pasos

- Cómo delegar efectivamente en 12 pasos

- 12 pasos para conciliar vida profesional y personal

Para conocer más sobre la obra de Martha Alles

Martha Alles International

www.marthaalles.com

Para contactarse,
puede escribir por e-mail a
alles@marthaalles.com

Revista Técnica Virtual

www.xcompetencias.com

Para contactarse,
puede escribir por e-mail a
info@xcompetencias.com

ENCUÉNTRENOS EN LOS SOCIAL MEDIA

Martha Alles Capital Humano

Siga a Martha Alles en
LinkedIn 'Martha Alicia Alles'

Siga a Martha Alles en
Twitter. Usuario 'marthaalles'

Siga a Martha Alles en
http://www.youtube.com/user/MarthaAllesCH

Este libro se terminó de imprimir en el mes de marzo de 2015
en los Talleres Gráficos Color Efe, Paso 192, Avellaneda,
Buenos Aires, Argentina